Latein für Dummies
Schummelseite

DIE FÄLLE DES NOMENS

Kasus	Gebrauch
Nominativ	Subjekt (antwortet auf die Frage *wer oder was?*)
Genitiv	Drückt ein Besitzverhältnis aus (*wessen?*)
Dativ	Indirektes Objekt (*wem?*)
Akkusativ	Direktes Objekt, gibt die Richtung und die Dauer an (*wen oder was?*)
Ablativ	Werkzeug (*wodurch? womit?*), Art und Weise (*wie?*), Begleitung (*mit wem?*), Ort (*wo?*), Ausgangspunkt (*woher?*), Trennung (*wovon?*), Zeit (*wann? in welcher Zeitspanne?*), Grund (*warum?*), ablativus absolutus

HÄUFIG GEBRAUCHTE UNREGELMÄßIGE VERBEN

Verb	Bedeutung
fero, ferre, tuli, latum	tragen, ertragen
sum, esse, fui, futurum	sein
volo, velle, volui	wollen
nolo, nolle, nolui	nicht wollen
malo, malle, malui	lieber wollen, vorziehen
eo, ire, ii, iturum	gehen

LATEINISCHE ZAHLWÖRTER

Römische Ziffer	Latein	Deutsch
I	**unus**	eins
II	**duo**	zwei
III	**tres**	drei
IV	**quattuor**	vier
V	**quinque**	fünf
VI	**sex**	sechs
VII	**septem**	sieben

Latein für Dummies

Schummelseite

Römische Ziffer	Latein	Deutsch
VIII	**octo**	acht
IX	**novem**	neun
X	**decem**	zehn
L	**quinquaginta**	fünfzig
C	**centum**	hundert
D	**quingenti**	fünfhundert
M	**mille**	tausend

HILFREICHE VERB-ENDUNGEN

Singular	Plural
-o, -r, -m, -i = ich	-mus, -mur = wir
-s, -ris, -isti = du	-tis, -mini, -istis = ihr
-t, -tur = er, sie, es	-nt, -ntur = sie

NÜTZLICHE KLEINE VOKABELN

Vokabel	Bedeutung
et, atque, ac, que	und
sed, autem	aber
aut	oder
sive ... sive	entweder ... oder
neque, nec	und nicht
ita, sic, tam	so
si	falls
nisi	wenn nicht

Latein für Dummies

Schummelseite

FRAGEWÖRTER

Vokabel	Bedeutung
cur?	warum?
ubi?	wo?
quis?	wer?
quid?	was?
quantus?	wie groß?
quot?	wie viele?
qualis?	wie beschaffen?

LATEINISCHE GRAMMATIKBEGRIFFE UND IHRE DEUTSCHE ENTSPRECHUNG

Latein	Deutsch	Beispiel/Definition
Adjektiv	Eigenschaftswort	*schön, rot, groß*
Adverb	Umstandswort	*vielleicht, hier, gern*
Aktiv	Tatform des Verbs	Das Gegenteil vom Aktiv ist das Passiv.
Artikel	Geschlechtswort	*der, die, das, ein, eine*
Attribut	Beifügung	einem Substantiv hinzugefügter Satzteil, zum Beispiel: das *neue* Haus, der *kämpfende* Soldat, der *gefundene* Schatz
Deklination	Beugung des Substantivs, Adjektivs, Zahlworts, Partizips	zum Beispiel: *amicus, amici, amico, amicum, amice, cum (amico)*
Diphthong	Doppellaut	ae [ai], au, ei [ej], ie, oe [oi]
Flexion	Beugung	Oberbegriff für Deklination und Konjugation
Futur I	Zukunft	Wir *werden gehen.*
Futur II	Vollendete Zukunft	Wir *werden gegangen sein.* Wir *werden gelesen haben.*

Latein für Dummies

Schummelseite

Latein	Deutsch	Beispiel/Definition
Genus, Pl. Genera	Grammatisches Geschlecht	*Der Hund* (Maskulinum – männlich) *Die Katze* (Femininum – weiblich) *Das Genus* (Neutrum – sächlich)
Imperativ	Befehlsform	*Fahr* nicht so schnell!
Indikativ	Wirklichkeitsform	Draußen *stürmt* es.
Infinitiv	Grundform des Verbs	*gehen, fahren, lesen*
Kasus, Pl. Kasus	Fall	Das Deutsche hat vier Kasus: Nominativ, Genitiv, Dativ, Akkusativ
Konjugation	Beugung eines Verbs	zum Beispiel: *ich gehe, du gehst, er / sie / es geht, wir gehen, ihr geht, sie gehen*
Konjunktion	Bindewort	*und, aber, denn, dass*
Konjunktiv	Möglichkeitsform	Ich *ginge* weg. / Ich *hätte* gern.
Konsonant	Mitlaut	zum Beispiel: b, p, d, t, r, s
Modus, Pl. Modi	Aussageweise	Die drei Modi des Verbs: Indikativ, Konjunktiv und Imperativ
Negation	Verneinung	zum Beispiel: ich schreibe *nicht*
Numerus, Pl. Numeri	Zahlform	Singular und Plural
Objekt	Satzergänzung	Er landete *im Straßengraben*.
Partizip I	Mittelwort der Gegenwart	*gehend, lesend, rufend*
Partizip II	Mittelwort der Vergangenheit	*gegangen, gelesen, gerufen*
Passiv	Leideform	zum Beispiel: Die Straße *wird gebaut*.
Perfekt	Vollendete Gegenwart	Du *hast gesehen*. Er *ist gegangen*.
Plural	Mehrzahl	*die Bücher, ihr lest*
Plusquamperfekt	Vollendete Vergangenheit	Du *hattest gesehen*. Er *war gegangen*.
Prädikat	Satzaussage	Sie *gehen* zur Schule. Du *sollst* das *gesehen haben*.

Latein für Dummies

Schummelseite

Latein	Deutsch	Beispiel/Definition
Präfix	Vorsilbe	*ver*lieren, *be*stehen
Präposition	Verhältniswort	*auf, in, nach, mit, von*
Präsens	Gegenwart	Du *siehst.*
		Er *geht.*
Präteritum	Vergangenheit	Du *sahst.*
		Er *ging.*
Pronomen	Fürwort	*sie, dieser, unser*
Singular	Einzahl	*das Buch, du liest*
Subjekt	Satzgegenstand	*Das Auto* fährt.
		Sie hat nichts gesehen.
Substantiv	Hauptwort, Nomen	*Tag, Baum, Hamster, Hoffnung*
Tempus, Pl. Tempora	Zeitform	*du gehst, du bist gegangen, du gingst* usw.
Verb	Tätigkeitswort	So *siehst* du das.
		Sie *sagt*, sie *habe* etwas *gesehen.*
Vokal	Selbstlaut	a, e, i, o, u

Latein für Dummies

Clifford A. Hull, Steven R. Perkins
und Tracy L. Barr

Latein für dummies

4. Auflage

Übersetzung aus dem Amerikanischen
von Tina Kaufmann

Fachkorrektur von Gerd Flemmig

WILEY-VCH GmbH

Latein für Dummies

Bibliografische Information der Deutschen Nationalbibliothek
Deutsche Nationalbibliothek verzeichnet diese Publikation
in der Deutschen Nationalbibliografie; detaillierte bibliografische
Daten sind im Internet über http://dnb.d-nb.de abrufbar.

4. Auflage 2025

© 2025 Wiley-VCH GmbH, Boschstraße 12, 69469 Weinheim, Germany

Original English language editio © 2002 by Wiley Publishing, Inc. All rights reserved including the right of reproduction in whole or in part in any form. This translation is published by arrangement with John Wiley and Sons, Inc.

Copyright der englischsprachigen Originalausgabe © 2002 by Wiley Publishing, Inc. Alle Rechte vorbehalten inklusive des Rechtes auf Reproduktion im Ganzen oder in Teilen und in jeglicher Form. Diese Übersetzung wird mit Genehmigung von John Wiley and Sons, Inc. publiziert.

Wiley, the Wiley logo, Für Dummies, the Dummies Man logo, and related trademarks and trade dress are trademarks or registered trademarks of John Wiley & Sons, Inc. and/or its affiliates, in the United States and other countries. Used by permission.

Wiley, die Bezeichnung »Für Dummies«, das Dummies-Mann-Logo und darauf bezogene Gestaltungen sind Marken oder eingetragene Marken von John Wiley & Sons, Inc., USA, Deutschland und in anderen Ländern.

Das vorliegende Werk wurde sorgfältig erarbeitet. Dennoch übernehmen Autoren und Verlag für die Richtigkeit von Angaben, Hinweisen und Ratschlägen sowie eventuelle Druckfehler keine Haftung.

Coverfoto: © The Pink Panda - stock.adobe. com
Korrektur: Petra Heubach-Erdmann, Düsseldorf
Satz: Straive, Chennai, India
Druck und Bindung: CPI Group (UK) Ltd, Croydon, CR0 4YY
C9783527722709_301025

Print ISBN: 978-3-527-72270-9
ePub ISBN: 978-3-527-85064-8

Bevollmächtigte des Herstellers gemäß EU-Produktsicherheitsverordnung ist die Wiley-VCH GmbH, Boschstr. 12, 69469 Weinheim, Deutschland, E-Mail: Product_Safety@wiley.com.

Die Autoren

Clifford A. Hull unterrichtet seit fast 30 Jahren Latein. Er hat das Fach an der Universität Stellenbosch (Südafrika) studiert und mit dem Bachelor of Arts abgeschlossen. Dann unterrichtete er zehn Jahre lang Latein an der Highschool und der Universität in Südafrika. Danach ging er in die USA, wo er einen Master of Arts in Klassischer Philologie und Klassischer Archäologie erwarb. Außerdem erwarb er an der Indiana University einen Master in Bibliothekswissenschaften. In den letzten Jahren hat er Latein, Griechisch, medizinische Fachbegriffe und klassische Mythologie sowohl an der Highschool als auch am College gelehrt. Zurzeit unterrichtet er in Indianapolis, Indiana, an der Park Tudor School Latein und Griechisch und sowohl an der Indiana University als auch an der Purdue University klassische Mythologie. Sein besonderes Interesse gilt der lateinischen Grammatik, Inschriften, römischer Architektur, Archäologie und den Oldtimern Morris Minor.

Steven R. Perkins ist Dozent für Klassische Philologie, der mehrere Preise gewonnen und Aufsätze über lateinische Pädagogik veröffentlicht hat. Als ehemaliger Lateinlehrer des Jahres in Texas hat er sowohl an weiterführenden Schulen als auch an der Universität Latein gelehrt. (Um ehrlich zu sein, kann ich diese Selbstbeweihräucherung nicht leiden, ich weiß aber, dass das Buch so zusätzliche Glaubwürdigkeit erhält. Hier noch einiges, das belegt, was ich gerade geschrieben habe: Von der Indiana University wurde ich für hervorragende Leistungen in Klassischer Philologie ausgezeichnet, an der University of Texas erhielt ich eine Anerkennung für herausragende Lehre in Klassischer Philologie, die Schulbehörde in Austin, Texas, erkannte meine Leistungen zwei Mal an.)

Tracy L. Barr ist schon lange Teil des Phänomens der *... für Dummies*. Sie ist Lektorin und Autorin und berät Autoren, die *... für Dummies*-Bücher schreiben. Sie lebt und arbeitet in Indianapolis.

Auf einen Blick

Die Autoren	11
Einleitung	23

Teil I: Los geht's ... 29
Kapitel 1: Ein wenig Latein kann jeder ... 31
Kapitel 2: Zur Sache: Grundlagen der lateinischen Grammatik ... 43
Kapitel 3: Salve! Hallo! Begrüßungen im alten Rom ... 65

Teil II: Der Römer tägliches Latein ... 81
Kapitel 4: Familie und Gesellschaft im alten Rom ... 83
Kapitel 5: Essen und Wohnen im alten Rom ... 101
Kapitel 6: Der römische Kalender ... 117
Kapitel 7: Das römische Militär ... 139
Kapitel 8: Sport und Unterhaltung im alten Rom ... 155
Kapitel 9: Das römische Staatswesen ... 169
Kapitel 10: Dauerhafter als Erz: Lateinische Literatur ... 191

Teil III: Unser tägliches Latein ... 207
Kapitel 11: Juristenlatein ... 209
Kapitel 12: Medizinerlatein ... 227
Kapitel 13: Kirchenlatein ... 239
Kapitel 14: Biologenlatein ... 259
Kapitel 15: Latein übersetzen und lesen ... 269
Kapitel 16: Latein für jede Lebenslage ... 285

Teil IV: Der Top-Ten-Teil ... 299
Kapitel 17: Zehn lateinische Fremdwörter ... 301
Kapitel 18: Zehn falsche Freunde: Was beim Übersetzen oft falsch gemacht wird ... 305
Kapitel 19: Zehn häufige lateinische Präfixe ... 309
Kapitel 20: Zehn wichtige lateinische Suffixe ... 311
Kapitel 21: Zehn heute gebräuchliche lateinische Abkürzungen ... 315
Kapitel 22: Zehn nützliche Websites über Latein und die Römer ... 317

Teil V: Anhang ... 321

A: Deklinations- und Konjugationstabellen ... 323

B: Konjugationstabellen ... 326

C: Mini-Wörterbuch **333**
D: Spiel, Spaß und Denksport: Lösungen **367**
Stichwortverzeichnis **377**

Inhaltsverzeichnis

Die Autoren **11**
Einleitung **23**
    Über dieses Buch 23
    Konventionen in diesem Buch 24
    Törichte Annahmen über die Leser 25
    Wie dieses Buch aufgebaut ist 25
        Teil I: Los geht's 25
        Teil II: Der Römer tägliches Latein 26
        Teil III: Unser tägliches Latein 26
        Teil IV: Der Top-Ten-Teil 26
        Teil V: Anhang 26
    Symbole, die in diesem Buch verwendet werden 26
    Wie es weitergeht 27

TEIL I
LOS GEHT'S 29

Kapitel 1
Ein wenig Latein kann jeder 31
    Latein: Nicht so tot, wie man denkt 31
    Gemeinsamkeit schafft Vertrauen: Bekanntes Latein 32
        Lateinische Wörter in deutschem Gewand: Lateinische Lehnwörter 33
        Leicht zu erkennen: Lateinische Fremdwörter 34
    Von A bis Z: Das lateinische Alphabet 36
    So klingt der Römer: Ausspracheregeln 38
        Klassisches Latein: Ausspracheregeln 38
        Kirchenlatein: Ausspracheregeln 40
        Etwas fehlt noch: Betonungsregeln 41

Kapitel 2
Zur Sache: Grundlagen der lateinischen Grammatik 43
    Regellos: Der Satzbau einer flektierenden Sprache 44
    Das klingt bekannt: Lateinische Substantive 44
        Von Bienchen und Blümchen: Was das Geschlecht in der Grammatik verloren hat 45
        Die fünf Kasus lateinischer Substantive 45
        Deklination lateinischer Substantive 46
    Bühne frei für die Verben 52
        Die Riege der Konjugationen 52
        Es ist persönlich gemeint – Personalendungen 54
        O tempora, o verba! Verben und ihre Zeiten 55
    Konjunktionen verbinden 61
        Spiel, Spaß und Denksport 62

Kapitel 3
Salve! Hallo! Begrüßungen im alten Rom **65**

    Hallo und Tschüss: Begrüßung und Abschied im alten Rom 66
        Junge, Junge: römische Männernamen 66
        Römische Frauennamen 67
    Hier ist esse (sein) 68
    Woher kommst du? 69
    Bist du Römer? 70
    Fragen stellen 72
        Wie man -ne benutzt 72
        Häufige Fragewörter 72
    Vorangestellt: Präpositionen 74
    Zahlenspiele 75
        Abgezählt: Kardinalzahlen 76
        Auf Ordnung bedacht: Ordinalzahlen 77
        »I« hat es in sich: Römische Zahlen 78
        Spiel, Spaß und Denksport 79

TEIL II
DER RÖMER TÄGLICHES LATEIN **81**

Kapitel 4
Familie und Gesellschaft im alten Rom **83**

    Es bleibt in der Familie 83
        Familiäres in der Familie 86
        Ein Traum in Rot: Die römische Hochzeit 88
    Was noch hinzuzufügen wäre: Adjektive 89
        Adjektive der ersten und zweiten Deklination 89
        Und jetzt zu Adjektiven der dritten Deklination 91
    Die Vollendung von Vergangenheit und Zukunft 94
        Mit dem Perfekt zur Perfektion 94
        Über das Perfekt hinaus: Plusquamperfekt 95
        Bald wird es vollendet sein: das Futur II 97
    Spiel, Spaß und Denksport 99

Kapitel 5
Essen und Wohnen im alten Rom **101**

    Leben, um zu essen, essen, um zu leben 101
        Der Römer lebt (fast) vom Brot allein 102
        Gemüse für ein Weltreich 102
        Schwein gehabt! 103
        Jetzt wird's fruchtig 104
        Maggi her 105
        Zum Wohl 105
    Esskultur im alten Rom 107
        Drei anständige Mahlzeiten am Tag 107

Gute Tischmanieren. 108
Angriffswaffen und ihre Verwendung bei Tisch. 109
Sein oder essen: Das ist die wahre Frage. 110
Velle (wollen). 111
Nolle (nicht wollen) 111
Malle (lieber wollen). 112
Ferre (tragen, bringen) 112
Ire (gehen) 112
Trautes Heim, Glück allein 113
Das Stadtleben 113
Das Landleben 114
Spiel, Spaß und Denksport 115

Kapitel 6
Der römische Kalender. **117**
Die Römer und ihr Kalender 117
Stunden und Tage fliegen vorbei. 118
Monate und ihre Namen. 118
Die Jahre vergehen wie im Flug 119
An welchem Tag sehen wir uns? 120
Römische Feiertage 121
Immer Ärger mit dem Ablativ 122
Wie spät ist es? 123
Wohin gehst du?. 123
Alles und noch viel mehr. 124
Ist das denn die Möglichkeit? – Der Konjunktiv. 127
Der Konjunktiv Präsens. 128
Die perfekten und nicht ganz so perfekten Zeiten des Konjunktivs. 129
Nebensachen: Nebensätze 131
Finalsätze (Begehr-, Absichts- oder Zwecksätze). 131
Konsekutivsätze (Folgesätze) 131
Der Konjunktiv im Relativsatz. 132
Indirekte Fragesätze 132
Der Konjunktiv in cum-Sätzen 132
Der römische Götterhimmel 133
Die Großen Zwölf 134
Hausputz mit Göttern 135
Klopf auf Holz: Aberglaube 135
Spiel, Spaß und Denksport 137

Kapitel 7
Das römische Militär **139**
Bei den Soldaten 139
Zum Erfolg exerziert 140
»Gegrüßt seist du, oh Offizier«. 142
Soldatenwerkzeug: arma et tela 143

Die Substantive der vierten und fünften Deklination 145
    Die Substantive der vierten Deklination 145
    Die Substantive der fünften Deklination 147
Probleme mit Pronomen? 148
    Ich und du – Personalpronomen 148
    Meins oder deins? – Possessivpronomen 149
    Dieses oder jenes? – Demonstrativpronomen 149
    Beziehungsprobleme – Relativpronomen 151
    Spiel, Spaß und Denksport 153

Kapitel 8
Sport und Unterhaltung im alten Rom 155

Lasset die Spiele beginnen 155
    Heilige Spiele 156
    Nichts für Angsthasen: Gladiatorenkämpfe 156
    Immer im Kreis: Wagenrennen 159
Schön, schöner, am schönsten: Die Steigerung des Adjektivs 161
    Adjektive im Komparativ 161
    Adjektive im Superlativ 163
    Unregelmäßige Steigerungen 164
Alles ausverkauft: Theater in Rom 164
    Eine tragische Geschichte 165
    Zum Totlachen 166
    Spiel, Spaß und Denksport 168

Kapitel 9
Das römische Staatswesen 169

Die Herrscher der Welt 169
    König für einen Tag: Die Könige Roms 170
    Vom Volk, für das Volk: Die römische Republik 171
    Die Republik ist tot, es lebe die Republik – Die Kaiserzeit 175
    Auch Verben können leiden: Das Passiv 176
    Das Passiv von Präsens, Imperfekt und Futur I 176
    Das Passiv von Perfekt, Plusquamperfekt und Futur II 177
Infinite Verbformen 180
    Das Partizip Präsens Aktiv (PPA) 181
    Das Partizip Perfekt Passiv (PPP) 182
    Das Partizip Futur Aktiv (PFA) 183
    Das Gerundivum 184
    Das Gerundium 186
    Spiel, Spaß und Denksport 189

Kapitel 10
Dauerhafter als Erz: Lateinische Literatur 191

Das geschriebene Wort 192
    Als es das Wort »Urheberrecht« noch nicht gab 192
    Die Hautevolee der römischen Literaturszene 193
    Vom Vermessen lateinischer Dichtkunst 194

Gute Bedingungen für die Grammatik	196
Das ist möglich	196
Die ist wirklich	196
Das ist nicht wirklich	197
Das war nicht wirklich	197
Infos aus zweiter Hand – die indirekte Rede	197
Latein und seine Infinitive	198
Wie man mit der indirekten Rede fertig wird	199
Und was die Römer sonst noch geschrieben haben	202
Briefe	202
In Stein gemeißelt: Inschriften	203
Schmierereien an der Wand: Graffiti	204
Spiel, Spaß und Denksport	205

TEIL III
UNSER TÄGLICHES LATEIN 207

Kapitel 11
Juristenlatein 209

Eine (sehr) kurze Geschichte des römischen Rechts	210
Verbrechen und Strafe im alten Rom	211
Vor Gericht im alten Rom	212
Das römische Gerichtsverfahren – und was die Römer dort sagten	213
Die Hauptdarsteller und Statisten im Gerichtssaal	214
Antikes Juristenlatein	215
Modernes Juristenlatein	217
Römische Rechtsgrundsätze und weitere lateinische Wendungen	218
Lateinische Wendungen, die es auch noch gibt	222
Spiel, Spaß und Denksport	225

Kapitel 12
Medizinerlatein 227

Die Benennung des Körpers: Anatomische Fachsprache	227
Namen für Kopf, Schultern, Knie und Zehen	228
Die alten Knochen	228
Kraftprobe: Ein paar Muskeln	230
Die Innenarchitektur	230
Einige gebräuchliche medizinische Fachbegriffe	234
Spiel, Spaß und Denksport	236

Kapitel 13
Kirchenlatein 239

Christ sein im alten Rom	240
Christenverfolgungen	241
Endlich wird es besser	242
Die Vulgata: Eine Bibel für das gemeine Volk	244

Die frühe Kirche und ihre Sprache 244
    Oh Herr, hilf mir (und auch anderen)!. 245
    Gott wird angerufen 245
    An Gottes Seite. 249
    Begriffe für die Schöpfung 249
    Das Vaterunser auf Latein 252
    Und noch ein paar lateinische Wendungen (und ihre Geschichte) 253
    Spiel, Spaß und Denksport. 256

Kapitel 14
Biologenlatein 259
Grundsätzliches zur Bestimmung. 259
    Man muss nicht genial sein, um das Genus zu erfassen 261
    Welcher Art sind die Arten? 261
Fauna und Flora. 264
    Behaart, kriechend und immergrün: Bekannte Pflanzengattungen
    und Artnamen. 264
    Eine Rose ist eine Rose ist eine Rose. Oder doch nicht?. 266
    Spiel, Spaß und Denksport. 266

Kapitel 15
Latein übersetzen und lesen. 269
Satzstellung oder wo zum Teufel ist das Subjekt? 269
Wie man zu einer sinnvollen Übersetzung kommt. 270
    Wie einfache Sätze übersetzt werden. 271
    Wie Satzreihen übersetzt werden 272
    Echtes Latein: Martialisches mit Martial. 275
    Wie Satzgefüge übersetzt werden. 276
    Mehr echtes Latein: Catulls großer Fang 277
    Wie man den Konjunktiv übersetzt 279
    Spiel, Spaß und Denksport. 282

Kapitel 16
Latein für jede Lebenslage 285
Der zitierbare Römer. 285
    Römer über die Liebe 286
    Römer über den Krieg. 287
    Aus dem Munde von Julius Caesar 288
    Noch ein Bier: Römer über das Trinken 289
    Lateinische Zitate von anderen berühmten Leuten 289
Lateinische Weisheiten: Ratschläge zum Leben 291
Lateinische Wahlsprüche. 293
    Wahlsprüche bekannter Organisationen und Institutionen 294
    Wahlsprüche von Ländern und Städten. 294
    Kluge Redewendungen 295
    Spiel, Spaß und Denksport. 297

TEIL IV
DER TOP-TEN-TEIL ... 299

Kapitel 17
Zehn lateinische Fremdwörter ... 301

Kapitel 18
Zehn falsche Freunde: Was beim Übersetzen oft
falsch gemacht wird ... 305

Kapitel 19
Zehn häufige lateinische Präfixe ... 309

Kapitel 20
Zehn wichtige lateinische Suffixe ... 311

Kapitel 21
Zehn heute gebräuchliche lateinische Abkürzungen ... 315

Kapitel 22
Zehn nützliche Websites über Latein und die Römer ... 317

TEIL V
ANHANG ... 321

A: Deklinations- und Konjugationstabellen ... 323

B: Konjugationstabellen ... 326

C: Mini-Wörterbuch ... 333

D: Spiel, Spaß und Denksport: Lösungen ... 367

Stichwortverzeichnis ... 377

Einleitung

Man kann die Menschheit in zwei Gruppen unterteilen: die, die in der Schule Latein gelernt haben (oder lernen), und die, die es nicht gelernt haben (oder nicht lernen). Zu welcher Gruppe man gehört, hängt von der Schmerzgrenze des Einzelnen ab und davon, wie motivierend späte Genugtuung für ihn ist. Warum? Weil Latein im Ruf steht, schwirig, todlangweilig und, wenn man es dann mal beherrscht, unnütz zu sein – außer, Gott bewahre, man will Lateinlehrer werden.

Latein hat diesen schlechten Ruf zu Unrecht. Erstens ist es nicht wirklich schwierig. Klar muss man ein paar Regeln kennen und einige Kniffe beherrschen, wenn man das aber erst mal kann, ist Latein eigentlich ziemlich einfach. Zweitens ist es nicht langweilig. Latein war die Sprache des alten Rom, der Großmacht der Antike. Die Römer waren die, die eine Republik gründeten, die irgendwann zu einem Weltreich wurde, das Jahrhunderte Bestand hatte; die Römer ernannten Kaiser (und brachten sie zu Fall); sie erbauten das Kolosseum, das Pantheon, den Limes; und ihnen gebührt der Lorbeer für eine der wichtigsten Erfindungen, die der Mensch je gemacht hat: Zement.

Außerdem ist es oft ganz nützlich, Latein zu können. Wohl wahr, man wird es wahrscheinlich nicht sprechen, schließlich gibt es niemanden mehr, dessen Muttersprache Latein ist. Latein übt aber immer noch einen gewissen Einfluss auf die Welt aus, und zwar durch die vielen Sprachen, die sich daraus entwickelt haben, wie zum Beispiel Französisch, Italienisch und Spanisch. Latein hatte auch einen starken Einfluss auf die deutsche Sprache, denn unglaublich viele deutsche Wörter stammen aus dem Lateinischen. (Jeder von uns benutzt lateinische Wörter, ohne dass er es bemerkt.) Eines der bestgehüteten Geheimnisse über Latein ist, dass man, wenn man Latein lernt, nicht nur irgendwann Latein versteht, es hilft auch, die deutsche Sprache besser zu verstehen. Alles in allem nicht übel für eine tote Sprache.

Über dieses Buch

Was macht dieses Buch so gut? *Sie* bestimmen, wo Sie anfangen und was Sie lesen. Sie können in dieses Buch ein- und aus diesem Buch aussteigen, wie Sie wollen. Schauen Sie sich das Inhaltsverzeichnis oder das Stichwortverzeichnis an, dort finden Sie, was Sie suchen.

Jedes Kapitel besteht aus mehreren Abschnitten, und in jedem Abschnitt finden sich Informationen, die Sie brauchen, um Latein zu verstehen, zum Beispiel:

✔ Wie man lateinische Substantive und Adjektive dekliniert und lateinische Verben konjugiert

✔ Wie Sie einen Satz so übersetzen, dass er im Deutschen sinnvoll klingt

✔ Wie Latein auch heute noch das Deutsche beeinflusst

✔ Interessante Dinge über die römische Kultur

Konventionen in diesem Buch

Damit Sie sich in diesem Buch gut zurechtfinden können, gibt es einige Konventionen:

✔ Lateinische Begriffe sind **fett gedruckt**, um sie hervorzuheben.

✔ Übersetzungen stehen in Klammern nach den lateinischen Begriffen.

✔ Konjugationstabellen (Tabellen, in denen ein Verb mit seinen verschiedenen Formen aufgeführt ist) sind zweispaltig. In der ersten Spalte stehen die Personalformen des Verbs im Singular (Einzahl), also »ich« (1. Person Singular), »du« (2. Pers. Sg.), »er/sie/es« (3. Pers. Sg.). In der zweiten Spalte stehen die Personalformen des Verbs im Plural (Mehrzahl), also »wir« (1. Person Plural), »ihr« (2. Pers. Pl.), »sie« (3. Pers. Pl.). Hier als Beispiel mal die Konjugation des Verbs **amo, amare, amavi, amatum** (lieben).

Singular	Plural
amo	amamus
amas	amatis
amat	amant

Das Lernen von Sprachen ist schon was Spezielles, deshalb gibt es in diesem Buch einige Dinge, die es in anderen *… für Dummies* nicht gibt:

✔ **Im Gespräch:** Am besten (und am leichtesten) lernt man Sprachen, wenn man sie benutzt. Sie werden wohl nicht viele Leute finden, mit denen Sie sich auf Latein unterhalten können, aber diese Dialoge zeigen, wie die Sprache funktioniert. Die kurzen Dialoge unter der Überschrift »Im Gespräch« zeigen die lateinischen Vokabeln, ihre Verwendung im Satz und die deutsche Übersetzung.

✔ **Kleiner Wortschatz:** Wenn man eine Sprache lernt, ist es unerlässlich, wichtige Vokabeln und Wendungen zu kennen, deshalb haben wir die wichtigsten Vokabeln eines Kapitels (oder eines Abschnitts) am Ende des Kapitels (oder des Abschnitts) in einer Liste zusammengestellt. Es gibt einiges, das man über diese Listen wissen sollte:

  • Die Funktion lateinischer Substantive ist abhängig von ihrer Deklination und ihrem Genus (grammatisches Geschlecht), deshalb sind die Substantive in den Listen in den ersten beiden Kasus (Fällen), dem Nominativ und dem Genitiv, angegeben, in denen sie auch im Wörterbuch stehen. Außerdem ist das Genus der Substantive angegeben, mehr darüber in Kapitel 2.

    coquus, coqui, m (Koch)

  • Weil lateinische Adjektive in *K*asus, *N*umerus und *G*enus mit dem Substantiv übereinstimmen müssen, das sie ergänzen (sogenannte *KNG*-Kongruenz), sind die Adjektive in den Listen im Maskulinum, Femininum und Neutrum angegeben.

    frigidus, frigida, frigidum (kalt)

- Verben werden in Abhängigkeit von ihrer konjugierten Form übersetzt, deshalb stehen in den Listen nicht nur der Infinitiv eines Verbs, sondern auch seine Stammformen in der Reihenfolge, in der sie auch im Wörterbuch zu finden sind, nämlich 1. Person Singular Indikativ Präsens Aktiv, Infinitiv Präsens Aktiv, 1. Person Singular Indikativ Perfekt Aktiv und das Partizip Perfekt Passiv.

  paro, parare, paravi, paratum (vorbereiten)

- ✔ **Spiel, Spaß und Denksport:** Die Chancen, dass Sie jemanden finden, der mit Ihnen Latein spricht, damit Sie das Gelernte üben können, sind relativ gering. Deshalb haben wir uns einige Rätsel und kurzweilige Aufgaben ausgedacht, anhand derer Sie das Gelernte vertiefen können. Mit den »Spiel-Spaß-und-Denksport«-Aufgaben können Sie außerdem Ihre Lernfortschritte überprüfen.

Törichte Annahmen über die Leser

Als wir dieses Buch geschrieben haben, haben wir uns ein paar Gedanken über Sie gemacht:

- ✔ Sie können kein Latein – oder Sie hatten Latein in der Schule und haben alles vergessen.

- ✔ Sie suchen kein Buch, mit dem Sie perfekt Latein lernen können; Sie wollen ein paar Vokabeln, Wendungen und den Aufbau einfacher Sätze lernen, damit Sie einfaches Latein verstehen können, wenn Sie es sehen (oder erkennen, wenn Sie es hören).

- ✔ Sie wollen keine langen Vokabellisten oder Unmengen an langweiligen Grammatikregeln auswendig lernen.

- ✔ Sie wollen Spaß haben und gleichzeitig etwas Latein lernen.

Wie dieses Buch aufgebaut ist

Damit Sie schnell das finden, was Sie suchen, besteht dieses Buch aus fünf Teilen, die alle ein bestimmtes Thema behandeln. In jedem Teil gibt es eine Reihe von Kapiteln, die sich mit diesem Thema befassen.

Teil I: Los geht's

Dieser Teil vermittelt die Grundlagen, die Sie brauchen, um mit Latein zurechtzukommen – die Aussprache der Wörter und die grundlegenden Regeln der lateinischen Grammatik. Um Ihr Selbstvertrauen zu stärken, werden Sie hier auch einiges finden, das Ihnen bekannt vorkommen dürfte.

Teil II: Der Römer tägliches Latein

Die Welt der Römer ist faszinierend. In diesem Teil erfahren Sie alles mögliche Wissenswerte über das Leben im alten Rom und darüber, wie die Römer ihre Sprache in den entsprechenden Situationen benutzt haben. Teil II bietet Wissenswertes über die römische Familie, die mächtige römische Armee, römische Unterhaltung und vieles andere mehr.

Teil III: Unser tägliches Latein

Latein wird heute zwar nicht mehr gesprochen, es spielt in vielen Bereichen der Wissenschaft aber immer noch eine große Rolle. Dazu gehören Medizin und Rechtswissenschaft, einige Bereiche der Naturwissenschaft wie Zoologie und Botanik und, nicht zu vergessen, die Kirche. Weil man so oft auf die lateinische Sprache stößt, werden in diesem Teil die Begriffe und Wendungen erklärt, die man oft hört. Da Sie hier all diese Vokabeln kennenlernen, sind Sie dann in der Lage, Latein zu übersetzen. In diesem Teil erfahren Sie also, wie Sie sich das, was Sie lesen oder hören, zusammenreimen müssen, damit etwas Sinnvolles rauskommt.

Teil IV: Der Top-Ten-Teil

Im Top-Ten-Teil finden Sie Listen, die ganz hilfreich sind, wenn Sie leicht verdauliche Informationen suchen. In diesem Teil sind Listen mit zehn gebräuchlichen lateinischen Abkürzungen, mit lateinischen Vorsilben und Wortendungen und mit lateinischen Fremdwörtern.

Teil V: Anhang

Dieser Teil dient vor allem zum Nachschlagen. Wir haben hier Deklinations- und Konjugationstabellen und ein kleines Wörterbuch reingepackt. So können Sie ganz einfach Vokabeln nachschlagen, die Sie sich partout nicht merken können. Wenn Sie Ihre »Spiel-Spaß-und-Denksport«-Aufgaben kontrollieren wollen, finden Sie hier die Lösungen.

Symbole, die in diesem Buch verwendet werden

Damit Sie einfacher die Dinge finden, die Sie wirklich interessieren, und um die Informationen hervorzuheben, die besonders nützlich sind, haben wir die folgenden Symbole benutzt:

Dieses Symbol hebt Ratschläge, Vorschläge und Hinweise hervor, die jemand, der Latein lernt, gut brauchen kann.

Dieses Symbol ist neben wichtigen Informationen, die Sie sich merken sollten, zu finden.

Dieses Symbol taucht neben Wissenswertem auf, das zwar interessant ist, das Sie aber ohne Weiteres überspringen können, Sie verpassen nichts, was Sie unbedingt fürs Weiterlernen brauchen. Das ist ein Standardsymbol bei den *Dummies*.

 Latein hat ziemlich viele Eigenarten, die einen aus dem Konzept bringen können; es gibt zu viele Ausnahmen, die man kennen muss, um korrekt übersetzen zu können. Manchmal werden Grammatikregeln ausführlicher erklärt, damit Sie besser verstehen, warum Latein ist, wie es ist. Dieses Symbol soll Ihre Aufmerksamkeit auf diese grammatischen Eigenarten lenken.

 Mit diesem Symbol sind kulturelle Schmankerln gekennzeichnet und Informationen über Latein und die Römer hervorgehoben. Wenn Sie mehr über die Kultur wissen wollen, die so eng mit der lateinischen Sprache verknüpft ist, suchen Sie dieses Symbol.

 Bei diesem Symbol gibt es Unterhaltsames, manchmal auch ein bisschen Klatsch und Tratsch.

Wie es weitergeht

Dieses Buch ist so aufgebaut, dass Sie anfangen können, wo Sie wollen. Sie müssen nicht vorne anfangen und sich dann bis zum Ende durcharbeiten. Sollten Sie Latein auch dann nicht erkennen, wenn es direkt vor Ihnen ist, dann fangen Sie vielleicht am besten mit Teil I an – dort finden Sie die wichtigsten Grammatikregeln. Danach können Sie machen, was Sie wollen. Blättern Sie das Buch durch, schauen Sie sich das Stichwortverzeichnis an, gehen Sie das Inhaltsverzeichnis durch. Sie finden bestimmt etwas, das Sie interessiert und Ihr Wissen auf diesem Gebiet mehrt.

Teil I
Los geht's

> **IN DIESEM TEIL …**
>
> Viele Leute trauen sich nicht so recht an die lateinische Sprache heran, weil sie ihnen so fremd erscheint. Denn warum sollte jemand, dessen Muttersprache das heutige Deutsch ist, auch mit einer toten Sprache vertraut sein? Es fällt uns doch schon schwer genug, Mittelhochdeutsch, ganz zu schweigen von Althochdeutsch, zu verstehen.
>
> In Wirklichkeit ist Latein gar nicht so fremd, wie es auf den ersten Blick erscheinen mag. Viele Fremdwörter, die wir tagtäglich benutzen, stammen aus dem Lateinischen – sie haben die gleiche Bedeutung, die gleiche oder eine ähnliche Schreibung und sie werden genauso gebraucht wie das lateinische Wort. Außerdem gibt es durchaus Ähnlichkeiten in der Grammatik des Lateinischen und des Deutschen (zum Beispiel werden Nomen in beiden Sprachen dekliniert und Nomen und Adjektive, die zusammengehören, stimmen in Kasus, Numerus und Genus überein (sogenannte KNG-Kongruenz). Aber dennoch gibt es große Unterschiede zwischen Latein und Deutsch, und um Latein vernünftig lesen zu können, muss man diese Unterschiede verstehen.
>
> Dieser Teil bietet all denen, die kein Latein können (oder sich nicht daran erinnern), einen guten Anfangspunkt. Hier können Sie herausfinden, wie viel Latein Sie schon können, und hier werden die Grundlagen der lateinischen Grammatik erklärt.

> **IN DIESEM KAPITEL**
>
> Lateinische Wörter, die jeder kennt
>
> Lateinische Fremd- und Lehnwörter
>
> Das lateinische Alphabet
>
> Aussspracheregeln

Kapitel 1
Ein wenig Latein kann jeder

Wenn Sie sich Latein zum ersten Mal anschauen, denken Sie vielleicht »Das kommt mir spanisch vor!« Sie erinnern sich an Geschichten über strenge Lehrer und es geistern Bilder von endlosem Auswendiglernen durch den Kopf. Immerhin ist Latein nichts für intellektuelle Leichtgewichte. Es ist die Sprache von Julius Caesar, Marc Anton, Vergil, Ovid und Augustinus. Dichter, Philosophen und Politiker der Neuzeit wie Johann Wolfgang von Goethe, Karl Marx und Franz Josef Strauß konnten Latein. Leonardo da Vinci benutzte Latein als Code, indem er es rückwärts schrieb, damit man seine Notizen nicht so einfach lesen konnte. Und im Film *Tombstone* erkennt Doc Holliday, dass sein Gegner ein gebildeter Mann ist, weil er die Sprache der Cäsaren beherrscht.

Noli timere!, würden die Römer jetzt sagen. »Fürchte dich nicht!« Denn was haben denn die Sklaven, Gladiatoren und Tagelöhner im alten Rom gesprochen? Latein natürlich – und das kann jeder. Die meisten Leute können schon ein wenig Latein, sie sind sich dessen nur nicht bewusst. In diesem Kapitel geht es um bekannte Wörter und Ausdrücke. Lehnen Sie sich also zurück und genießen Sie unseren kleinen Ausflug ins alte Rom.

Latein: Nicht so tot, wie man denkt

Es heißt ja immer, Latein sei eine tote Sprache. Es gab wohl auch zu allen Zeiten genügend Schüler, die im Lateinunterricht vor Langeweile fast gestorben sind. Dennoch sind die Gerüchte über das Ableben von Latein ziemlich übertrieben.

Ursprünglich war Latein die Sprache einiger weniger Menschen, die um das 8. Jahrhundert v. Chr. in Mittelitalien lebten. Irgendwie gelang es diesen Leuten, den Einwohnern einer Stadt namens Rom, ihr Einflussgebiet immer weiter zu vergrößern, bis sie schließlich den gesamten Mittelmeerraum beherrschten. Damit wurde Latein neben Griechisch zur Verkehrssprache im Römischen Reich.

Kriege, Intrigen und ein allgemeiner Niedergang führten 476 n. Chr. zum Fall des westlichen Teils des einstmals mächtigen Römischen Reichs – aber Latein ging nicht mit dem letzten weströmischen Kaiser dahin. Die Menschen schrieben, lasen und sprachen weiterhin Latein. Nach und nach wurde Latein dann immer weniger gebraucht, aber an Universitäten wurde bis weit in die Neuzeit noch auf Latein gelehrt. Heute ist Latein nur in dem Sinn tot, als es niemanden mehr gibt, dessen Muttersprache es ist. Anders ausgedrückt: Kein Mensch lernt mehr als erste Sprache Latein. Dennoch reicht der Einfluss der lateinischen Sprache bis in die Gegenwart, denn zum einen haben viele moderne Sprachen ihre Ursprünge in der lateinischen Sprache, zum anderen beeinflusst Latein die Welt durch die reiche Literatur, Kunst und Kultur, die in der Größe Roms wurzelt.

Gemeinsamkeit schafft Vertrauen: Bekanntes Latein

Der Einfluss des Lateinischen auf den deutschen Wortschatz ist zwar nicht so groß wie der auf den englischen, wo mehr als die Hälfte aller Wörter lateinischen Ursprungs sind. Allerdings ist es ziemlich schwierig, Zahlen für das Deutsche anzugeben, weil man durch die Kombination von zwei oder mehr Wörtern immer neue Wörter schaffen kann. Insofern kann man sich schon trefflich darüber streiten, wie groß der deutsche Wortschatz überhaupt ist. Bei Zeitungstexten liegt der Anteil der Fremdwörter bei circa zehn Prozent, in Fachtexten ist ihr Anteil oft wesentlich höher. Von diesen Fremdwörtern sind wiederum circa 75 Prozent lateinischstämmig, entweder sie sind direkt vom Lateinischen ins Deutsche gekommen oder sie haben den Umweg über das Englische oder die romanischen Sprachen, vor allem das Französische, genommen. Aber jetzt soll endlich Schluss sein mit der Theorie (übrigens ein griechisches Fremdwort). Also nun **in medias res** (mitten hinein in die Dinge), wie der Lateiner sagt:

Schon mal ein *Video* gesehen oder eine *Audio*kassette gehört? Oder ein *Dokument* verschickt? Wer die kursiv gedruckten Wörter im letzten Satz schon mal benutzt hat, hat Latein benutzt. **Video** heißt »ich sehe« und **audio** heißt »ich höre«, **documentum** bedeutet »Lehre« oder »Beweis«. Sind Sie ein *homo sapiens*? Dann gehören Sie nicht nur der Menschheit an, der lateinische Begriff bezeichnet Sie auch noch als klug. Große Sportereignisse finden oft in einer *Arena* statt. Die Römer nannten den runden aus »Sand« bestehenden Kampfplatz im Amphitheater **arena**.

Viele lateinische Redewendungen sind so bekannt, dass sogar Nicht-Lateiner etwas damit anfangen können. Dazu gehört Caesars wohl berühmtester Ausspruch **veni, vidi, vici!** (Ich kam, ich sah, ich siegte!)

Im Deutschen gibt es viele Fremdwörter, die sich in ihrer Schreibung gar nicht oder nur geringfügig vom Lateinischen unterscheiden. In Kapitel 17 sind noch mehr aufgeführt, aber hier sind erst mal ein paar zur Einstimmung:

- ✔ **senator** (Senator)
- ✔ **gladiator** (Gladiator)

✔ **consul** (Konsul)

✔ **absolutus** (absolut)

✔ **excellens** (exzellent)

✔ **experimentum** (Experiment)

In den folgenden Abschnitten geht es um lateinische Lehn- und Fremdwörter, die beweisen, dass Latein alles andere als tot ist.

Lateinische Wörter in deutschem Gewand: Lateinische Lehnwörter

Man glaubt es kaum, aber das Deutsche hat viele Wörter aus dem Lateinischen übernommen, für die es gar keine deutsche Entsprechung gibt und denen man auch nicht ansieht, dass sie aus einer anderen Sprache kommen, denn im Laufe der Jahrhunderte haben sie sich immer mehr verändert. Das sind die sogenannten Lehnwörter. Manchmal hat sich allerdings auch die Bedeutung dieser Wörter gewandelt.

In Tabelle 1.1 sind einige lateinische Lehnwörter aufgeführt. Wer hätte gedacht, dass all diese Wörter ihren Ursprung im Lateinischen haben?

Latein	Bedeutung	Lehnwort
cella	Kammer, Keller	Keller
corpus	Körper	Körper
dictare	oft sagen, diktieren	dichten
fenestra	Fenster	Fenster
Iuno moneta	Juno, die Mahnerin	Münze
legere	sammeln, lesen	lesen
murus	Mauer	Mauer
nasus	Nase	Nase
nocturnus	nächtlich	nüchtern
schola	Lehrvortrag, Lehrstätte, Schule	Schule
scribere	schreiben	schreiben
tegula	Dachziegel	Ziegel
via strata	gepflasterter Weg	Straße
vinum	Wein	Wein

Tabelle 1.1: Lateinische Lehnwörter

Und das sind nur einige Beispiele für lateinische Lehnwörter.

Diese Lehnwörter sind nicht alle auf einmal in die deutsche Sprache übernommen worden. Es gibt mehrere Phasen, in denen Wörter aus dem Lateinischen entlehnt wurden. Schon ziemlich früh haben die Germanen Wörter wie **vinum, fenestra, murus** und **via strata** übernommen. **Strata** ist übrigens ein Partizip Perfekt Passiv, im Wörterbuch findet man es unter **sterno, sternere, stravi, stratum,** was so viel heißt wie »hinstreuen«, »ausbreiten« und im Zusammenhang mit Wegen und Straßen eben auch »pflastern« (mehr zu Wörterbuchformen finden Sie in Kapitel 2). Im frühen Mittelalter vermittelten dann die Klöster weitere lateinische Wörter ins Deutsche, das waren unter anderem **legere, scribere** und **schola** (was die Römer aus dem Griechischen übernommen hatten).

Manch einer mag sich angesichts Tabelle 1.1 wundern, was die Göttin Juno mit Münzen zu hat. Eigentlich nichts, der Beiname **Moneta** bedeutet »die Mahnerin« und steht in keinerlei Zusammenhang mit Geld. Aber im oder beim Tempel dieser **Iuno Moneta** auf dem Kapitol, einem der sieben Hügel Roms, wurden Münzen mit dem Bild der Göttin geprägt. Auf diesem Weg kamen die »Moneten« und die »Münzen« ins Deutsche, »money« ins Englische und »monnaie« ins Französische.

Auch viele Ortsnamen sind lateinischen Ursprungs und geben einen Hinweis auf die lange Geschichte dieser Orte, die bis in die Römerzeit zurückreicht. Als ältestes Stadt Deutschlands gilt Trier an der Mosel, die die Römer **Mosella** nannten, das römische **Augusta Treverorum**. Die Stadt wurde spätestens 16 v. Chr. gegründet und war lange Zeit die größte nördlich der Alpen. Ganz in der Nähe befand sich am linken Ufer des Rheins, den die Römer **Rhenus** nannten, **Noviomagus Nemetum**, das heutige Speyer, wo im 4. Jahrhundert n. Chr. ein Kastell gebaut wurde. Weitere römische Stadtgründungen findet man am Rhein und in Süddeutschland. Da wäre zum Beispiel **Bonna**, das heutige Bonn. Köln nannten die Römer **Colonia Claudia Ara Agrippinensium,** die Stadt war Sitz des Statthalters der Provinz **Germania Inferior**. Hauptstadt der Provinz **Germania Superior** war **Mogontiacum,** das heutige Mainz. Gegenüber der Mündung des Neckars in den Rhein bauten die Römer im 4. Jahrhundert n. Chr. ein Kastell, das sie **Alta ripa** (hohes Ufer) nannten, heute heißt dieser Ort Altrip. Das kurz nach Trier als Legionslager gegründete **Augusta Vindelicorum** heißt heute Augsburg und war die Hauptstadt der Provinz **Raetia**. Diese Liste ließe sich beliebig erweitern. Fakt ist, dass die Namen vieler Städte und Dörfer, die es schon in römischer Zeit gab und die in den Teilen Deutschlands liegen, die zum Römischen Reich gehörten, auf die lateinischen Namen zurückgehen, die sie vor Jahrhunderten erhalten haben.

Leicht zu erkennen: Lateinische Fremdwörter

Die Ursprünge von Lehnwörtern sind nur schwer zu erkennen, so sehr haben sie sich dem Deutschen angepasst. Fremdwörter erkennt man dagegen ziemlich leicht, sie tragen ihre Herkunft praktisch vor sich her, weil sie sich kaum vom Lateinischen unterscheiden. Gerade in der Wissenschaftssprache gibt es unendlich viele Fremdwörter aus dem Lateinischen, und da ist es ziemlich egal, um welche Wissenschaft es sich handelt, in den meisten wissenschaftlichen Texten ist der Anteil der Fremdwörter viel höher als in anderen Texten. In Kapitel 11 bis 14 geht es um den Einfluss des Lateinischen auf die Fachsprachen.

Oft unterscheiden sich Fremdwörter in ihrer Schreibung nur wenig vom Latein, manchmal hat sich aber ihre Bedeutung gewandelt. Viele lateinische Wörter sind auch nicht auf direktem Weg ins Deutsche gelangt, sondern haben den Umweg über das Englische oder eine romanische Sprache wie Französisch und Italienisch genommen. Manchmal hat sich auch nur die Endung des Wortes geändert. So wurde aus **auctoritas** *Autorität* und aus **religio** *Religion*. In Tabelle 1.2 sind einige gebräuchliche Fremdwörter mit ihrer lateinischen Bedeutung aufgeführt.

Latein	Bedeutung	Fremdwort
argumentum	Beweis	argumentieren, Argument
computare	zusammenrechnen	Computer
concurrere	zusammenlaufen, zusammenstoßen	konkurrieren, Konkurrenz, Konkurs
conservare	bewahren	konservativ, konservieren, Konserve
definire	abgrenzen, (näher) bestimmen	definieren, Definition
natio	Völkerschaft, Volksstamm	Nation
perspicere	durchschauen, genau betrachten	Perspektive
probare	prüfen, untersuchen; billigen	probieren, Probe, Proband
producere	vorführen, hervorbringen	produzieren, Produkt, Produktion
propagare	fortpflanzen, erweitern, ausdehnen	propagieren, Propaganda
reformare	umgestalten	reformieren, Reform, Reformation
simulare	nachahmen, vortäuschen, heucheln	simulieren, Simulant, Simulation
texere	weben	Text

Tabelle 1.2: Lateinische Fremdwörter

Oft erkennt man lateinische Fremdwörter an ihren Endungen. Wörter auf **-ion** kommen meist aus dem Lateinischen, wo sie auf **-io** enden, sie sind in der Regel feminin. Dazu gehören *Nation, Religion, Station*. Manche Endungen sagen auch etwas über die Bedeutung der Wörter aus. Lateinische Fremdwörter auf **-nt** bezeichnen jemanden, der aktiv etwas tut, dazu gehören der Agent, der Informant und der Simulant. Endet ein lateinisches Fremdwort aber auf **-nd**, passiert mit dieser Person oder Sache etwas, sie selbst ist passiv, das kann ein Proband oder ein Konfirmand oder ein Doktorand sein.

 Wenn ein Römer sich um ein Amt bewarb, trug er eine besondere Toga, die so stark gebleicht war, dass sie die Sonne reflektierte. Dieses besondere Kleidungsstück nannten die Römer **toga candida** (glänzendweiße Toga). So wusste jeder gleich, wer für ein öffentliches Amt kandidierte. Als es noch keine Wahlwerbung und Fernsehdebatten gab, musste man sich eben mit etwas anderem Aufmerksamkeit verschaffen. Und so sind wir zu unseren Kandidaten gekommen.

Ein Ratespiel

Decken Sie die letzte Spalte ab und versuchen Sie, die Bedeutung der lateinischen Verben mithilfe der Fremdwörter, die von ihnen abstammen, zu erraten:

Fremdwort	Lateinisches Verb	Bedeutung
Amateur	amare	lieben
navigieren	navigare	segeln, zu Schiff fahren
demonstrieren	demonstrare	genau zeigen, hinweisen
Gaudi	gaudere	sich freuen
konservativ	conservare	bewahren

Transkribieren und übersetzen, bitte!

Wir kennen lateinische Werke meist nur, weil Mönche im Mittelalter diese Werke immer wieder abgeschrieben haben. Dank dieser handschriftlichen Kopien sind die lateinischen Texte erhalten geblieben. Aber nicht nur das ist ein Verdienst der Mönche, sie sorgten auch dafür, dass man die Texte besser lesen konnte, indem sie Dinge wie Satzzeichen und Kleinbuchstaben einführten. Allerdings trugen nicht alle Veränderungen der Schrift zu einer besseren Lesbarkeit der lateinischen Texte bei. Vom 13. bis zum 15. Jahrhundert benutzten die Mönche eine Schrift, bei der die Buchstabenlinien genauso breit waren wie der Abstand zwischen den Buchstaben. Waren dann zu viele ähnliche Buchstaben hintereinander, sah das Ganze irgendwie aus wie ein Lattenzaun, zum Beispiel so:

Miminumiumniviumminimimuniumnimium

viniminumimminuiviviminimumvolunt

Übersetzt lautet der Satz: »Die winzigen Mimen der Schneegeister wünschen keinesfalls, solange sie leben, die gewaltige Aufgabe, den Wein der Verteidigung [zu bringen], um abzunehmen.« Das ist auch auf Deutsch nicht viel besser verständlich. Aber Sie erkennen, worum es geht.

Von A bis Z: Das lateinische Alphabet

Eine Sache, die Latein lernen ziemlich erleichtert, ist das Alphabet. Das Lateinische kennt keine ungewöhnlichen Buchstaben oder seltsamen Akzente. Wer in der Lage ist, mit dem deutschen Alphabet umzugehen, kommt auch mit dem lateinischen zurecht, denn es ist das gleiche. Einige Dinge sollten Sie sich jedoch merken:

✔ **Latein wird mit den gleichen Buchstaben geschrieben wie Deutsch**, es gibt allerdings ein paar Unterschiede:

- Die Römer kannten kein *W*.

- Es gibt nur ganz wenige lateinische Wörter mit *K*. Stattdessen benutzten die Römer *C*.

- *I* und *V* wurden sowohl als Konsonant als auch als Vokal benutzt. Erst viel später kam jemand auf den Gedanken, das *I* zu einem *J* zu biegen und aus dem *V* ein *U* zu machen.

- *Ä*, *Ö* und *Ü* gibt es im Lateinischen ebenso wenig wie *ß*.

✔ **Alles wurde zusammengeschrieben.** Die Römer ließen keine Zwischenräume zwischen den Wörtern und benutzten keine Satzzeichen, außerdem schrieben sie nur Großbuchstaben.

MANKANNHIERSEHENWIEDIERÖMERLANGEZEITGESCHRIEBENHABENSIEBENUTZ

TENNURGROSSBUCHSTABENUNDKAMENOHNESATZZEICHENAUSZWISCHENDENWÖR

TERNLIESSENSIENICHTMEHRPLATZALSZWISCHENDENBUCHSTABENANSCHEINEND

HATTENDIERÖMERMITDIESEMSYSTEMABERKEINESCHWIERIGKEITENDENNSIE

BRACHTENLATEINBISINDIELETZTEECKEIHRESREICHS

Schwer zu lesen, oder? Hier ist das Ganze noch mal mit Wortzwischenräumen, Satzzeichen und Groß- und Kleinschreibung:

Man kann hier sehen, wie die Römer lange Zeit geschrieben haben. Sie benutzten nur Großbuchstaben und kamen ohne Satzzeichen aus. Zwischen den Wörtern ließen sie nicht mehr Platz als zwischen den Buchstaben. Anscheinend hatten die Römer mit diesem System aber keine Schwierigkeiten, denn sie brachten Latein bis in die letzte Ecke ihres Reichs.

Zum Glück richten sich gedruckte lateinische Texte nach heute gängigen Konventionen. Es gibt also Satzzeichen; Satzanfänge und Namen werden großgeschrieben, und die einzelnen Wörter sind deutlich voneinander abgesetzt. In den meisten Texten wird auch zwischen *V* und *U* unterschieden, allerdings dient *I* weiterhin sowohl als Vokal als auch als Konsonant.

So klingt der Römer: Ausspracheregeln

Latein ist heute keine gesprochene Sprache mehr, es gibt niemanden, dessen Muttersprache Latein ist. Das war mal anders: In den Tagen, als das Römische Reich in seiner Blüte stand, sprach die gesamte zivilisierte Welt – also der Teil der Welt, den die Römer für zivilisiert hielten, weil sie ihn erobert hatten – Latein. Die meisten Leute, die Latein sprechen konnten, konnten es aber nicht lesen oder schreiben, Bildung konnte sich nur leisten, wer Geld hatte.

Zum Glück hinterließen Grammatiklehrer, die den immer zahlreicher werdenden **barbari** (Fremden) Latein, die Sprache der neuen Weltmacht, beibrachten, einige Hinweise zur Aussprache des Lateinischen. Auch die lateinische Literatur birgt Anhaltspunkte zur Aussprache. So macht der Dichter Catull (84–54 v. Chr.) sich zum Beispiel in einem seiner Gedichte über die Art und Weise lustig, wie jemand bestimmte Wörter ausspricht. Arrius, das Opfer von Catulls Spott, hat einige seiner Wörter übertrieben behaucht ausgesprochen. Genau genommen hat er ein »h« vor Vokale gesetzt, vielleicht sollte das Griechisch klingen und Arrius somit gebildeter. Da Catull sich über diese Aussprache lustig macht, kann man daraus schließen, dass diese Aussprache bei den Römern zu dieser Zeit nicht üblich – oder zumindest nicht salonfähig – war.

Durch die Kombination solcher Hinweise mit dem Wissen über die Bildung und Veränderung von Sprachen (in der Wissenschaft *historische Linguistik* genannt) konnten sich Wissenschaftler weitgehend über die Aussprache des Lateinischen einig werden, das zu Zeiten von Caesar und Cicero gesprochen wurde, das *klassische Latein*. Andere Aussprachregeln hat das *Kirchenlatein*, das sich im Mittelalter herausgebildet hat und heute noch in der katholischen Kirche in der lateinischen Messe oder in lateinischen Kirchenliedern benutzt wird.

Wenn Sie sich hauptsächlich für Texte interessieren, die vor dem 2. Jahrhundert n. Chr. entstanden sind, dann sollten Sie sich an die klassische Aussprache halten. Wenn es um das Latein geht, das mit der Kirche in Verbindung steht, oder um profane Texte, die seit dem 2. Jahrhundert n. Chr. entstanden sind, sollten Sie sich an die Aussprache des Kirchenlateins halten.

Klassisches Latein: Ausspracheregeln

Ein großer Vorteil von Latein ist, dass alle Buchstaben ausgesprochen werden. In einem lateinischen Wort kann man jeden Buchstaben hören. Bei der Aussprache müssen Sie deshalb nur wissen, wie Vokale (siehe Tabelle 1.3 und Tabelle 1.4) und Konsonanten (siehe Tabelle 1.5) klingen.

Langer Vokal	Aussprache	Kurzer Vokal	Aussprache
a	ah (V**a**ter)	a	a (h**a**t)
e	eh (n**eh**men)	e	e (tr**e**ffen)
i	ie (M**ie**te)	i	i (B**i**tte)
o	oh (Kr**o**ne)	o	o (Fl**o**tte)
u	uh (Fl**u**r)	u	u (K**u**tte)
y	ü (**ü**ber)	y	ü (H**ü**tte)

Tabelle 1.3: Vokale

Einige Laute aus zwei Vokalen, Diphthonge, sind zu einem Laut verschmolzen. Tabelle 1.4 zeigt ihre Aussprache.

Diphthong	Aussprache
ae	ei (m**ein**)
au	au (M**au**s)
ei	ej (englisch th**ey**)
ie	immer getrennt i-e
oe	eu (**Eu**ropa)

Tabelle 1.4: Diphthonge im klassischen Latein

Sehr selten sind die Diphthonge *ui* und *eu*, letzterer kommt fast nur in griechischen Fremdwörtern vor.

Die meisten lateinischen Konsonanten klingen, mit einigen Ausnahmen, wie im Deutschen. In Tabelle 1.5 sind die Ausnahmen:

Konsonant	Aussprache
c	k (**k**alt; nie wie zivil)
ch	k (**Ch**aos)
gn	ng+n (ng aus A**ng**st + n)
i	j (**j**ung; vor Vokal in derselben Silbe und zwischen Vokalen)
ph	p (**p**ur, nie wie Delphin)
r	r (auf der Zungenspitze gerollt wie im Italienischen)
s	s (Lo**s**; immer stimmlos)
ti	t+i (also na**ti**o, nicht wie »Nation«)
u	w (englisch **w**oman; vor Vokal)
v	w (englisch **w**oman)

Tabelle 1.5: Konsonanten im klassischen Latein

Im Gespräch

Ein römischer Senator unterhält sich mit seinem Vater:

Senator: **Pater, cur dignitatem in viris Romanis non video?**
Vater, warum sehe ich bei den römischen Männern keine Würde?

Pater: **Cur me rogas?**
Warum fragst du mich?

Senator: **Quod magna de dignitate et scribis et dicis.**
Weil du Bedeutendes über die Würde schreibst und sagst.

Pater: **Fama in magnis, dignitas autem in humilitate habitat.**
Ruhm wohnt bedeutenden Dingen inne, Würde dagegen wohnt der Demut inne.

Sie sollten daran denken, dass in der Antike der Buchstabe I anstelle des Konsonanten J benutzt wurde. Viele moderne Ausgaben lateinischer Texte haben diese Schreibweise beibehalten.

Kirchenlatein: Ausspracheregeln

Latein wurde in späteren Jahrhunderten ähnlich ausgesprochen wie das klassische Latein. Die Vokale wurden sogar genauso ausgesprochen. (Die Aussprache der Vokale im klassischen Latein ist in Tabelle 1.2 zu finden.) Unterschiede gibt es bei Diphthongen und Konsonanten. Siehe dazu Tabelle 1.6 und Tabelle 1.7, in denen nur angegeben ist, was von der klassischen Aussprache abweicht.

Diphthong	Aussprache
ae	ä (Fälle)
oe	ä (Fälle)

Tabelle 1.6: Diphthonge im Kirchenlatein

Die Konsonanten werden im Großen und Ganzen so ausgesprochen wie beim klassischen Latein (siehe Tabelle 1.5). Einige Laute werden später etwas weicher ausgesprochen, die Aussprache einiger Doppelkonsonanten wie *cc, gg* und *sc* ändert sich. Siehe Tabelle 1.7.

Konsonant	Aussprache
c	tsch (vor *e*- und *i*-Lauten [*e, i, ae, oe* und *y*] wie in Tra**tsch**, ansonsten *k* wie in **k**alt)
cc	tsch (vor *e*- und *i*-Lauten wie in kla**tsch**en, ansonsten *ck* wie in Mü**ck**e)
g	dsch (vor *e*- und *i*-Lauten wie in **Dsch**ungel, ansonsten *g* wie in **g**ut)
gg	dsch (vor *e*- und *i*-Lauten etwas stärker als in **Dsch**ungel, ansonsten wie in gin**g g**ut)
gn	nj (spanisch ca**ñ**on)
ph	ph (Del**ph**in)

Konsonant	Aussprache
sc	sch (vor *e*- und *i*-Lauten wie in **Sch**iene)
ti	tsi (Na**ti**on)
v	w (**W**ein)

Tabelle 1.7: Konsonanten im Kirchenlatein

Etwas fehlt noch: Betonungsregeln

Bevor Sie in die Welt des gesprochenen Lateins eintauchen können, brauchen Sie noch eine Kleinigkeit: die Betonung. Ein lateinisches Wort richtig zu betonen, ist aber so einfach wie eins, zwei, drei ... im wahrsten Sinne des Wortes. Bei einem zweisilbigen Wort ist die erste Silbe betont. Wörter mit mindestens drei Silben sind auf der drittletzten Silbe betont, außer die vorletzte Silbe ist lang, dann wird diese betont.

Und woher soll man wissen, ob die vorletzte Silbe lang ist? Es ist wieder so einfach wie eins, zwei, drei. Die vorletzte Silbe ist lang, wenn

✔ ihr Vokal lang ist, **vi-*de*-re** (sehen) zum Beispiel.

✔ ihrem Vokal zwei Konsonanten folgen, **ter-*res*-tris** (irdisch) zum Beispiel.

✔ sie einen Diphthong hat, **in-*au*-res** (Ohrringe) zum Beispiel.

> ### Zur endgültigen Verwirrung des Lesers
>
> Die letzten drei Silben haben Namen, auf die Sie in der ein oder anderen Lateingrammatik stoßen könnten: *antepaenultima*, *paenultima* und *ultima*. Klingt verwirrend, ist es aber nicht.
>
> Wenn Sie wissen, dass **ante** »vor« heißt, **paene** »fast« bedeutet und **ultima** »die letzte« ist, dann finden Sie ziemlich schnell raus, was diese Wörter eigentlich bedeuten:
>
> **Antepaenultima** bedeutet »fast vor der letzten« oder »drittletzte«.
>
> **Paenultima** bedeutet »vor der letzten«.
>
> **Ultima** bedeutet »die letzte«.
>
> Auf Deutsch sind das also die letzte, die vorletzte und die vorvorletzte Silbe.

> **IN DIESEM KAPITEL**
>
> Wie die Sache mit der Satzstellung und dem Genus von Substantiven funktioniert
>
> Wozu die Kasus des Substantivs und Konjunktionen da sind
>
> Woran man Substantive der ersten und zweiten Deklination erkennt
>
> Wie Verben das Präsens, das Imperfekt und das Futur bilden

Kapitel 2
Zur Sache: Grundlagen der lateinischen Grammatik

In der Monty-Python-Komödie *Das Leben des Brian* gibt es eine Szene, die jeder begeisterte Lateiner kennt. Ein Rebell aus der Provinz Judäa, mit Farbeimer und Pinsel bewaffnet, schreibt an eine Wand, dass die Römer nach Hause gehen sollen. Anstatt den Rebellen festzunehmen, fragt der zu grammatischer Erbsenzählerei aufgelegte Zenturio, der gerade vorbeikommt und »Romanes eunt domus« liest, ob der Rebell wirklich »Menschen, genannt Romanes gehen das Haus« schreiben wollte. Der Rebell muss nun so lange deklinieren und konjugieren, bis die lateinischen Formen stimmen. Damit der Rebell es sich wirklich merkt, muss er als Strafe den Satz 100 Mal in der grammatisch korrekten Form schreiben.

Um Latein zu können, braucht man mehr als ein paar Vokabeln, und, Sie mögen es glauben oder nicht, dabei ist die Grammatik extrem hilfreich. Latein ist eine sehr ausdrucksstarke Sprache, die ganze Gedanken mit nur einem Wort ausdrücken kann. Dieses Kapitel führt in die Grundlagen der Grammatik ein, sie macht mit Substantiven und Verben und nebenbei mit ein paar anderen Dingen bekannt.

Regellos: Der Satzbau einer flektierenden Sprache

Man betrachte die folgenden deutschen Sätze:

> Das Kind hat seinem Vater den Block mitgebracht.
>
> Das Kind hat den Block seinem Vater mitgebracht.
>
> Seinem Vater hat das Kind den Block mitgebracht.
>
> Den Block hat das Kind seinem Vater mitgebracht.

Die Satzstellung verändert sich, die Bedeutung des Satzes aber nicht (auch wenn er nicht in jeder Version gut klingt). Das geht im Deutschen, weil die grammatischen Beziehungen zwischen den Wörtern mithilfe der Wortendungen (Suffixe) ausgedrückt werden. Deshalb ist die Satzstellung im Deutschen recht flexibel. Das Lateinische ist in der Satzstellung noch flexibler. Auch im Lateinischen sind es die Wortendungen, die verraten, welche Aufgabe das betreffende Wort im Satz hat. Die Wörter selbst können in jeder beliebigen Reihenfolge stehen. Die Endung bestimmt, welches Wort Subjekt und welches Wort Objekt des Satzes ist. Endungen sind bestimmte Buchstabenkombinationen, die die verschiedenen *Kasus* (*Fälle*; sie zeigen an, welche Funktion das Substantiv im Satz hat) des Substantivs anzeigen.

Sprachen wie Deutsch und Latein nennt man *flektierende (beugende) Sprachen*. In diesen Sprachen wird die Funktion des Wortes im Satz durch die *Flexion (Beugung)* und nicht durch die Satzstellung bestimmt. Konkret heißt das, dass sich Artikel, Substantive, Pronomen und Adjektive verändern, je nachdem in welchem Kasus sie stehen. Auch Verben gehören zu den flektierbaren Wortarten.

Das klingt bekannt: Lateinische Substantive

Um mit Latein zurechtzukommen, müssen Sie verstehen, wie lateinische Substantive funktionieren, das ist dem Deutschen zum Glück einigermaßen ähnlich.

✔ Lateinische Substantive haben genau wie deutsche ein Genus (grammatisches Geschlecht): Das sind Maskulinum, Femininum und Neutrum. Im Deutschen erkennt man das Genus eines Substantivs am besten an seinem Artikel, Latein kennt zwar keine Artikel, das Genus ist aber an der Endung des Substantivs zu erkennen.

✔ Lateinische Substantive können in fünf Kasus stehen (das ist einer mehr als im Deutschen), die ihre Funktion im Satz bestimmen. Auch den Kasus erkennt man an der Endung des Substantivs.

✔ Lateinische Substantive lassen sich in fünf Deklinationsklassen einteilen. Das sind Gruppen von Substantiven, die nach dem gleichen Schema dekliniert werden. Genau wie die Kenntnis der fünf Kasus helfen die verschiedenen Deklinationen dabei, Latein korrekt zu übersetzen. (Mehr zum Deklinieren im Abschnitt *Deklination lateinischer Substantive* weiter hinten in diesem Kapitel.)

Von Bienchen und Blümchen: Was das Geschlecht in der Grammatik verloren hat

Einst fragte ein kleiner Junge seinen Vater, warum alle Schiffe weiblich seien. Der Vater antwortet, weil sie sich nicht rasieren müssten. Als der Junge darauf hinwies, dass er das auch nicht täte, erlitt der Vater grammatischen Schiffbruch. Pech, dass er dieses Buch nicht hatte.

Man unterscheidet zwischen natürlichem und grammatischem Geschlecht. Das grammatische Geschlecht wird in der Fachsprache *Genus* (das ist natürlich Latein und bedeutet »Geschlecht«, es heißt übrigens *das Genus*, der Plural ist *Genera*) genannt. Was das natürliche Geschlecht ist, ist klar – man ist entweder männlichen oder weiblichen Geschlechts. Aber was hat das Ganze mit Substantiven zu tun? Eigentlich ist das Ganze nur die Einteilung von Substantiven in drei Gruppen: in männliche, weibliche und sächliche (in der Fachsprache auf Latein: Maskulinum, Femininum und Neutrum). Im Deutschen ist das Genus eindeutig durch den Artikel *der, die* oder *das* zu bestimmen. Latein hat zwar keine Artikel, aber Sie können das Genus von Substantiven an ihrer Endung erkennen. Sie müssen nicht wissen, warum das so ist, wichtig ist, dass Sie wissen, wie es funktioniert.

Der einfachste Weg, das Genus eines Wortes festzustellen, ist, im Wörterbuch nachzuschlagen. Hinter jedem im Wörterbuch eingetragenen Substantiv steht *m, f* oder *n* – die Abkürzungen für Maskulinum, Femininum und Neutrum.

Das Genus eines Substantivs ist dann wichtig, wenn es um Adjektive geht. Adjektive beschreiben ein Substantiv näher und passen sich an das Genus des Substantivs an, daran können Sie auch erkennen, welches Adjektiv zu welchem Substantiv gehört (mehr über Adjektive gibt es in Kapitel 4). Hierin ähneln sich das Lateinische und das Deutsche, schließlich heißt es: *guter* Hund, *gute* Katze, *gutes* Pferd. Auf Latein sieht das so aus: **equus bonus** (gutes Pferd), **puella bona** (gutes Mädchen), **verbum bonum** (gutes Wort).

In vielen Sprachen, auch im Deutschen, erkennt man am Artikel (der, die, das, ein, eine), welches Genus das Substantiv hat. Latein gehört nicht dazu. Im klassischen Latein gibt es keine Artikel. Ob jemand von *einem* Hund (das kann irgendein beliebiger Hund sein) oder von *dem* Hund (das ist ein ganz bestimmter Hund) sprach, war eine Frage der Interpretation und konnte nur aus dem Zusammenhang geschlossen werden. Im Laufe der Zeit übernahmen dann Demonstrativpronomen (siehe Kapitel 7) die Funktion von Artikeln.

Die fünf Kasus lateinischer Substantive

Im Satz kann ein Substantiv als Subjekt (Satzgegenstand) oder als Objekt (Satzergänzung) auftreten. Welche Funktion das Substantiv erfüllt, ist am *Kasus* (Fall; Plural *Kasus*) erkennbar, in dem es steht. Darin ähneln sich das Lateinische und das Deutsche wieder. Im

Deutschen gibt es vier Kasus, das Lateinische kennt im Wesentlichen fünf Kasus. In welchem Kasus ein Substantiv steht, erkennt man an der Endung des Substantivs, sie ändert sich von Fall zu Fall.

Hier die fünf wesentlichen Kasus:

✔ **Nominativ** (Wer-Fall): Das Subjekt steht im Nominativ. Er antwortet auf die Frage *wer oder was?* (*Der Koch* versalzte die Suppe.)

Da Latein keine Artikel (der, die, das, ein, eine) hat, müssen Sie sie selbst einfügen, wenn Sie vom Lateinischen ins Deutsche übersetzen.

✔ **Genitiv** (Wessen-Fall): Zeigt ein Besitzverhältnis an. Er antwortet auf die Frage *wessen?* (Der Chef *des Kochs* war darüber nicht begeistert.)

✔ **Dativ** (Wem-Fall): Indirektes Objekt, bezeichnet meist Personen oder Belebtes. Antwortet auf die Frage *wem?* (Der Chef nahm *dem Koch* das Salzfass weg.)

✔ **Akkusativ** (Wen-Fall): Direktes Objekt, ist sehr vielseitig und kann die Richtung einer Tätigkeit oder das Ziel einer Handlung bezeichnen. Antwortet auf die Frage *wen oder was?* (Der Chef sah *den Koch* aus der Tür hinausgehen.)

✔ **Ablativ**: Diesen Kasus gibt es im Deutschen nicht. Ist sehr vielseitig und kann ausdrücken wie, wann, wo oder warum etwas geschieht. (Der Chef findet den Koch heulend *in einer Ecke*.)

Da es diesen Fall im Deutschen nicht gibt, muss man sich bei der Übersetzung mit Präpositionen und Nebensätzen helfen.

Kasus und der Numerus (Singular – Einzahl und Plural – Mehrzahl) eines lateinischen Substantivs lassen sich an seiner Endung (Suffix) erkennen. Im folgenden Abschnitt geht es um Suffixe und wie sie gebraucht werden.

Deklination lateinischer Substantive

Latein kennt fünf Deklinationsklassen. Das sind Gruppen von Wörtern, die ihre Kasus auf die gleiche Art und Weise bilden – das heißt, sie verwenden die gleichen Endungen. Ein Substantiv deklinieren bedeutet, es in alle möglichen Kasus zu setzen. In diesem Kapitel geht es um die ersten beiden Deklinationsklassen des Lateinischen. (Die anderen drei sind in Kapitel 4 und 7 dran.)

Substantive der ersten Deklination

Die erste Wortgruppe, die die gleichen Wortendungen verwendet, heißt *erste Deklination* oder *a-Deklination* (weil der Ablativ Singular auf **-a** endet). Alle Substantive der ersten Deklination haben die Endungen, die in Tabelle 2.1 zu sehen sind, um ihren Kasus anzuzeigen. Diese Substantive sind meistens feminin, nur Flüsse, zum Beispiel **Mosella** (Mosel), und die Substantive, deren natürliches Geschlecht es nahelegt, zum Beispiel **nauta** (Seemann) und **agricola** (Bauer), sind maskulin. Es gibt in dieser Deklination keine Neutra.

Kasus	Singular	Plural
Nominativ	-a	-ae
Genitiv	-ae	-arum
Dativ	-ae	-is
Akkusativ	-am	-as
Ablativ	-a	-is

Tabelle 2.1: Kasusendungen der ersten Deklination

In Tabelle 2.2 ist das Substantiv **puella** (Mädchen) in all seinen Formen zu sehen.

Kasus	Singular	Plural
Nominativ	puella	puellae
Genitiv	puellae	puellarum
Dativ	puellae	puellis
Akkusativ	puellam	puellas
Ablativ	puella	puellis

Tabelle 2.2: Deklination eines Substantivs der ersten Deklination

Hier ist ein Beispiel mit den Wörtern **terra** (Land), **agricola** (Bauer) und **puella** (Mädchen):

Terram agricolarum puella amat.

Anhand der Endungen können Sie sehen, in welchem Kasus die Substantive stehen, und dann den Satz übersetzen: »Das Mädchen liebt das Land der Bauern.« Das funktioniert folgendermaßen:

✔ Man sucht zuerst das Prädikat (die Satzaussage) des Satzes. In unserem Fall ist es das Verb **amat.** (Um Verben geht es im nächsten Teil dieses Kapitels: *Bühne frei für die Verben*). **Amat** heißt »er/sie/es liebt«.

✔ Als Nächstes sucht man das Subjekt des Satzes. Das Subjekt steht immer im Nominativ. Hier ist es **puella** (Mädchen), der Nominativ Singular endet auf **-a**. Bis jetzt heißt der Satz also »das Mädchen liebt«.

✔ Jetzt will man wissen, *wen oder was* das Mädchen liebt. Auf diese Frage antwortet der Akkusativ. Da **terra** (Land) hier auf **-am** endet, ist das das Akkusativobjekt. Wir wissen nun Folgendes: »Das Mädchen liebt das Land.«

✔ Bleibt noch **agricolarum.** Wegen der Endung **-arum** ist es der Genitiv Plural von **agricola** (Bauer), es heißt also »der Bauern«.

Nimmt man jetzt alles zusammen, fügt ein paar Artikel dazu, die es im Lateinischen nicht gibt, und bringt es in eine Reihenfolge, die im Deutschen vernünftig klingt, hat man »Das Mädchen liebt das Land der Bauern«.

Substantive der zweiten Deklination

Flamma fumo est proxima. Laut dem römischen Komödiendichter Plautus (um 254 bis 184 v. Chr.) »ist die Flamme dem Rauch sehr nah.« Auf Deutsch würde man sagen: »Wo Rauch ist, ist auch Feuer.« Und wo es eine Deklinationsklasse gibt, müssen noch mehr sein.

Zu den Substantiven der *zweiten Deklination* (oder *o-Deklination*, weil der Ablativ Singular auf **-o** endet) gibt es mehr zu erwähnen als zu denen der ersten Deklination, denn die Substantive im Maskulinum und die im Neutrum haben eine Reihe verschiedener Endungen. Die Substantive der zweiten Deklination sind Maskulina, wenn sie auf **-us** oder **-er** enden, und Neutra, wenn sie auf **-um** enden. In dieser Deklinationsklasse gibt es nur wenige Feminina, zum Beispiel **humus** (Erdboden), die haben dann die gleichen Endungen wie die Maskulina.

Kasus	Singular	Plural
Nominativ	-us (manchmal -er)	-i
Genitiv	-i	-orum
Dativ	-o	-is
Akkusativ	-um	-os
Ablativ	-o	-is

Tabelle 2.3: Kasusendungen der Maskulina/Feminina der zweiten Deklination

Achtung: Die Endung des Nominativ Singulars mancher Substantive der zweiten Deklination ist **-er**. In den anderen Formen wird die gleiche Endung wie bei den Substantiven auf **-us** angehängt. Bei den meisten dieser Substantive entfällt das **e** in den anderen Formen. Zwei Beispiele für maskuline Substantive der zweiten Deklination sind **amicus**, das Wort für »Freund«, und **ager**, das Wort für »Feld«.

In Tabelle 2.4 ist zu sehen, wie **amicus** und **ager** dekliniert werden.

Kasus	Singular	Plural	Singular	Plural
Nominativ	amicus	amici	ager	agri
Genitiv	amici	amicorum	agri	agrorum
Dativ	amico	amicis	agro	agris
Akkusativ	amicum	amicos	agrum	agros
Ablativ	amico	amicis	agro	agris

Tabelle 2.4: Kasusendungen der zweiten Deklination

Zu den Substantiven auf **-er,** bei denen das **e** erhalten bleibt, gehören unter anderem **puer** (Junge) und **vesper** (Abend).

Die Endungen der Neutra der zweiten Deklination ähneln denen der maskulinen Substantive. Weil sie sich so ähnlich sind, hat man sie zu einer Deklinationsklasse zusammengefasst. In Tabelle 2.5 sind die Endungen fett gedruckt, die sich von denen der Maskulina unterscheiden.

Kasus	Singular	Plural
Nominativ	**-um**	**-a**
Genitiv	-i	-orum
Dativ	-o	-is
Akkusativ	-um	**-a**
Ablativ	-o	-is

Tabelle 2.5: Kasusendungen der Neutra der zweiten Deklination

In Tabelle 2.6 wird gezeigt, wie **saxum**, ein Neutrum der zweiten Deklination, das »Fels« bedeutet, dekliniert wird.

Kasus	Singular	Plural
Nominativ	saxum	saxa
Genitiv	saxi	saxorum
Dativ	saxo	saxis
Akkusativ	saxum	saxa
Ablativ	saxo	saxis

Tabelle 2.6: Kasusendungen der zweiten Deklination

Die einzigen Formen, in denen sich die Neutra von den maskulinen unterscheiden, sind der Nominativ Singular, der Nominativ Plural und der Akkusativ Plural, die die Endungen **-um** und **-a** haben. Daraus kann sich eine verwirrende Situation ergeben, denn die Endung **-a** kann auch die Endung des Nominativs und Ablativs Singular eines Substantivs der ersten Deklination sein. Ein Beispiel für die mögliche Verwirrung ist folgender Satz:

Portat saxa puella in aqua.

Portare heißt »tragen«, ein **saxum** ist ein »Fels« oder »Steinblock«, **puella** bedeutet »Mädchen« und **aqua** ist »Wasser«. Wenn man die Bedeutungen der Wörter kennt, kommt man aber noch lange nicht auf die Bedeutung des Satzes. Zu dem lateinischen Satz passt eine der folgenden Übersetzungen, aber welche?

Das Mädchen im Wasser trägt Steinblöcke.

Die Mädchen im Wasser tragen Steinblöcke.

Das Mädchen im Wasser trägt einen Steinblock.

Die Mädchen im Wasser tragen einen Steinblock.

Das Mädchen auf den Steinblöcken trägt Wasser.

Die Mädchen auf den Steinblöcken tragen Wasser.

Das Mädchen auf dem Steinblock trägt Wasser.

Die Mädchen auf dem Steinblock tragen Wasser.

Sie müssen immer daran denken, dass die Satzstellung in der lateinischen Sprache kaum eine Rolle spielt. Die Reihenfolge der Wörter hilft bei der Übersetzung also nicht weiter. Um korrekt zu übersetzen, müssen Sie die Formen der Substantive exakt bestimmen. Dazu müssen Sie wissen, zu welcher Deklination sie gehören, und dabei hilft ein lateinisches Wörterbuch. Das Wörterbuch verrät nicht nur die deutsche Bedeutung des Wortes und sein Genus, sondern auch die Formen des Nominativs und Genitivs Singular. Man erkennt ein Substantiv der ersten Deklination daran, dass der Genitiv Singular auf **-ae** endet, und ein Substantiv der zweiten Deklination daran, dass der Genitiv Singular auf **-i** endet. Die Wörterbucheinträge der oben verwendeten Substantive sehen so aus:

saxum, saxi, n (Fels, Steinblock)

puella, puellae, f (Mädchen)

aqua, aquae, f (Wasser)

So erkennt man an den Endungen des Genitiv Singulars (**saxi, puellae** und **aquae**), dass **saxum** ein Substantiv der zweiten Deklination ist. Wenn Sie das wissen, können Sie die genauen Formen der Substantive bestimmen:

✔ **saxa** kann Nominativ und Akkusativ Plural sein.

✔ **puella** kann Nominativ und Ablativ Singular sein.

✔ **aqua** kann Nominativ und Ablativ Singular sein.

Und spätestens hier kommt das Prädikat ins Spiel (mehr zu Verben etwas weiter hinten in diesem Kapitel im Abschnitt *Bühne frei für die Verben*). **Portat** heißt »er/sie/es trägt«. Das Subjekt muss also im Nominativ Singular stehen. Da kommt eigentlich nur **puella** infrage, da **aqua** als Subjekt keinen Sinn ergibt. Es heißt also »das Mädchen trägt«. Daraus ergibt sich die Frage: *Wen oder was trägt das Mädchen?* Auf diese Frage antwortet der Akkusativ, **saxa** ist hier also ein Akkusativ Plural. Bleibt noch **aqua,** das dann nur noch Ablativ Singular sein kann. Beim Übersetzen hilft auch noch das Wörtchen **in,** das »in« bedeutet. Die korrekte Übersetzung des Satzes lautet also: »Das Mädchen im Wasser trägt Steinblöcke.«

Die Endung einiger maskuliner Substantive der zweiten Deklination ist im Nominativ Singular **-ius,** die einiger Neutra ist **-ium.** Bis ins Zeitalter des Augustus, das im 1. Jahrhundert v. Chr. begann, bildete man den Genitiv Singular dieser Substantive mit einem einfachen **-i.** Danach wurde der Genitiv Singular dieser Substantive mit **-ii** gebildet. Beide Formen sind also richtig.

Sie können die Deklinationsklasse und das Genus eines Substantivs immer mithilfe seines Wörterbucheintrags bestimmen.

Au! Das muss wehgetan haben!

Da die römische Gesellschaft multikulturell war, gab es in Rom viele Religionen, die aus anderen Teilen des Reichs kamen. Im 3. Jahrhundert v. Chr. gelangte der Kult der Kybele, einer phrygischen Muttergöttin, nach Italien. Die Priester der **Magna Mater**, der »Großen Mutter«, waren Eunuchen. Deren Vorbild war Attis, den Kybele aus Eifersucht in den Wahnsinn trieb, woraufhin er sich selbst entmannte und starb. Der Dichter Catull beschreibt in seinem *Carmen 63* ausführlich, wie Attis sich entmannt. Interessanterweise benutzt Catull für Attis ab dann Adjektive im Femininum.

Im Gespräch

Eine **regina** (Königin) und ein **servus** (Sklave) besprechen das Abendessen.

Servus: **Cibum et aquam ad triclinium portabo.**
Ich werde das Essen und das Wasser ins Speisezimmer bringen.

Regina: **Cultellos et mappas quoque in mensa pone.**
Leg auch die Messer und die Servietten auf den Tisch.

Servus: **Cibus et aqua nunc sunt in triclinio.**
Das Essen und das Wasser sind jetzt im Speisezimmer.

Regina: **Cur non cultelli et mappae sunt in mensa? Erat iussum meum.**
Warum sind die Messer und die Servietten nicht auf dem Tisch? Das war mein Befehl.

Servus: **Defessus eram et non memini.**
Ich war müde und habe nicht daran gedacht.

Regina: **Tu es servus reginae, et regina iussa servo dat!**
Du bist der Sklave der Königin, und die Königin gibt dem Sklaven Befehle!

Servus: **Mox ero servus in Elysio.**
Bald werde ich im Elysium Sklave sein.

Kleiner Wortschatz

agricola, agricolae, m	Bauer
amicus, amici, m	Freund
aqua, auae, f	Wasser
cibus, cibi, m	Speise, Nahrung
puella, puellae, f	Mädchen
regina, reginae, f	Königin
saxum, saxi, n	Fels(block), großer Stein, Steinblock
servus, servi, m	Sklave, Diener
terra, terrae, f	Land, Erde, Boden
triclinium, triclinii, n	Speisezimmer, Speisesofa

Die alten Römer glaubten nicht, dass gute Menschen nach dem Tod in den Himmel kommen und schlechte in die Hölle hinabfahren. Stattdessen glaubten sie, alle gingen **ad inferos,** in die Unterwelt. Dort kamen die Seelen der Bösen jedoch in den **Tartarus,** eine Gegend der Unterwelt, wo sie qualvolle Strafen über sich ergehen lassen mussten. Die guten Seelen kamen dagegen ins **Elysium,** wo sie sich ewiger Glückseligkeit erfreuten.

Bühne frei für die Verben

Substantive können zwar Personen, Orte, Dinge oder Gedanken benennen, aber kein Satz funktioniert ohne ein Verb. Ähnlich wie die Substantive sind lateinische Verben in Gruppen gegliedert, damit man besser damit zurechtkommt. So wie Substantive in verschiedene Deklinationsklassen gegliedert sind, sind die Verben in verschiedene Konjugationsklassen gegliedert. Die Kasusendungen der Substantive zeigen ihre Funktion im Satz an, die Personalendungen von Verben zeigen an, wer handelt. An der Endung des Substantivs können Sie schnell erkennen, ob es Singular oder Plural ist, von der Personalendung des Verbs erhalten Sie die gleiche Information, außerdem geht aus ihr hervor, in welchem Tempus (in welcher Zeit) das Verb steht. Frei nach dem Dichter Ovid (43 v. Chr. bis 18 n. Chr.): **Ille dies nefastus erit, per quem verba silentur.** – »Es wird ein unglücklicher Tag sein, an dem die Verben schweigen.« (*Fasti* I,47)

Die Riege der Konjugationen

Konjugieren kommt vom lateinischen Verb **coniungere**, das »verbinden« heißt. Konjugation bedeutet »die Verbindung des Verbalstammes mit Modus- und Tempuszeichen sowie Personalendung«. Genau wie eine Deklinationsklasse aus Substantiven besteht, die ihre Kasus auf die gleiche Art und Weise bilden, gehören Verben, die die verschiedenen Tempora auf die gleiche Art und Weise bilden, zu einer Konjugationsklasse. In diesem Teil geht es darum, wie Sie herausfinden, zu welcher Konjugation ein regelmäßiges Verb gehört, und wie Sie erkennen, wer wann handelt.

 Der Wörterbucheintrag eines lateinischen Verbs besteht aus mehreren Teilen. Normalerweise stehen vier Formen eines Verbs im Wörterbuch. Das sind die sogenannten *Stammformen*. Bei einem regelmäßigen Verb sieht dieser Eintrag so aus:

amo	amare	amavi	amatum
1. Person Singular Indikativ Präsens Aktiv	Infinitiv Präsens Aktiv	1. Person Singular Indikativ Perfekt Aktiv	Partizip Perfekt Passiv

In den meisten lateinischen Wörterbüchern steht nicht wie im Deutschen der Infinitiv an erster Stelle, sondern die *1. Person Singular Indikativ Präsens Aktiv*.

Regelmäßige lateinische Verben enden auf **-re** und gehören einer von vier Konjugationsklassen an. Um herauszufinden, zu welcher Konjugation ein Verb gehört, müssen Sie sich den Infinitiv und – im Zweifelsfall – die 1. Person Singular Präsens Indikativ Aktiv anschauen. Tabelle 2.7 bietet einen kurzen Überblick.

Infinitivendung	Konjugation	Beispiel	Bedeutung
-a-re	erste Konjugation	amare	lieben
-e-re	zweite Konjugation	tenere	halten
-e-re	dritte Konjugation	ponere	setzen
-i-re	vierte Konjugation	audire	hören

Tabelle 2.7: Infinitivformen der vier Konjugationen

Das sieht jetzt so aus, als hätten die zweite und dritte Konjugation die gleichen Infinitivendungen, nämlich **-e-re**. Wenn Sie sich die Betonung der Wörter im Wörterbuch genau anschauen, sehen Sie, dass das vorletzte e bei der zweiten Konjugation lang ist, bei der dritten Konjugation jedoch kurz.

Bei der Bestimmung der Konjugation ist es auch hilfreich, auf die 1. Person Singular Indikativ Präsens Aktiv zu schauen. Verben der zweiten Konjugation enden nämlich auf **-eo**. Der Wörterbucheintrag eines Verbs der zweiten Konjugation könnte also so aussehen:

Teneo, tenere, tenui, tentum – halten

Bei einem Verb der dritten Konjugation sähe er dagegen so aus:

Pono, ponere, posui, positum – setzen

Wenn Sie erkennen, zu welcher Konjugation ein Verb gehört, kommen Sie mit dem größten Teil der lateinischen Verben zurecht. In Kapitel 3 und 5 können Sie etwas über *unregelmäßige Verben* erfahren, die in kein Konjugationsschema passen.

Die dritte Konjugation ist etwas unübersichtlicher als die anderen, da in ihr verschiedene Konjugationen zusammengefasst sind. Zu ihr gehören Verben der sogenannten *konsonantischen Konjugation* wie **ponere,** das in Tabelle 2.7 steht, und Verben der sogenannten *gemischten* oder *kurzvokalischen i-Konjugation* wie **capere** (nehmen). Bei den letztgenannten Verben sehen die Formen, die mit dem Präsensstamm gebildet werden, so aus wie die der vierten Konjugation. Die erste Stammform von **capere** ist deshalb **capio.** In Tabelle 2.9 können Sie alle Konjugationen miteinander vergleichen.

Es ist persönlich gemeint – Personalendungen

Die alten Römer waren in der Lage, sich ohne viele Wörter auszudrücken. Ein lateinischer Satz kann aus einem einzigen Wort bestehen:

Cantatis.

Ihr singt.

Fertig ist der Satz. Dank der Endung des Verbs weiß man, wer handelt. Im Deutschen hat zwar auch jedes Verb eine Personalendung, die ist aber oft nicht eindeutig. Man braucht zumindest ein Personalpronomen, damit der Satz komplett ist und Verwechslungen ausgeschlossen sind, denn »singt« könnte ja auch die 3. Person Singular oder der Imperativ sein.

Latein kann es kürzer. Hier genügt die Personalendung. Personalpronomen benutzt der Römer nur, wenn diese Person besonders betont werden soll. Die hier vorgestellten Endungen heißen deshalb *Personalendungen,* weil sie anzeigen, wer handelt. Die Personalendungen des Aktivs (siehe Kapitel 9 zu Aktiv und Passiv) in Tabelle 2.8 sehen in den meisten Tempora so aus:

Singular	Bedeutung	Plural	Bedeutung
-o (-m)	ich	-mus	wir
-s	du	-tis	ihr
-t	er/sie/es	-nt	sie

Tabelle 2.8: Personalendungen des Aktivs

Sie sehen, dass die 1. Person Singular **-o** oder **-m** als Endung haben kann. Welche, ist abhängig vom Tempus, und mehr über Tempora gibt es weiter hinten in diesem Kapitel. Jetzt sollten Sie sich nur merken, dass eine simple Personalendung das Subjekt des Satzes bestimmt. Ein Blick auf diesen unsinnigen Satz genügt, um zu sehen, wie leicht lateinische Verben manchmal zu verstehen sind:

Cibum ****tis et aquam ****nt, sed vinum ****mus.

Die Sternchen da oben sind zwar keine richtigen Verben, aber trotzdem kann man erkennen, wer handelt. *Ihr* macht zum Beispiel etwas mit dem **cibus** (Speise), weil die Endung des Verbs **-tis** ist. *Sie* tun etwas mit dem **aqua** (Wasser), weil das Verb auf **-nt** endet, und **-mus** besagt, dass *wir* etwas mit dem **vinum** (Wein) machen. Hier ist der Satz jetzt noch mal mit den vollständigen Verben.

Cibum portatis et aquam gustant, sed vinum amamus.

Ihr tragt die Speise und sie kosten das Wasser, aber wir lieben den Wein.

Den Verbformen der 3. Person begegnet man häufiger als anderen. Ist ja auch logisch, wenn man bedenkt, dass Literatur normalerweise von irgendjemandem oder irgendetwas handelt, von dem in der 3. Person erzählt wird. Deshalb sollten Sie sich besonders die Endungen der 3. Person Singular und die der 3. Person Plural merken. Die Endung der 3. Person Singular (»er/sie/es«) Aktiv ist **-t,** die der 3. Person Plural (»sie«) ist **-nt.** Vielleicht hilft dieser Merksatz ja, sich alle Personalendungen in der richtigen Reihenfolge zu merken: Nach **O-s-t**-en **mus**tis**e** Ente

Genau wie im Deutschen müssen auch im Lateinischen das Subjekt und das Prädikat eines Satzes im Numerus übereinstimmen. Wenn also das Prädikat eines Satzes auf **-o, -s** oder **-t** endet, müssen Sie nur das Substantiv finden, das im Nominativ Singular steht, dann haben Sie das Subjekt des Satzes. Endet das Prädikat auf **-mus, -tis** oder **-nt,** steht das Subjekt im Nominativ Plural. Wenn das Subjekt nicht dasteht, wissen Sie trotzdem, dass es »ich« ist, wenn die Personalendung des Prädikats **-o** ist, bei der Personalendung **-s** ist das Subjekt »du« und immer so weiter.

O tempora, o verba! Verben und ihre Zeiten

Ein lateinisches Verb kann sehr viele Informationen enthalten. Es teilt nicht nur mit, wer handelt, sondern auch, wann diese Handlung stattfindet – und das alles nur mit Endungen.

Wenn Sie die Tempora der lateinischen Verben lernen, merken Sie, dass Latein eine sehr präzise Sprache ist. Latein hat sechs Tempora, drei davon werden in diesem Kapitel vorgestellt, die anderen drei in Kapitel 4.

Lebe im Heute! – Das Präsens

Wenn man die Personalendungen aus Tabelle 2.8 an den Präsensstamm eines Verbs hängt, dessen Stamm mit einem Vokal endet, erhält man das Präsens. Da der Präsensstamm von Verben der dritten Konjugation auf einen Konsonanten endet, kommt hier noch ein Bindevokal dazwischen. Die Vokale, an die die Personalendungen angehängt werden, sind:

✔ Bei der ersten Konjugation **a.**

✔ Bei der zweiten Konjugation **e.**

✔ Bei der dritten Konjugation **i.**

✔ Bei der vierten Konjugation **i.**

In Tabelle 2.9 ist zu sehen, wie das mit dem Vokal und den Personalendungen in den einzelnen Konjugationen funktioniert.

	Singular	Plural
1. Konjugation (a-Konjugation)	Singular	Plural
	amo	amamus
	amas	amatis
	amat	amant
2. Konjugation (e-Konjugation)	Singular	Plural
	teneo	tenemus
	tenes	tenetis
	tenet	tenent
3. Konjugation (konsonantische Konjugation)	Singular	Plural
	pono	ponimus
	ponis	ponitis
	ponit	ponunt
4. Konjugation (gemischte Konjugation)	Singular	Plural
	capio	capimus
	capis	capitis
	capit	capiunt
5. Konjugation (i-Konjugation)	Singular	Plural
	audio	audimus
	audis	auditis
	audit	audiunt

Tabelle 2.9: Formen des Indikativ Präsens Aktiv

Zu beachten ist, dass dieser Vokal in einigen Formen bei der ersten und dritten Konjugation fehlt – wahrscheinlich wurde der Vokal weggelassen, weil sich diese Formen ohne ihn leichter aussprechen lassen.

Bei der Übersetzung stellt das lateinische Präsens kein Problem dar, es wird nämlich weitgehend so gebraucht wie das deutsche Präsens auch.

Nicht alle Verben sind perfekt – das Imperfekt

Nein, es geht nicht um Verben, die irgendwie fehlerhaft sind. Das Imperfekt ist ein Tempus der Vergangenheit, es wird für Handlungen in der Vergangenheit verwendet, die eine Weile angedauert haben, die nie abgeschlossen wurden oder immer wieder stattgefunden haben. Das Imperfekt wird auch verwendet, um einen Versuch zu beschreiben oder den Hintergrund eines vergangenen Geschehens auszumalen. An einem einfachen deutschen Satz lässt sich eine der Verwendungen des Imperfekts darstellen:

> Als die Glocke läutete, hat der Lehrer meinen Namen genannt.

In diesem Satz geht es um zwei Dinge, die in der Vergangenheit passiert sind: das Läuten der Glocke und das Nennen des Namens. Das Nennen des Namens ist nur einmal passiert, die Glocke läutete aber für einige Zeit. Der Satz enthält keinen Hinweis darauf, dass das Läuten irgendwann aufgehört hat, und das Läuten war noch zu hören, als die Haupthandlung, das Nennen des Namens, stattfand. Also würde im Lateinischen »läutete« im Imperfekt stehen.

Das Imperfekt wird mit den gleichen Personalendungen gebildet wie das Präsens, die Endungen stehen in Tabelle 2.8. Allerdings wird zwischen Stamm und Endung als Tempuszeichen die Silbe **ba** eingefügt, vor der immer ein Vokal steht.

✔ Bei Verben der ersten Konjugation steht immer ein **a** vor dem **ba**.

✔ Bei Verben der zweiten, dritten und vierten Konjugation steht immer ein **e** vor dem **ba**.

Weil die Verben der zweiten, dritten und vierten Konjugation das Imperfekt auf die gleiche Art und Weise bilden, wird in Tabelle 2.10 nur jeweils ein Beispiel aus der ersten und zweiten Konjugation vorgestellt.

1. Konjugation	Singular	Plural
	am**aba**m	am**aba**mus
	am**aba**s	am**aba**tis
	am**aba**t	am**aba**nt
2. Konjugation	Singular	Plural
	ten**eba**m	ten**eba**mus
	ten**eba**s	ten**eba**tis
	ten**eba**t	ten**eba**nt

Tabelle 2.10: Formen des Indikativ Imperfekt Aktiv

 Sicher ist Ihnen aufgefallen, dass die 1. Person Singular im Imperfekt auf **-m** endet und nicht auf **-o**.

Bei der Übersetzung des Imperfekts ins Deutsche hat man mehrere Möglichkeiten. Am häufigsten wird das lateinische Imperfekt mit dem deutschen Präteritum übersetzt. Mit Zusätzen wie *dauernd, ständig, ununterbrochen, pausenlos* kann man die Dauer ausdrücken. Wenn es um eine Handlung geht, die regelmäßig wiederholt wird, kann man das mit *jemand pflegte etwas zu tun* umschreiben. Wird von einem Versuch berichtet, kann man das Imperfekt mit *jemand versuchte etwas zu tun* übersetzen. Welche Übersetzungsmöglichkeit Sie wählen, hängt auch vom Kontext ab, in dem der Satz steht. Hier sind einige lateinische Sätze mit Übersetzungsmöglichkeiten:

Dicebas et audiebamus, sed nunc dicimus et discedis.

Du sprachst und wir hörten zu, aber jetzt sprechen wir und du gehst weg.

Du sprachst immer wieder und wir hörten ständig zu, aber jetzt sprechen wir und du gehst weg.

Du pflegtest zu sprechen und wir pflegten zuzuhören, aber jetzt sprechen wir und du gehst weg.

... et vario noctem sermone trahebat infelix Dido longumque bibebat amorem.
(Vergil, *Aeneis* I, 748–749)

... die arme Dido zog die Nacht mit allerlei Gespräch hin und trank in langem Zug die Liebe.

Die Zukunft rückt näher

Das letzte Tempus, um das es in diesem Kapitel geht, ist das Futur I, die Zukunft. Kurz ausgedrückt verwendet man das Futur I, wenn man ausdrücken will, dass eine Handlung noch nicht stattgefunden hat, aber irgendwann in der Zukunft stattfinden wird.

Verben der ersten und zweiten Konjugation bilden das Futur I ähnlich wie das Imperfekt. Auch hier werden die Personalendungen aus Tabelle 2.8 benutzt, diesmal treten vor die Endung als Tempuszeichen allerdings die Buchstaben **b, bi** oder **bu**, siehe Tabelle 2.11.

1. Konjugation	Singular	Plural
	ama**b**o	ama**bi**mus
	ama**bi**s	ama**bi**tis
	ama**bi**t	ama**bu**nt
2. Konjugation	Singular	Plural
	tene**b**o	tene**bi**mus
	tene**bi**s	tene**bi**tis
	tene**bi**t	tene**bu**nt

Tabelle 2.11: Formen des Futur I Aktiv: 1. und 2. Konjugation

Die Verben der dritten und vierten Konjugation bilden das Futur I etwas anders. Sie erkennen das Futur I bei diesen Verben daran, dass vor der Endung ein anderer Vokal steht als im Präsens, nämlich **a** oder **e**. Die Personalendungen sind wieder die gleichen, wie in Tabelle 2.12 zu sehen ist.

3. Konjugation (konsonantische Konjugation)	Singular	Plural
	ponam	ponemus
	pones	ponetis
	ponet	ponent
3. Konjugation (gemischte Konjugation)	Singular	Plural
	capiam	capiemus
	capies	capietis
	capiet	capient

4. Konjugation	Singular	Plural
	audiam	audiemus
	audies	audietis
	audiet	audient

Tabelle 2.12: Formen des Futur I Aktiv: 3. und 4. Konjugation

Im Deutschen wird das Futur I mit dem Hilfsverb *werden*, gefolgt vom Infinitiv Präsens, gebildet.

Ich *werde* ins Kino *gehen*.

Oft benutzt man anstelle des Futurs auch das Präsens, und zwar vor allem dann, wenn der Zeitpunkt des Geschehens in der Zukunft genannt ist.

Morgen *gehe* ich ins Kino.

Das folgende Beispiel stammt aus der Vulgata, dem lateinischen Bibeltext. Die Aussprache folgt natürlich den Regeln für Kirchenlatein. Mehr zur lateinischen Aussprache in Kapitel 1.

Et invocabitis me et ibitis et orabitis et exaudiam vos; quaeretis et invenietis me cum quaesieritis me in toto corde vestro. (Jeremia 29, 12–13)

Und ihr werdet mich anrufen und zu mir kommen und mich bitten und ich werde euch erhören; ihr werdet mich suchen und finden, wenn ihr mich von ganzem Herzen gesucht habt.

Hier ist ein kleiner Merkvers, mit dessen Hilfe Sie sich die Bildung des Futur I besser einprägen können (die großartige lateinische Dichtung starb nicht mit Vergil!):

Die -a und die -e

die wollen ein **b,**

die -i und die -k

fünf **e** und ein **a.**

Mit -a und -e sind die ersten beiden Konjunktionen gemeint, die auch a- und e-Konjugation heißen und die das Futur I mit **b** bilden. -i steht zum einen für die vierte Konjugation, die auch i-Konjugation heißt, und zum anderen für den Teil der Verben der dritten Konjugation, die zur gemischten/kurzvokalischen i-Konjugation gehören. -k steht für die konsonantische Konjugation, zu der ein anderer Teil der Verben der dritten Konjugation gehört. Bei diesen Verben steht im Futur I bei der 1. Person Singular ein **a** vor der Endung, bei den anderen fünf Formen ein **e.**

Beim Futur I merken Sie, wie wichtig es ist, die Konjugationsklasse eines Verbs zu erkennen, sonst können Sie Futur I und Präsens leicht verwechseln. Sie erkennen die Konjugation eines Verbs immer an der ersten Stammform und am Infinitiv.

In diesem Kapitel taucht ein lateinisches Suffix in zwei völlig verschiedenen Zusammenhängen auf. Die Endung -am zeigt bei einem Substantiv der ersten Deklination den Akkusativ Singular an und bei Verben der dritten und vierten Konjugation die 1. Person Singular Futur I Aktiv. Der folgende Satz veranschaulicht diese Besonderheit:

Puellam audiam.

Ich werde das Mädchen hören.

Die meisten Substantive und Verben lassen sich natürlich einfach anhand ihrer Bedeutung unterscheiden. Und im Zweifelsfall gibt es ja noch das Wörterbuch.

Im Gespräch

Catullus und sein Freund Fabullus planen ihr Essen. (Halten Sie nach den Verben Ausschau und sehen Sie sich ihre Tempora an.)

Catullus:	**Fabulle, ad cenam apud me venies?**
	Fabullus, kommst du zum Essen zu mir?
Fabullus:	**Cum Horatio cenare in animo habebam.**
	Ich hatte im Sinn, mit Horatius zu essen.
Catullus:	**Sed coqui mei cibum optimum parabunt.**
	Aber meine Köche werden ein sehr gutes Essen zubereiten.
Fabullus:	**Adveniam, et vinum feram.**
	Ich komme und bringe (den) Wein mit.
Catullus:	**Bene! Cibum quoque feres?**
	Gut! Bringst du auch das Essen mit?
Fabullus:	**Cur? Me invitabas?**
	Warum? Du hast mich eingeladen?
Catullus:	**Sed coqui non parant quod non habeo.**
	Aber die Köche bereiten nicht zu, was ich nicht habe.

Kleiner Wortschatz

amo, amare, amavi, amatum	lieben
audio, audire, audivi, auditum	hören
canto, cantare, cantavi, cantatum	singen
capio, capere, cepi, captum	nehmen, fassen
dico, dicere, dixi, dictum	sagen
habeo, habere, habui, habitum	haben
invenio, invenire, inveni, inventum	finden, erfinden
oro, orare, oravi, oratum	bitten, beten, reden
paro, parare, paravi, paratum	vorbereiten
pono, ponere, posui, positum	setzen, stellen, legen
teneo, tenere, tenui, tentum	halten
traho, trahere, traxi, tractum	ziehen

Konjunktionen verbinden

Konjunktionen sind Bindewörter, die Wörter, Wortgruppen oder Sätze verbinden. Sie erkennen zwar sogleich, dass das Wort *Konjunktion* aus dem Lateinischen kommt, nämlich vom Verb **coniungere** (verbinden), aber leider lassen sich die deutschen Konjunktionen nicht von den lateinischen herleiten. Leider gibt es auch keine netten Merkverse. Es hilft nichts, Konjunktionen müssen Sie einfach auswendig lernen. Einige der häufigsten Konjunktionen sind:

- **et, atque, -que** (und): Das Suffix **-que** wird an das zweite Wort der zu verbindenden Wörter gehängt. Das Beispiel zeigt es:

    Cornelia et Flavia aquam harenamque amant.

    Cornelia und Flavia lieben Wasser und Sand.

- **etiam, quoque** (auch)

    multa quoque et bello passus dum conderet urbem (Vergil, *Aeneis* I, 5)

    und viel auch litt er im Kampf, bis die Stadt er gegründet.

- **aut** (oder): taucht diese Konjunktion zweimal im Satz auf, wird meist mit »entweder ... oder« übersetzt

    Aut viam inveniam aut faciam.

    Ich werde entweder einen Weg finden oder einen machen.

✔ **sed, autem, verum** (aber)

   Sed non videmus manticam quod in tergo est. (Catull, *Carmen* 22, 21)

   Aber wir sehen nicht den Rucksack, weil er uns vom Rücken hängt.

✔ **tamen** (trotzdem)

   Tamen discipuli multa de Romanis discunt.

   Die Schüler lernen trotzdem viel über die Römer.

✔ **nam, enim** (denn)

   Nam illa nimis antiqua praetereo. (Cicero, *In Catilinam* I)

   Denn ich übergehe die Dinge, die allzu alt sind.

✔ **ergo, igitur, itaque** (also, deshalb)

   Cogito ergo sum. (René Descartes, *Principia philosophiae* 4)

   Ich denke, also bin ich.

Spiel, Spaß und Denksport

Verbinden Sie das Substantiv mit dem zugehörigen Kasus.

1. saxa   Genitiv Plural
2. regina   Dativ Singular
3. amicorum   Akkusativ Plural
4. servo   Nominativ Singular

5. Fügen Sie die fehlenden Endungen der Substantive ein:

   a) Dativ Singular   agricol………
   b) Akkusativ Singular   amic…………
   c) Akkusativ Plural   sax…………
   d) Genitiv Plural   serv…………

6. Ergänzen Sie die fehlenden Endungen der Verben im Präsens:

   a) Puellae amicos ama…..
   b) Agricolae saxum in terra pon…..
   c) Servos cap…. (1. Pers. Plural).

7. Setzen Sie diese Verbformen in andere Zeiten:

   a) amas   > (Futur I)   ....

   b) audiunt   > (Futur I)   ....

   c) orat   > (Imperfekt)   ....

   d) teneo   > (Imperfekt)   ....

   e) dicimus   > (Imperfekt)   ....

Welche Übersetzung (a–f) passt zu den lateinischen Formen (Nr. 8–11)?

  8. audimus   a) ich hörte   d) du hörtest

  9. audiebam   b) ich werde hören e) wir hören

10. audietis   c) ihr hört   f) ihr werdet hören

11. auditis

Können Sie diese Sätze übersetzen? (**Achtung:** Alle Vokabeln kommen in diesem Kapitel vor.)

12. Agricolae saxa invenient.

13. Servi et puellae reginam audiebant.

14. In triclinio cibum paramus.

Die Lösungen finden Sie in Anhang D.

IN DIESEM KAPITEL

Wie die Römer sich begrüßt und angeredet haben

Über Städte, Länder und Nationalitäten

Das lateinische Verb **esse** (sein)

Wie man Fragen stellt

Die Sache mit den Präpositionen

Die Zahlen von eins bis hundert

Kapitel 3
Salve! Hallo! Begrüßungen im alten Rom

In jeder Sprache gibt es bestimmte Ausdrücke und Wendungen, mit denen man sich begrüßt, ein Gespräch anfängt, sich verabschiedet und so weiter. Einige Begrüßungen sind förmlicher als andere. Welchen Gruß man benutzt, kommt immer auf die Situation an, in der man sich gerade befindet. In einigen Situationen ist »Guten Tag!« angebracht, in anderen passt »Hallo!« oder »Na, wie geht's?« Das Gleiche gilt für die lateinische Sprache. Um den Kaiser zu grüßen, mag es zwar ausreichen, in seiner Toga dazustehen und zu salutieren, für den Alltag und die alltäglichen Begegnungen darf es aber ruhig etwas wortreicher sein. Die Römer kannten viele unterschiedliche Grüße, je nachdem ob es um den Gladiator in der Arena oder um den Bürger auf der Straße ging.

Und wie geht es nach den Begrüßungsworten weiter? Man spricht über alles Mögliche: Politik, Philosophie, die neugierigen Nachbarn, den frischen Fisch auf dem Markt und so weiter und so fort. Wenn Sie eine Sprache noch nicht richtig können, bleiben Sie aber besser erst mal beim Wesentlichen: Sie stellen sich vor, sagen, woher Sie sind, und stellen einige Fragen. Damit Sie dahin kommen, werden in diesem Kapitel einige der gebräuchlichen Begrüßungen und Abschiedsgrüße vorgestellt, außerdem wird gezeigt, wie Sie in der Ewigen Stadt eine einfache Unterhaltung führen.

Hallo und Tschüss: Begrüßung und Abschied im alten Rom

Für die alten Römer war jeder, der ihre Sprache nicht sprach, ein **barbarus** (Barbar), das war jemand, der so schnell wie möglich Latein lernen sollte. Einer der schnellsten und sichersten Wege, sich als **barbarus** zu erkennen zu geben, war es, bei den römischen Grüßen zu versagen. Zum Glück sind sie nicht allzu schwer zu merken:

- ✔ **Salve!** Wörtlich heißt das »sei gesund!«, normalerweise wird es mit »sei gegrüßt!« übersetzt. Manchmal verabschiedeten sich die Römer auch mit diesem Gruß, dann wird er mit »lebe wohl!« übersetzt.

- ✔ **Salvete!** Das ist der Plural von **salve**. Wenn man mehrere Leute gleichzeitig anspricht, benutzt man diesen Gruß.

- ✔ **Civis** (Bürger): Wenn man einen römischen Mitbürger anredet, dessen Namen man nicht kennt, benutzt man dieses Wort und nennt ihn Bürger.

- ✔ **Morituri te salutant!** Diesen Gruß sollte man nicht benutzen, es sei denn, man ist Gladiator, der gleich in den Kampf geht und der sich seiner Sterblichkeit bewusst ist. An den Kaiser oder den Ausrichter der Spiele gerichtet bedeutet der Gruß: »Die, die sterben werden, grüßen dich!«

Die Abschiedsgrüße der Römer ähneln ihren Begrüßungen: Auch hier hängt die Form von der Anzahl der Leute ab, die sie ansprechen:

- ✔ **Vale!** heißt wie **salve** wörtlich »sei gesund!« Es wird aber nur beim Abschied benutzt, also übersetzt man es mit »lebe wohl!«

- ✔ **Valete!** benutzt man wie **salvete** nur, wenn man mehrere Personen anspricht.

- ✔ **Pax tecum!** heißt »Friede sei mit dir!«

- ✔ **Pax vobiscum!** heißt »Friede sei mit euch!«

Junge, Junge: römische Männernamen

Freigeborene römische Bürger hatten normalerweise drei Namen:

- ✔ **praenomen** (Vorname)

- ✔ **nomen gentile** (Familienname)

- ✔ **cognomen** – ein zusätzlicher Name (Beiname) , der auf ein besonderes äußerliches Merkmal (der Name Rufus bedeutet zum Beispiel »rothaarig«), den Herkunftsort oder den Beruf einer Person anspielt

Ein typisches Beispiel ist Julius Caesar. Sein voller Name war Gaius Iulius Caesar. Seine Frau mag ihn mit seinem praenomen **Gaius** angesprochen haben. Seine Freunde benutzten entweder das praenomen oder sein nomen gentile **Iulius**. Er wird nur bei offiziellen Anlässen mit allen drei Namen, einschließlich dem cognomen **Caesar** angeredet worden sein.

Die Namen von ehemaligen Sklaven, den Freigelassenen, verraten etwas über ihren ehemaligen Besitzer und über ihren Hintergrund. Wenn ein Sklave freigelassen wurde, nahm er normalerweise das praenomen und das nomen gentile seines früheren Herrn an. Sein bisheriger Name wurde zum cognomen, der oft einen Hinweis auf seine Herkunft enthielt. **Publius Terentius Afer** war ein freigelassener Sklave, der aus der römischen Provinz Africa stammte. Er wurde ein berühmter römischer Komödiendichter, dessen Werke von Leuten wie Montaigne und Molière bewundert und nachgeahmt wurden. Das cognomen **Afer** bedeutet übrigens »der Afrikaner«.

Wenn man Männer, deren Name oder Titel auf **-us** endet, anspricht, benutzt man eine besondere Form des Namens, die *Vokativ* (*Anredefall*) genannt wird. Der Vokativ, abgeleitet von **vocare** (rufen), kennzeichnet, wer angesprochen wird.

- ✔ Wenn der Name auf **-us** endet, ist die Vokativendung im Singular **-e** und im Plural **-i**.

- ✔ Wenn der Name auf **-ius** endet, ist die Vokativendung im Singular und im Plural **-i**.

Mal angenommen, Sie reden Marcus an. Der Regel entsprechend nennen Sie ihn **Marce**. Wenn Sie Antonius ansprechen, nennen Sie ihn **Antoni**. Sprechen Sie mehr als einen **amicus** (Freund) an, benutzen Sie **amici**. Wenn Sie mehr als einen **filius** (Sohn) anreden, benutzen Sie **fili**.

Verwechslung vorprogrammiert

Die Römer hatten nur wenige **praenomina** (Vornamen) für Männer. Und diese wurden normalerweise nicht ausgeschrieben, sondern mit einem oder zwei Buchstaben abgekürzt. Einige der gebräuchlichsten Namen waren:

M.	Marcus	C.	Gaius (Ursprünglich wurde der Name Caius geschrieben, die Abkürzung wurde nie an die neuere Schreibweise angepasst.)
T.	Titus		
P.	Publius	Cn.	Gnaeus (Die ältere Form dieses Namens ist Cnaeus.)
Q.	Quintus		

Römische Frauennamen

Frauen mussten nicht an so viele Namen denken wie die Männer. Sie trugen einfach das **nomen gentile** (Familienname) des Vaters in der weiblichen Form. Caesars Frau **Calpurnia** hieß zum Beispiel nach ihrem Vater **Lucius Calpurnius Piso Caesoninus**. Die Tochter von Cicero hieß **Tullia**, Ciceros voller Namen war **Marcus Tullius Cicero**.

Allerdings bekam nur die erste Tochter den Namen des Vaters. Die folgenden Töchter wurden oft durchnummeriert, wodurch sofort klar war, in welcher Reihenfolge die Mädchen geboren worden waren. Sie hießen dann zum Beispiel **Secunda** (die Zweite), **Tertia** (die Dritte) und so weiter.

Dadurch war es ziemlich einfach, eine Frau anzusprechen. War der Anlass etwas formeller, fügte man noch hinzu, wessen Tochter sie war. Wenn es also Komplikationen gab, weil nicht klar war, welche Tullia man meinte, musste man nur wiederholen, dass man nach **Tullia Marci filia,** nach »Tullia, Tochter des Markus«, fragte.

Hier ist esse (sein)

Vielleicht kann man sich ja mit einem gut platzierten »**Salve!**« ins Haus eines Senators schmuggeln, aber das reicht im besten Fall für den **ianitor** (Türhüter). Um nicht gleich als **barbarus** (Barbar) abgestempelt zu werden, müssen Sie ein klein wenig über sich erzählen können, und dafür brauchen Sie das Verb **esse** (sein).

Genau wie das deutsche Verb »sein« ist **esse** ein unregelmäßiges Verb. Das heißt, dass **esse** nicht nach dem Schema konjugiert wird wie die meisten anderen lateinischen Verben (siehe Kapitel 2 für regelmäßige Verben). Um die Konjugation von **esse** im Gedächtnis zu behalten, lernen Sie die Formen am besten auswendig.

Es folgt der Indikativ Präsens des Verbs **esse**:

Singular	Plural
sum	sumus
es	estis
est	sunt

Hier der Indikativ Imperfekt von **esse**:

Singular	Plural
eram	eramus
eras	eratis
erat	erant

Und zum Schluss das Futur I von **esse**:

Singular	Plural
ero	erimus
eris	eritis
erit	erunt

Im Lateinischen gibt es drei verschiedene Tempora der Vergangenheit. Das Imperfekt beschreibt fortlaufende Handlungen und unterscheidet sich vom Perfekt, das für abgeschlossene Handlungen verwendet wird. In Kapitel 4 werden die beiden anderen Tempora der Vergangenheit (Perfekt und Plusquamperfekt) vorgestellt.

Hier einige Beispiele, die helfen sollen, alles zusammenzusetzen:

✔ **Gallia est omnis divisa in partes tres.**

Gallien ist in seiner Gesamtheit in drei Teile geteilt. (Caesar, *De Bello Gallico* I, 1,1)

✔ **Tantae molis erat Romanam condere gentem.**

Es war solch ein mühseliges Werk, das Geschlecht der Römer zu begründen. (Vergil, *Aeneis* I, 33)

✔ **et eritis mihi in populum et ego ero vobis in Deum.**

und ihr werdet mein Volk sein und ich will euer Gott sein. (Jeremia 11, 4)

Wenn Sie **esse** und einige Formen dieses Verbs kennen und dazu noch Ortsnamen (siehe Abschnitt *Woher kommst du?*, der jetzt gleich folgt) verstehen, können Sie mitteilen, wer Sie sind und woher Sie kommen.

Woher kommst du?

Das Römische Reich war multikulturell, wie Sie in Tabelle 3.1 sehen können. Es umfasste Millionen von Quadratkilometern in Europa, Asien und Afrika. Es reichte von der Iberischen Halbinsel im Westen und einem Teil der Britischen Inseln im Norden bis ans östliche Mittelmeer und das Schwarze Meer im Osten. Im Süden gehörten Ägypten und Nordafrika dazu. In seiner Blütezeit lebten dort über 50 Millionen Menschen.

Ort	Deutscher Name
Aegyptus	Ägypten
Bonna	Bonn
Britannia	Britannien
Carthago	Karthago
Corinthus	Korinth
Gades	Cadiz
Germania	Germanien
Hispania	Spanien
Massilia	Marseille
Patavium	Padua
Roma	Rom

Tabelle 3.1: Einige Städte und Provinzen des Römischen Reichs

Um zu erklären, aus welcher Ecke des Römischen Reichs man kommt, würde man sagen **Sum a Germania,** was heißt »Ich bin aus Germanien«, oder man sagt **Sum a Bonna,** »Ich bin aus Bonn.« Sie können diese Ortsnamen auch zu Adjektiven machen (dann kann man zum Beispiel sagen »Ich bin Römer«), was im folgenden Abschnitt *Bist du Römer?* gezeigt wird.

Bist du Römer?

Ein echter Römer erkannte vielleicht an der Art und Weise, wie jemand gekleidet war, dass derjenige nicht aus Rom war. Dann wollte er natürlich wissen, ob der Fremde ein Freund oder ein Feind ist, er wird also nachgefragt haben, woher der Fremde sei. Wenn der Fremde zumindest das Verb **esse** (sein) gebrauchen konnte und wusste, wie sein Geburtsort (siehe Abschnitt *Woher kommst du?*) auf Latein hieß, konnte er genau sagen, von wo er war.

Wenn Sie sich selbst vorstellen wollen, hat das auch mit dem Geschlecht zu tun. In Kapitel 2 können Sie etwas zum grammatischen Geschlecht, dem Genus, nachlesen, hier geht es aber um das natürliche Geschlecht. Wer die sanitären Anlagen benutzt, auf deren Tür **VIRI** (Männer) steht, muss ein Substantiv verwenden, das auf **-us** oder **-i** endet, um das männliche Geschlecht zu kennzeichnen. Geht man durch die Tür, auf der **FEMINAE** (Frauen) steht, müssen die Substantive auf **-a** oder **-ae** enden, um das weibliche Geschlecht anzuzeigen.

 Im Lateinischen funktioniert die Angabe der Nationalität wie im Deutschen. Sagt man »Ich bin Römer«, ist klar, dass ein Mann spricht, »Ich bin Römerin« sagt dagegen eine Frau. Das Geschlecht des Sprechers geht aus der Endung des Substantivs hervor (siehe Tabelle 3.2).

Genus	Numerus	Endung	Beispiele
Maskulinum	Singular	-us	Romanus (Römer)
			Graecus (Grieche)
			Aegyptius (Ägypter)
Maskulinum	Plural	-i	Romani (Römer)
			Graeci (Griechen)
			Aegyptii (Ägypter)
Femininum	Singular	-a	Romana (Römerin)
			Graeca (Griechin)
			Aegyptia (Ägypterin)
Femininum	Plural	-ae	Romanae (Römerinnen)
			Graecae (Griechinnen)
			Aegyptiae (Ägypterinnen)

Tabelle 3.2: Genus bei Nationalitätsbezeichnungen

Hier sind einige Beispiele:

✔ Ein Römer würde sagen **Sum Romanus,** was bedeutet »Ich bin Römer.« Eine Römerin würde jedoch sagen **Sum Romana.**

✔ Eine Gruppe Männer aus Griechenland würde sagen **Sumus Graeci,** »Wir sind Griechen«. Ihre Frauen und Töchter würden sagen **Sumus Graecae,** »Wir sind Griechinnen.«

✔ Wenn man seine Schwägerin vorstellen wollte, sagte man **Est Aegyptia,** »Sie ist Ägypterin.« Wollte man seine Freunde aus Germanien vorstellen, sagte man **Sunt Germani,** »Sie sind Germanen.«

Mal abgesehen von einigen Ausnahmen sind Städte und Länder feminin. Eine Gruppe von Leuten ist maskulin. Neunundneunzig Römerinnen und ein Römer sind trotz des Zahlenverhältnisses **Romani.**

Die Substantive, die die Herkunft angeben, können gleichzeitig Adjektive sein. Das funktioniert dann so:

✔ Ein **civis Romanus** ist ein »römischer Bürger«. (Die Bezeichnung **civis Romanus / Romana** erhält man heutzutage, wenn man Ehrenbürger der Stadt Rom wird.)

✔ **Servi Graeci** sind griechische Sklaven.

✔ Ein germanisches Mädchen ist **puella Germanica.**

✔ Ägyptische Königinnen sind **reginae Aegyptiae.**

Im Gespräch

Marcus ist ein junger Mann aus der Provinz, der zum ersten Mal in Rom ist. Julia ist die Tochter eines römischen Senators.

Marcus:	**Salve!**	
	Hallo!	
Julia:	**Salve! Esne civis?**	
	Hallo! Bist du Bürger?	
Marcus:	**Sum civis.**	
	Ich bin Bürger.	
Julia:	**Num es Romanus? Ubi habitas?**	
	Du bist doch kein Römer? Wo bist du zu Hause?	
Marcus:	**Habito in Gallia. Cur?**	
	Ich bin in Gallien zu Hause. Warum?	
Julia:	**Es puer Gallus, sum puella Romana. Vale!**	
	Du bist ein gallischer Junge, ich bin ein römisches Mädchen. Mach's gut!	
Marcus:	**Vale!**	
	Tschüss!	

Fragen stellen

Im Lateinischen können Fragen auf verschiedene Arten eingeleitet werden. Entweder Sie benutzen ein Fragewort wie **cur** (warum) oder **quo** (wohin) oder Sie hängen die Endung -ne ans erste Wort eines Satzes.

Wie man -ne benutzt

Eine Frage zu stellen kann ziemlich einfach sein. Manchmal genügt es, einfach die Endung -ne ans erste Wort des Satzes zu hängen. Da die Römer keine Satzzeichen benutzten, ist dieses Suffix das Kennzeichen, das klarmacht: Dies ist eine Frage, übersetze sie auch so!

Eine einfache Frage kann so aussehen:

> **Esne civis?**
>
> Bist du ein Bürger?

In dieser Frage hängt das Suffix -ne am Verb **es** (du bist). Die Konjugation von **esse** finden Sie im Abschnitt *Hier ist esse (sein)* weiter vorne in diesem Kapitel.

Und das könnte die Antwort sein:

> **Non sum, sed ero.** (Bin ich nicht, ich werde es aber sein.)

Häufige Fragewörter

Es folgen einige Fragewörter, die oft benutzt werden:

- ✔ **Ubi** (wo?), **quando** (wann?): Man benutzt **ubi,** wenn man wissen will, wo sich eine Person oder Sache befindet.

  > **Ubi es et quando eris in Graecia?**
  >
  > Wo bist du und wo wirst du in Griechenland sein?

- ✔ **Quo** (wohin?): Man benutzt **quo**, um zu fragen, wohin jemand geht.

  > **Quo vadis?**
  >
  > Wohin gehst du? (Die Legende erzählt, dass der heilige Petrus Jesus das gefragt hat, als er ihm in einer Vision erschienen ist. Auf dieser Legende beruht der Roman *Quo Vadis* von Henryk Sienkiewicz (1846–1916), der unter diesem Titel auch verfilmt wurde.)

- ✔ **Cur** (warum?): Man benutzt **cur**, um nach dem Grund einer Handlung zu fragen.

  > **Cur eras in Gallia?**
  >
  > Warum warst du in Gallien?

- ✔ **Quomodo** (wie?): Man benutzt **quomodo,** um zu fragen, auf welche Weise etwas geschieht.

    Quomodo aquam portabis?

    Wie willst du das Wasser tragen?

- ✔ **Quid** (was?): Man benutzt **quid,** um nach etwas zu fragen.

    Quid est?

    Was ist das?

- ✔ **Quis** (wer?): Man benutzt **quis,** um nach einer Person zu fragen.

    Quis est?

    Wer ist das?

 Wenn in einer Frage die Wörter **num** (etwa? doch nicht?) oder **nonne** (nicht? nicht wahr?) auftauchen, erwartet der Frager eine ganz bestimmte Antwort. Bei **num** wird die Antwort nein erwartet, bei **nonne** die Antwort ja.

Num Hannibal non est ad portas?

Hannibal steht doch nicht etwa vor den Toren?

Etwas mehr Hoffnung schwingt in dieser Frage mit:

Nonne Scipio barbarum superabit?

Wird Scipio den Barbaren nicht besiegen?

Kleiner Wortschatz

civis, civis, m/f	Bürger, Bürgerin
puella, puellae, f	Mädchen
puer, pueri, m	Junge
habito, habitare, habitavi, habitatum	wohnen, zu Hause sein
salve	Hallo! Sei gegrüßt!
salvete	Hallo! Seid gegrüßt!
vale	Tschüss! Leb wohl!
valete	Tschüss! Lebt wohl!
saluto, salutare, salutavi, salutatum	grüßen
vir, viri, m	Mann
femina, feminae, f	Frau
ubi	wo?
cur	warum?

Vorangestellt: Präpositionen

Präpositionen verknüpfen Wortgruppen miteinander und setzen sie in ein Verhältnis zueinander. Im Gegensatz zu Substantiven und Verben (mehr zur Deklination und Konjugation in Kapitel 2) sind sie unveränderlich. Das ist im Lateinischen genau wie im Deutschen.

Um eine Bewegung weg von einem Objekt, einem Ort oder einer Begleitung auszudrücken, benutzt man die folgenden Präpositionen mit dem Ablativ. Das ist der Kasus, bei dem die Substantive auf **-a, -is, -o, -e, -ibus, -u** oder **-ebus** enden.

✔ **a/ab** (von … weg/her, aus)

✔ **e/ex** (aus)

✔ **de** (von … herab)

✔ **in** (in, an, auf)

✔ **cum** (mit)

✔ **sine** (ohne)

✔ **pro** (vor, für)

✔ **prae** (vor)

✔ **sub** (unter)

✔ **super** (über, in Betreff)

Hier ist ein kleines Beispiel:

Cum amico in silva ambulo.

Ich spaziere mit meinem Freund im Wald.

Bei den Präpositionen **ab** und **ex** müssen Sie darauf achten, ob das folgende Wort mit Konsonant oder Vokal beginnt. Beginnt es mit einem Vokal, werden **ab** und **ex** benutzt. Beginnt das folgende Wort aber mit einem Konsonanten, werden diese Präpositionen zu **a** und **e** verkürzt.

Will man eine räumliche Beziehung oder die Bewegung auf etwas zu ausdrücken, benutzt man die folgenden Präpositionen und ein Substantiv im Akkusativ. Substantive im Akkusativ enden auf **-am, -as, -um, -os, -a, -em, -es, -us, -u** oder **-ua**.

✔ **in** (in, an, auf, nach)

✔ **ad** (zu, bei, an)

✔ **circum** (ringsum)

✔ **supra** (oberhalb, über)

- ✔ **sub** (unter)
- ✔ **super** (über, oben auf)

Wenn Sie alle diese Informationen über Präpositionen zusammennehmen, können Sie mit einem Satz wie diesem etwas anfangen:

E silva ad villam festinabo et cum amico in cameram ambulabo.

Ich werde aus dem Wald zum Haus eilen und mit dem Freund in das Zimmer spazieren gehen.

Die meisten Präpositionen stehen mit dem Akkusativ. Um sich die zu merken, die mit dem Ablativ stehen oder mit beiden Kasus, bietet sich folgender Merkspruch an:

Ablativ bei **ab, ex, de,**

cum und **sine, pro** und **prae,**

sonst steht der Akkusativ.

In, sub, super, nur die drei

treten beiden Kasus bei.

Bei Städtenamen funktioniert das mit den Präpositionen etwas anders. Um zu sagen, dass man in einer bestimmten Stadt ist, benutzt man bei Substantiven der ersten Deklination die Endung **-ae** und bei Substantiven der zweiten Deklination **-i**. Wenn man die Bewegung zu einer bestimmten Stadt hin ausdrücken will, haben Substantive der ersten Deklination die Endung **-am**, die der zweiten Deklination **-um**, und man benutzt dabei keine Präposition. Geht es um die Bewegung weg von einer Stadt, haben Substantive der ersten Deklination die Endung **-a**, Substantive der zweiten Deklination enden auf **-o** (im Plural beide **-is**) und auch hier stehen keine Präpositionen. Hier ist ein Beispiel:

Syracusis Brundisium navigabo, sed Romae habito.

Ich werde von Syrakus nach Brundisium segeln, aber ich wohne in Rom.

Zahlenspiele

Die alten Römer waren ein praktisch veranlagtes Volk. Die eher theoretische Mathematik überließen sie den Griechen, sie selbst benutzten ein Zahlensystem, mit dem man sowohl das Gefälle eines Aquädukts kontrollieren als auch das Steueraufkommen unter Caesar berechnen konnte. Es gibt viele Fremdwörter, die auf die Zahlen der Römer zurückgehen. Die römischen Ziffern sind auch heute noch in Gebrauch. Sie müssen sich in diesem Buch nur mal die Seiten mit den Cartoons ansehen!

Abgezählt: Kardinalzahlen

Im Lateinischen haben die ersten drei Kardinalzahlen (eins, zwei, drei) mehrere Formen. Die Form der Zahl ist abhängig vom Genus des Substantivs, zu der sie gehört. So wird ein maskulines Substantiv von einer Kardinalzahl im Maskulinum begleitet und so weiter. In Tabelle 3.3 sind die lateinischen Formen der Zahlen eins bis drei zu sehen.

	Maskulinum	Femininum	Neutrum
eins	unus	una	unum
zwei	duo	duae	duo
drei	tres	tres	tria

Tabelle 3.3: Kardinalzahlen 1, 2, 3

Auch das lateinische Wort für »tausend« hat mehrere Formen, die im Gegensatz zu den oben genannten aber nichts mit dem Genus zu tun haben. Stattdessen geben diese Formen (Singular und Plural) an, über wie viele Tausend man redet:

✔ Um anzuzeigen, dass es sich um Tausend handelt, benutzt man **mille** (Singular).

✔ Um anzuzeigen, dass es sich um mehr als Tausend handelt, benutzt man **milia** (Plural).

Von allen anderen Kardinalzahlen gibt es, wie in Tabelle 3.4 zu sehen ist, nur eine Form, sie sind nicht deklinierbar.

Lateinische Zahl	Übersetzung
quattuor	vier
quinque	fünf
sex	sechs
septem	sieben
octo	acht
novem	neun
decem	zehn

Tabelle 3.4: Kardinalzahlen von 4 bis 10

Die Zahlen von elf bis siebzehn haben die Endung **-decim**. **Undecim** ist elf, **duodecim** ist zwölf **et cetera** (und so weiter). Das funktioniert bis siebzehn nach diesem Schema. Interessanterweise werden achtzehn und neunzehn anders gebildet. **Duodeviginti** bedeutet wörtlich »zwei von zwanzig« und **undeviginti** bedeutet »eins von zwanzig«.

Die anderen Zahlen bis hundert werden in Verbindung mit dem Suffix **-ginta** gebildet. Sechsunddreißig ist zum Beispiel **triginta sex**. Die Verbindungen von 8 und 9 mit einem Zehner werden gewöhnlich durch Subtraktion vom nächsten Zehner gebildet: undequadraginta ist deshalb 39., duodesexaginta ist 58. Die Zahlen nach **centum** (hundert) werden in

Verbindung mit dem Suffix **-centi** (oder **-genti**) gebildet. Das sagenhafte Gründungsdatum von Rom, 753 v. Chr., ist somit **septingenti quinquaginta tres.**

»Rom wurde nicht an einem Tag errichtet.« Wie wahr! Ursprünglich war Rom nicht viel mehr als eine Ansammlung von Hütten, die auf mehreren Hügeln am Unterlauf des Tibers in Mittelitalien lagen. Diese Siedlungen wuchsen zusammen, und im Verlauf von Jahrhunderten wuchs Rom immer weiter und wurde schließlich zur Ewigen Stadt. Die Römer selbst haben die Gründung ihrer Stadt allerdings auf den 21. April 753 v. Chr. datiert. Hier ein kleiner Merkvers, um das sagenhafte Gründungsdatum Roms besser behalten zu können: Sieben, fünf, drei – Rom schlüpft aus dem Ei.

Auf Ordnung bedacht: Ordinalzahlen

Alle Ordinalzahlen (oder Ordnungszahlen) sind Adjektive. (Man benutzt sie, um Substantive zu beschreiben.) In Tabelle 3.5 sind die lateinischen Ordinalzahlen mit ihren Deklinationen aufgeführt.

Ordinalzahl	Maskulinum	Femininum	Neutrum
der/die/das erste	primus	prima	primum
der/die/das zweite	secundus	secunda	secundum
der/die/das dritte	tertius	tertia	tertium
der/die/das vierte	quartus	quarta	quartum
der/die/das fünfte	quintus	quinta	quintum
der/die/das sechste	sextus	sexta	sextum
der/die/das siebte	septimus	septima	septimum
der/die/das achte	octavus	octava	octavum
der/die/das neunte	nonus	nona	nonum
der/die/das zehnte	decimus	decima	decimum

Tabelle 3.5: Lateinische Ordinalzahlen

Es ist schon auffallend, dass viele Ordinalzahlen den Kardinalzahlen ganz ähnlich sind, allerdings gibt es einen großen Unterschied: Bei den Kardinalzahlen haben nur einige wenige verschiedene Genusformen, bei den oben gezeigten Ordinalzahlen haben *alle* verschiedene Genusformen. Deshalb müssen Sie darauf achten, dass das Genus einer Ordinalzahl immer mit dem Genus des zugehörigen Substantivs übereinstimmt.

Die meisten anderen Ordinalzahlen haben das Suffix **-esimus, -esima, -esimum.** Ein berühmter Mord geschah beispielsweise im **septingentesimus decimus** (siebenhundertzehnten) Jahr nach Gründung der Stadt Rom. Das war das Jahr, in dem Julius Caesar vorzeitig durch die Hände seiner Mitsenatoren starb. (So viel dazu, dass Caesar dafür gesorgt hatte, Diktator auf Lebenszeit zu werden. Die Mörder hatten wohl beschlossen, die Amtszeit ein wenig zu verkürzen.) Nach christlicher Zeitrechnung war das übrigens das Jahr 44 v. Chr. Die Römer zählten die Jahre **ab urbe condita**, »nach Gründung der Stadt«.

»I« hat es in sich: Römische Zahlen

Römische Zahlen bestehen im Prinzip aus Großbuchstaben. Wenn Sie die Buchstaben und die Grundregeln der Addition und Subtraktion kennen, können Sie loslegen. Hier sind die Ziffern, die Sie kennen müssen:

I = 1, V = 5, X = 10, L = 50, C = 100, D = 500 und M = 1000

Stehen zwei Ziffern nebeneinander, zieht man die kleinere von der größeren ab, wenn die kleinere Ziffer links steht. Steht die kleinere Ziffer rechts, zählt man sie zur größeren hinzu. Augustus, der erste römische Kaiser, lebte von LXIII v. Chr. bis XIV n. Chr., also von 63 v. Chr. bis 14 n. Chr.

50 (L) + 10 (X) + 3 (III) = 63

10 (X) + 4 (IV) = 14

Im Gespräch

In dieser Szene unterhalten sich Publius und seine Frau Pompeia über die Sache mit dem Wein.

Pompeia:	**Publi, quot amphoras vini e foro portabas?**
	Publius, wie viele Amphoren mit Wein hast du vom Forum hergetragen?
Publius:	**Duas amphoras porto, Pompeia, sed tres portabam.**
	Jetzt trage ich zwei Amphoren, Pompeia, aber ich habe mal drei getragen.
Pompeia:	**Ubi est amphora tertia?**
	Wo ist die dritte Amphore?
Publius:	**Est in stomacho!**
	Sie ist in meinem Magen!

Hannibal ante portas, richtig aber **Hannibal ad portas** (Cicero, *Philippische Reden* I, 11)

Hannibal (steht) bei den Toren (Roms)

Fast von Kindesbeinen an war Hannibal erbitterter Feind der Römer. Der gefürchtete geniale Feldherr der Karthager stand im 2. Punischen Krieg (218 – 201 v. Chr.) schon relativ nahe vor den Toren Roms, aber dann reichte sein Genie doch nicht aus, zu erkennen, dass sich ihm zu diesem Zeitpunkt die einmalige Chance bot, Rom zu erobern und den Krieg damit für die Karthager zu entscheiden. – Mit dem geflügelten Wort wird noch heute eine unmittelbar bevorstehende sehr große Gefahr bezeichnet. In der später verfilmten Komödie **Pappa ante portas** spielt Loriot nicht den großen Feldherrn, sondern einen kleinbürgerlichen Versager.

Spiel, Spaß und Denksport

Finden Sie die modernen Namen der folgenden Orte und Länder heraus!

1. Londinium……………….
2. Hispania……………….
3. Gallia……………….
4. Helvetia……………….

Können Sie die richtige Form von **esse** in die folgenden Sätze einsetzen?

5. Romani ……….. (sind) in Italia.
6. Ubi ………….. (wirst du sein)?
7. Quot pueri et puellae ………….. (waren) in foro?
8. …………… (Ich bin) Graecus, sed …………… (ihr seid) Aegyptii.

Diese Sätze sind schon etwas anspruchsvoller als die im vorhergehenden Kapitel, aber Sie können sie mit dem inzwischen erworbenen Wissen sicher übersetzen:

9. Estisne in foro?
10. In villa amicorum eramus.
11. Ubi eritis cras (cras: morgen)?
12. In Siciliam navigabimus (navigare: segeln).

Die Lösungen sind in Anhang D zu finden.

Teil II
Der Römer tägliches Latein

IN DIESEM TEIL ...

Es wäre möglich, eine Sprache zu lernen, ohne viel über die zugehörige Kultur zu wissen, aber warum sollte man das tun? Das wäre doch langweilig. Ganz nebenbei waren die Römer ein faszinierendes Volk, diese Menschen taten unglaubliche Dinge, deren Auswirkungen heute noch greifbar sind. Um das Lateinlernen interessanter und spaßiger zu machen, gibt es in diesem Teil neben Informationen über die Sprache auch Infos über die Römer. Wie lebten, arbeiteten, aßen und kämpften die Römer? Und wie amüsierten sie sich? Um all das geht es in diesem Teil. Und dazu kommt noch eine gute Prise Latein.

> **IN DIESEM KAPITEL**
>
> Wie man Substantive der dritten Deklination erkennt
>
> Wie man Adjektive gebraucht
>
> Noch mehr Tempora: das Perfekt, Plusquamperfekt und Futur II
>
> Wie die römische Familie funktioniert
>
> Wie die römische Gesellschaft aufgebaut ist

Kapitel 4
Familie und Gesellschaft im alten Rom

Durch alle Zeiten hindurch, von der Antike bis in die heutige Zeit, waren familiäre Beziehungen fest geknüpfte Bande. Als Julius Caesar Gallien eroberte, erfüllte ihn der Sieg über einen der gallischen Stämme mit besonderer Befriedigung, denn diese Leute hatten den Großvater seines Schwiegervaters getötet.

Tatsächlich waren die familiären Beziehungen in der Antike genauso komplex, wie sie es auch heute oftmals sind. Nur wenige Menschen außer Angehörigen der Oberschicht, Händlern oder Armeeangehörigen kamen weit über ihren Heimatort hinaus. Die meisten standen ihr Leben lang in engem Kontakt mit einer weitverzweigten Verwandtschaft. Um die verschiedenen Verwandtschaftsverhältnisse zu beschreiben, brauchte man ein großes Vokabular.

Es bleibt in der Familie

Das Wort **familia,** das lateinische Wort für »Familie«, ist zwar ein Substantiv der ersten Deklination, aber viele der Wörter, die bestimmte Familienmitglieder bezeichnen, gehören zur dritten Deklination. Hier ist eine Aufzählung der besonderen Merkmale der dritten Deklination:

✔ In der dritten Deklination finden sich Substantive aller drei Genera: Maskulinum, Femininum und Neutrum. (Das grammatische Geschlecht wird in Kapitel 2 kurz und knackig erklärt.)

✔ Die Maskulina und Feminina der dritten Deklination haben die gleichen Endungen, wie in Tabelle 4.1 zu sehen ist. (Auch hier gilt: Eine kurze Erklärung zu den verschiedenen Deklinationen gibt es in Kapitel 2.)

✔ Die Neutra der dritten Deklination haben andere Endungen (siehe Tabelle 4.1).

Kasus	Maskulinum/Femininum		Neutrum	
	Singular	Plural	Singular	Plural
Nominativ	*	-es	*	-a
Genitiv	-is	-um	-is	-um
Dativ	-i	-ibus	-i	-ibus
Akkusativ	-em	-es	*	-a
Ablativ	-e	-ibus	-e	-ibus

Tabelle 4.1: Kasusendungen der dritten Deklination

Hier sind noch einige Dinge, die Sie über die Kasusendungen der Substantive der dritten Deklination wissen sollten:

✔ Der Nominativ Singular von Maskulina und Feminina der dritten Deklination kann auf ganz verschiedene Buchstaben enden, darunter sind **-l, -n, -o, -r, -s** und **-x**. (Eine Erklärung zu den lateinischen Kasus ist in Kapitel 2 zu finden.) In Tabelle 4.2 ist zu sehen, wie **pater** (Vater), ein maskulines Substantiv, dekliniert wird.

✔ Die Endungen des Neutrums ähneln denen des Maskulinums/Femininums, und der Nominativ Singular hat keine bestimmte Form.

Um beim Nominativ Singular wirklich sicherzugehen, müssen Sie das Wort im Wörterbuch nachschlagen. Der Nominativ Singular ist die erste Form, die im Wörterbucheintrag gezeigt wird.

Kasus	Singular	Plural
Nominativ	pater	patres
Genitiv	patris	patrum
Dativ	patri	patribus
Akkusativ	patrem	patres
Ablativ	patre	patribus

Tabelle 4.2: Deklination eines Substantivs (Maskulinum) der dritten Deklination

✔ Es gibt einen wichtigen Unterschied zwischen den maskulinen/femininen Endungen und denen der Neutra: Egal wie der Nominativ Singular aussieht, der Akkusativ Singular sieht bei einem Neutrum genauso aus. In Tabelle 4.3 ist die Deklination des lateinischen Wortes für »Zeit« (**tempus, temporis,** n) zu sehen, das ein Neutrum ist.

Kasus	Singular	Plural
Nominativ	tempus	tempora
Genitiv	temporis	temporum
Dativ	tempori	temporibus
Akkusativ	tempus	tempora
Ablativ	tempore	temporibus

Tabelle 4.3: Deklination eines Substantivs (Neutrum) der dritten Deklination

Warum immer ein Wörterbuch zur Hand sein sollte

Den Nominativ Singular eines Substantivs können Sie immer anhand des Wörterbucheintrags bestimmen. Die erste angegebene Form im Wörterbuch ist immer der Nominativ Singular. Die zweite Form ist der Genitiv Singular. Der Buchstabe dahinter gibt das Genus an. Der Wörterbucheintrag für »Vater« sieht folgendermaßen aus:

pater, patris, m – Vater

Am Eintrag sehen Sie, dass der Nominativ Singular **pater** ist, dass der Genitiv Singular **patris** ist und dass das Substantiv maskulin ist.

Ein anderer Kniff geht so: Wenn Sie die Endung des Genitivs Singular kennen, können Sie bestimmen, zu welcher Deklination ein Substantiv gehört (Sie benötigen diese Information, um ein Substantiv richtig zu deklinieren):

erste Deklination	Genitiv Singular	-ae
zweite Deklination	Genitiv Singular	-i
dritte Deklination	Genitiv Singular	-is

Und so bekommen Sie raus, dass **pater** ein Substantiv der dritten Deklination ist. (Sie können natürlich auch auswendig lernen, welches Substantiv zu welcher Deklination gehört.)

Familiäres in der Familie

Mehrere Wörter, die zur Benennung verschiedener Familienmitglieder benutzt werden, sind Substantive der dritten Deklination. Das sind unter anderem:

- **pater, patris,** m (Vater)
- **mater, matris,** f (Mutter)
- **frater, fratris,** m (Bruder)
- **soror, sororis,** f (Schwester)
- **infans, infantis,** m/f (Kleinkind, Säugling)
- **nepos, nepotis,** m (Enkel)
- **neptis, neptis,** f (Enkelin)
- **uxor, uxoris,** f (Ehefrau)
- **coniunx, coniugis,** m/f (Ehemann/Ehefrau; Gatte/Gattin)

Hier sind noch ein paar andere Familienmitglieder (diese Substantive gehören nicht zur dritten Deklination):

- **filia, filiae,** f (Tochter)
- **filius, filii,** m (Sohn)

Zu einer römischen Familie gehören natürlich nicht nur Mama, Papa und ein paar Sprösslinge, sondern noch eine ganze Menge andere Leute. Hier sind ein paar Familienmitglieder aufgezählt, die nicht zur Kernfamilie gehören. (Wer schon mal was über römische Geschichte gelesen hat oder *Ich, Claudius, Kaiser und Gott* oder *Gladiator* gesehen hat, weiß, dass diese Leute ziemlich gefährlich werden können.) Die meisten dieser Substantive gehören nicht zur dritten Deklination:

- **avia, aviae,** f (Großmutter)
- **avus, avi,** m (Großvater)
- **amita, amitae,** f (Tante väterlicherseits)
- **patruus, patrui,** m (Onkel väterlicherseits)
- **matertera, materterae,** f (Tante mütterlicherseits)
- **avunculus, avunculi,** m (Onkel mütterlicherseits)
- **(frater) patruelis, patruelis,** m (Cousin väterlicherseits)
- **consobrinus, consobrini,** m (Cousin) (meist mütterlicherseits)
- **consobrina, consobrinae,** f (Cousine) (meist mütterlicherseits)

Vater, Mutter, Kind und noch viel mehr

Wenn wir heute von Familie sprechen, meinen wir meistens Eltern und ihre Kinder. Im weiteren Sinne gehören auch noch andere Verwandte dazu. Die Römer waren da großzügiger, zur **familia** (Familie) gehörten auch Sklaven und Freie, die vom Wohlwollen des **pater familias** (Vater der Familie) abhängig waren. Der **pater familias** war das Oberhaupt der gesamten weitverzweigten Familie. Er hatte die absolute Gewalt, die **patria potestas** (väterliche Macht), über alle Familienmitglieder, also auch über verheiratete Söhne, die in einem anderen Haus lebten. Zur **patria potestas** gehörte auch die Macht über Leben und Tod, der **pater familias** konnte zum Beispiel ein ungewolltes Kind aussetzen oder in die Sklaverei verkaufen. Der **pater familias** konnte auch über das Vermögen der Familienmitglieder verfügen. Er war der absolute Herrscher über die **familia**.

Im Gespräch

Vater (**pater**) und Mutter (**mater**) unterhalten sich über ihre Familie.

Pater: **Nepos noster uxorem cupit.**
Unser Enkel wünscht sich eine Frau.

Mater: **Pater filio puellam aptam inveniet.**
Der Vater wird ein passendes Mädchen für seinen Sohn finden.

Pater: **Erat difficile fratri meo cum coniugem filiae suae petebat.**
Es war schwierig für meinen Bruder, als er einen Mann für seine Tochter gesucht hat.

Mater: **Sed fratris tui filia est non pulchra!**
Aber die Tochter deines Bruders ist nicht hübsch!

Pater: **Difficultas non erat in puellae pulchritudine.**
Die Schwierigkeit lag nicht in der Schönheit des Mädchens.

Mater: **Erantne in urbe non viri?**
Waren keine Männer in der Stadt?

Pater: **Erant multi viri in urbe, sed in fratris sacculo non multum pecuniae.**
Es waren viele Männer in der Stadt, aber im Geldbeutel meines Bruders war nicht viel Geld.

Kleiner Wortschatz

avia, aviae, f	Großmutter
avus, avi, m	Großvater
filia, filiae, f	Tochter
filius, filii, m	Sohn
frater, fratris, m	Bruder
mater, matris, f	Mutter
pater, patris, m	Vater
soror, sororis, f	Schwester

Ein Traum in Rot: Die römische Hochzeit

Genau wie in den meisten modernen Gesellschaften gab es auch in Rom Gesetze und Bräuche rund um die Hochzeit. Im alten Rom musste der Vater der Braut zum Beispiel eine **dos** (Mitgift) zahlen, die die Braut mit in die Ehe brachte – das ist einer der bekannteren Bräuche. Im Falle eines **repudium** (Scheidung) musste der Ehemann die **dos** (Mitgift) oft zurückzahlen. Andere Begriffe, die mit den römischen Hochzeitsbräuchen in Zusammenhang stehen, sind:

✔ **sponsalia:** die offizielle Verlobungszeremonie

✔ **flammeum:** der feuerrote Schleier der Braut

✔ **ubi tu Gaius, ego Gaia:** Formel, die die Braut zum Bräutigam sagt. Damit wird symbolisiert, dass die Braut ihre Herkunftsfamilie verlässt und ab jetzt ihrem Ehemann untersteht. Wörtlich übersetzt heißt der Satz: »Wo du, Gaius, bist, will ich, Gaia, sein.«

✔ **deductio:** der Brautzug, der das Paar vom Haus der Brauteltern zu dem des Ehemanns bringt

✔ **epithalamium:** Hochzeitslied, das vor dem Schlafzimmer des Brautpaares gesungen wird

✔ **nova nupta:** Braut (wörtlich: die frisch Vermählte)

✔ **novus maritus:** Bräutigam (wörtlich: der neue Ehemann)

Juno war eine der römischen Göttinnen, die für Hochzeit und Ehe zuständig waren. Deshalb heirateten die Römer gern im Juni, dem Monat dieser Göttin. Allerdings kam für Hochzeiten nur die zweite Monatshälfte infrage, in den ersten zwei Juniwochen fanden nämlich Totenfeiern und Reinigungszeremonien statt. An diesen Tagen zu heiraten hätte Unglück gebracht.

Was noch hinzuzufügen wäre: Adjektive

Sowohl im Deutschen als auch im Lateinischen sind Adjektive die Wörter, die ein Substantiv näher beschreiben. Anders ausgedrückt: Durch Adjektive erhält man zusätzliche Informationen über ein Substantiv. Das Wort *Adjektiv* kommt vom lateinischen **adiectum,** das »hinzufügen« bedeutet. Adjektive antworten auf die Frage: *Wie ist etwas?*

Nehmen wir mal das Adjektiv *gut*. Man wünscht einem Freund einen guten Tag, geht mit ihm in einen guten Film und trifft danach andere gute Freunde in einem guten Restaurant. Klingt gut, oder? Das *gut* ändert sich, je nachdem welches Substantiv es beschreibt – im Lateinischen funktioniert es genauso.

Da Latein genau wie Deutsch eine flektierende Sprache ist, passen sich die Adjektive in ihrer Form den Substantiven an, die sie näher beschreiben. Adjektive müssen in drei Dingen mit einem Substantiv übereinstimmen: in Kasus, Numerus und Genus . Mehr über Kasus und Genus steht in Kapitel 2. Und keine Sorge, *Numerus* hat hier nichts mit Mathe zu tun, es ist nur der Grammatikbegriff, der besagt, ob ein Wort Singular oder Plural ist. Diese Übereinstimmung des Adjektivs mit dem Substantiv in Kasus, Numerus und Genus nennt man auch *KNG-Kongruenz*.

Adjektive der ersten und zweiten Deklination

Genau wie Substantive kann man Adjektive verschiedenen Deklinationsklassen zuordnen. Eine ganze Reihe von Adjektiven gehört zur ersten und zweiten Deklination. Ein gutes Beispiel dafür ist das lateinische Wort für »gut«, das im Wörterbuch folgendermaßen aussieht (die drei Formen, die bei lateinischen Adjektiven dieser Deklinationen angegeben sind, sind der Nominativ Singular Maskulinum, Femininum und Neutrum):

>   **bonus, bona, bonum** – gut

Adjektive dieser Art haben eine maskuline Form wie **bonus,** eine feminine wie **bona** und eine neutrale wie **bonum.** Adjektive sind keine grammatischen Transvestiten, aber ihre Form muss so veränderbar sein, dass sie sich an jedes Substantiv anpassen können. Ein Beispiel: Eine gute Tochter heißt auf Latein **filia bona** und ein guter Sohn heißt **filius bonus.**

> Wer weiß, dass Adjektive und Substantiv in Kasus, Genus und Numerus übereinstimmen müssen, kann Sätze übersetzen, die ansonsten ziemlich kompliziert wären. Hier ist ein Beispiel:
>
>   **Servos malos regina timet.**

Der Satz könnte zweierlei bedeuten, zum einen »Die Königin fürchtet die bösen Sklaven« oder »Die böse Königin fürchtet die Sklaven.« Welcher Satz stimmt, hängt davon ab, welches Substantiv – **servos** (Sklaven) oder **regina** (Königin) – das Adjektiv **malos** (böse) beschreibt.

Man weiß, dass die Königin die handelnde Person ist, weil die Endung -a die des Nominativs Singular ist; daher ist **regina** (Königin) das Subjekt des Satzes. An der Endung **-os** erkennt man, dass **servos** (Sklaven) im Akkusativ Plural steht, **servos** ist also das Akkusativobjekt des Satzes, das auf die Frage *wen oder was* antwortet. (Wenn sich jetzt Fragen zu den verschiedenen Fällen ergeben, sollten Sie in Kapitel 2 nachschauen.)

Aber was macht man jetzt mit dem Adjektiv? **Malos**, eine Form von **malus, mala, malum**, was »böse«, »schlecht« bedeutet, steht zwischen zwei Substantiven. Da die Satzstellung im Lateinischen keinen Hinweis auf die Zugehörigkeit des Adjektivs gibt, müssen Sie nach anderen Hinweisen suchen, um das zu klären. Sie müssen sich also Kasus, Genus und Numerus des Adjektivs anschauen.

Und dann stellt sich heraus, dass **malos** im Akkusativ Plural Maskulinum steht, genau wie **servos**. **Malos** gehört also zu **servos** und damit lautet die korrekte Übersetzung des Satzes »Die Königin fürchtet die bösen Sklaven.«

Und jetzt denken Sie vielleicht: »Hallelujah! Ich muss einfach nach gleichen Endungen suchen, um rauszufinden, welches Adjektiv zu welchem Substantiv gehört.« (**Malos** und **servos** enden ja beide auf **-os**.) Falsch gedacht. Die Wörter müssen nicht die gleiche Endung haben. Sie müssen den gleichen Kasus, Genus und Numerus aufweisen. Manchmal haben sie dann die gleiche Endung, manchmal aber auch nicht. Hier ist ein Beispiel:

> **Puella matrem bonam amat.**
>
> Das Mädchen liebt die gute Mutter.

Woher weiß man, dass **bonam** (gut) **matrem** (Mutter) näher beschreibt und nicht **puella** (Mädchen)? **Bonam** und **matrem** sehen sich zwar nicht ähnlich, sie stehen aber im gleichen Kasus, Genus und Numerus. Das Adjektiv **bonam** ist der Akkusativ Singular Femininum des Adjektivs **bonus, bona, bonum** (gut). **Matrem** ist der Akkusativ Singular Femininum des Substantivs **mater, matris**, f (Mutter), das zur dritten Deklination gehört.

Folgendes sollten Sie beachten, wenn Sie sich an Adjektiven versuchen:

✔ Adjektive im Maskulinum und Neutrum haben die gleichen Endungen wie die Substantive der zweiten Deklination.

✔ Adjektive im Femininum haben die gleichen Endungen wie Substantive der ersten Deklination.

Wer sich die Endungen der ersten und zweiten Deklination anschauen will, kann das in Kapitel 2 tun.

Adjektive müssen nicht so aussehen wie die Substantive, die sie beschreiben. Ganz offensichtlich haben **matrem** und **bonam** zwei verschiedene Endungen. In dem Fall kommt es nur darauf an, dass beide Wörter Akkusativ Singular Femininum sind. Ein altes Sprichwort sagt »Schönheit liegt im Auge des Betrachters«, und im Auge der lateinischen Grammatik passen diese zwei Wörter wunderbar zusammen.

Auch wenn die Wortstellung in lateinischen Sätzen nicht besonders viel zu sagen hat, gibt es doch gewisse Muster. Substantive stehen zum Beispiel meist vor den Adjektiven, die zu ihnen gehören.

Für den Anfang können Sie hier mal einen Blick auf einige Adjektive der ersten und zweiten Deklination werfen, die häufig vorkommen:

- **bonus, bona, bonum** (gut)
- **gratus, grata, gratum** (anmutig, erfreulich)
- **longus, longa, longum** (lang)
- **magnus, magna, magnum** (groß)
- **malus, mala, malum** (schlecht, böse)
- **multus, multa, multum** (viel, zahlreich)
- **novus, nova, novum** (neu, jung)
- **parvus, parva, parvum** (klein, kurz)
- **pulcher, pulchra, pulchrum** (schön, vortrefflich)

Bona Dea, Mama mia!

In der Zeit der Römischen Republik (509–27 v. Chr.) war die Ehefrau des ranghöchsten Beamten Gastgeberin eines Festes zu Ehren der **Bona Dea,** der Guten Göttin. An diesem Fest durften nur Frauen teilnehmen. 62 v. Chr. hatte Pompeia, die Frau von Julius Caesar, die Ehre, das Fest ausrichten zu dürfen. Publius Clodius Pulcher, ein berühmt-berüchtigter Mann des öffentlichen Lebens, hatte anscheinend eine Affäre mit einer der bei diesem Fest anwesenden Damen der besseren Gesellschaft. Um sich mit ihr zu treffen, verkleidete sich Clodius als Frau und schmuggelte sich so in Caesars Haus, wo die Feiern zu Ehren der Göttin stattfanden. Der Redner Cicero hat das herausgefunden (man fragt sich, wie) und weitergesagt. Es ist nie rausgekommen, wen Clodius eigentlich treffen wollte. Sicherheitshalber und nur für den Fall, dass Pompeia die Angebetete war, ließ Caesar sich kurz nach diesem Vorfall von ihr scheiden.

Und jetzt zu Adjektiven der dritten Deklination

Es gibt noch eine Art von Adjektiven, die Sie kennen sollten: die der dritten Deklination. Genau wie Sie Adjektive der ersten und zweiten Deklination daran erkennen, dass ihre Wörterbuchformen auf **-us, -a, -um** enden, erkennen Sie die Adjektive der dritten Deklination daran, dass ihre Wörterbuchform auf **-is** endet. Allerdings müssen Sie beachten, dass das Adjektiv mit der Endung **-is** nicht immer an derselben Stelle im Wörterbuch steht, aber solange die Endung bei einer der Wörterbuchformen zu finden ist, handelt es sich um ein Adjektiv der dritten Deklination. Das kann dann so aussehen:

✔ **acer, acris, acre** (scharf)

Solche Adjektive haben im Nominativ Singular drei Formen – Maskulinum, Femininum und Neutrum –, deshalb nennt man sie auch drei-endige Adjektive. Das ist wie bei den Adjektiven der ersten und zweiten Deklination. Das verräterische Suffix **-is** ist an der femininen Form.

✔ **fortis, forte** (tapfer)

Solche Adjektive haben nur zwei Formen, weil die Formen des Nominativ Singular Maskulinum und des Nominativ Singular Femininum genau gleich sind, deshalb führen die meisten Wörterbücher sie als eine Form auf, das sind zwei-endige Adjektive. In diesem Fall ist die Endung **-is** an der ersten – maskulinen/femininen – Form. Der zweite Eintrag gibt den Nominativ Singular Neutrum an.

✔ **atrox, atrocis** (schrecklich)

Manchmal stoßen Sie auf Adjektive mit zwei Wörterbuchformen, bei denen der letzte Eintrag auf **-is** endet. Diese Adjektive sind ein-endig und Formen des Nominativs Singular sind im Maskulinum, Femininum und Neutrum genau gleich. Der zweite Eintrag gibt den Genitiv Singular aller drei Genera an.

Mit einigen Ausnahmen haben die Adjektive der dritten Deklination die gleichen Endungen wie die normalen Substantive der dritten Deklination (siehe Tabelle 4.1). In Tabelle 4.4 werden alle möglichen Endungen von Adjektiven der dritten Deklination aufgeführt.

Kasus	Maskulinum/Femininum		Neutrum	
	Singular	Plural	Singular	Plural
Nominativ	*	-es	-e	-ia
Genitiv	-is	-ium	-is	-ium
Dativ	-i	-ibus	-i	-ibus
Akkusativ	-em	-es	-e	-ia
Ablativ	-i	-ibus	-i	-ibus

Tabelle 4.4: Endungen von Adjektiven der dritten Deklination

Sie sollten immer Folgendes im Hinterkopf haben: Adjektive müssen nicht die gleiche Endung haben wie das Substantiv, das sie beschreiben, sie müssen aber in Kasus, Genus und Numerus mit ihm übereinstimmen.

Familiaris, familiare ist ein Adjektiv der dritten Deklination, es bedeutet »zur Familie gehörig«. Das deutsche Fremdwort »familiär« kommt davon. Bei den Römern waren damit auch die Sklaven des Haushalts und Freunde gemeint (Näheres dazu im Kasten *Vater, Mutter, Kind und noch viel mehr* weiter vorne).

Im Gespräch

In dieser Szene unterhalten sich Titus und Quinta über Neuzugänge in ihren Familien.

Quinta: **Familiam felicem habemus. Familia nostra infantes novos hodie accipiet.**

Wir haben eine glückliche Familie. Unsere Familie wird heute neue Babys willkommen heißen.

Titus: **Suntne filii aut filiae?**

Sind es Söhne oder Töchter?

Quinta: **Patruus meus et amita mea filios geminos habebunt. Sunt patrueles parvi mei.**

Mein Onkel und meine Tante väterlicherseits werden Zwillingsjungen bekommen. Das sind meine kleinen Cousins.

Titus: **Avus meus et avia mea hodie etiam hominem parvum accipient.**

Mein Großvater und meine Großmutter werden heute auch einen kleinen Mann willkommen heißen.

Quinta: **Avunculum novum habebis?**

Bekommst du einen neuen Onkel?

Titus: **Minime. Avunculus meus e bello venit.**

Nein. Mein Onkel kommt aus dem Krieg zurück.

Quinta: **Avum ingentem habes, sed filius avi est parvulus. Est vere »avunculus«.**

Du hast einen großen Großvater, aber der Sohn deines Großvaters ist sehr klein. Er ist wirklich dein »kleiner Großvater«.

Kleiner Wortschatz

bonus, bona, bonum	gut
gratus, grata, gratum	anmutig, erfreulich
magnus, magna, magnum	groß
malus, mala, malum	schlecht, böse
multus, multa, multum	viel, zahlreich
novus, nova, novum	neu, jung
fortis, forte	tapfer
atrox, atrocis	schrecklich

Die Vollendung von Vergangenheit und Zukunft

In Kapitel 2 ging es um drei wichtige Zeiten des Verbs: das Präsens, das Futur I und ein Tempus der Vergangenheit, das Imperfekt. In diesem Teil werden die übrigen drei Tempora des Lateinischen vorgestellt: zwei weitere Zeiten der Vergangenheit und das Futur II. Wo ein Futur I ist, muss irgendwo auch ein Futur II sein. Dann gibt es noch das Perfekt, und außerdem muss die Vergangenheit mit dem Plusquamperfekt vollendet werden. Perfekt, oder?

Mit dem Perfekt zur Perfektion

Im Lateinischen werden in der Vergangenheit unvollendete Handlungen mit dem Imperfekt (siehe Kapitel 2) ausgedrückt. Mit dem Perfekt dagegen werden in der Vergangenheit abgeschlossene Handlungen wiedergegeben. Der Unterschied zwischen dem Imperfekt und dem Perfekt ist wie der Unterschied zwischen einem Videofilm und einem Foto. Auf beiden sehen Sie, was in der Vergangenheit passiert ist, aber das Video zeigt eine fortlaufende Handlung, das Foto ist hingegen das vollständige Bild einer vergangenen Handlung.

Alle lateinischen Verben haben die gleichen Perfekt-Endungen, wie in Tabelle 4.5 zu sehen ist.

Singular	Bedeutung	Plural	Bedeutung
-i	ich	-imus	wir
-isti	du	-istis	ihr
-it	er/sie/es	-erunt	sie

Tabelle 4.5: Personalendungen beim Perfekt

Egal, zu welcher Konjugation das Verb gehört, den Perfektstamm eines Verbs finden Sie im Wörterbuch als dritten Eintrag. Nehmen wir mal das lateinische Verb für »nehmen«, die Stammformen sehen so aus:

> **capio, capere, cepi, captum**

Im Perfekt wird das Verb wie folgt konjugiert:

Singular	Plural
cepi	cepimus
cepisti	cepistis
cepit	ceperunt

Es gibt mehrere Möglichkeiten, das lateinische Perfekt ins Deutsche zu übersetzen. Zum einen kann man es mit dem deutschen Perfekt – ich habe gefangen, du hast gefangen und so weiter beziehungsweise ich bin gegangen, du bist gegangen und so weiter – übersetzen. Das macht man, wenn eine Handlung in der Vergangenheit als abgeschlossen gilt oder wenn man das gegenwärtige Ergebnis einer vergangenen Handlung beschreibt. Im folgenden Beispiel wird der Unterschied zwischen Imperfekt und Perfekt deutlich.

Aratrum trahebam cum vocavisti.

Ich zog gerade den Pflug, als du gerufen hast.

Zum anderen kann man das lateinische Perfekt auch mit dem deutschen Präteritum übersetzen – ich rief, du riefst und so weiter. Das ist vor allem dann der Fall, wenn es sich um Erzählungen und Berichte handelt, die in der Vergangenheit spielen. Hier ist das Perfekt das lateinische Erzähltempus (man spricht dann vom *historischen Perfekt*), das mit dem deutschen Erzähltempus, dem Präteritum wiedergegeben wird. Das wird in diesem Beispiel deutlich:

Caesar ... in hiberna in Sequanos exercitum deduxit. (Caesar, *De Bello Gallico*, I, 54, 2)

Caesar ... ließ sein Heer ins Winterlager ins Gebiet der Sequaner abmarschieren.

Und darum geht's im Jenseits?

63 v. Chr. sorgte Cicero, der in diesem Jahr das Amt des Konsuls, des höchsten Beamten Roms, bekleidete, dafür, dass fünf römische Bürger wegen einer Verschwörung gegen die Republik zum Tode verurteilt wurden (das war die nach ihrem Anführer benannte *Catilinarische Verschwörung*). Nachdem die Verschwörer im Tullianum, dem düsteren, unterirdischen Gefängnis auf dem Forum Romanum, erdrosselt worden waren, verkündete Cicero dem wartenden Volk »**Vixerunt!**« Vivo, vivere, vixi, victum bedeutet »leben«. Diese Verkündigung im Perfekt ließ alle wissen: »Die Verschwörer haben gelebt!« Indem Cicero verkündete, dass der Vorgang ihres Lebens abgeschlossen worden ist, hatte er einfach nur auf eine höfliche Art und Weise gesagt: »Sie sind tot!«

Wo wir gerade beim Tod sind: Die alten Römer hatten interessante Bräuche, mit denen sie ihrer geliebten Verstorbenen gedachten. Zu diesen Bräuchen gehörte es, eine Wachsmaske des Verstorbenen, **imago** genannt, anzufertigen. Diese Masken wurden im Atrium des Hauses aufbewahrt, damit sich die Familie an ihre Vorfahren erinnerte. Wenn ein Familienmitglied starb, nahm man die Masken ab und trug sie im Trauerzug mit. So sollte symbolisiert werden, dass die Geister der Ahnen den Neuzugang in der Unterwelt begrüßen würden.

Über das Perfekt hinaus: Plusquamperfekt

Man stelle sich folgende Szene vor: Nachdem der Feldherr gerufen hatte, kämpften die Soldaten. Diese Szene findet ausschließlich in der Vergangenheit statt und besteht aus zwei verschiedenen Handlungen, dem Rufen und dem Kämpfen. Was ist zuerst passiert?

Offensichtlich das Rufen, und darum geht es beim Plusquamperfekt – nein, es geht nicht ums Rufen, aber darum, was zuerst passiert.

Der Name dieses Tempus enthält einen Hinweis auf seine Funktion. Wenn man das Wort **plus** (mehr) mit **perfectus** (vollendet) kombiniert, erhält man »mehr-als-vollendet«. Die deutsche Bezeichnung für das Plusquamperfekt ist vollendete Vergangenheit oder Vorvergangenheit. Mit dem Plusquamperfekt gibt man eine Handlung in der Vergangenheit wieder, die *vor* einer anderen Handlung in der Vergangenheit stattgefunden hat.

Die Personalendungen des Plusquamperfekts sind immer gleich, egal zu welcher Konjugation das Verb gehört (siehe Tabelle 4.6).

Singular	Bedeutung	Plural	Bedeutung
-eram	ich	-eramus	wir
-eras	du	-eratis	ihr
-erat	er/sie/es	-erant	sie

Tabelle 4.6: Personalendungen beim Plusquamperfekt

Das Plusquamperfekt wird mit dem Perfektstamm eines Verbs gebildet, das ist der dritte Eintrag im Wörterbuch. Man betrachte das Verb »geben«, dessen Stammformen so aussehen:

do, dare, dedi, datum

Und so wird dieses Verb im Plusquamperfekt konjugiert:

Singular	Plural
dederam	dederamus
dederas	dederatis
dederat	dederant

Das deutsche Plusquamperfekt wird mit dem Präteritum von *haben* und *sein* gebildet (ich hatte gerufen, du hattest gerufen ... und ich war gegangen, du warst gegangen ...). Man beachte die Zeitenfolge im folgenden Satz:

Quod Cicero Clodium e domo Caesaris expulerat, Clodius Ciceronem ex urbe expulit.

Weil Cicero Clodius aus Caesars Haus vertrieben hatte, vertrieb Clodius Cicero aus der Stadt (Rom).

Eine Frage der Klasse

Clodius war ziemlich sauer auf Cicero, weil der allen verraten hatte, dass Clodius als Frau verkleidet auf der Party von Caesars Frau war. (Wer will ihm das verdenken?) (Siehe Kasten *Bona Dea, Mama mia!* weiter oben.) Als Cicero später ein paar Verschwörer ohne ordentliches Gerichtsverfahren hinrichten ließ (siehe Kasten *Und darum geht's im Jenseits?* weiter oben), war die Stunde für Clodius' Rache gekommen. Clodius war eigentlich Patrizier (die Patrizier waren der römische Adel, sie bildeten die Oberschicht), aber weil er Volkstribun werden wollte, verzichtete er auf seinen Rang und wurde Plebejer. Als er Volkstribun war, sorgte er dafür, dass Cicero ins Exil gehen musste. (Mehr zum Aufbau der römischen Republik in Kapitel 9.)

Dass Clodius seine gesellschaftliche Schicht verließ und Plebejer wurde, war ein sehr ungewöhnlicher Vorgang, denn zu dieser Zeit bedeutete die gesellschaftliche Stellung alles. Die römische Gesellschaft war in zwei Stände unterteilt: die *Patrizier*, die von den **patres** (Vätern), den Gründern Roms abstammten, und die *Plebejer*, zu ihnen gehörte die große Masse des Volkes. Zu den Plebejern gehörten auch die **equites,** die *Ritter*, das waren vor allem reiche Geschäftsleute. Ritter waren ursprünglich Bürger, die Bürger, die reich genug waren, sich ein eigenes Pferd – **equus** – zu leisten, wenn sie im Heer kämpften. Aus diesem Stand stammte übrigens Cicero.

Bald wird es vollendet sein: das Futur II

Das letzte lateinische Tempus, das vorgestellt werden muss, ist das Futur II, die vollendete Zukunft. Dieses Tempus beschreibt Handlungen, die in der Zukunft abgeschlossen sein werden. Mit dem Futur I werden nur Vorhersagen über Zukünftiges gemacht, mit dem Futur II wird dagegen eine Aussage über das Ende einer Handlung gemacht. Ein Beispiel: Man kann voraussagen, dass der Leser dieses Buch mögen wird. Man kann aber noch ein wenig mehr wagen und sagen: »Wenn Sie dieses Buch zu Ende gelesen haben, werden Sie eine Menge über die lateinische Sprache gelernt haben.« Zumindest hofft der Herausgeber, dass das so sein wird!

Oft werden das Perfekt, das Plusquamperfekt und das Futur II zusammen eingeführt, was daran liegt, dass alle diese Zeiten mit dem Perfektstamm, also dem dritten Wörterbucheintrag bei Verben, gebildet werden. Und diese Zeiten werden immer mit den gleichen Personalendungen gebildet, sie nehmen keine Rücksicht darauf, zu welcher Konjugation das Verb gehört. In Tabelle 4.7 werden die Personalendungen des Futur II vorgestellt:

Singular	Bedeutung	Plural	Bedeutung
-ero	ich	-erimus	wir
-eris	du	-eritis	ihr
-erit	er/sie/es	-erint	sie

Tabelle 4.7: Personalendungen beim Futur II

Als Beispiel für das Futur II dient hier das Verb **vincere** (siegen), die Stammformen sind:

vinco, vincere, vici, victum

Und hier ist das Verb im Futur II:

Singular	Plural
vicero	vicerimus
viceris	viceritis
vicerit	vicerint

Im Deutschen wird das Futur II folgendermaßen gebildet: Man braucht die Personalform des Hilfsverbs *werden*, das *Partizip Perfekt* des Hauptverbs und *haben* oder *sein* im Infinitiv. Das sieht dann folgendermaßen aus: »ich werde gesiegt haben«, »du wirst gesiegt haben« ... oder »ich werde gegangen sein«, »du wirst gegangen sein« ...

Der folgende Dialog dient dem besseren Verständnis aller sechs lateinischen Tempora.

Im Gespräch

Ein römischer **frater** (Bruder) unterhält sich mit seiner **soror** (Schwester) über eine anstehende Reise. Man beachte den Gebrauch der verschiedenen Tempora!

Frater:	**Cupiebasne ad villam aviae iter longum facere?**
	Wolltest du die lange Reise zu Großmutters Landhaus machen?
Soror:	**Illuc proximo anno navigavi quod neptes omnes invitaverat.**
	Ich bin letztes Jahr dorthin gesegelt, weil sie all ihre Enkelinnen eingeladen hatte.
Frater:	**Habesne in animo redire?**
	Planst du (wörtlich: Hast du im Sinn) zurückzukehren?
Soror:	**Redibo ubi officia mea hic confecero.**
	Ich werde zurückkehren, sobald ich meine Arbeiten hier beendet haben werde.

Kleiner Wortschatz

iter, itineris, n	Reise, (zurückgelegter) Weg
imago, imaginis, f	Bild, Wachsmaske
omnis, omne	jeder, ganz, Pl. alle
do, dare, dedi, datum	geben
facio, facere, feci, factum	tun, machen
vinco, vincere, vici, victum	siegen, besiegen

Difficile est satiram non scribere. (Juvenal, *Saturae* I, 30)

Es fällt schwer, (darüber) keine Satire zu schreiben.

Das könnte heute in Bezug auf die Politik gelten, und die zahlreichen Kabarettisten nutzen das von den Politikern gelieferte Material ja bereitwillig.

In medias res! (Horaz, *Ars poetica* 148)

Mitten in die Dinge hinein! (Ohne Umschweife zur Sache kommen!)

Das wünscht man nicht nur weitschweifigen Rednern; manchmal denkt wohl auch derjenige, den wir mit unserem Redeschwall nerven, man möge doch endlich sagen, was Sache ist.

Spiel, Spaß und Denksport

Wer ist mit wem verheiratet?

1. avus

    a) filia   b) avia   c) matertera   d) neptis

2. matertera

    a) avunculus   b) frater   c) pater   d) nepos

3. pater

    a) neptis   b) filia   c) mater   d) matertera

4. uxor

    a) patruelis   b) pater   c) patruus   d) coniunx

Die fehlenden Endungen der Adjektive sind zu ergänzen; Achtung: Die Adjektive müssen im Kasus (Fall), Numerus (Zahl) und Genus (Geschlecht) mit dem zugehörigen Substantiv übereinstimmen.

5. puellas pulchr.....

6. avunculi parv......

7. mult...... sorores

8. patri grat.......

9. fratrem fort.......

In diesen Übungen können Sie beweisen, dass Sie schon alle Tempora im Lateinischen kennen. Setzen Sie die drei Verben in die genannten Tempora:

10. salutant > (Imperfekt) .... > (Perfekt) ....

11. vincit > (Imperfekt) .... > (Plusquamperfekt) ....

12. habitas > (Futur I) .... > (Futur II) ....

Die Lösungen finden Sie in Anhang D.

> **IN DIESEM KAPITEL**
>
> Wie man mit unregelmäßigen Verben zurechtkommt
>
> Wie die Römer speisten
>
> Was die Römer aßen
>
> Wie die Römer wohnten

Kapitel 5
Essen und Wohnen im alten Rom

Italien wird oft mit den schönen Dingen des Lebens gleichgesetzt, mit Haute Couture, Kulturschätzen, Sonne, Strand und Meer und natürlich Latein! Wenn man an Italien denkt, denkt man außerdem meist an die italienische Küche. Über den ganzen italienischen Stiefel verteilt findet man in winzigen Dörfern und städtischen Metropolen hervorragendes Essen. Andererseits gibt es in Italien aber auch Essen, das nicht unbedingt etwas für Feinschmecker ist. Auf einer Exkursion mit Studenten durch Rom, Pompeji und Florenz gab es bei den älteren Mitreisenden enttäuschte Gesichter, weil sie überall Fünf-Sterne-Qualität erwartet hatten. Es war aber eine Exkursion für Studenten, und da bedeutet Essen oft eine Pizza im Stehen vor dem Kolosseum. Man bekommt eben das, wofür man bezahlt!

In der Antike war die Situation ganz ähnlich. Einerseits war es möglich, seltene Spezialitäten zu genießen – so zum Beispiel Steinbutt, ein wahrhaft kaiserlicher Genuss –, andererseits konnte es sein, dass man die kräftigste Fischsoße, die es auf dem Markt zu kaufen gab, brauchte, um den Geschmack von verdorbenem Fleisch zu überdecken. Man konnte ein hervorragendes Abendessen mit anschließender weinseliger Runde genießen oder an einem Essensstand im Forum im Vorbeigehen einen Bissen einwerfen. Und genau wie heute gab es eine große Auswahl an Lebensmitteln, die man ganz unterschiedlich zubereiten konnte.

Leben, um zu essen, essen, um zu leben

Der römische Rhetoriklehrer Quintilian (35 bis um 96 n. Chr.) schrieb:

> **Non ut edam vivo, sed ut vivam edo.** (*Institutio Oratoria* IX, 3, 85)
>
> Ich lebe nicht, um zu essen, sondern ich esse, um zu leben.

Das ist doch eine großartige Idee. Die Römer waren zwar durchaus von dem Wunsch erfüllt, alles einfach und schlicht zu halten, aber es lief doch darauf hinaus, dass es direkt neben bescheidenen auch unglaublich üppige Speisen gab. In diesem Teil geht es ums Essen, und zwar **ab ovo usque ad mala** wie die Römer zu sagen pflegten, »vom Ei bis zu den Äpfeln« (Horaz, *Sermones* I, 3, 6 f.).

Der Römer lebt (fast) vom Brot allein

Der große römische Dichter Vergil (70–19 v. Chr.) erzählt in seiner *Aeneis* von den Ursprüngen Roms: Aeneas, der trojanische Held, der aus seiner brennenden Heimatstadt geflohen war, und seine Leute entspannen sich an ihren Kochfeuern und liegen eines Abends nach dem Essen im Gras.

> **Implentur veteris Bacchi pinguisque ferinae.** (*Aeneis* I, 215)
>
> Sie sind gefüllt mit Bacchus' alterndem Nass (Wein) und saftigem Wildbret.

Hört sich doch an wie der Traum eines Fleischfressers, oder? Dieses Bild führt jedoch in die Irre, wenn man meint, daraus schließen zu können, dass teurer Wein und saftiges Fleisch die Nahrungsgrundlage der alten Römer waren. Im Gegenteil, die Ernährungsgrundlage der Römer war Getreide. Von Tierfutter über Brei zu Brot und Kuchen war Getreide im wahrsten Sinne des Wortes das täglich Brot der Römer. Einige wichtige Wörter, die mit dem wichtigsten Nahrungsmittel der Römer zu tun haben, sind:

- ✔ **far, farris,** n (Dinkel)
- ✔ **farina, farinae,** f (Mehl)
- ✔ **puls, pultis,** f (Getreidebrei)
- ✔ **hordeum, hordei,** n (Gerste)
- ✔ **frumentum, frumenti,** n (Getreide)
- ✔ **placenta, placentae,** f (Kuchen)
- ✔ **panis, panis,** m (Brot)
- ✔ **mola, molae,** f (Opferschrot)

Mola (Opferschrot) wurde zwar nur im Kult benutzt, **puls** (Getreidebrei) war aber sowohl für Menschen als auch für Weissagehühner gedacht. Und nur um klarzumachen, wie wichtig Getreide als Nahrungsmittel war, sei hier bemerkt, dass **frumentum** nicht nur »Getreide«, sondern auch »Proviant« bedeutet.

Gemüse für ein Weltreich

Für die einfachen Leute war Gemüse neben Getreideprodukten das häufigste Nahrungsmittel. Einige Gemüsesorten, die für uns heute zum Alltag gehören, waren in der Antike jedoch nicht bekannt. Zu diesen **holera incognita** (unbekannten Gemüsen) gehörten die Kartoffel und die Tomate. (Nein, die Vorfahren der Italiener aßen keine Spaghetti mit Tomatensoße.)

Wichtige Wörter rund ums Grünzeug sind:

✔ **(h)olus, (h)oleris,** n (Gemüse, Kohl)

✔ **caepa, caepae,** f (Zwiebel)

✔ **beta, betae,** f (rote Rübe)

✔ **radix, radicis,** f (Rettich, Radieschen)

✔ **alium, alii,** n (Knoblauch)

✔ **phaselus, phaseli,** m (Bohne)

✔ **cicer, ciceris,** n (Kichererbse)

Manchmal bezeichneten die Römer mit den Begriffen für die verschiedenen Gemüsearten nicht nur das Gemüse, sondern auch andere Dinge. Der Dichter Catull schrieb zum Beispiel über ein Boot, das man **phaselus** (Bohne) nannte, es war wahrscheinlich bohnenförmig. Aber wer kennt keine Bohnenstange? Und wer war im 1. Jahrhundert v. Chr. der größte Redner Roms? Das war Herr Kichererbse höchstpersönlich, Marcus Tullius **Cicero**.

Schwein gehabt!

Ein paar Touristen gingen in Italien in ein Restaurant und bestellten das, was sie für eine vollständige Mahlzeit hielten. Ein Tourist bestellte eine Suppe und eine Pizza, ein anderer bestellte einen Salat und Pasta. Ein paar Minuten später kam der Kellner zurück und richtete aus, dass der Koch etwas verwirrt war. Denn all diese Speisen gelten als Vorspeise, und keiner hatte ein Fleischgericht bestellt, deshalb wusste der Koch nicht, was er zuerst zubereiten sollte!

Im Gegensatz zu den heutigen Italienern war Fleisch bei den alten Römern kein wichtiger Bestandteil der Ernährung, dennoch konnten sie aus einer Vielzahl von Sorten auswählen. Die Römer hatten ja keine Kühlschränke und Tiefkühlgeräte, um das Fleisch länger aufzubewahren. Das hatte aber den Vorteil, dass das Fleisch frisch war, wenn sie mal welches aßen. (Das Einzige, was man tun konnte, um Lebensmittel zu konservieren, war, sie in Salz einzulegen, in einen Tonkrug zu packen und in einen kühlen Luftzug zu stellen. Wer viel Geld und einen kühlen Keller hatte, konnte die Lebensmittel auch in Schnee frisch halten.) Wenn es mal Fleisch oder andere tierische Produkte gab, war das vor allem:

✔ **pullus, pulli,** m (Hühnchen)

✔ **ovum, ovi,** n (Ei)

✔ **vitulina, vitulinae,** f (Kalbfleisch)

✔ **piscis, piscis,** m (Fisch)

- ✔ **mullus, mulli,** m (Meerbarbe)

- ✔ **ostrea, ostreae,** f (Auster, Muschel)

Im Allgemeinen bezeichneten die Römer ein wildes Tier, solange es lebendig war, als **fera, ferae,** f; lag es aber als Fleisch auf dem Esstisch, bezeichneten sie es als **caro, carnis,** f. Genauso funktionierte das beim Schwein, solange es sich grunzend im Schlamm suhlte, hieß es **porcus, porci,** m. Hatte es sich erst mal in Essen verwandelt, wurde es zu **porcina, porcinae,** f.

Römer mit ein paar **denarii** (Denare, eine Geldeinheit) mehr in der Tasche standen vielleicht auch auf ausgefallenere Fleischgenüsse:

- ✔ **phasianus, phasiani,** m (Fasan)

- ✔ **perdix, perdicis,** m/f (Rebhuhn)

- ✔ **coturnix, coturnicis,** f (Wachtel)

- ✔ **pavo, pavonis,** m (Pfau)

- ✔ **grus, gruis,** m/f (Kranich)

 Hier eine weitere römische Spezialität: gefüllte Haselmaus oder **glis, gliris,** m. Ja, genau, Haselmaus, ein Nagetier.

Jetzt wird's fruchtig

In der römischen Esskultur spielte auch Obst (**pomum, pomi,** n. Obstbaumfrucht; Pl. **poma, pomorum,** n. Obst; daraus frz. pommes [Pommes frites; pommes de terre »Erdäpfel«]) eine große Rolle. Die Römer aßen gern einheimisches Obst wie Trauben und Feigen, aber sie mochten auch Obst aus anderen Gegenden ihres Reichs und begannen, es in Italien anzupflanzen. In der folgenden Liste sind einige Früchte aufgezählt, die es recht häufig gab:

- ✔ **ficus, fici,** f (Feige)

- ✔ **uva, uvae,** f (Traube)

- ✔ **morum, mori,** n (Maulbeere)

- ✔ **pirum, piri,** n (Birne)

- ✔ **palmula, palmulae,** f (Dattel)

- ✔ **cerasus, cerasi,** f (Kirsche, Kirschbaum)

- ✔ **malum, mali,** n (Apfel)

- ✔ **persicum, persici,** n (Pfirsich)

Maggi her

Die Römer veränderten den Geschmack ihres Essens ganz gern mit dem einen oder anderen Extra. Ein Beispiel dafür ist **garum, gari,** n. **Garum** war eine fermentierte Fischsoße, die die Römer auf ziemlich jedes Essen kippten. Um **garum** herzustellen, musste man den Fisch einfach ein paar Tage oder Wochen in Salzlake in die Sonne legen. Der so entstandene Brei wurde ausgepresst und gefiltert. Und am Ende hatte man **garum**! Das hört sich jetzt schlimmer an, als es wohl gewesen ist. **Garum** wurde in der Regel außerhalb von Ortschaften hergestellt, durch den Fermentierungsprozess haben sich wohl alles andere als angenehme Gerüche entwickelt. Das fertige Produkt roch allerdings besser und schmeckte wohl so ähnlich wie heute asiatische Fischsoße.

Damals wie heute war Salz eine wichtige Zutat zum Würzen als auch zum Konservieren. Für die Römer war **sal, salis,** m (Salz) nicht nur in der Küche wichtig. Eine weitere Bedeutung dieses Wortes ist »Witz«, ohne den kein gutes Gespräch möglich war. Der Dichter Catull hatte seinen Freund Fabullus zum Abendessen eingeladen, aber Fabullus musste das ganze Essen und **sal** mitbringen. Wahrscheinlich hatte Fabullus seinem geizigen Freund dazu noch etwas »Salziges« zu sagen.

Die Römer peppten ihr Essen nicht nur gern etwas auf, sie mochten es auch süß, und mit »es« ist alles gemeint. Sie süßten sogar ihren Wein! Sie hatten natürlich keinen Würfelzucker auf dem Tisch. Um den Wein zu süßen, benutzten sie **mel, mellis,** n (Honig), das Endprodukt nannten die Römer **mulsum, mulsi,** n (Honigwein), der zusätzlich mit Pfeffer gewürzt sein konnte.

Zum Wohl

Ein Senator liegt mit seinen Gästen gemütlich zu Tisch, und die Gesellschaft unterhält sich über die neuesten Pläne des Kaisers, die Staatseinnahmen zu erhöhen. Plötzlich bleibt einem Gast ein Stück **pavo cum garo** (Pfau mit Garum) im Hals stecken. Was macht er? Er braucht etwas zu trinken!

Wahrscheinlich greift er nach einem Becher **vinum, vini,** n, also nach »Wein«. (Wer Geld hatte, konnte sich Trinkgeschirr aus Edelmetall oder Glas leisten, das einfache Volk trank seinen Wein aus Tonbechern.) Ein Römer, der **lac, lactis,** n (Milch) trank, benahm sich wie ein Angehöriger der Unterschicht, ja fast wie ein Barbar. »Wasser«, **aqua, aquae,** f, gab es natürlich auch, bei einem Gastmahl trank man es aber nicht pur, sondern mit Wein gemischt.

Aber zu welchem Wein soll der Römer greifen? Heute haben Weinkenner eine kaum zu überblickende Auswahl. In der Antike war die Auswahl zwar nicht ganz so groß, aber der antike Weinkenner hatte immer noch die Qual der Wahl. Man konnte zwischen Weinen aus Italien und Griechenland wählen, und als das Römische Reich wuchs, kamen neue Anbaugebiete hinzu, so brachten die Römer den Wein zum Beispiel an die Mosel. Hier ist eine kleine Auswahl:

- ✔ Man konnte **mustum, musti,** n trinken, das war junger Wein, bei dem die Gärung gerade eingesetzt hatte. Den gab es nur in der Zeit der Weinlese.

✔ Wollte man sich schnell betrinken, griff man zu **merum, meri,** n. Das war Wein, der nicht mit Wasser verdünnt war. Normalerweise tranken die Römer nur mit Wasser verdünnten Wein.

✔ Wein aus bestimmten Anbaugebieten war besonders teuer. Diese Weine waren nach ihren Anbaugebieten benannt. Zu den uns heute bekanntesten antiken Weinen zählen **Setinum,** der aus der Stadt Setia (in der Nähe von Rom) kam, **Caecubum,** der aus der Gegend südlich von Rom stammte, und **Falernum** aus dem nördlichen Kampanien (Süditalien).

Hier wird das Verb **bibere** (trinken) im Präsens konjugiert:

Singular	Plural
bibo	bibimus
bibis	bibitis
bibit	bibunt

 Die Metonymie ist eine rhetorische Stilfigur, bei der ein bestimmtes Wort oder ein bestimmter Name für ein anderes Wort aus demselben Sachbereich steht. So wird Bacchus, der römische Gott des Weines, als Synonym für den Wein selbst benutzt.

Von drauß' vom Walde komm ich her ...

Nicht nur Knecht Ruprecht, der den Kindern am Nikolaustag Angst einjagt, kommt aus dem Wald, sondern auch *Silvia*. Wörtlich übersetzt bedeutet dieser Name »die aus dem Wald Kommende« (von **silva, silvae,** f »Wald«). Im Wald trifft man ziemlich oft auf *Diana*, die römische Göttin der Jagd und des Mondes. Es gibt noch unzählige andere Vornamen, die aus dem Lateinischen oder Griechischen kommen. So ist *Viola* ein »Veilchen«. Um in der Natur zu bleiben: Der Name *Georg* kommt aus dem Griechischen und bedeutet Bauer oder Landmann. Auch der Name Viktor ist lateinischen Ursprungs, **victor, victoris,** m ist der Sieger. *Victoria* ist die römische Siegesgöttin. (Die griechische Siegesgöttin heißt übrigens *Nike*, das klingt doch auch bekannt, oder?) Und wer einen Sieg davongetragen hat, ist normalerweise **felix** (glücklich).

Im Gespräch

Ein **pistor** (Bäcker) berät eine **ancilla** (Sklavin), die für ihre **domina** (Herrin) einkauft.

Ancilla: **Domina mea me panem emere cupit.**

Meine Herrin wünscht, dass ich Brot kaufe.

Pistor: **Quot homines cenabunt?**

Wie viele Leute werden zum Essen da sein?

Ancilla:	**Dominus epulas magnas donat. Viginti homines aderunt.**
	Der Herr gibt ein großes Festmahl. Es werden zwanzig Leute da sein.
Pistor:	**Tibi panem et placentas cum melle vendam.**
	Ich will dir Brot und Honigkuchen verkaufen.
Ancilla:	**Bene. Tum vinum emam. Cum Romani cenant, semper bibunt.**
	Gut. Dann will ich Wein kaufen. Wenn Römer speisen, trinken sie immer.

Kleiner Wortschatz

ancilla, ancillae, f	Sklavin, Dienerin
domina, dominae, f	Herrin
dominus, domini, m	Herr
bibo, bibere, bibi, -	trinken
ceno, cenare, cenavi, cenatum	essen, speisen
emo, emere, emi, emptum	kaufen

Esskultur im alten Rom

Wenn Sie sich anschauen, dass die Römer so verführerische Dinge aßen wie gefüllte Haselmäuse (**glis, gliris,** m) und **garum**, könnten Sie auf den Gedanken kommen, dass sie den ganzen Tag am Futtern waren. Waren sie aber nicht! In diesem Abschnitt geht es um römische Essgewohnheiten. Und hier erfahren Sie auch, wo Sie einkehren können, wenn Sie mal wieder bei den Caesaren vorbeischauen.

Drei anständige Mahlzeiten am Tag

Wie die meisten heutigen Menschen in der westlichen Welt nahmen auch die Römer drei Mahlzeiten am Tag zu sich: Frühstück, Mittagessen und Abendessen. Hier wird das Verb **cenare** (essen, speisen) im Futur I konjugiert.

Singular	Plural
cenabo	cenabimus
cenabis	cenabitis
cenabit	cenabunt

Ein Frühstück für (römische) Sieger

Wenn ein Römer den Tag überhaupt mit Essen begann, dann nahm er nur ein leichtes Frühstück zu sich, das sogenannte **ientaculum, ientaculi,** n (Frühstück). Das bestand normalerweise aus **puls, pultis,** f (Brei) oder **panis, panis,** m (Brot) mit **fructus, fructus,** m (Obst) und **caseus, casei,** m (Käse).

Ein römisches Mittagessen

Um die Mittagszeit war es Zeit für das **prandium, prandii,** n (Mittagessen). Das Mittagessen war wie das Frühstück eine leichte Mahlzeit mit vorwiegend kalten Speisen wie Eier, Fisch, Gemüse, Schinken und Oliven. Dazu tranken die Römer Wein.

Die abendliche Hauptmahlzeit

Die Römer nahmen die wichtigste Mahlzeit des Tages abends zu sich. Beim arbeitenden Volk bestand die **cena, cenae,** f (Abendessen) aus **puls** mit etwas Gemüse. Bei der wohlhabenden Bevölkerung fiel die **cena** um einiges üppiger aus. Zu dieser Mahlzeit wurden auch gerne Gäste eingeladen. Solch eine **cena** bestand aus drei Teilen. Man begann mit der **gustatio, gustationis,** f (Vorspeise). Der erste Gang bestand bei den Römern aus Eiern, Fisch und Salat (**acetarium, acetarii,** n), dazu wurde normalerweise mit Honig gemischter Wein getrunken, der **mulsum, mulsi,** n genannt wurde.

Auf die **gustatio** folgte die eigentliche **cena.** Jede Speise wurde auf einem eigenen **ferculum, ferculi,** n (Tablett) serviert, und bei einer **cena** konnte es bis zu sieben verschiedene **fercula** mit unterschiedlichen Gerichten geben. Das **caput cenae,** das »Hauptgericht« (wörtlich: Haupt des Abendessens) war oft irgendein am Stück zubereitetes Tier. Danach trugen Sklaven die **secundae mensae,** die Nachspeisen (wörtlich: zweite Tische) auf. Der Nachtisch wurde auf neuen **fercula** ins Esszimmer gebracht, auf denen vor allem Obst und Kuchen lagen.

Bei aufwendigen **cenae** folgte auf die **mensae secundae** ein weiteres Ereignis. Das war das Trinkgelage, die **comissatio, comissationis,** f. Das Ziel einer **comissatio** war aber nicht unbedingt, so schnell wie möglich so betrunken wie möglich zu werden. Zunächst wurde ausgewürfelt, wer **magister bibendi** (Trinkkönig) werden sollte. Dieser »Meister des Trinkens« hatte die Aufgabe, das Mischungsverhältnis von Wasser und Wein festzulegen, er bestimmte, wie viele Becher jeder Teilnehmer trinken musste. Es lag also in seiner Hand, wie betrunken die Gäste heimwanken mussten.

 Das Gegenstück zur lateinischen **comissatio** war das griechische *symposion*. Das war auch ein Trinkgelage, das aber oft in einer philosophischen Diskussion mündete.

Gute Tischmanieren

Genau wie wir heute aßen die Römer daheim oder auswärts.

Zu Hause essen

Wo im Haus gegessen wurde, hing von den Umständen ab. War nur die Familie da, aß man meistens im **atrium, atrii,** n – dem zentralen Raum des Hauses. Das können Sie mit der Essecke in der Küche vergleichen.

Bei anderen Gelegenheiten, vor allem wenn man Gäste zu bewirten hatte, richteten die Sklaven **lecti** (Sofas) im Esszimmer, das **triclinium, triclinii,** n genannt wurde. Das Wort **triclinium** kommt aus dem Griechischen und bezeichnet nicht nur das Speisezimmer, sondern auch das Speisesofa, es kommt daher, dass auf jedem Speisesofa drei Leute Platz hatten und um jede **mensa, mensae,** f (Tisch) drei **triclinia** standen. Sklaven brachten die Speisen aus der **culina, culinae,** f (Küche), wo alles zubereitet wurde.

Ursprünglich lagen bei einem Gastmahl nur die Männer, die Frauen saßen sittsam auf Stühlen, und sie verließen das **triclinium,** bevor das Trinkgelage begann. Das änderte sich allerdings im Laufe der Zeit, und die Frauen blieben auch beim Gelage. **O tempora, o mores!** (O Zeiten, o Sitten!)

Auswärts essen

Für Römer, die viel unterwegs waren, gab es noch andere Möglichkeiten, satt zu werden. Durch Ausgrabungen sind in Pompeji, der Stadt, die beim Ausbruch des Vesuvs 79 n. Chr. verschüttet worden ist, Schnellimbisse inklusive des durch den Vesuvausbruch erhaltenen Essens gefunden worden. In einem **thermopolium, thermopolii,** n gab es eine Theke aus Marmor, in die große runde Gefäße eingelassen waren, in diesen wurden verschiedene Gerichte warmgehalten. Das funktionierte wie ein modernes Büfett, aus dem man wählen konnte, was man wollte. In einem **thermopolium** gab es meist keine Sitzgelegenheiten und man aß im Stehen.

Römer, die ständig auf Reisen waren, konnten in einer **taberna, tabernae,** f einkehren. In einer **taberna** konnte der Reisende etwas essen und trinken, außerdem gab es Zimmer, in denen man die Nacht verbringen konnte.

Der Dichter Catull schrieb ein Gedicht über eine **salax taberna** (*Carmen* 37), eine »geile Kneipe«. Diese *taberna* erregte den Zorn von Catulls vergifteter Feder, weil sie die Lieblingskneipe von Clodia Metella war, die ihm den Laufpass gegeben hatte.

Im Folgenden wird das Verb **emere** (kaufen) im Präsens konjugiert:

Singular	Plural
emo	emimus
emis	emitis
emit	emunt

Angriffswaffen und ihre Verwendung bei Tisch

Im vorangegangenen Abschnitt ging es darum, was und wie die Römer aßen. In diesem Abschnitt geht es um die Utensilien, die die Römer dabei benutzten. Auch das Wort »Utensil« kommt aus dem Lateinischen, es leitet sich vom Substantiv **utensilium, utensilii,** n (Gerät) ab. Das wiederum hat mit dem Adjektiv **utilis, utile** zu tun, das »brauchbar« und »nützlich« bedeutet. Und welches Gerät könnte man besser zum Schneiden eines zarten **perdix**

(Rebhuhn) gebrauchen als ein schönes, scharfes Messer (**cultellus**)? Die folgenden Wörter zeigen, wie man mit jedem römischen Gericht fertig wird:

- ✔ **cultellus, cultelli,** m (Messer)
- ✔ **furcilla, furcillae,** f (Gabel, diente nur zum Vorlegen)
- ✔ **cocleare, coclearis,** n (kleiner Löffel mit nadelförmigem Griff)
- ✔ **ligula, ligulae,** f (Löffel)
- ✔ **patella, patellae,** f (flache Schale, Teller)
- ✔ **cratera, craterae,** f (Weinmischgefäß, in ihm wurden Wein und Wasser gemischt)
- ✔ **poculum, poculi,** n (Becher)
- ✔ **urna, urnae,** f (Wasserkrug)
- ✔ **amphora, amphorae,** f (Weinkrug)
- ✔ **mappa, mappae,** f (Serviette)

Da die Römer beim Gastmahl lagen, hatten sie nur eine Hand frei zum Essen. Da war es praktisch, dass die Sklaven das Fleisch schon in mundgerechte Stücke geschnitten hatten. Die Gabel diente bis weit in die Neuzeit nicht als Esswerkzeug, sondern, wenn überhaupt, nur zum Vorlegen. Der Gabel am nächsten kam bei den Römern das **cocleare,** dessen spitzes Ende zum Aufspießen von Muscheln verwendet wurde. Und Servietten brachte der Gast meist selbst mit, darin konnte er dann noch Reste oder Geschenke mit nach Hause nehmen. Wenn der Gastgeber aber die Servietten stellte, war er anscheinend sehr darauf bedacht, dass sie in seinem Haus blieben. Zumindest der Dichter Catull war da etwas empfindlich. Er regte sich furchtbar darüber auf, dass Asinius seine Leinenservietten hat mitgehen lassen. Catull drohte Asinius damit, ein dreihundert Zeilen langes Schmähgedicht über ihn zu schreiben, sollte er die Teile nicht zurückgeben.

Sein oder essen: Das ist die wahre Frage

Shakespeare kann sich ja gerne mit philosophischen Fragen über das Wesen des Seins beschäftigen. Wer Latein lernt, sieht das etwas praktischer. Wenn ein Römer **Morum esse cupio** sagt, will man wissen, ob er meint: »Ich will eine Maulbeere essen« oder »Ich will eine Maulbeere sein«. Was der Römer wirklich will, lässt sich nur an der Betonung erkennen. Ist die erste Silbe lang, will der Römer die Maulbeere nur »essen« (**edo, esse, edi, esum** – in nachklassischer Zeit ändert sich der Infinitiv, er wird zu **edere** und das Verb wird dann regelmäßig konjugiert). Ist die erste Silbe kurz, will der Römer eine Maulbeere »sein« und man sollte den Mann dringend in die Psychiatrie einweisen lassen.

Das Verb **sum, esse, fui** ist das lateinische Wort für »sein«, und genau wie das Deutsche »sein« wird es unregelmäßig konjugiert. Mehr über das Verb **esse** steht in Kapitel 3. Es gibt viele andere Verben, die von **esse** abgeleitet sind und ähnlich konjugiert werden. Eines, das ausgesprochen häufig vorkommt, ist **possum, posse, potui,** das »können« bedeutet. Dieses Verb ist nur in den Tempora unregelmäßig, die mit dem Präsensstamm gebildet werden (also Präsens, Imperfekt und Futur I). **Posse** setzt sich aus der Vorsilbe **pot-** und einer Form von **esse** zusammen, im Infinitiv wird das zu **posse** zusammengezogen, und die Vorsilbe **pot** wird zu **pos,** wenn darauf ein »s« folgt. Im Folgenden ist die Konjugation von **posse** im Präsens zu sehen, damit ein Eindruck entsteht, wie dieses Verb funktioniert.

Singular	Plural
possum	possumus
potes	potestis
potest	possunt

Es gibt im Lateinischen viele unregelmäßige Verben. Bei einigen werden die Stammformen unregelmäßig gebildet, andere werden unregelmäßig konjugiert. Die im folgenden Abschnitt gezeigten Verben haben unregelmäßige Stammformen (einigen fehlt zum Beispiel die typische Infinitivendung **-re,** anderen fehlt die vierte Stammform) und sie werden im Präsens unregelmäßig konjugiert.

 In allen anderen Tempora werden diese Verben konjugiert wie Verben der dritten Konjugation. Mehr über die Konjugation von Verben in Kapitel 2.

Velle (wollen)

Volo, velle, volui bedeutet »wollen«. Hier die Konjugation des Verbs im Präsens.

Singular	Plural
volo	volumus
vis	vultis
vult	volunt

Nolle (nicht wollen)

Nolo, nolle, nolui bedeutet »nicht wollen«. Hier die Konjugation des Verbs im Präsens.

Singular	Plural
nolo	nolumus
non vis	non vultis
non vult	nolunt

Malle (lieber wollen)

Malo, malle, malui bedeutet »lieber wollen«. Hier die Konjugation des Verbs im Präsens.

Singular	Plural
malo	malumus
mavis	mavultis
mavult	malunt

Wenn Sie das Wort **malo** sehen, müssen Sie aufpassen. Es kann nicht nur eine Form des Verbs **malle** sein, es kann auch vom Substantiv **malum, mali,** n (Apfel) kommen oder vom Adjektiv **malus, mala, malum**, das »böse«, »schlecht« bedeutet (mehr über dieses Adjektiv in Kapitel 4).

Ferre (tragen, bringen)

Fero, ferre, tuli, latum bedeutet »tragen«, »bringen«. Hier die Konjugation des Verbs im Präsens.

Singular	Plural
fero	ferimus
fers	fertis
fert	ferunt

Ire (gehen)

Eo, ire, ii, itum bedeutet »gehen«. Hier die Konjugation des Verbs im Präsens.

Singular	Plural
eo	imus
is	itis
it	eunt

Im Gespräch

Ein **coquus** (Koch) und sein **dominus** (Herr) unterhalten sich und machen Pläne für das Abendessen. (Das lateinische Wort **sal** kann »Salz« und »Witz« bedeuten.)

Dominus: **Te parare cenam optimam volo, quod senatores veniunt.**

Ich will, dass du ein sehr gutes Abendessen zubereitest, weil die Senatoren kommen.

Coquus: **Cibumne aut calidum aut frigidum senator mavult?**

Will ein Senator lieber warmes oder kaltes Essen?

Dominus:	**Sum senator, ita respondere possum. Cibum cum sale volumus.**
	Ich bin Senator, also kann ich das beantworten. Wir wollen Essen mit Salz.
Coquus:	**Tum in taberna, non in villa tua cenare debetis.**
	Dann müsst ihr in einer Taverne essen und nicht in deinem Landhaus.
Dominus:	**Nonne ferre salem ad cenam potes?**
	Kannst du kein Salz ans Essen bringen?
Coquus:	**Ad cibum salem ferre possum, sed non ad sermonem.**
	Ans Essen kann ich Salz bringen, aber nicht in die Unterhaltung.

Kleiner Wortschatz

coquus, coqui, m	Koch
cibus, cibi, m	Speise, Nahrung
sermo, sermonis, m	Gespräch, Unterhaltung
calidus, calida, calidum	heiß, warm
frigidus, frigida, frigidum	kalt, gekühlt

Trautes Heim, Glück allein

Für die Römer war der Mittelpunkt ihres Lebens ihr Zuhause. Hier lag ihr Fokus, und zwar wörtlich. Das Substantiv **focus, foci,** m bedeutet »Herd«, hier war es warm, und hier wurde gekocht. Der Herd war in alter Zeit nicht nur der physische Mittelpunkt des Hauses, sondern auch sein emotionaler. Nicht anders als beim Essen gab es auch beim Wohnen viele verschiedene Varianten. Bestimmte Häuser konnten sich nur die Reichen leisten, andere Behausungen waren etwas für arme Leute. Häuser in der Stadt sahen anders aus als die auf dem Land.

Das Stadtleben

Im alten Rom gab es im Wesentlichen zwei unterschiedliche Wohnformen – die **insula** und die **domus**:

- ✔ **insula:** Eine **insula, insulae,** f, was eigentlich »Insel« bedeutet, war ein Häuserblock in den meist rechtwinklig angelegten römischen Städten. Auf solchen **insulae** standen meist Mietshäuser, deshalb wurde der Begriff dann auch für »Mietshaus« verwendet. Wenn Sie sich überlegen, dass diese **insulae** wie Inseln zwischen den Straßenzügen lagen, leuchtet der Begriff ein. In einer **insula** wohnten Menschen, die sich kein eigenes Haus leisten konnten, zur Miete. Diese Häuser hatten oft sechs oder sieben Stockwerke und oft waren die Wohnverhältnisse sehr beengt. Allerdings gab es auch in **insulae** Wohnungen für Wohlhabende. Der Verwalter einer solchen **insula** wurde **insularius** genannt.

- ✔ **domus:** Römer, die es sich leisten konnten, wohnten in einer **domus, domus,** f. Eine **domus** war wesentlich vornehmer als eine **insula,** aber von außen war das nicht zu erahnen. Ein solches Gebäude, **aedificium, aedificii,** n, sah von außen sehr schlicht aus, es hatte nur kleine Fenster und war höchstens zweistöckig. Der Reichtum des Besitzers zeigte sich in der Innenausstattung. Wandmalereien und Möbel waren Statussymbole. Es folgen einige wichtige Merkmale der **domus:**

- ✔ **atrium, atrii,** n – der zentrale Raum des Hauses, hinter dem Eingangsbereich gelegen.

- ✔ **cubiculum, cubiculi,** n – Schlafzimmer, mehrere davon liegen um das **atrium** und öffnen sich zu diesem.

- ✔ **compluvium, compluvii,** n – rechteckige Öffnung im Dach des **atrium,** durch das Licht kommt und das Regenwasser vom Dach ins **impluvium** geleitet wird.

- ✔ **impluvium, impluvii,** n – rechteckiges Becken in der Mitte des Atriums, in dem das Regenwasser gesammelt wird, das durch das **compluvium** kommt.

- ✔ **peristylium, peristylii,** n – offene Säulenhalle hinter dem Haus, die den Garten umgibt.

- ✔ **hortus, horti,** m – Garten

Das Landleben

Die, die dem hektischen Treiben in der Stadt entkommen wollten, hatten mehrere Möglichkeiten, auf dem Land unterzukommen. Ein reicher Grundbesitzer lebte in einer **villa, villae,** f (Landhaus). Das war die Unterkunft einer Familie, der ein **fundus, fundi,** m (Boden, Grundstück, Landgut) gehörte. Der Grundriss einer **villa** wies die gleichen Merkmale auf wie der einer **domus.** Wer nicht so viel Geld hatte, lebte in einer **casa, casae,** f (Hütte).

Wenn Römer weit reisten, war es Brauch, unterwegs bei einem **hospes, hospitis,** m – einem »Gastfreund« – zu übernachten. Bande der Gastfreundschaft – **hospitium, hospitii,** n – zwischen verschiedenen Familien reichten oft Generationen zurück. Hatte man keinen Gastfreund in der Gegend, durch die man reiste, musste man leider mit einer **taberna** vorliebnehmen.

Wie viel kostet diese Absteige?

In der modernen Welt der Luxushotels, der Miet- und Eigentumswohnungen gilt: je weiter oben, desto höher der Preis. Im alten Rom war es jedoch genau andersrum. Es waren die Wohlhabenden, die in den unteren Stockwerken der **insulae** wohnten, während die Ärmeren die Wohnungen in den oberen Stockwerken mieteten. Warum? Der Komfort war hier besser, die Wohnungen geräumiger, es gab fließend Wasser und Toiletten. Außerdem wohnten wohlhabendere Leute auch aus Sicherheitsgründen näher am Ausgang, denn die Brandgefahr im alten Rom war ziemlich hoch. Weil Platz in Rom sehr knapp war, waren die **insulae** sehr dicht bebaut, in den Häusern war viel Holz verbaut, die Wände waren oft aus minderwertigem und deshalb instabilem Baumaterial. Der einzige wirkliche Schutz vor Feuer war, bei einem Brand schnell ins Freie zu kommen, und zwar durch die Tür und nicht durch die Fenster der oberen Stockwerke. Erst unter Kaiser Nero (Regierungszeit 54–68 n. Chr.) wurde die Höhe der Mietshäuser auf 21 Meter begrenzt, der Abstand zwischen zwei Mietshäusern musste drei Meter betragen, und es gab Vorgaben in Bezug auf das Baumaterial.

In dieser Zeit gab es auch keine geregelte Abfallentsorgung. Also wohin mit dem Müll? Man warf ihn aus dem Fenster! Der Dichter Juvenal (um 60 bis nach 127 n. Chr.) berichtet über die Gefahren, denen man sich aussetzt, wenn man an einem Mietshaus vorbeigeht. Manchmal wurden Töpfe aus so großer Höhe geworfen, dass sie auf dem Pflaster zerschellten. Und wer kümmerte sich um den Abfall auf den Straßen? Niemand. In Pompeji zum Beispiel haben die Straßen ein natürliches Gefälle, wahrscheinlich wurden Abwässer und Abfälle dadurch einfach ins Meer gespült. In Rom gab es die **cloaca maxima,** wörtlich »größter Abwasserkanal«, durch diesen ursprünglich offenen Kanal wurden Abwässer und Abfälle in den Tiber geleitet.

Nolens volens (Cicero, *de natura deorum* I, 17)

Gleich, ob du es nicht willst oder willst (Wohl oder übel)

Hundert Mal ist es uns schon passiert, dass uns niemand gefragt hat, ob wir damit einverstanden sind, wie man mit uns und allzu oft gegen uns verfährt. Cicero sieht darin einen Grundzug des Verhältnisses zwischen Göttern und Menschen. Vermutlich hat er seine eigenen Lebenserfahrungen auf die transzendentale Beziehung projiziert.

Spiel, Spaß und Denksport

Können Sie sich eine Speisefolge für alle drei Mahlzeiten des Tages einfallen lassen? Schreiben Sie die folgenden Speisen und Getränke zu der Mahlzeit, zu der sie am besten passen. Manche Wörter passen zu mehreren Mahlzeiten.

pullus, vinum, caseus, piscis, fructus, ova, holera, mulsum, mala, panis

1. Ientaculum

   _____

   _____

   _____

2. Prandium

   _____

   _____

   _____

3. Cena

   _____

   _____

   _____

Alltagsleben im Hause einer reichen Familie.

Zunächst drei unvollständige Sätze, aber Sie werden das Fehlende sicher ergänzen. Anschließend wird die Übersetzung keine Schwierigkeiten machen:

4. In villa impluvi .... est.

5. Ex impluvi .... ancill .... aquam frigid ...... ferunt.

6. Servi cib ...... in patell ...... ponunt.

Und nun noch ein paar vollständige Sätze:

Die Hausherrin hat ihre Freundinnen eingeladen, die Männer sind nicht anwesend.

7. Quid mavultis bibere: vinum frigidum aut vinum calidum?

8. Vinum cum aqua mixtum bibere volumus.

9. Viri ad forum eunt, nolunt in villa esse.

Die Antworten sind in Anhang D zu finden.

> **IN DIESEM KAPITEL**
>
> Der Ablativ und was er alles kann
>
> Was es mit Zeitangaben, Jahreszahlen und Feiertagen auf sich hat
>
> Wie man den Konjunktiv erkennt und verwendet
>
> Eine Begegnung mit den römischen Göttinnen und Göttern

Kapitel 6
Der römische Kalender

Osteuropäische Zeit, Sommerzeit, mittlere Greenwich-Zeit – manchmal scheint es, als wäre es schon für die *moderne* Welt ziemlich schwierig, rauszufinden, welches die richtige Zeit ist. Aber wie wird das erst 46 v. Chr. gewesen sein? Damals war die Zeitrechnung der Römer nämlich so weit aus dem Gleichgewicht, dass der Kalender den Jahreszeiten um drei Monate voraus war. Nach einem Blick auf den Kalender sagte sich der Römer: »Zeit für eine dünne Tunika.« Schaute er aber aus dem Fenster, sah das Wetter eher nach einer wollenen Toga aus. Zu dieser Zeit war Julius Caesar **pontifex maximus** – Hohepriester, Oberhaupt der römischen Priesterschaft – und er verlängerte das Jahr 46 v. Chr. auf 445 Tage, um Kalender und Jahreszeiten wieder in Übereinstimmung zu bringen. Der neue Kalender wurde Caesar zu Ehren *Julianischer Kalender* genannt. Im 3. Jahrhundert n. Chr. berichtet der Schriftsteller Censorinus, dass die Römer dieses Jahr **annus confusionis** – verworrenes Jahr – nannten.

Aber warum war ein Priester verantwortlich dafür, den Kalender in Ordnung zu bringen? Für die Römer stand die Berechnung der Zeit im Zusammenhang mit Göttern, Göttinnen und religiösen Kulten. In diesem Kapitel erfahren Sie einiges über die wichtigen und nicht so wichtigen römischen Gottheiten, ihre Feste und Zeitangaben auf Latein. Es geht hier auch um ein paar wichtige Grammatiksachen wie den Konjunktiv und Nebensätze.

Die Römer und ihr Kalender

Für die meisten modernen Menschen hat diese Aussage Vergils etwas Wahres:

Tempus inreparabile fugit. (*Georgica* III, 284)

Unwiederbringlich entflieht die Zeit.

Die Voraussicht des Dichters in unsere hektischen, mit Terminen überfüllten Tage in allen Ehren, die Römer selbst waren aber nicht so abgehoben. Sie stellten nicht einfach nur dar, wie die Zeit verging, sie zeichneten auch die Beziehung der Tage untereinander auf und stellten einen Zusammenhang mit wichtigen Ereignissen in ihrem Leben her. Hier sind einige wichtige Vokabeln, die Sie brauchen, um sich in der Zeitrechnung der Römer zurechtzufinden:

- **tempus, temporis,** n (Zeit)
- **hora, horae,** f (Stunde)
- **dies, diei,** m/f (Tag)
- **mensis, mensis,** m (Monat)
- **annus, anni,** m (Jahr)

Stunden und Tage fliegen vorbei

Die Römer kannten die Woche als Zeiteinheit ursprünglich nicht, und die Minute wurde einfach als **punctum temporis** – als ein Zeitpunkt – bezeichnet. Eine der wichtigsten Zeiteinheiten war jedoch der Tag. Und jede 24 Stunden lange Zeitspanne war vielfach unterteilt. Die Morgendämmerung wurde als **prima lux** – erstes Licht – bezeichnet. Von da an zählte man die Zeit einfach als **prima hora, secunda hora,** also als »erste Stunde, zweite Stunde« und so weiter. Die Nachtstunden waren in vier Nachtwachen – **vigiliae** – unterteilt.

Sprachen die Römer ganz allgemein von einem nicht näher bestimmten Tag, benutzten sie **dies** als Maskulinum. Meinten die Römer aber einen ganz bestimmten Termin, benutzten sie **dies** als Femininum. Zum Beispiel:

Die constituta reus ad iudicium venit.

Am festgesetzten Termin kommt der Angeklagte zur Gerichtsverhandlung.

Monate und ihre Namen

Eine andere wichtige Zeiteinheit war der Monat. Ursprünglich hatte das römische Jahr zehn Monate. Normalerweise waren die Monate nach Gottheiten benannt, denen in dieser Zeit besondere Verehrung zuteilwurde, andere Monatsnamen beruhten auf der Reihenfolge der Monate im Jahresverlauf. So sah der römische Kalender mal aus:

- **Martius** (März): In diesem Monat wurde ein Fest zu Ehren des Gottes Mars gefeiert. Er war der Gott des Krieges und der Vegetation, außerdem war er Vater von Romulus, dem Gründer Roms. Der **Martius** war der erste Monat des Jahres.
- **Aprilis** (April): Das Wort **Aprilis** kommt vom Verb **aperire,** das »öffnen« bedeutet.
- **Maius** (Mai): Der 1. und 15. Mai waren Feiertage der Maia, einer Erdgöttin, die auch Mutter des Gottes Mercur war.

- **Iunius** (Juni): Das war der Monat der Juno, der Königin der Götter.

- **Quintilis** (fünfter Monat): Dieser Monat wurde später in **Iulius** – zu Ehren Julius Caesars – umbenannt.

- **Sextilis** (sechster Monat): Genau wie der **Quintilis** wurde dieser Monat später umbenannt. Zu Ehren von Caesars Neffen, dem Kaiser Augustus, wurde er zu **Augustus**.

- **September** (siebter Monat)

- **October** (achter Monat)

- **November** (neunter Monat)

- **December** (zehnter Monat)

Jeder dieser Monate hatte 30 oder 31 Tage. Das hatte zur Folge, dass das Kalenderjahr viel kürzer war als das eigentliche Sonnenjahr. Deshalb hängten die Römer irgendwann einfach noch zwei Monate ans Jahresende an. Das waren der **Ianuarius** und der **Februarius.** (Der Jahresanfang wurde erst Mitte des 2. Jahrhunderts v. Chr. vom 1. März auf den 1. Januar verlegt.) Der **Ianuarius** ist wohl nach **Janus,** dem doppelgesichtigen Gott des Anfangs und des Endes benannt (auch als der Jahresanfang noch nicht am 1. Januar war, traten an diesem Tag die Konsuln, die höchsten Beamten der Römischen Republik, ihr Amt an). Der **Februarius** hat seinen Namen von **februa,** einem Reinigungs- und Sühnefest, das Ende dieses Monats gefeiert wurde. Da auch nach dieser Kalenderreform das Kalenderjahr nicht mit dem Sonnenjahr übereinstimmte, war im 1. Jahrhundert v. Chr. wieder eine Kalenderreform fällig, der nach Julius Caesar benannte *Julianische Kalender* wurde eingeführt, der ziemlich genau war. Die nächste Kalenderreform war erst 1582 nötig, damals wurde der sogenannte *Gregorianische Kalender* eingeführt.

Im Deutschen sind die Monatsnamen Substantive. Im Lateinischen sind sie jedoch maskuline Adjektive, denn eigentlich beschreiben sie immer das Substantiv **mensis, mensis,** m (Monat), das der Einfachheit halber weggelassen wird. **Maius** zum Beispiel ist eigentlich **maius mensis,** der »Monat Mai«.

Die Jahre vergehen wie im Flug

Meistens ist es irgendwie einfacher rauszufinden, in welchem Jahr ein Ereignis stattgefunden hat, als den Tag, an dem es stattgefunden hat. Über die Jahrhunderte benutzten die Römer verschiedene Systeme, mit denen sie die Jahre zählten. Ein frühes Verfahren war die Jahreszählungen nach Konsuln, den wichtigsten Beamten der Römischen Republik (mehr über Konsuln und den Staat in Kapitel 9). Dafür schrieb man einfach auf, wer im betreffenden Jahr Konsul war.

Der erste römische Kaiser, Gaius Iulius Caesar Octavianus Augustus, hatte zum Beispiel folgendes Geburtsdatum: **a.d. IX Kal. Oct. coss. Tullio et Antonio.** Ohne die Abkürzungen heißt das, er kam **ante diem IX Kalendas Octobres consulibus Tullio et Antonio** zur Welt. Das heißt, Augustus wurde »neun Tage vor den Kalenden des Oktober, als Tullius und Antonius Konsuln waren« geboren. Und jetzt sind alle Unklarheiten beseitigt, oder? Eine offensichtliche Schwachstelle dieses Systems ist, dass man immer die Abfolge der Konsuln im Kopf haben musste, die ja jedes Jahr wechselten.

Eine praktischere Methode war es, die Jahreszählung mit der Gründung Roms (nach der Überlieferung 753 v. Chr.) beginnen zu lassen. Dann musste man nur die Jahre abzählen, die seitdem vergangen waren. Die bei dieser Zählung verwendete Abkürzung war **A.U.C.**, das für **ab urbe condita** – seit Gründung der Stadt – steht. Nach dieser Zählung kam das schreiende Bündel, das der erste Kaiser des Römischen Reichs werden sollte, **anno ab urbe condita sescentesimo nonagesimo primo** zur Welt, im »sechshunderteinundneunzigsten Jahr seit Gründung der Stadt«.

Im 6. Jahrhundert n. Chr. stellte ein Mönch namens Dionysius Exiguus Berechnungen an, auf denen unsere heutige Jahreszählung beruht. In der Folge errechnete man das Jahr von Christi Geburt, das Jahr 1 unserer Jahreszählung. Im deutschen Sprachraum benutzt man die Abkürzung **n. Chr.**, im Englischen ist man aber den kirchlich-lateinischen Ursprüngen dieser Jahreszählung treu geblieben und benutzt die Abkürzung **A.D.** – **Anno Domini** (im Jahre des Herrn).

Es ist kein großes Problem, die Jahreszählung nach A.U.C. in unsere Jahreszählung zu übertragen. Weil das Gründungsdatum der Stadt Rom der 21. April 753 v. Chr. ist, ist das Jahr **1 A.U.C. = 753 v. Chr.** Um ein Datum v. Chr. zu finden, muss man einfach das A.U.C.-Datum von der Zahl 754 abziehen. Handelt es sich um ein Datum n. Chr., addiert man es einfach zu 753 dazu.

Wer ist hier eigentlich zuständig?

59 v. Chr. oder 695 A.U.C. waren Gaius Julius Caesar und Marcus Calpurnius Bibulus die Konsuln von Rom. Weil Bibulus der wesentlich schwächere Amtsträger war, nannten die Römer dieses Jahr nicht »das Konsulat von Julius und Calpurnius«, sondern sprachen scherzhaft vom »Konsulat von Julius und Caesar«.

Wo wir gerade bei verschiedenen Jahreszählungen sind: Im Staatsgefängnis von Rom, dem Tullianum oder Mamertinum, einer trostlosen, höhlenartigen Zelle, in der so berühmte Häftlinge wie die Apostel Petrus und Paulus einsaßen, gibt es eine lateinische Gedenktafel, auf der einiges über die Geschichte des Gefängnisses steht. Das moderne Jahr, in dem die Tafel gestiftet worden ist, ist als **ab orbis redemptione** (seit der Erlösung der Welt) aufgeführt.

An welchem Tag sehen wir uns?

Man könnte sich denken, dass die Römer die Tage des Monats genauso gezählt haben, wie wir es heute tun. Das System, die Tage durchzunummerieren, ist ja ganz praktisch. Der 27. November wäre in römischen Zahlen dann einfach der **dies vicesimus et septimus mensis Novembris** – wörtlich: der siebenundzwanzigste Tag des Novembers, oder? Leider falsch gedacht. In diesem Abschnitt geht's darum, wie die Römer wirklich ihre Tage zählten.

Feststehende Tage: Kalenden, Nonen und Iden

Die Römer sahen die Zeit nicht als endlose Folge von Tagen, die es einen nach dem anderen zu nummerieren galt. Stattdessen errechneten sie, wie weit ein bestimmter Tag von einem der drei feststehenden Tage des Monats entfernt war. Diese festen Tage waren:

- **Kalendae** (Kalenden): Die **Kalendae** waren der erste Tag jeden Monats. Das Wort leitet sich wohl etymologisch vom griechischen Verb *kalein* ab, das »ausrufen« bedeutet.

- **Nonae** (Nonen): Das Wort **Nonae** ist eine Form der Ordinalzahl »der/die/das neunte«. Im Kalender steht **Nonae** für den neunten Tag vor den Iden.

- **Idus** (Iden): Meistens fallen die Iden auf den dreizehnten Tag des Monats, im März, Mai, Juli und Oktober (Merkwort: MILMO) fallen sie aber auf den fünfzehnten Tag. (Deshalb fallen die Nonen bei den meisten Monaten auf den fünften Tag, im März, Mai, Juli und Oktober aber auf den siebten Tag.)

So und wie kommt man jetzt von diesen drei festen Tagen im Monat zu einem bestimmten Datum? Darum kümmern wir uns jetzt:

Wie man ein Datum bestimmt

Die Römer berechneten ein Datum, indem sie abzählten, wie viele Tage es vor den nächsten Kalenden, Nonen oder Iden lag, und diese Tage wurden mitgezählt. Deshalb wäre der 27. November bei den Römern der fünfte Tag vor dem ersten (den Kalenden des) Dezember (der 27., der 28., der 29., der 30. und der 1. = 5 Tage). Und geschrieben wird das so:

> a. d. V Kal. Dec.

was für **ante diem V Kalendas Decembres** steht – der fünfte Tag vor den Kalenden des Dezembers.

Der Tag vor einem der feststehenden Tage war einfach **pridie** (der Tag davor). Deshalb haben die Historiker, die über die Albträume berichten, die Caesars Frau in der Nacht vor seiner Ermordung hatte, geschrieben, Calpurnia habe diese **prid. Id. Mart.**, also **pridie Idus Martias** – an dem Tag vor den Iden des März – gehabt.

Römische Feiertage

Sowohl im antiken als auch im modernen Kalender spielt die Religion eine bedeutende Rolle. Es gab im alten Rom so viele Feiertage für wichtige und weniger wichtige Gottheiten, dass der Dichter Ovid begann, den römischen Festkalender (**fasti**) in Gedichtform zu bringen. In diesen *Fasti* beschreibt er die Festtage des römischen Jahres. Dieses Gedicht ist sehr patriotisch, denn es geht um die wichtigen Tage, die Traditionen und die Feste im Leben der Römer. Unglücklicherweise hat Ovid die *Fasti* nicht fertiggestellt, sie brechen Mitte Juni ab, denn Ovid musste 8 n. Chr. ins Exil gehen.

Hier sind einige der großen und interessanten römischen Feste und Feiertage:

- **Lupercalia:** Die Luperkalien, ein Fruchtbarkeitsfest, wurden am 15. Februar zu Ehren des Gottes Faunus (der auch Lupercus hieß) gefeiert. Die Priester des Faunus liefen nackt herum und schlugen Frauen mit Riemen aus Ziegenfell, um so deren Fruchtbarkeit zu fördern. (Offensichtlich musste dieser beliebte Zeitvertreib irgendwann dem Fernsehen weichen.)

✔ **Parentalia:** Diese wurden vom 13. bis 21. Februar gefeiert und auch **Feralia** genannt. Dabei gedachte man der verstorbenen Eltern und anderer Vorfahren. Eine Woche lang wurde das Fest im Familienkreis begangen, am letzten Tag gab es eine öffentliche Feier.

✔ **Saturnalia:** Die Saturnalien wurden am 17. Dezember zu Ehren des Gottes Saturn gefeiert. An diesem Tag galten die Sklaven ihren Herren als gleichgestellt, man tauschte Geschenke aus und kleidete sich festlich, Herren bedienten sogar ihre Sklaven.

✔ **Vestalia:** Am 9. Juni wurde Vesta, die Göttin des Herdes und des Heims geehrt. Die Priesterinnen, die ihren Dienst im Vesta-Tempel auf dem Forum Romanum versahen, waren unverheiratet, sie sind als vestalische Jungfrauen bekannt.

✔ **Megalesia:** Sie wurden vom 4. bis 10. April zu Ehren der Göttin Kybele, die auch Magna Mater (Große Mutter) genannt wurde, gefeiert. Genau wie die Vestalinnen waren die Priester der Kybele in ihrer Sexualität eingeschränkt, sie waren nämlich kastriert.

Immer Ärger mit dem Ablativ

Der Ablativ ist für die lateinische Grammatik das, was ein Schwarzes Loch für den Weltraum ist: Beide saugen alle Materie und Energie auf. Na ja, so ungefähr. Eigentlich ist der Ablativ der Kasus für alles Mögliche, das irgendwie mit Zeit und Raum zu tun hat. Mit anderen Worten ist dieser Kasus für Folgendes da:

✔ Er gibt den **Zeitpunkt** an, an dem etwas passiert, und den **Zeitraum,** in dem etwas passiert.

✔ Er gibt den **Ort** an, an dem eine Handlung stattfindet (**wo?**), und den **Ort,** von dem eine Handlung ausgeht (**wovon?**).

✔ Er gibt an, **wodurch** oder **womit** etwas getan wird, dann heißt er **Ablativus instrumentalis.**

✔ Er gibt an, wie, auf welche **Art und Weise** etwas getan wird, dann heißt er **Ablativus modi.**

✔ Und dann gibt es da den **Ablativus absolutus** (auch **Ablativ mit Partizip** genannt), der aus einem Substantiv und einem Partizip im Ablativ besteht, keine genaue Entsprechung im Deutschen hat und mit einem Nebensatz übersetzt wird.

In den folgenden Abschnitten geht es darum, wofür der Ablativ alles zuständig ist. (Und einen Schnelldurchgang durch die lateinischen Kasus finden Sie in Kapitel 2.)

Wie spät ist es?

Der Ablativ zeigt einen *Zeitpunkt*, an dem etwas geschieht, dann antwortet er auf die Frage »wann?«, oder er zeigt einen *Zeitraum* an, in dem etwas geschieht, dann antwortet er auf die Frage »innerhalb welcher Zeit?« Dies ist der sogenannte *Ablativus temporis*. Zwar erfordern verschiedene Funktionen des Ablativs eine Präposition, diese Zeitbegriffe tun das aber nicht. Man betrachte die folgenden Beispiele:

✔ *Illo die* **ad urbem advenimus.**

   An jenem Tag kamen wir in der Stadt an.

✔ **Hostes vincemus** *diebus tribus*.

   Wir werden die Feinde in drei Tagen besiegen.

 Eine *Raum- oder Zeiterstreckung* kann auch mit dem Akkusativ ausgedrückt werden, er antwortet auf die Fragen »wie hoch, wie tief, wie lang, wie breit?« (Raumerstreckung) und »wie lange?« (Zeiterstreckung). Zum Beispiel:

Menses duos **et** *milia passuum innumerabilia* **altum navigaverunt.**

Sie befuhren zwei Monate lang und unzählige Meilen weit die hohe See.

Wohin gehst du?

Der Ablativ steht auch bei *Ortsangaben* auf die Frage »wo?« (*Ablativus loci*), und er steht auf die Frage »woher? wovon?«, wenn es um den *Ausgangspunkt einer Handlung* geht (*Ablativus separativus*). Hier können Präpositionen stehen. (Mehr über Präpositionen gibt es in Kapitel 3.) Die wichtigsten Präpositionen bei diesen Ablativen sind:

✔ **in** (in, an, auf)

✔ **sub** (unter)

✔ **a/ab** (von, von … her, aus, an, in)

   Merke: Vor Konsonanten steht **a**, vor Vokalen steht **ab**.

✔ **e/ex** (aus, aus … heraus, von … her)

   Merke: Vor Konsonanten steht **e**, vor Vokalen steht **ex**.

✔ **de** (von, von … her, von … weg, aus)

Der folgende Satz deckt so ziemlich alles ab:

Sciurus in *ramo* **sub** *umbra* **ab** *ave* **cucurrit et e** *fronde* **de** *arbore* **cecidit.**

Das Eichhörnchen auf dem Ast im Schatten ist vor dem Vogel weggelaufen und ist aus dem Laubwerk vom Baum gefallen.

Quo ist ein Fragewort, das »wohin?« bedeutet. Im Allgemeinen wird der Akkusativ mit einer Präposition benutzt, um zu sagen, wohin jemand/etwas geht. Zu den Präpositionen, die in diesem Zusammenhang benutzt werden, gehören **in** mit der Bedeutung »in, in ... hinein, auf, nach ... hin, zu« und **ad** mit der Bedeutung »zu, nach, an, nach ... hin«.

Avis ad *nidum* volabat.

Ein Vogel flog zum Nest.

Alles und noch viel mehr

Der Ablativ wird noch für vieles mehr gebraucht. In Kapitel 8 und 9 werden einige weitere Funktionen vorgestellt. Bevor dieses Kapitel zu Ende geht, werden aber noch drei wichtige Arten des Ablativs erklärt. Wenn Sie die wichtigsten Funktionen des Ablativs verstanden haben, können Sie sich auf das weite Feld der klassischen lateinischen Literatur wagen.

Toga-Party in Hollywood

Quo Vadis (wörtlich: »Wohin gehst du?«) ist eine von unzähligen Hollywood-Produktionen, die im alten Rom spielen. Viele dieser Klassiker werden immer wieder im Fernsehen gezeigt:

- ✔ *Julius Caesar* ist die Verfilmung von William Shakespeares gleichnamigem Schauspiel.

- ✔ *Cleopatra* war der erste Film, bei dem es Millionengagen gab. Die Hauptdarstellerin Elizabeth Taylor erhielt für ihre Rolle als Cleopatra eine Million Dollar.

- ✔ *Ben Hur* bietet ein Wagenrennen, das Sie gesehen haben müssen.

- ✔ In *Spartacus* spielt Kirk Douglas (für die jüngeren Kinogänger: der Vater von Michael Douglas) den Gladiator, der einen Sklavenaufstand gegen Rom anführte.

- ✔ Wenn Sie was zum Lachen sehen wollen, können Sie sich *Toll trieben es die alten Römer* und *Das Leben des Brian* anschauen.

Einer der neueren Monumentalfilme, die im alten Rom spielen, ist *Gladiator*, der 2001 den Oscar für den besten Film gewonnen hat. Eine weniger bekannte Komödie ist *Crazy Balloon* (1988), in der die Geschichte von drei Zeitreisenden erzählt wird, die im alten Rom landen. In diesem Film gibt es sogar ein paar Szenen, in denen Latein gesprochen wird (mit deutschen Untertiteln). In der ab 2005 ausgestrahlten Fernsehserie *Rom* geht es um das Ende der römischen Republik und den Aufstieg von Octavian, dem späteren Kaiser Augustus. Wer wissen will, wie die Römer zu dieser Zeit gelebt haben und Politik gemacht haben, sollte mal reinschauen.

Ablativus instrumentalis

Der *Ablativus instrumentalis* ist der *Ablativ des Werkzeugs*. Er besteht aus einem einfachen Ablativ, der anzeigt, *wodurch* oder *womit* etwas geschieht. Um ihn zu übersetzen, benutzt man die Präpositionen *mit* oder *durch*. Zum Beispiel:

Deos deasque et *carminibus* et *ludis* honorabamus.

Wir ehrten die Götter und Göttinnen sowohl mit Liedern als auch mit Spielen.

Die Römer verehrten ihre Götter auf vielfältige Weise. Das konnten auch Spiele sein, bei denen es sportliche Wettkämpfe und Tänze gab. Die **Ludi Megalenses** – die Großen Spiele – fanden im April zu Ehren der Fruchtbarkeitsgöttin Kybele statt, die auch **Magna Mater** – Große Mutter – genannt wurde.

Ablativus modi

Der *Ablativus modi* (*Ablativ der Art und Weise*) ähnelt in seiner Funktion dem Ablativus instrumentalis. Er gibt an, *wie* und *auf welche Art und Weise* etwas geschieht. Die hierfür verwendeten Substantive sind meist abstrakt, zum Beispiel *Tapferkeit, Liebe, Zorn*. Wenn ein Adjektiv zum *Ablativus modi* gehört, steht er meist ohne Präposition. Steht das Substantiv ohne Adjektiv, wird die Präposition **cum** (mit) benutzt:

Templum cum *reverentia* intravi.

Ich betrat den Tempel mit Ehrfurcht.

Wenn zu der Wendung im Ablativ ein Adjektiv gehört, kann **cum** stehen, muss aber nicht:

Pontifex *magna cum cura* victimam obtulit.

Der Priester bot das Opfer mit großer Sorgfalt dar.

Bei einer Präpositionalphrase wird im Lateinischen normalerweise ein Wort vor die Präposition gezogen. Wenn man seine Promotion an der Universität mit hervorragenden Leistungen abschließt, erhält man die Auszeichnung **summa cum laude**. Auch wenn die Präposition in der Mitte steht, bedeutet diese Wendung immer noch »mit höchstem Lob«.

Der Ablativus absolutus

Von Schülern wird er ganz gern als *Abl. abs.* bezeichnet, in manchen Grammatiken heißt er *Ablativ mit Partizip/Prädikativum*, kurz *AmP*, und er ist eine ziemlich lateinische Sache, für die es im Deutschen keine Entsprechung gibt. Im Grunde handelt es sich dabei um ein paar lateinische Wörter im Ablativ, die ohne Präposition irgendwo im Satz stehen. Normalerweise besteht diese Konstruktion aus einem Substantiv und einem Partizip (was Partizipien sind, steht in Kapitel 9), seltener einem Prädikativum (anstelle eines Partizips steht dann ein

Substantiv oder Adjektiv), die beide im Ablativ stehen (deshalb *Ablativ mit Partizip*). Grammatisch ist er losgelöst vom restlichen Satz (deshalb **absolutus** von **absolvo, absolvere, absolvi, absolutum** – loslösen, befreien). Das sieht zum Beispiel so aus:

> *Caesare pontifice maximo*, **Romani fastos novos acciperunt.**
>
> Als Caesar Pontifex Maximus war, erhielten die Römer einen neuen Kalender.

Man kann den *Abl. abs.* nicht wörtlich übersetzen, sondern man muss sich anders behelfen. Die Beziehung des *Abl. abs.* zum Hauptsatz ergibt sich allein aus dem Satzzusammenhang. Der *Abl. abs.* antwortet auf Fragen wie »wann geschieht/geschah es?«, »warum/welchem Umstand zum Trotz geschieht/geschah es?« Der Übersetzer muss beim *Abl. abs.* also auch immer interpretieren und dann die passende Übersetzung wählen. Oft sind das Nebensätze, die man mit folgenden Konjunktionen einleiten kann: als, während, nachdem, weil, obwohl …

Im Gespräch

Gaius und Flavia unterhalten sich über einen bevorstehenden Feiertag. (Man beachte die unterschiedlichen Funktionen des Ablativs.)

Gaius: **Feriis proximis, in calamitate sum.**

> Weil die Feiertage fast da sind, bin ich in Schwierigkeiten.

Flavia: **Sed hodie est ante diem III Nonas Decembres! Tibi multum temporis est ante Saturnalia.**

> Aber heute ist der dritte Tag vor den Nonen des Dezembers! Dir bleibt noch viel Zeit vor den Saturnalien.

Gaius: **Me adiuvabis donum pro me emere?**

> Hilfst du mir, ein Geschenk für mich zu kaufen?

Flavia: **Te cum gaudio adiuvabo, sed non donum emam.**

> Ich werde dir mit Freude helfen, aber ich werde kein Geschenk kaufen.

Gaius: **Hoc anno gaudium pro dono amicis dare non possum.**

> Dieses Jahr kann ich meinen Freunden keine Freude statt eines Geschenks geben.

Flavia: **Cur non?**

> Warum nicht?

Gaius: **Quod consulibus Murena et Silio septendecim dies tardissimus eram in emendo dono Saturnali.**

> Weil ich im Konsulat von Murena und Silius 17 Tage lang sehr spät dran war mit dem Kauf eines Saturnaliengeschenks.

Flavia: **Sed erat proximus annus!**

> Aber das war letztes Jahr!

Gaius: **Accurate!**

> Genau!

Kleiner Wortschatz

alius, alia, aliud	ein anderer
aperio, aperire, aperui, apertus	öffnen
caelum, caeli, n	Himmel
claudo, claudere, clausi, clausum	schließen
doceo, docere, docui, doctum	lehren, unterrichten
dux, ducis, m	Führer, Feldherr
laboro, laborare, laboravi, laboratum	arbeiten

Ist das denn die Möglichkeit? – Der Konjunktiv

Den Konjunktiv gibt es sowohl im Deutschen als auch im Lateinischen. Er ist einer von drei Modi des Verbs. Der *Modus* ist die *Aussageweise* des Verbs. Im Deutschen wie im Lateinischen gibt es den *Indikativ*, den *Imperativ* und den *Konjunktiv*. Der Indikativ ist die *Wirklichkeitsform* des Verbs. Meistens stehen Verben im *Indikativ*, er wird benutzt, wenn der Sprecher von etwas berichtet, das er für wahr hält: »Der Koch *benutzt* immer zu viel Salz.« In Kapitel 2 und 4 geht es ja um die Zeiten des Verbs, bis jetzt standen die konjugierten Verben in diesem Buch immer im Indikativ. Der *Imperativ* ist die *Befehlsform* des Verbs: »*Geh* mir aus den Augen!«

So, und jetzt zum eigentlichen Thema: Der Konjunktiv ist die Möglichkeitsform des Verbs. Das Deutsche kennt zwei Arten des Konjunktivs: den Konjunktiv I und den Konjunktiv II. Der Konjunktiv I wird vom Infinitiv eines Verbs abgeleitet und hauptsächlich in der indirekten Rede benutzt: »Gestern hat er erzählt, er *habe* ein neues Auto, mit dem er demnächst in Urlaub *fahren werde*.« Der Konjunktiv II wird vom Präteritum abgeleitet, man verwendet ihn vor allem, um eine Möglichkeit oder einen Wunsch auszudrücken: »*Benutzte* der Koch weniger Salz, *schmeckte* sein Essen besser.« Oft wird der Konjunktiv durch eine Formulierung mit *würde* ersetzt: »*Würde* der Koch weniger Salz *benutzen*, *würde* sein Essen besser *schmecken*.«

Aber jetzt zurück zu den Römern: Im Lateinischen gibt es ja sechs Tempora (siehe Kapitel 2 und 4), in all diesen gibt es den Indikativ, den Konjunktiv gibt es allerdings nicht in allen Zeiten. Es gibt den *Konjunktiv Präsens*, den *Konjunktiv Imperfekt*, den *Konjunktiv Perfekt* und den *Konjunktiv Plusquamperfekt*; Futur I und II gibt es nicht im Konjunktiv. Als Ersatz für den fehlenden Konjunktiv Futur II fungiert in der indirekten Rede der Konjunktiv Plusquamperfekt. Der lateinische Konjunktiv wird zum Teil anders verwendet als der deutsche, deshalb wird er oft mit dem Indikativ übersetzt. Der lateinische Konjunktiv steht unter anderem bei:

✔ Aufforderungen

✔ Wünschen

- ✔ Vermutungen
- ✔ Vorstellungen
- ✔ Verboten
- ✔ Indirekter Rede

Der Konjunktiv Präsens

Der Konjunktiv macht dann wenig Probleme, wenn man ihn erkennt. Wissen Sie, zu welcher Konjugation ein Verb gehört und welche Vokale den Konjunktiv kennzeichnen, fällt ein Konjunktiv Präsens ins Auge. (Mehr über Konjugationen in Kapitel 2.)

Bei Verben der ersten Konjugation ist es »e«

Als Beispiel dient hier das Verb **laudo, laudare, laudavi, laudatum**, das »loben« bedeutet.

Singular	Plural
laudem	laudemus
laudes	laudetis
laudet	laudent

Im Indikativ Präsens ist das Kennzeichen von Verben der ersten Konjugation ein **a** und kein **e**.

Bei Verben der zweiten Konjugation ist es »ea«

Hier wird als Beispiel das Verb **exerceo, exercere, exercui, exercitum** (bearbeiten, üben) im Konjunktiv Präsens konjugiert:

Singular	Plural
exerceam	exerceamus
exerceas	exerceatis
exerceat	exerceant

Im Indikativ Präsens ist das Kennzeichen von Verben der zweiten Konjugation nur **e** und nicht **ea**.

Bei Verben der dritten (konsonantischen) Konjugation ist es »a«

Im folgenden Beispiel wird das Verb **cano, canere, cecini, cantatum** (singen) konjugiert:

Singular	Plural
canam	canamus
canas	canatis
canat	canant

Kennzeichen des Indikativ Präsens bei Verben der konsonantischen Konjugation sind **o, i** und **u,** aber nicht **a.**

Bei Verben der dritten (gemischten) und vierten Konjugation ist es »ia«

In diesem Beispiel wird das Verb **accipio, accipere, accepi, acceptum** (annehmen) im Konjunktiv Präsens konjugiert:

Singular	Plural
accipiam	accipiamus
accipias	accipiatis
accipiat	accipiant

Kennzeichen des Indikativs Präsens bei der gemischten und der vierten Konjugation sind **i** und **u** und nicht **ia.**

Mit dem lateinischen Konjunktiv Präsens werden unter anderem Wünsche ausgedrückt, dann können Sie in den Satz *mögen* oder *hoffentlich* einbauen. Wenn Sie jemandem ein langes Leben wünschen, können Sie ungefähr so etwas sagen:

> **Serus in caelum redeas** (Horaz, *Carmina* I, 2, 45)
>
> Mögest du erst spät in den Himmel zurückkehren.
>
> Hoffentlich kehrst du erst spät in den Himmel zurück.

Die perfekten und nicht ganz so perfekten Zeiten des Konjunktivs

Die drei übrigen Tempora, die im Konjunktiv stehen können, sind das Imperfekt, das Perfekt und das Plusquamperfekt. (Um diese Tempora im Indikativ geht es in Kapitel 4.) Der Konjunktiv ist in diesen Zeiten nicht nur leicht erkennbar, es spielt auch keine Rolle, zu welcher Konjugation das Verb gehört. Im folgenden Teil werden die Merkmale aufgeführt, die der Konjunktiv in diesen Zeiten sogar bei unregelmäßigen Verben hat.

Konjunktiv Imperfekt

Beim Konjunktiv Imperfekt taucht immer die Silbe **re** auf. Im Grunde nimmt man den Infinitiv (die zweite Wörterbuchform) und hängt die Personalendung dran. (Eine Übersicht über die Personalendungen finden Sie in Kapitel 2.) Übersetzt werden kann der Konjunktiv Imperfekt in Hauptsätzen oft mit Formen von *würde* oder *hätte können* und einem *Infinitiv*. In Nebensätzen wird er meist nicht übersetzt. Als Beispiel wird hier das Verb **colo, colere, colui, cultum** gezeigt, das so verschiedene Bedeutungen wie »bebauen«, »bewohnen«, »pflegen« und »verehren« hat:

Singular	Plural
colerem	coleremus
coleres	coleretis
coleret	colerent

Konjunktiv Perfekt

Auch Verbformen im Konjunktiv Perfekt sind einfach auszumachen, wenn Sie auf den Zusammenhang achten, in dem diese Verbformen stehen. Stehen die anderen Verben im Text in einem Tempus der Vergangenheit, dann ist ein Verb mit der Silbe **eri** wahrscheinlich ein Konjunktiv Perfekt. Ansonsten müssen Sie aus dem Zusammenhang erschließen, ob es ein Konjunktiv Perfekt ist oder das Futur II, das das gleiche Kennzeichen aufweist. Gebildet werden sowohl das Futur II als auch der Konjunktiv Perfekt mit dem Perfektstamm des Verbs, **eri**, und der Personalendung (sie unterscheiden sich nur in der ersten Person Singular, für die Formen des Futur II siehe Kapitel 4). In Hauptsätzen können Sie den Konjunktiv Perfekt oft mit *dürfte* oder *könnte* und dem *Infinitiv* übersetzen, in Nebensätzen wird er nicht übersetzt. Als Beispiel wird hier das Verb **salio, salire, salui, saltum** (springen) konjugiert:

Singular	Plural
saluerim	saluerimus
salueris	salueritis
saluerit	saluerint

In Rom gab es eine Priesterschaft, die ihren Namen vom Verb **salire** (tanzen) hatte. Das waren die **Salii,** eingedeutscht *Salier*, die in altertümlicher Ausrüstung Waffentänze aufführten. Diese Tänze wurden bei Umzügen vorgeführt, die zu Beginn und zum Ende der Kriegssaison im März und Oktober stattfanden.

Konjunktiv Plusquamperfekt

Das letzte Tempus, das den Konjunktiv bildet, ist das Plusquamperfekt. Diese Konjunktivformen sind gut zu erkennen. Wenn zwischen dem Perfektstamm des Verbs und der Personalendung die Silbe **isse** steht, hat man einen Konjunktiv Plusquamperfekt. In Hauptsätzen übersetzt man ihn oft mit Formen von *hätte* und *wäre* und dem *Infinitiv*. In Nebensätzen wird er nicht übersetzt. Hier ist noch schnell ein Beispiel mit dem Verb **sero, serere, sevi, satum**, das »säen« bedeutet:

Singular	Plural
sevissem	sevissemus
sevisses	sevissetis
sevisset	sevissent

Nebensachen: Nebensätze

Meistens tauchen Konjunktivformen in *Nebensätzen* (auch *Gliedsätze* genannt) auf. Im Grunde ist ein Nebensatz ein Satz, der nicht alleine stehen kann. Er hat zwar ein Subjekt und ein Prädikat, drückt aber keinen vollständigen Gedanken aus. Hier sind ein paar Beispiele:

Wenn du einkaufen gehst

Weil der Hund weggerannt ist

Der mit dem Löffel weggerannt ist

Nebensätze beschreiben eine Handlung, eine Person und/oder eine Sache. Deutsche Nebensätze können eine Reihe von Funktionen haben: Sie können anstelle des Subjekts oder eines Objekts treten, sie können eine adverbiale Bestimmung oder ein Attribut vertreten. Auch im Lateinischen gibt es eine ganze Reihe von Nebensätzen und in diesem Abschnitt geht es um die häufigsten.

Finalsätze (Begehr-, Absichts- oder Zwecksätze)

Finalsätze kommen ziemlich häufig vor und sind leicht zu erkennen, sie werden nämlich von den Konjunktionen **ut** (damit, um ... zu) oder **ne** (damit nicht, nicht zu) eingeleitet. Im Finalsatz können nur der Konjunktiv Präsens und der Konjunktiv Imperfekt stehen. Der Konjunktiv kann mit »um ... zu + Infinitiv« übersetzt werden oder mit dem Indikativ.

Romam navigavi ut statuas viderem.

Ich bin nach Rom gesegelt, um die Statuen zu sehen.

Ich bin nach Rom gesegelt, damit ich die Statuen sehen konnte.

Konsekutivsätze (Folgesätze)

Konsekutivsätze werden mit **ut** (dass) oder **ut non** (dass nicht) eingeleitet. Weil Konsekutivsätze so aussehen wie Finalsätze (siehe vorangehenden Abschnitt), waren die Römer so nett, im Hauptsatz einige Hinweise auf einen folgenden Konsekutivsatz zu geben. Häufige Signalwörter sind **ita** (so), **sic** (so), **tam** (so), **tot** (so viele) und **tantus** (so groß).

Pompeius est tam fortis miles ut amici eum »Magnus« vocent.

Pompeius ist ein so tapferer Soldat, dass seine Freunde ihn »den Großen« nennen.

Der Konjunktiv im Relativsatz

Ein Relativsatz beginnt mit einer Form des Relativpronomens **qui** (der) (zu Relativpronomen siehe Kapitel 7). Steht das Prädikat dieses Relativsatzes im Konjunktiv, wird hier ein Gedanke oder eine Meinung wiedergegeben, die nur auf eine Vorstellung hinweist und nicht wirklich konkret ist.

Est vir qui docere amet.

Er ist ein Mann, der wohl gerne unterrichtet.

Wenn von einem Mann die Rede ist, der wirklich gern unterrichtet, muss im Relativsatz der Indikativ stehen. Das sieht dann so aus:

Est vir qui docere amat.

Er ist ein Mann, der gerne unterrichtet.

Indirekte Fragesätze

Im Lateinischen gibt es viele indirekte Fragen, die recht leicht zu erkennen sind. Sie fangen mit einem Verb des Fragens an, dann kommt ein Fragewort und am Ende steht ein Verb im Konjunktiv. (Mehr über Fragewörter in Kapitel 3.)

Rogavit in quot bellis dux pugnavissest.

Sie fragte, in wie vielen Kriegen der Feldherr gekämpft habe.

Der Konjunktiv in cum-Sätzen

Wird das Wörtchen **cum** mit einem Verb im Konjunktiv benutzt, leitet es einen von drei verschiedenen Nebensätzen ein. Wie **cum** übersetzt wird, hängt vom Satzzusammenhang ab.

✔ In einem *Temporalsatz* (gibt ein Zeitverhältnis an) bedeutet **cum** »als, während, nachdem«

✔ In einem *Kausalsatz* (gibt einen Grund an) bedeutet **cum** »weil, da«

✔ In einem *Konzessivsatz* (gibt eine Einschränkung an) bedeutet **cum** »obwohl, obgleich«

Normalerweise gibt der Kontext des Satzes oder des Textes einen Hinweis auf die richtige Übersetzung. Das folgende Beispiel zeigt einen Konzessivsatz:

Cum alium ames, te amo.

Obwohl du einen anderen liebst, liebe ich dich.

Im Gespräch

Ein **vir Romanus** (Römer) unterhält sich mit einem **vir Aegyptius** (Ägypter), der gerade Rom besucht, über den Janus-Tempel, der in Friedenszeiten geschlossen wurde.

vir Aegyptius:	**Templa visitare amo. Estne templum Iani apertum aut clausum?**
	Ich besichtige gerne Tempel. Ist der Tempel des Janus offen oder geschlossen?
vir Romanus:	**Cum bellum non geramus, est clausum.**
	Da wir keinen Krieg führen, ist er geschlossen.
vir Aegyptius:	**Ianumne Romani colunt, ut bellum gerant?**
	Verehren die Römer Janus, damit sie Krieg führen können?
vir Romanus:	**Minime, sed Ianus est tam potens, ut nobis victoriam ferat.**
	Nein, aber Janus ist so mächtig, dass er uns den Sieg bringt.
vir Aegyptus:	**Ianus est deus, qui non laborando optime laboret.**
	Janus ist wohl ein Gott, der seine Arbeit dann am besten macht, wenn er nicht arbeitet.

Kleiner Wortschatz

adiuvo, adiuvare, adiuvi, adiutum	helfen, unterstützen
colo, colere, colui, cultum	pflegen, verehren, bebauen, bewohnen
donum, doni, n	Geschenk
feriae, feriarum, f	Feiertage, Ferien
gaudium, gaudii, n	Freude
offero, offerre, obtuli, oblatum	vorführen, anbieten, darbieten
templum, templi, n	Heiligtum, Tempel

Der römische Götterhimmel

Einst schrieb der Dichter Catull:

Ille mi par esse deo videtur ... (*Carmen* 51, 1)

Er scheint mir einem Gott gleich zu sein ...

Bei der weiteren Lektüre dieses Gedichts findet man heraus, dass Catull eine Frau liebt, die er nur aus der Ferne betrachten kann; und der erste Vers bezieht sich auf ihren Ehemann. Catull hatte anscheinend das Gefühl, dass allein die Gegenwart dieser Frau einen Mann wie einen Gott erscheinen ließ. Allerdings gibt es auch Gedichte, in denen Catull diese Frau mit ein paar der bösartigsten Gedichte, die je geschrieben wurden, beschimpft. Aber so sind die Nebenwirkungen von Amors Pfeil eben. Unabhängig davon, ob der Begriff des Göttlichen als literarische Metapher verwendet wurde oder ob man wirklich an menschenähnliche Göttinnen und Götter glaubte, spielte Religion eine wichtige Rolle im Leben der alten Römer. Manche waren so abergläubisch wie Bibulus, der Mitkonsul von Caesar, der sich weigerte, das Haus zu verlassen, ohne vorher die Omen überprüft zu haben. Auch Menschen, für die die Staatsreligion nur ein Lippenbekenntnis war, suchten nach einem tieferen Lebenssinn und fanden ihn oft in einer der vielen philosophischen Richtungen der Zeit oder in einem der Mysterienkulte, die im Römischen Reich weit verbreitet waren.

Die Großen Zwölf

Viele Menschen kennen die wichtigsten griechischen und römischen Gottheiten, die so ziemlich überall vorkommen – von der deutschen Dichtung der Klassik bis zu Zeichentrickfilmen. Wenn Sie sich ein bisschen mit antiker Mythologie beschäftigen, erfahren Sie, dass griechische und römische Gottheiten zwar viele Ähnlichkeiten aufweisen, sie aber nicht einfach ein und dieselben Götter mit unterschiedlichen Namen sind. In Tabelle 6.1 sind zwölf der wichtigsten Gottheiten des römischen Pantheons mit ihren griechischen Pendants, ihrem Zuständigkeitsbereich und ihrem Symbol aufgelistet.

Griechischer Name	Römischer Name	Zuständigkeitsbereich	Symbol
Zeus	Iuppiter	Himmel, Wetter	Blitzbündel, Adler
Hera	Iuno	Ehe, Geburt	Pfau, Granatapfel
Poseidon	Neptunus	Meer, Erdbeben	Dreizack, Streitwagen
Hades	Pluto	Unterwelt	Füllhorn
Aphrodite	Venus	Liebe, Schönheit	Muschel, Schwan
Athena	Minerva	Weisheit, Krieg	Eule, Ölbaum, Helm
Apollon	Apollo	Dichtung, Musik, Sonne	Kithara, Pfeil und Bogen
Demeter	Ceres	Ackerbau	Ährenkranz, Fackel
Hephaistos	Vulcanus	Feuer, Schmiedekunst	Schmiedehammer, Handwerkerkappe
Ares	Mars	Krieg	Schwert, Schild, Helm
Artemis	Diana	Jagd	Mond, Hirschkuh
Hermes	Mercurius	Götterbote, Handel, Diebe	Flügelschuhe, Hermesstab

Tabelle 6.1: Griechisch-römische Göttinnen und Götter

> **Wie nennen dich deine Freunde?**
>
> Einige römische Götter erhielten Beinamen, die auf eine bestimmte Funktion des Gottes hinweisen. Ein Tempel war zum Beispiel dem Jupiter **Stator**, dem Erhalter, geweiht. Er war der Gott, »der das fliehende Heer zum Stehen bringt«, der also verhindern sollte, dass die Römer in der Schlacht flohen. Ein anderer Tempel war der des Jupiter **Optimus Maximus** – der beste und größte.
>
> Es gab auch einen Tempel, der der Juno **Moneta**, der Warnerin, geweiht war. Juno erhielt diesen Namen, weil ihre heiligen Gänse mit ihrem lauten Geschnatter die Wachen alarmierten, dass die Stadt angegriffen wurde. Neben diesem Tempel auf dem Kapitol lag eine Münzwerkstatt, auf die der Name überging. Und von da kommen unsere *Moneten*, der Briten *money*, der Franzosen *monnaie* ...

Hausputz mit Göttern

Im alten Rom gab es eine Art Götterhierarchie. Die im vorangegangenen Abschnitt genannten gehören zu den »großen Göttern«, von denen es neben diesen noch weitere gibt. Dann kamen die »kleinen Götter« und Geistwesen, zu denen auch die Schutzgeister der Familie und des Haushalts gehören. Davon gab es zwei Arten:

- Die **lares** (Laren) waren die Schutzgeister der Familie, sie symbolisierten die Geister verstorbener Familienmitglieder.

- Die **penates** (Penaten) waren die Schutzgeister der Vorräte und des Herdes der Familie.

Die Römer verehrten diese Schutzgeister in kleinen Schreinen, die es in jedem Haushalt gab, dem sogenannten **lararium**. Dort wurden oft kleine Figürchen aufbewahrt, die die Laren und die Penaten symbolisierten.

Persönlicher als Laren und Penaten waren die *Genien*. Man glaubte, dass jeder Junge mit einem **genius** (Schutzgeist) geboren werde. Zwar hatte jeder Mann einen **genius**, aber nur der des **pater familias** (Familienoberhaupt) wurde im **lararium** verehrt. Das weibliche Gegenstück zum **genius** hieß **iuno**, genau wie die Königin der Götter. Und was war mit dem Gott des Getreiderosts? Das war **Robigus**, sein Feiertag, die **Robigalia**, war der 25. April.

Klopf auf Holz: Aberglaube

Die Römer waren nicht nur Polytheisten (sie glaubten an viele Götter), sie waren auch Pantheisten, das heißt, sie glaubten, dass praktisch allem ein göttlicher Geist innewohnte. Und so geht der Brauch, auf Holz zu klopfen, wenn man etwas Glück braucht, auf den Glauben der Römer zurück, dass in jedem Baum ein göttlicher Geist haust.

Hier folgen nur einige Beispiele, die zeigen, wo sich überall römische Gottheiten rumtreiben:

- ✔ **Aeolus:** Gott der Winde
- ✔ **Egeria:** Göttin der Quellen
- ✔ **Fornax:** Göttin der Backöfen
- ✔ **Pales:** Göttin der Herden und Hirten
- ✔ **Picus:** Gott der Wälder und Felder

Polytheistische Epikureer oder die guten alten stoischen Monotheisten?

Obwohl Götter und Göttinnen im Alltag eine sehr große Rolle gespielt zu haben scheinen, glaubten viele Römer nicht wirklich an sie. Der Historiker Edward Gibbon schreibt in *Verfall und Untergang des römischen Imperiums* (Original: *The Decline and Fall of the Roman Empire*, 1776–1788): »Die verschiedenen Arten der Verehrung, die in der römischen Welt vorherrschten, wurden von den Menschen alle als gleich wahr betrachtet, von den Philosophen als gleich falsch und von den Beamten und Politikern als gleich nützlich.«

Im Grunde ist damit gemeint, dass man sich zwar immer an den offiziellen Feierlichkeiten beteiligte, im Privaten aber einer von vielen Denkrichtungen folgte, die alle eine andere Weltanschauung vermittelten. Die beliebtesten waren:

- ✔ **Epikureismus:** Nach dieser philosophischen Richtung war das Wichtigste im Leben, das Seelenheil zu finden. Ursprünglich bedeutete das, zu verhindern, dass die Seele in Unruhe gerät, bald ging es aber darum, sich allen möglichen Genüssen hinzugeben.
- ✔ **Stoizismus:** Die Stoiker glaubten, dass Tugend auf Wissen basiert, und deshalb sei das einzig Gute, sein Leben in Einklang mit der Vernunft zu führen. Stoiker gelten oft als Menschen, die durch nichts aus der Ruhe zu bringen sind, weder durch unmäßige Freude noch durch maßlose Traurigkeit.
- ✔ **Mithraismus:** Der Mithraskult war besonders bei römischen Soldaten beliebt. Diese Männer (Frauen waren in diesem Kult nicht zugelassen) verehrten einen alten iranischen Gott des Lichts und der Wahrheit. Ein Anhänger des Mithras durchlief mehrere Initiationsstufen, er begann als **corax** (Rabe) und konnte zum **pater** (Vater) aufsteigen. Da es nur sehr wenig antike Überlieferungen zum Mithraskult gibt, bleiben große Teile dieser Religion im Dunkeln.
- ✔ **Platonismus:** Diese Philosophie, die nach einem der berühmtesten Philosophen der Antike benannt ist, dreht sich um den Gedanken, dass alles, was man sieht, nur eine perfekte Kopie der Wirklichkeit ist, die irgendwo anders existiert.

Videant consules, ne quid detrimenti res publica capiat.

Die Konsuln sollen darauf achten, dass der Staat keinen Schaden nimmt.

So dezent formulierte der römische Senat den Auftrag an die obersten Beamten des Staates, wenn die Situation für Rom sehr brenzlig geworden war. Sie möchten sich doch bitteschön um den militärischen Sieg oder die Niederschlagung sozialer Unruhen im Inneren bemühen.

Spiel, Spaß und Denksport

Wie würde ein Römer die folgenden Daten mit der Jahreszählung A.U.C. schreiben?

1. 8. Juni 1991
2. 17. Januar 1878
3. 2. Dezember 72 v. Chr.

Welcher Gottheit würde ein Römer opfern, wenn er die folgenden Probleme lösen wollte?

4. Beziehungsprobleme   a) Merkur
5. Das Brot geht nicht auf   b) Robigus
6. Ein Brief kommt nicht an   c) Venus
7. Das Getreide in der Speisekammer ist verdorben   d) Fornax

Wirklich oder nur möglich – Indikativ oder Konjunktiv? Welche der folgenden Verbformen stehen im Konjunktiv?

8. laboras
9. laboraret
10. laboretis
11. docebam
12. docemus
13. docuissent
14. aperiunt
15. aperiat
16. aperiremus

Die Lösungen sind in Anhang D zu finden.

> IN DIESEM KAPITEL
>
> Wie sich die Römer auf den Krieg vorbereiteten
>
> Militärische Ränge und Ausrüstung
>
> Substantive der vierten und fünften Deklination
>
> Alle möglichen Pronomen

Kapitel 7
Das römische Militär

Zu den Bildern, die jeder mit dem Römischen Reich in Verbindung bringt, gehört das des Soldaten mit rotem Helmbusch, gepanzertem Oberkörper, das Schwert an seiner Seite und den Speer in der Hand. Über Jahrhunderte hat die römische Armee ihre Faszination auf Historiker ausgeübt und alle, die sich für das Militär interessieren, begeistert. Und warum auch nicht? Die Legionen marschierten von Britannien nach Ägypten und von Spanien ans Schwarze Meer, sie besiegten dabei unzählige Völker und eroberten weite Gebiete. Einen großen Teil der westlichen Kultur, die auf der römischen Kultur fußt, gibt es nur, weil sie den Spuren der Legionen folgte.

Dieses Kapitel vermittelt einen Einblick in die einst so mächtige Armee des Römischen Reichs. Es geht sowohl um die Menschen in der Armee als auch um die Strukturen und die Vorgehensweise der Legionen. Außerdem werden hier die letzten zwei Gruppen lateinischer Substantive eingeführt, ganz zu schweigen von dem, was alles zu Pronomen erwähnt werden wird.

Bei den Soldaten

Der große römische Dichter Vergil erzählt von Aeneas, dem Helden aus Troja, und den Anfängen Roms. Als Aeneas seinem Vater in der Unterwelt einen Besuch abstattet, ermöglicht der alte Mann seinem Sohn einen Blick in die Zukunft auf seine berühmten Nachfahren, die bekannte Führer des Römischen Reichs werden sollten. Dann fügt er folgende Mahnung an:

> **Tu regere imperio populos, Romane, memento**
>
> **hae tibi erunt artes, pacisque imponere morem,**
>
> **parcere subiectis et debellare superbos.** (*Aeneis* VI, 851–853)

Du, Römer, erinnre dich, durch deine Macht die Völker zu lenken –

Dies werden deine Künste sein – und Gesetze des Friedens zu errichten,

Die Unterworfenen zu schonen und die Hochmütigen zu besiegen.

Die Römer brachten den unterworfenen Völkern den Frieden und die Zivilisation nicht, indem sie planlos einen Krieg anfingen. Die römischen Eroberungen wurden von einer professionellen, gut organisierten und gut ausgebildeten Armee gemacht. Wenn Sie sich noch nie mit der römischen Armee beschäftigt haben, ist es sinnvoll, zunächst einen Blick auf Organisation und Struktur der römischen Streitkräfte zu werfen.

Zum Erfolg exerziert

Das lateinische Wort für Heer ist **exercitus, exercitus,** m, Sie sollten aber wissen, dass dieses Substantiv vom Verb **exerceo, exercere, exercui, exercitum** kommt, was so viel heißt wie »üben, ausbilden, exerzieren«. In den folgenden Abschnitten geht es um die wichtigsten Abteilungen dieser hervorragend ausgebildeten Armee. Zum einen war das die Infanterie, **pedes, peditis,** m bedeutet »Fußsoldat, Infanterist«, zum anderen die Kavallerie, **eques, equitis,** m bedeutet »Reiter, Kavallerist, Ritter«.

Der Aufbau einer römischen Legion

Die Stärke der römischen Infanterie beruhte auf einer Einheit namens **legio, legionis,** f. Eine Armee konnte aus mehreren **legiones** bestehen, was ein großer Vorteil für die Römer war. Da eine Legion aus mehreren Untereinheiten bestand, hatte der kommandierende Feldherr einen großen strategischen Spielraum. Diese Untereinheiten konnten selbstständig agieren und auch in unterschiedliche Richtungen geschickt werden.

Für die Armeen der Barbaren, die oft als ungeordnete Horden kämpften, erwies sich das organisierte römische Heer als tödlich. Theoretisch sollte eine komplette **legio** zwar aus 6.000 **milites** (**miles, militis,** m – Soldat) bestehen, praktisch war sie aber oft kleiner. Die Legionen, aus denen Caesars Heer bestand, umfassten zum Beispiel nur ungefähr 3.600 Mann. Im Folgenden werden die Abteilungen einer Legion aufgelistet, die Anzahl der Legionäre bezieht sich auf eine Legion in voller Stärke, also 6.000 Mann.

- ✔ **legio, legionis**, f (Legion) 6.000 **milites**
- ✔ **cohors, cohortis**, f (Kohorte) 600 **milites**
- ✔ **manipulus, manipuli**, m (Manipel) 200 **milites**
- ✔ **centuria, centuriae**, f (Zenturie) 100 **milites**

Mit der Zeit ist das lateinische Wort **legio** und das deutsche *Legion* zur Bezeichnung für eine große Anzahl von egal was geworden. Als Jesus einst einen Besessenen nach seinem Namen fragte, antwortete der:

Legio mihi nomen est, quia multi sumus. (*Biblia Vulgata*, Marcus 5, 9)

Legion ist mein Name, denn wir sind viele.

Die römische Reiterei

Abgesehen von den gut ausgebildeten Fußsoldaten gab es im römischen Heer auch Kavallerie (**equitatus, equitatus,** m), die aus wohlhabenden römischen Bürgern bestand. Die römischen Ritter, die **equites** (damit kann auch der »Reiter« gemeint sein), waren aber im Gegensatz zu den Legionären nicht besonders gut, sodass ab Mitte des 2. Jahrhunderts v. Chr. keine berittenen Truppen aus römischen Bürgern mehr eingesetzt wurden. Die Römer verzichteten deshalb aber nicht auf Reiterkontingente, sie bestanden jetzt nur nicht mehr aus **equites,** sondern aus Angehörigen verbündeter Völker, das waren die **auxiliares, auxiliarium,** m (Hilfstruppen), die sehr erfolgreich eingesetzt werden konnten. Die berittenen Hilfstruppen waren wie folgt aufgebaut:

- ✔ **ala, alae,** f (Flügel) 300 bis 400 **equites**

    Der Begriff **ala** (Flügel) weist auf die Position der Reiterei in der Schlacht hin. Die berittenen Einheiten standen normalerweise auf dem rechten und linken Flügel des Heeres und flankierten so die in der Mitte stehenden Fußtruppen.

- ✔ **turma, turmae,** f (Schwadron) 30 bis 40 **equites**

- ✔ **decuria, decuriae,** f (Dekurie, Abteilung von 10 Personen) 10 **equites**

Ursprünglich war das römische Heer ein Bürgerheer, das nur bei Bedarf aufgestellt wurde. In diesem Heer waren die **equites** Bürger, die genug Geld für ein eigenes Pferd und die nötige Ausrüstung hatten. Sie bildeten die römische Reiterei. Irgendwann spielten sie zwar keine Rolle mehr im Heer, aber die Bezeichnung **equites** für diesen Stand der römischen Gesellschaft blieb erhalten. Die »Ritter« waren wohlhabende Kaufleute und Bankiers.

Fremde und Zivilisten in der Armee

Es war nicht nur die römische Reiterei, die aus Auxiliartruppen bestand. Auch andere Truppen des römischen Heeres bestanden aus Soldaten, die kein römisches Bürgerrecht besaßen. Auxiliartruppen stellten zum einen die leichte Infanterie, zum anderen Spezialtruppen wie Bogenschützen oder Schleuderer, die die regulären Legionen ergänzten. Die Soldaten der Hilfstruppen erhielten weniger Sold als die Legionäre (wer hätte das gedacht?) und wurden meistens von römischen Offizieren kommandiert. Nach dem Ende ihrer Dienstzeit erhielten die Soldaten der Auxiliartruppen meist das römische Bürgerrecht. Außer den Legionären und den Angehörigen der Auxilia gab es im Heer noch eine Reihe von Armeeangehörigen, die nicht zu den kämpfenden Truppen gehörten, und Zivilisten, die verschiedene Aufgaben hatten:

- ✔ **sagittarius, sagitarii,** m (Bogenschütze)

- ✔ **funditor, funditoris,** m (Schleuderer)

- ✔ **calo, calonis,** m (Trossknecht)

- ✔ **explorator, exploratoris,** m (Kundschafter, Spähtrupp)

- ✔ **mulio, muliones,** m (Maultiertreiber)

- **mercator, mercatoris,** m (Händler)
- **faber, fabri,** m (Handwerker, *Pl.* Pioniere)

> ### Nimm das
>
> Manchmal machen Archäologen interessante Entdeckungen. Es wurde zum Beispiel ein Schädel eines römischen Feindes gefunden, auf dessen Stirn Einkerbungen waren. Diese Einkerbungen stammten von einem Stein, den ein **funditor** (Schleuderer) benutzt hatte. Auf einem dieser Wurfgeschosse steht in erhabenen Buchstaben »CAPE HOC«, was so viel heißt wie »Nimm das!«
>
> Ein anderes Produkt der römischen Armee musste nicht erst ausgegraben werden, um Aufmerksamkeit zu erregen. Die **fabri** (Pioniere) waren verantwortlich für einen großen Teil des römischen Straßenbaus. Das Straßensystem des Römischen Reichs ist nämlich aus Militärstraßen entstanden. Und Teile dieses Straßennetzes sind heute noch erhalten, dazu gehört zum Beispiel die Via Appia von Rom nach Brindisi. Es ist so, dass die Römer genug Straßen bauten, um sie zweimal um den Äquator legen zu können.

»Gegrüßt seist du, oh Offizier«

Der Dichter Vergil beschreibt Königin Dido, die ihr Volk vor der Tyrannei rettete, folgendermaßen:

> **Dux femina facti.** (*Aeneis*, I, 364)
>
> Der Anführer dieser Tat war eine Frau.

Nicht mal die gut ausgebildete und organisierte römische Armee kam ohne Offiziere aus. Der heute bekannteste römische Offizier dürfte der Zenturio sein. Die folgende Aufzählung gibt einen Überblick über die Befehlskette im römischen **exercitus** von ganz oben nach ganz unten.

- **imperator, imperatoris,** m (Imperator, siegreicher Feldherr)
- **dux, ducis,** m (Feldherr, Oberbefehlshaber einer Armee)
- **legatus, legati,** m (Legionskommandant)
- **centurio, centurionis,** m (Zenturio, Befehlshaber einer Hundertschaft)
- **miles, militis,** m (Soldat)

Die römische Armee hatte noch andere wichtige und herausgehobene Posten zu vergeben. Dazu gehörten der Posten des **signifer, signiferi,** m (Feldzeichenträger eines Manipels) und der des **aquilifer, aquiliferi,** m (Feldzeichenträger einer Legion). Diese Männer trugen in der Schlacht die Feldzeichen der Manipel und der Legionen, die an einer langen Stange befestigt waren. Die Feldzeichen waren Symbole, mit deren Hilfe man ein Manipel und eine Legion erkennen konnte.

✔ Auf dem Feldzeichen, das der **signifer** trug, war eine ursprünglich hölzerne Hand angebracht. Das Symbol war ja auch ganz passend, wenn man bedenkt, dass **manipulus** von **manus, manus,** f (Hand) kommt.

✔ Das Feldzeichen, das der **aquilifer** trug, war von einem goldenen Adler bekrönt. Auch das passt, weil **aquila, aquilae,** f »Adler« bedeutet.

Die Feldzeichen dienten auch dazu, die Truppen in der Schlacht zusammenzuhalten. Und da die Soldaten sich in der Schlacht an ihrem Feldzeichen orientierten, konnte ein Befehlshaber über die Feldzeichenträger Truppenbewegungen vornehmen, die Soldaten liefen dann dorthin, wohin sich das Feldzeichen bewegte. Und deshalb war der Feldzeichenträger so wichtig, dass die Soldaten ihn um jeden Preis schützen mussten.

Soldatenwerkzeug: arma et tela

Vergil beginnt sein großes Epos mit den Worten

Arma virumque cano ... (*Aeneis* I, 1)

Waffen besing ich und den Mann ...

Und wenn es zur Schlacht kommt, braucht man beides. Caesar ist berühmt, weil er erkannte, dass Gallien in drei Teile geteilt war, und das kann man auch über die römische Armee sagen. Ihre Siege in fast der gesamten damals bekannten Welt haben drei Ursprünge: überlegene Ausbildung, überlegene Organisation und überlegene Bewaffnung. Hier eine kleine Zusammenfassung der Ausrüstung und Bewaffnung römischer Soldaten:

✔ **arma, armorum,** n (Kriegsgerät, dazu gehören Waffen, Rüstung und Schild)

✔ **telum, teli,** n (Angriffswaffe)

✔ **pilum, pili,** n (Wurfspeer, gehört zur Standardbewaffnung der Legionäre)

✔ **hasta, hastae,** f (lange Stoßlanze für den Nahkampf)

✔ **gladius, gladii,** m (Kurzschwert, gehört zur Standardbewaffnung der Legionäre)

✔ **pugio, pugionis,** m (Dolch)

✔ **scutum, scuti,** n (Schild, oval oder rechteckig und ziemlich hoch)

✔ **galea, galeae,** f (Lederhelm) und **cassis, cassidis,** f (Helm aus Metall)

✔ **lorica, loricae,** f (Panzer, es gibt im römischen Heer Gliederpanzer, Schuppenpanzer und Kettenhemden)

✔ **tunica, tunicae,** f (Tunika, die Legionäre trugen zwei, eine leichte Untertunika und eine Obertunika aus schwerem rotem Wollstoff)

✔ **caligae, caligarum,** f (Militärsandalen, sehr robust mit genagelten Sohlen)

Die meisten Teile der Bewaffnung hatten sowohl eine offensive als auch eine defensive Funktion. Das römische **pilum** zum Beispiel bestand aus einem Holzschaft, an dem ein Schaft aus ungehärtetem Eisen befestigt war, der wiederum in einer gehärteten Spitze auslief. Dieser Wurfspeer wurde aus einer Entfernung von ungefähr 20 Metern geworfen und diente dazu, den Gegner zu behindern und ihn seines Schildes zu berauben. Wenn das **pilum** im Schild des Gegners stecken blieb, verbog sich nämlich der ungehärtete Schaft, und das **pilum** konnte nicht ohne Weiteres aus dem Schild gezogen werden, deshalb musste der Feind seinen Schild wegwerfen. Auch wenn ein **pilum** nicht richtig traf, war es anschließend unbrauchbar, denn der Eisenschaft wurde ja durch den Aufprall verbogen. Die Legionäre mussten also nicht befürchten, dass die Gegner ihre **pila** gegen sie verwendeten. Das gewölbte **scutum** (Schild) war mit Bronzebändern eingefasst und hatte in der Mitte einen großen runden oder rechteckigen Schildbuckel (**umbo**) aus Bronze. Mal abgesehen davon, dass dieser Schild so groß war, dass er den ganzen Legionär schützte, konnte man ihn dem Gegner in den Unterleib rammen, auf den Fuß krachen lassen oder ihn nach oben stoßen, um den Kiefer des Feindes zu zertrümmern. Außerdem konnten mehrere Soldaten zusammen eine undurchdringliche »Schildkröte« (**testudo, testudinis,** f) bilden. Dazu hielten die dicht zusammenstehenden Soldaten ihre Schilde je nachdem, wo sie standen, vor sich, neben sich oder über sich. Diese Formation war sehr gut dazu geeignet, an stark befestigte Mauern heranzukommen, weil man so dem Beschuss von oben widerstehen konnte. Sogar die Farbe der Soldatentunika erfüllte noch eine Funktion. Die **tunica** war rot, so bemerkte ein getroffener Soldat nicht gleich, dass er blutete. Das sollte verhindern, dass er sofort aufhörte, zu kämpfen.

 Der dritte Kaiser des Römischen Reichs hieß Gaius Julius Caesar Germanicus. Wie, noch nie von ihm gehört? Als kleiner Junge verbrachte er einige Zeit bei der Armee seines Vaters, des Feldherrn Germanicus. Als Junge trug er eine kleine Uniform, komplett mit kleinen **caligae** (Soldatenstiefel). Die Soldaten fanden das niedlich und gaben dem Kleinen den Spitznamen »Stiefelchen«. Er sollte unter dem Namen Caligula (»Stiefelchen«) als einer der grausamsten und liederlichsten römischen Kaiser in die Geschichte eingehen. Doch schon mal was von ihm gehört, oder?

Zwanzig Liegestütze, sofort

Die römische Armee war berüchtigt für ihre strenge Disziplin. Als Caesars Onkel Marius die römische Armee reformierte, verfügte er, dass die Legionäre ihre Ausrüstung selbst tragen mussten, vorher war sie im Tross mitgeführt worden, was den Zug stark verlangsamte und eine gute Angriffsfläche für Feinde bot. Da die Ausrüstung so um die 50 Kilo wog, erhielten die Legionäre den Spitznamen »die Maultiere des Marius«. Verließ ein einzelner Soldat das Glied, sorgte der **centurio** dafür, dass er sich schnell wieder einreihte.

> Man erkannte ihn an dem Weinstock, den er trug, um Vergehen schnell bestrafen zu können.
>
> Eine weitaus schwerere Strafe war die **decimatio** (Dezimierung), dabei wurde jeder zehnte (**decimus**) Mann einer Einheit hingerichtet. Die restlichen bekamen statt ihrer normalen Getreideration nur noch Gerste oder mussten außerhalb des Lagers leben. Diese Strafe wurde verhängt, wenn eine Einheit desertiert war oder in der Schlacht gemeutert hatte.

Die Substantive der vierten und fünften Deklination

Heer heißt auf lateinisch **exercitus, exercitus,** m, und es erscheint auf den ersten Blick wie ein Substantiv der zweiten Deklination, ist es aber nicht. (Alles über Deklinationen in Kapitel 2 und 4.) Weil man die Deklination eines Substantivs ja anhand des Genitivs (zweite Wörterbuchform) bestimmt, weiß man, dass **exercitus** nicht zur zweiten Deklination gehört. Die Genitivendung von Substantiven der zweiten Deklination ist im Singular **-i,** der Genitiv Singular der Vokabel für Heer, **exercitus,** endet aber augenscheinlich auf **-us.** Deshalb: Willkommen in der Welt der Substantive der vierten und fünften Deklination, der letzten beiden Deklinationen des Lateinischen.

Die Substantive der vierten Deklination

Genau wie bei den Substantiven der dritten Deklination haben auch die Feminina und Maskulina der *vierten Deklination* (oder *u-Deklination*, weil der Ablativ Singular auf **-u** endet) die gleichen Endungen, während die Neutra andere haben. (Noch Fragen zum grammatischen Geschlecht? Dann ab zu Kapitel 2.) In Tabelle 7.1 sind die Endungen der Maskulina und Feminina der vierten Deklination aufgeführt.

Kasus	Singular	Plural
Nominativ	-us	-us
Genitiv	-us	-uum
Dativ	-ui	-ibus
Akkusativ	-um	-us
Ablativ	-u	-ibus

Tabelle 7.1: Kasusendungen von Maskulina und Feminina der vierten Deklination

Bevor es zu dem obligatorischen Beispiel geht, noch zwei kurze Hinweise. Nur sehr wenige Substantive der vierten Deklination sind Feminina, zu den Feminina gehören **domus** (Haus) und **manus** (Hand). Die Endung des Genitivs Singular wird im Gegensatz zu der des Nominativs Singular lang ausgesprochen. Aber jetzt zum obligatorischen Beispiel für die vierte

Deklination. Da sich das Substantiv **exercitus, exercitus,** m schon durch das ganze Kapitel zieht, wird es hier auch mal komplett dekliniert (siehe Tabelle 7.2).

Kasus	Singular	Plural
Nominativ	exercitus	exercitus
Genitiv	exercitus	exercituum
Dativ	exercitui	exercitibus
Akkusativ	exercitum	exercitus
Ablativ	exercitu	exercitibus

Tabelle 7.2: Deklination eines Substantivs (Maskulinum) der vierten Deklination

Die Endungen der Neutra der vierten Deklination ähneln den Endungen der Maskulina und Feminina. Sie sind in Tabelle 7.3 zu sehen.

Kasus	Singular	Plural
Nominativ	-u	-ua
Genitiv	-us	-uum
Dativ	-u	-ibus
Akkusativ	-u	-ua
Ablativ	-u	-ibus

Tabelle 7.3: Kasusendungen von Neutra der vierten Deklination

Ein geeignetes Substantiv, um die Neutra der vierten Deklination darzustellen, ist **cornu, cornus,** n, das »Horn« bedeutet. Ein **cornicen, cornicinis,** m (Hornbläser) blies das Horn, um einer Armee ein bestimmtes Signal zu geben. Tabelle 7.4 zeigt am Beispiel von **cornu,** wie ein Neutrum der vierten Deklination dekliniert wird.

Kasus	Singular	Plural
Nominativ	cornu	cornua
Genitiv	cornus	cornuum
Dativ	cornu	cornibus
Akkusativ	cornu	cornua
Ablativ	cornu	cornibus

Tabelle 7.4: Deklination eines Substantivs (Neutrum) der vierten Deklination

Ganz eindeutig ist der wichtigste Vokal in der vierten Deklination **-u.** Bei den Neutra ist **-u** die Endung von vier verschiedenen Kasus. Um herauszufinden, welcher Kasus in einem Text verwendet wird, müssen Sie den Kontext beachten. Hier ist mal ein Beispiel:

Ut milites convenirent, cornicen cornu inflavit.

Um die Soldaten zu versammeln, blies der Hornbläser ins Horn.

> **Sag mir, wo du stehst**
>
> Die typische Schlachtordnung einer römischen Legion zur Zeit der Republik war die **triplex acies** (dreifache Schlachtreihe). Wie der Name schon sagt, standen die Legionäre in drei Schlachtreihen hintereinander auf dem Schlachtfeld. Die unerfahrenen Legionäre, die **hastati,** standen vorne, im Zentrum standen die **principes** und das letzte Glied bestand aus erfahrenen Veteranen, den **triarii.** Zu sagen, eine Sache sei **ad triarios** gekommen, wurde sprichwörtlich für eine äußerst kritische Situation.
>
> Eine andere typische Formation für das Heer war das **agmen, agminis,** n. So wurde die typische Ordnung des marschierenden Heeres bezeichnet.

Die Substantive der fünften Deklination

Die letzte Gruppe lateinischer Substantive ist in der *fünften Deklination* (oder *e-Deklination*, weil der Ablativ auf **-e** endet) zusammengefasst. Wie in der ersten Deklination gibt es auch hier keine Neutra, und Maskulina und Feminina haben die gleichen Endungen, wie in Tabelle 7.5 zu sehen ist.

Kasus	Singular	Plural
Nominativ	-es	-es
Genitiv	-ei	-erum
Dativ	-ei	-ebus
Akkusativ	-em	-es
Ablativ	-e	-ebus

Tabelle 7.5: Kasusendungen der fünften Deklination

Auf einem typischen Schlachtfeld der Republik standen die römischen Legionen in langen »Schlachtreihen«, die **acies, aciei**, f hießen. Die Endung des Genitivs Singular **-ei** zeigt, dass dieses Substantiv zur fünften Deklination gehört. In Tabelle 7.6 ist zu sehen, wie ein Substantiv der fünften Deklination dekliniert wird.

Kasus	Singular	Plural
Nominativ	acies	acies
Genitiv	aciei	acierum
Dativ	aciei	aciebus
Akkusativ	aciem	acies
Ablativ	acie	aciebus

Tabelle 7.6: Deklination eines Substantivs (Femininum) der fünften Deklination

Probleme mit Pronomen?

Pronomen (auf Deutsch »Fürwörter«) sind sowohl im Lateinischen wie auch im Deutschen die kleinen Wörter, die anstelle von Substantiven stehen können und ihre Stellvertreter sind. Oft sind Pronomen ganz kurze Wörter, aber dennoch gehören sie zu den wichtigsten Wörtern der Sprache und in den folgenden Abschnitten werden die wichtigsten vorgestellt.

Ich und du – Personalpronomen

Das Lateinische kennt Personalpronomen für *ich, du, wir* und *ihr*. Ein Personalpronomen ist ein *persönliches Fürwort*. Diese sind in Tabelle 7.7 und Tabelle 7.8 zu finden. (Kurze Gedächtnisauffrischung: Das Personalpronomen der ersten Person ist im Singular *ich*, im Plural *wir*, in der zweiten Person sind es *du* und *ihr*; und das natürlich in allen Kasus.)

 Für alle, die sich wundern, wo die Personalpronomen der dritten Person sind (im Deutschen im Singular *er, sie, es* und im Plural *sie*): Die gibt es im Lateinischen nicht. Stattdessen benutzt der Lateiner das Demonstrativpronomen **is, ea, id**, um das es weiter unten im Abschnitt *Dieses oder jenes? – Demonstrativpronomen* geht.

Kasus	Singular	Plural
Nominativ	ego (ich)	nos (wir)
Genitiv	mei (meiner)	nostri/nostrum (unser)
Dativ	mihi (mir)	nobis (uns)
Akkusativ	me (mich)	nos (uns)
Ablativ	a me (von mir)	a nobis (von uns)

Tabelle 7.7: Personalpronomen der ersten Person

Kasus	Singular	Plural
Nominativ	tu (du)	vos (ihr)
Genitiv	tui (deiner)	vestri/vestrum (euer)
Dativ	tibi (dir)	vobis (euch)
Akkusativ	te (dich)	vos (euch)
Ablativ	a te (von dir)	a vobis (von euch)

Tabelle 7.8: Personalpronomen der zweiten Person

Person	Singular	Plural
Erste	meus, mea, meum (mein)	noster, nostra, nostrum (unser)
Zweite	tuus, tua, tuum (dein)	vester, vestra, vestrum (euer)
Dritte	suus, sua, suum (sein, ihr)	suus, sua, suum (ihr)

Tabelle 7.9: Possessivpronomen im Nominativ

Man könnte meinen, das Lateinische hätte keinen Bedarf an Personalpronomen im Nominativ, weil ja die Personalendungen der lateinischen Verben schon anzeigen, wer etwas tut. Der Lateiner benutzt diese Pronomen aber, um etwas besonders zu betonen. Es ist, als ob der Sprecher schreit, nur eben schriftlich auf Papier. Dieses Beispiel macht es vielleicht deutlich:

> **Pacem amo, sed bellum amas.**
>
> **Ego pacem amo, sed tu bellum amas.**

Übersetzen kann man die beiden Sätze gleich – »Ich liebe den Frieden, aber du liebst den Krieg.« Der erste Satz stellt einfach zwei verschiedene Meinungen fest, im zweiten Satz wird durch **ego** und **tu** der Gegensatz zwischen den zwei Leuten stärker betont.

Meins oder deins? – Possessivpronomen

Ein Possessivpronomen gibt einen Besitz oder eine Zugehörigkeit an, auf Deutsch heißt es *besitzanzeigendes Fürwort*. Es sind die Wörtchen *mein, dein, sein* und so weiter. Sie folgen den gleichen Regeln wie lateinische Adjektive, sie richten sich also in Kasus, Genus und Numerus nach dem Substantiv, auf das sie sich beziehen. Das kann seltsam aussehen, weil es im Deutschen etwas anders funktioniert:

> **Mater filios suos vocat.**
>
> Die Mutter ruft ihre Söhne.
>
> **Pater filios suos vocat.**
>
> Der Vater ruft seine Söhne.

Und manchmal kann es auch zu Unklarheiten führen, die es im Deutschen aber auch gibt:

> **Ubi est mater mea?**
>
> Wo ist meine Mutter?

Ob der Sprecher männlich oder weiblich ist, geht aus der Frage nicht hervor, das müssen Sie aus dem Zusammenhang erschließen. Dekliniert werden die lateinischen Possessivpronomen wie Adjektive der ersten und zweiten Deklination (siehe Kapitel 4). In Tabelle 7.9 sind die verschiedenen Possessivpronomen im Nominativ zu finden.

 Suus, sua, suum ist das Possessivpronomen der dritten Person Singular *und* Plural!

Dieses oder jenes? – Demonstrativpronomen

Demonstrativpronomen sind *hinweisende Fürwörter*, sie weisen auf eine bestimmte Person oder Sache hin. Man spricht dann nicht von *einem* Tisch, sondern von *diesem* Tisch.

Außer *dieser, diese, dieses* gibt es im Deutschen noch die Demonstrativpronomen *jener, jene, jenes,* und auch *der, die, das* kann demonstrativ gebraucht werden.

Diese Pronomen funktionieren wie Adjektive, es gibt sie in allen Kasus, in allen Genera und sowohl im Singular als auch im Plural. Ihre Form richtet sich nach dem Nomen, auf das sie hinweisen. Das ist wie im Deutschen, wie das Demonstrativpronomen aussieht, hängt davon ab, ob man auf »diesen Mann«, »diese Frau« oder »dieses Ding« hinweist. In Tabelle 7.10 und Tabelle 7.11 ist zu sehen, wie zwei der vielen lateinischen Demonstrativpronomen dekliniert werden.

Kasus	Singular (m/f/n)	Plural (m/f/n)
Nominativ	hic, haec, hoc	hi, hae, haec
Genitiv	huius, huius, huius	horum, harum, horum
Dativ	huic, huic, huic	his, his, his
Akkusativ	hunc, hanc, hoc	hos, has, haec
Ablativ	hoc, hac, hoc	his, his, his

Tabelle 7.10: hic, haec, hoc – dieser, diese, dieses

Kasus	Singular (m/f/n)	Plural (m/f/n)
Nominativ	ille, illa, illud	illi, illae, illa
Genitiv	illius, illius, illius	illorum, illarum, illorum
Dativ	illi, illi, illi	illis, illis, illis
Akkusativ	illum, illam, illud	illos, illas, illa
Ablativ	illo, illa, illo	illis, illis, illis

Tabelle 7.11: ille, illa, illud – jener, jene, jenes

Der Lateiner benutzt Formen von **hic** (dieser) als Stellvertreter für Substantive, die näher beim Sprecher sind und Formen von **ille** (jener) als Stellvertreter für Substantive, die weiter vom Sprecher entfernt sind. Wenn diese Wörter allein stehen und kein Substantiv begleiten, können sie auch *er, sie, es* oder *sie* bedeuten. Hier ist mal ein Beispielsatz mit **hic** und **ille**.

> **Milites in castris parant. Hi tela acuunt, illi cibum parant, et hic litteras scribit.**
>
> Die Soldaten im Lager treffen Vorbereitungen. Diese schärfen ihre Waffen, jene bereiten Essen zu und dieser schreibt einen Brief.

Dank der Pronomen wissen Sie, dass die Soldaten, die ihre Waffen schärfen, und der Soldat, der einen Brief schreibt, näher beim Sprecher sind als jene, die das Essen vorbereiten.

Ein anderes Demonstrativpronomen, **is, ea, id** (siehe Tabelle 7.12), kann verwendet werden wie **hic** und **ille,** Sie können es aber auch mit *der, die, das* übersetzen. Und weil der hinweisende Charakter dieses Pronomens nicht besonders stark ist, wird es auch als Personalpronomen für die dritte Person verwendet.

Kasus	Singular (m/f/n)	Plural (m/f/n)
Nominativ	is, ea, id	ii (ei), eae, ea
Genitiv	eius, eius, eius	eorum, earum, eorum
Dativ	ei, ei, ei	iis (eis), iis (eis), iis (eis)
Akkusativ	eum, eam, id	eos, eas, ea
Ablativ	eo, ea, eo	iis (eis), iis (eis), iis (eis)

Tabelle 7.12: is, ea, id – der, die, das; dieser, diese, dieses

Beziehungsprobleme – Relativpronomen

Ein anderes wichtiges Pronomen ist das Relativpronomen. Im Deutschen sehen die Relativpronomen aus wie der bestimmte Artikel *der, die, das*. Eine ältere Form des Relativpronomens, die selten verwendet wird, ist *welcher, welche, welches*. In Tabelle 7.13 ist das wichtigste lateinische Relativpronomen zu sehen.

Relativpronomen sind *bezügliche Fürwörter*, sie leiten einen Relativsatz ein und sind gleichzeitig Stellvertreter für ein Bezugswort außerhalb des Relativsatzes. Ein Relativsatz kann sich auf jedes Satzglied des vorangehenden Satzes beziehen. Normalerweise steht solch ein Nebensatz direkt hinter dem Satzglied, auf das er sich bezieht. Das kann so aussehen:

Der Koch, *der das Essen versalzt*, ist verliebt.

Genau wie das lateinische Relativpronomen steht auch das deutsche in allen Fällen, es gibt ein Maskulinum, ein Femininum und ein Neutrum, ebenso tritt das Relativpronomen im Singular und im Plural auf.

Kasus	Singular (m/f/n)	Plural (m/f/n)
Nominativ	qui, quae, quod	qui, quae, quae
Genitiv	cuius, cuius, cuius	quorum, quarum, quorum
Dativ	cui, cui, cui	quibus, quibus, quibus
Akkusativ	quem, quam, quod	quos, quas, quae
Ablativ	quo, qua, quo	quibus, quibus, quibus

Tabelle 7.13: Relativpronomen

Ein Relativpronomen richtet sich in Genus und Numerus nach seinem Bezugswort, der Kasus wird dagegen vom Relativsatz bestimmt, in dem das Relativpronomen ja Satzglied ist. Man betrachte folgenden Satz:

Der Feldherr, den wir geliebt haben, verdiente den Titel »Imperator«.

Das Wörtchen *den* ist Stellvertreter für *Feldherr*. Weil *Feldherr* im Lateinischen Singular Maskulinum ist, braucht man ein Relativpronomen, das im Singular Maskulinum steht.

Im Relativsatz *den wir geliebt haben* ist *den* das Akkusativobjekt, obwohl es das Subjekt des Hauptsatzes (*Feldherr*), das ja im Nominativ steht, ersetzt. Der lateinische Satz sieht also folgendermaßen aus:

Dux, quem amavimus, nomen imperatoris meruit.

Im Gespräch

Eine **mater** (Mutter) und ihr **filius** (Sohn) unterhalten sich über den römischen Feldherrn Pompeius. (Man beachte die verschiedenen Pronomen in ihrer Unterhaltung!)

Mater:	**Fili, mihi librum fer!**
	Sohn, bring mir das Buch!
Filius:	**Cupisne hunc librum de Caesare?**
	Willst du dieses Buch über Caesar?
Mater:	**Minime. Illum in mensa legebam.**
	Nein. Ich habe jenes auf dem Tisch gelesen.
Filius:	**Magister meus de Pompeio docuit, qui erat dux magnus.**
	Mein Lehrer hat von Pompeius berichtet, der ein großer Feldherr war.
Mater:	**Sine dubio. Et tu es eius consanguineus.**
	Ohne Zweifel. Und du bist sein Blutsverwandter.
Filius:	**Fortasse ego exercitum ducam.**
	Vielleicht werde ich eine Armee anführen.
Mater:	**Fortasse, sed primum mihi illum librum fer!**
	Vielleicht, aber bring mir zuerst jenes Buch!

Kleiner Wortschatz

dubium, dubii, n	Zweifel
fortasse (Adv.)	vielleicht
lego, legere, legi, lectum	lesen, wählen, sammeln
liber, libri, m	Buch
magister, magistri, m	Lehrer, Meister
mensa, mensae, f	Tisch
mereo, merere, merui, meritum	verdienen, erwerben
nomen, nominis, n	Name, Bezeichnung, Wort
scribo, scribere, scripsi, scriptum	schreiben, bestimmen, festsetzen

Bis dat, qui cito dat.

Zweimal gibt, wer schnell gibt. (Schnell geleistete Hilfe ist mehr wert.)

Aber nachdenken sollte man doch dürfen, damit die Hilfe nicht den Falschen erreicht!

Suae quisque fortunae faber est. (*Sallust*, epistula I, 1, 2)

Jeder ist seines Glückes Schmied.

Solch ein Kernsatz geht nicht nur den Tüchtigen, sondern noch leichter den vom Glück Verwöhnten recht flott von der Zunge.

Spiel, Spaß und Denksport

Aus dem Soldatenleben: Als Soldat muss man sich zu helfen wissen, wenn es Probleme gibt. An wen würde sich ein römischer Soldat bei folgenden Problemen wenden?

1. Ein Pferd hat sein Geschäft direkt vor dem Zelteingang erledigt.

    a) eques   b) dux   c) funditor   d) cornicen

2. Ein Soldat braucht einen Pfeil, um sein Abendessen zu erlegen.

    a) explorator   b) imperator c) sagittarius   d) miles

3. Ein Soldat hatte Schwierigkeiten, die Adlerstandarte während der Schlacht zu sehen.

    a) centurio   b) aquilifer c) signifer   d) faber

4. Ein Soldat will eine vertrauliche Information über eine schnuckelige Barbarin aus dem Dorf, das die Truppe gerade geplündert hat.

    a) legatus   b) triarius   c) mercator   d) speculator

5. In dieser Sammlung von Pronomen ist einiges durcheinandergeraten. Können Sie Ordnung schaffen und alle Pronomen – es sind jeweils drei –, die den gleichen Kasus *und* Numerus haben, zusammenfassen? Das Genus der Pronomen soll bei dieser Übung keine Rolle spielen!

mihi	qui	horum
nostrum	eum	ille
tu	illi	huic
huius	illorum	eos
has	eius	eam
hunc	quas	illius

6. In den folgenden Sätzen sind nur die Relativpronomen einzusetzen. Sie finden die Pronomen in der richtigen Form, wenn Sie den lateinischen Satz zunächst übersetzen und dabei darauf achten, in welchem Kasus, Numerus und Genus das Relativpronomen im Deutschen steht.

   a. Centurio litteras scribit ad feminam, ... amat.

   b. In mensa litterae sunt, ... centurio scripsit.

   c. Miles, ... centurio iocum (iocus, ioci: Witz) narrat, ridet (ridere: lachen).

Die Lösungen sind in Anhang D zu finden.

> **IN DIESEM KAPITEL**
>
> Die Steigerung von Adjektiven
>
> Was es mit Gladiatorenkämpfen auf sich hat
>
> Sport im alten Rom
>
> Ein Besuch im römischen Theater

Kapitel 8
Sport und Unterhaltung im alten Rom

Verschiedene Leute – unterschiedliche Freizeitgestaltung. Manche gehen gern ins Kino, andere sehen sich ein Theaterstück an, wieder andere genießen ein Konzert. Viele Leute wollen in ihrer Freizeit überschüssige Energie loswerden, sie treiben Sport oder schreiben ein Lateinbuch. Die meisten Kulturen dieser Welt, egal ob modern oder antik, kannten verschiedene Arten der Freizeitgestaltung und Unterhaltung. Wenn die Künste blühen und große Bevölkerungsteile Sport treiben, ist das ein Zeichen für Kultur und Zivilisation. Es ist ja so, dass all diese Beschäftigungen Freizeit voraussetzen, und das heißt wiederum, dass die Menschen die Elemente gezähmt haben und sich nicht mehr um die Nahrungssuche kümmern müssen (oder vor etwas wegrennen müssen, das sie fressen will).

Da im Römischen Reich Menschen der unterschiedlichsten Kulturen zusammenlebten, war dort einiges an Unterhaltung geboten. Von Tragödien, in denen es um Schuld, Sühne und Erlösung geht, über richtig derbe Komödien hin zum Sand der Arena wussten die Römer, was richtig gute Unterhaltung war.

Lasset die Spiele beginnen

Juvenal war ein römischer Satiriker des ersten Jahrhunderts n. Chr., der sich gern über die Gesellschaft lustig machte, der er selbst angehörte. Er hat beobachtet, dass seine Landsleute bequem geworden waren und sich mit zwei Dingen zufriedengaben: **panem et circenses** (*Saturae*, X, 81) (Brot und Spiele). Zur Zeit von Juvenal waren Sportwettkämpfe eine äußerst beliebte Methode, den Widrigkeiten des Alltags und des wirklichen Lebens zu entfliehen, ihre Ursprünge liegen aber ganz woanders.

Heilige Spiele

Organisierte Wettkämpfe hatten ihren Ursprung in speziellen Begräbnisriten für die in der Schlacht Gefallenen. So sollten die Toten mit Ritualen geehrt werden, die sie aus ihrem Leben kannten. Für viele dieser Wettkämpfe brauchte man Fähigkeiten, die auch im Krieg gefragt waren. So hält zum Beispiel im fünften Buch der *Aeneis* der Held Aeneas Leichenspiele ab, bei denen ein Bootsrennen, ein Wettlauf, Speerwerfen und ein Boxkampf stattfinden. Bei solchen Spielen ging es in erster Linie um die Ehre, und als sichtbares Zeichen dafür erhielt der Sieger eine einfache **palma** (Palmzweig).

Solche **ludi** (Spiele) wurden zum Bestandteil verschiedener religiöser Feste und waren mit unterschiedlichen Feiertagen verbunden; irgendwann gab es in Rom mehr als 40 religiöse Feierlichkeiten, die mit Spielen einhergingen.

Die sportlichen Wettkämpfe der Griechen hatten einen anderen Ursprung, es waren gesamtgriechische Festspiele zu Ehren der Götter. Es gab vier dieser panhellenischen Spiele, bei denen sich Sportler aus ganz Griechenland trafen. Die bekanntesten Spiele waren die von Olympia zu Ehren des Zeus, die alle vier Jahre stattfanden, daneben gab es noch die Pythischen Spiel in Delphi zu Ehren des Apollon, die Isthmischen Spiele in Korinth zu Ehren des Poseidon und die Nemeischen in Nemea, die auch für Zeus abgehalten wurden. Die Sieger erhielten einen Kranz, der aus verschiedenen Zweigen geflochten war. In Nemea wurden zum Beispiel Selleriekränze verliehen. Daneben bedeutete ein Sieg aber auch oft materiellen Gewinn, denn in ihren Heimatstädten wurden die Sieger auch mit Geldgeschenken oder einer Steuerbefreiung geehrt.

Nichts für Angsthasen: Gladiatorenkämpfe

Das Wort **gladiator** bedeutet wörtlich »einer, der ein Schwert benutzt«. Das lateinische Wort für »Schwert« ist **gladius, gladii,** m. Ein römischer Gladiator war aber weit mehr als ein Schwertkämpfer, und ein Gladiatorenkampf war mehr als nur ein Kampf auf Leben und Tod zwischen zwei Männern.

Mann gegen Mann

Die spektakulären Gladiatorenkämpfe in den großen römischen Arenen gehen auf Totenfeiern zurück. Adlige ließen ab dem 3. Jahrhundert v. Chr. Sklaven oder Kriegsgefangene zu Ehren des Verstorbenen auf Leben und Tod gegeneinander kämpfen. Abgesehen davon, dass auch später noch auf Leben und Tod gekämpft wurde, war von den Totenspielen nicht mehr viel übrig. Ein **gladiator** wurde zum Töten ausgebildet. Es waren Kriegsgefangene, verurteilte Verbrecher, Sklaven und manchmal auch Freie, die das **auctoramentum gladiatorum** (Gladiatoreneid) leisteten. Diese Männer trainierten in besonderen Schulen (**ludi**), diesen Gladiatorenschulen stand der **lanista** (Gladiatorenmeister) vor. Reste eines solchen **ludus gladiatorius** sind noch heute neben dem Kolosseum in Rom zu sehen. Hier trainierten sie den Umgang mit verschiedenen Waffen. Natürlich war es für einen Gladiator wichtig zu wissen, wie er seinen Gegner töten konnte, er musste aber auch wissen, wie er das Publikum zu unterhalten hatte. Wenn ein Gladiator in einem **amphitheatrum** (Amphitheater), das ungefähr so aussah wie heutige Sportstadien, um sein Leben kämpfte, musste er gleichzeitig bis zu

50.000 Zuschauern eine großartige Show liefern. Hier ist eine kurze Übersicht über die wichtigsten Gladiatorentypen und ihre Unterscheidungsmerkmale:

- ✔ **murmillo, murmillonis,** m: Schwer gepanzerter Gladiator mit rechteckigem Schild, Kurzschwert und Helm mit Visier. Man kann einen **murmillo** auch an seiner Helmzier in Form eines Fisches erkennen.

- ✔ **retiarius, retiarii,** m: Der **retiarius** ist leicht gepanzert und kämpfte mit Dreizack und **rete** (Netz).

- ✔ **thrax, thracis,** m: Einen **thrax** erkennt man an seinem kleinen, rechteckigen Schild und seinem gekrümmten Schwert. Diese Waffen symbolisieren auch seine Herkunft: Thrakien.

- ✔ **samnis, samnitis,** m: Wie der **murmillo** war der Samnit schwer gepanzert, er kämpfte mit Kurzschwert und Helm mit Visier. Sein Name weist darauf hin, dass er ursprünglich aus Samnium stammt, einer Gegend in Mittelitalien.

Im Gegensatz zu heutigen Boxwettkämpfen, wo Boxer der gleichen Gewichtsklasse gegeneinander kämpfen, kämpften bei Gladiatorenspielen oft unterschiedlich bewaffnete Kämpfer gegeneinander. Es konnte also passieren, dass ein leicht bewaffneter **retiarius** gegen einen schwer gepanzerten **murmillo** kämpfen musste. Ein Teil der Spannung ergab sich sicherlich daraus, zu sehen, ob Schnelligkeit oder reine Kraft siegen würde.

Wohin mit dem Daumen?

Wer genügend Sandalenfilme gesehen hat, weiß, dass ein siegreicher Gladiator seinen unterlegenen Gegner nicht sofort tötete. Er wartete auf ein Signal des Kaisers, der die Entscheidung vom Willen des Publikums abhängig machte. Wenn die Massen den Unterlegenen sympathisch fanden, haben sie den Kaiser vielleicht aufgefordert, ihn zu verschonen, damit sie ihn noch mal kämpfen sehen konnten.

Aber wie sah das Signal aus? Glaubt man Hollywood und modernen Einbildungen, sollte der Unterlegene leben, wenn die Daumen des Publikums nach oben zeigten, und sterben, wenn sie nach unten gingen. Die im Lateinischen benutzte Redewendung ist **pollice verso**, was wörtlich »mit gedrehtem Daumen« bedeutet. Niemand kann sagen, in welche Richtung der Daumen zeigte, um Leben oder Tod anzuzeigen. Viele glauben, dass ein erhobener oder der zum Herzen zeigende Daumen Tod bedeutete und ein gesenkter Daumen (der auf den Sand deutete) signalisierte dem Sieger, die Waffen wegzuwerfen und den Gegner leben zu lassen.

Die Arche Noah der Unterhaltung

Die Römer sahen sich nicht nur kämpfende Männer an, sie schauten auch gern einer **venatio** zu, einer »Tierhetze«. Man stellt sich zwar oft vor, dass christliche Märtyrer den Löwen zum Fraß vorgeworfen wurden (was auch wirklich passiert ist), zu einer richtigen **venatio** gehörten aber **bestiarii** (Tierkämpfer), die die Tiere in der Arena verfolgten und töteten.

Im Amphitheater wurden Landschaften aufgebaut, um die Jagd etwas realistischer erscheinen zu lassen, und ein Teil des Nervenkitzels bestand darin, exotische Tiere zu sehen. (Zoos gab es damals halt noch nicht.) Diese Tierhetzen wurden dermaßen populär, dass bei der Einweihung des Flavischen Amphitheaters (besser bekannt als Kolosseum) 80 n. Chr. unter Kaiser Titus Flavius Vespasianus 5.000 Tiere niedergemetzelt wurden.

Das **amphitheatrum Flavium** (die Kaiser Vespasian und Titus, die es erbauten, gehörten zur Familie der Flavier) in Rom wurde unter dem Namen Kolosseum weltbekannt. Dieser Name stammt von der Kolossalstatue des Nero, die ganz in der Nähe des Amphitheaters stand. Der Name **colossus** (Riesenstandbild) wiederum leitet sich von einem der sieben Weltwunder, dem Koloss von Rhodos, ab. Im Kolosseum fanden auch nachgestellte Seeschlachten, sogenannte **naumachiae**, statt. Da der Raum unterhalb der Arena ursprünglich nicht bebaut war, konnte er nach Entfernung des Holzbodens, auf dem sich normalerweise das Kampfgeschehen ereignete, geflutet werden. Dort schwammen dann Schiffe, von denen aus Gladiatoren gegeneinander kämpften. Der Erste, der in Rom solch ein Spektakel veranstaltete, war Julius Caesar. Das war allerdings schon 46 v. Chr., also über hundert Jahre vor dem Bau des Kolosseums. Er ließ für seine Naumachie einen künstlichen See vor den Toren Roms anlegen.

Jugendfrei?

Gladiatorenkämpfe hatten ziemlich viel mit dem Blutdurst der Massen zu tun, so viel ist klar. Die Zuschauer konnten dem Verlierer zwar einen guten Kampf vergelten, indem sie ihn leben ließen, Sinn und Zweck dieses Sports war aber der Tod. Es ist so, dass jede moderne Sportstätte, die *Arena* heißt, ihren Namen vom Lateinischen **arena, arenae**, f hat, was Sand bedeutet; und bei Gladiatorenkämpfen war der Boden des Kampfplatzes mit Sand bedeckt. Das machten die Römer nicht, damit die Gladiatoren weich fielen, auf diese Art und Weise wurde das vergossene Blut aufgesaugt. Um Gladiatorenkämpfe etwas familienfreundlicher zu machen, mussten Frauen und Kinder ganz oben in den Rängen sitzen, die am weitesten vom eigentlichen Geschehen entfernt waren.

Und wer denkt, dass heutige Fußballspiele aus dem Ruder laufen können, war noch nie im Römischen Reich unterwegs. 59 n. Chr. traten Gladiatoren aus Nuceria bei Spielen in Pompeji gegen Gladiatoren aus Pompeji an. Bei den Kämpfen zettelten Fans der beiden Teams im bis zu 20.000 Zuschauer fassenden Amphitheater Krawalle an, die nicht mehr zu kontrollieren waren, es gab sogar Tote. Als Konsequenz verbot Kaiser Nero, der ja auch nicht auf der Kandidatenliste für den Friedensnobelpreis stand, für zehn Jahre, in Pompeji Spiele zu veranstalten.

Endlich frei

Heute ist der ein Sportstar, der einen Millionenvertrag unterschrieben hat. Im alten Rom war der Gladiator ein Star, der einfach überlebte. Und hatte er genügend Kämpfe überstanden, konnte er die Freiheit gewinnen. Als Symbol für ihre Freiheit erhielten solche Gladiatoren eine **rudis**, ein hölzernes Schwert, was so viel bedeutete wie: »Du musst jetzt nicht mehr kämpfen.« Die meisten ehemaligen Gladiatoren konnten aber nur kämpfen, deshalb kehrten viele als **lanista** an eine Gladiatorenschule zurück oder sie verdingten sich als Leibwächter bei den Schönen und Reichen.

Bis zum Tod Caesars 44 v. Chr. richteten reiche Privatleute Gladiatorenkämpfe aus, danach wurden sie von den Ädilen ausgerichtet, die gewählte Amtsträger waren. Die Ädilen mussten die Spiele aus ihrer eigenen Tasche finanzieren, was nicht gerade billig war. Andererseits zog das auch eine große Popularität im Volk nach sich, und man konnte sich bei seinen potenziellen Wählern für höhere Staatsämter empfehlen. Diese Phase währte aber nicht lange, denn schon Kaiser Augustus sorgte dafür, dass die Veranstaltung von Gladiatorenkämpfen ein kaiserliches Privileg wurde.

Man nimmt ein Bad

Man mag es glauben oder nicht, der Besuch in den **thermae** war ein unentbehrlicher Teil der Freizeitgestaltung im alten Rom. Für uns ist Baden eher eine Routinesache, für die alten Römer war es dagegen ein ganz besonderes Vergnügen. Die **thermae** waren so etwas wie heutige Fitnessklubs. Man konnte dorthin gehen, um Sport zu machen, um sich mit Geschäftspartnern zu treffen, um Politik zu betreiben und sogar um zu lesen. Die **thermae,** die Kaiser Caracalla (188–217 n. Chr.) in Rom bauen ließ, hatten an einem Ende eine griechische, am anderen Ende eine römische Bibliothek. Die Thermen waren ein Ort, wo sich die unterschiedlichen Gesellschaftsklassen vermischen konnten, denn den Eintritt konnte sich ziemlich jeder leisten: Man musste einen **quadrans** oder ein Viertel **as** bezahlen, ein **as** war eine römische Bronzemünze und die Grundeinheit der römischen Währung.

Typische Thermen hatten ein **apodyterium** (Umkleideraum), eine **palaestra** (Sportplatz) und eine Reihe von Räumen, in denen man sich säubern konnte, in denen man schwitzen konnte und in denen man sich wieder abkühlen konnte: das **tepidarium** (Warmbad), das **caldarium** (Heißbad) und das **frigidarium** (Kaltbad).

Immer im Kreis: Wagenrennen

Das römische Wagenrennen, auch ein beliebtes Freizeitvergnügen in der Antike, hat durch Filme wie *Ben Hur* Unsterblichkeit erlangt. **Circenses,** also Spiele, die im **circus** stattfanden, wurde zum Synonym für Wagenrennen. Die ovale Rennstrecke hieß **circus,** und der

Circus Maximus war der größte **circus** in Rom, hier konnten über 200.000 Zuschauer die Wagenrennen verfolgen. Die **spina** (Rückgrat) teilte den **circus** der Länge nach, sie mussten die Rennwagen, vier bis zwölf an der Zahl, siebenmal umrunden. Die Runden wurden mit Eiern oder Delfinen aus Metall gezählt, die an einer Stange befestigt waren.

Das Ei war ein Symbol von Castor und Pollux, die in der Mythologie als Söhne des Zeus gelten. Dieser verliebte sich in die spartanische Königin Leda, der er sich in Gestalt eines Schwans näherte und die er geschwängert hat. Leda brachte daraufhin Eier zur Welt, aus denen unter anderem Castor und Pollux (griechisch Polydeukes) schlüpften. Castor und Pollux sollen der römischen Reiterei bei einer wichtigen Schlacht beigestanden haben und ihr zum Sieg verholfen haben, deshalb galten sie den Römern als Schutzgötter der Pferde und der Reiterei. Der Delfin stand für Neptun, der nicht nur Gott des Meeres, sondern auch Gott der Pferde war.

Die verschiedenen Mannschaften, **factiones**, hatten verschiedene Farben, und die Fans waren ihren Mannschaften ausgesprochen treu. Zu den Wagenrennen gehörte auch, dass man wettete, und wenn man dem Kaiser zeigen wollte, dass man seine Politik nicht guthieß, konnte man gegen seine Farbe setzen. Ursprünglich gab es bei Wagenrennen zwei **factiones,** die **russae** (Roten) und die **albae** (Weißen). Im Laufe der Zeit kamen die **prasinae** (Grünen) und die **venetae** (Blauen) dazu, und eine kurze Weile durften auch die **purpurae** (Purpurnen) und die **auratae** (Goldenen) mitmachen.

Im Gespräch

Titus und Marcus sitzen in den **thermae** (Thermen, öffentliche Bäder) und überlegen, wie sie ihre Freizeit verbringen sollen.

Titus: **Eudamus gladiator in amphitheatro pugnabit. Eumne vides?**

Der Gladiator Eudamus wird im Amphitheater kämpfen. Siehst du ihn?

Marcus: **Eudamus est murmillo optimus, sed retiarios malo.**

Eudamus ist der beste Murmillo, ich mag aber lieber Retiarier.

Titus: **Tum circenses spectemus. Venetae equos celerrimos habent.**

Dann lass uns ein Wagenrennen anschauen. Die Blauen haben die schnellsten Pferde.

Marcus: **Venetas non amo, et ubi circenses spectavi, lutum me semper spargebat.**

Ich mag die Blauen nicht, und immer, wenn ich ein Wagenrennen geschaut habe, wurde ich mit Schlamm bespritzt.

Titus: **Tum quid agere vis?**

Was willst du dann machen?

Marcus: **In bibliothecam Graecam intrantes puellas pulchras vidi. Libros legamus!**

Ich habe ein paar hübsche Mädchen in die griechische Bibliothek hineingehen sehen. Lass uns ein paar Bücher lesen!

Kleiner Wortschatz

amphitheatrum, amphitheatri, n	Amphitheater
arena, arenae, f	Sand, Kampfplatz, Arena
circus, circi, m	Zirkus, Kreis, Rennbahn
gladiator, gladiatoris, m	Gladiator
intro, intrare, intravi, intratum	eintreten, betreten
panis, panis, m	Brot
pulcher, pulchra, pulchrum	schön
spargo, spargere, sparsi, sparsum	ausstreuen, bespritzen
verto, vertere, verti, versum	wenden, drehen

Schön, schöner, am schönsten: Die Steigerung des Adjektivs

Wenn man sagt, dass etwas nicht nur schön ist, sondern schöner als etwas anderes, dann steigert man das Adjektiv *schön*. Der grammatische Fachbegriff dafür ist *Komparation*, das vom lateinischen Verb **comparare** (vergleichen) kommt. Die einfachste Form eines Adjektivs ist die, die neben ein Wort *gestellt* (**pono, ponere, posui, positum**) worden ist, um es näher zu beschreiben. Diese *Grundstufe* des Adjektivs nennt man deshalb auch *Positiv*. Die Adjektive *gut, schlecht, schön, hässlich* und *verzerrt* stehen im *Positiv*. (Mehr Informationen zu Adjektiven stecken in Kapitel 4.) Die anderen Steigerungsstufen (den *Komparativ* und den *Superlativ*, um die es in den folgenden Abschnitten geht) benutzt man, wenn man ausdrücken will, dass etwas besser (oder am besten), schlecht (oder am schlechtesten), schöner (oder am schönsten) und so weiter ist.

Adjektive im Komparativ

Stellen Sie sich Folgendes vor: Zwei Freunde sitzen im Kolosseum. Der eine sieht einen Gladiator, sein Freund sagt daraufhin: »Ja und? Da unten sind viele Gladiatoren.« Der Erste lässt sich von dieser Antwort nicht abschrecken und benutzt einen Positiv, um zurückzugeben, dass er einen *großen* Gladiator sieht. Diese Präzisierung hilft aber nicht wirklich weiter, der Angesprochene weiß immer noch nicht, welcher Gladiator seinem Freund aufgefallen ist, also versucht der es noch einmal: »Ich sehe einen Gladiator, der *größer* ist als du.« Und weil der Angesprochene fast zwei Meter groß ist, hilft ihm diese Information endlich weiter. Damit hat der Sprecher, um einen Vergleich anzustellen, ein Adjektiv in der *Vergleichsstufe* oder im *Komparativ* benutzt. Komparativ ist vom lateinischen Verb **comparare** (vergleichen) abgeleitet.

Im Deutschen endet der Komparativ von regelmäßig gesteigerten Adjektiven auf **-er**. Im Lateinischen endet er im Nominativ auf **-ior** oder **-ius**. Und Sie sollten noch einige andere Dinge über die Formen des lateinischen Komparativs wissen:

✔ Der Komparativ wird wie Adjektive der dritten Deklination dekliniert. (In Kapitel 4 ist eine Übersicht über diese Endungen zu finden.)

✔ Die maskulinen und femininen Formen haben die gleichen Endungen, die Endungen des Neutrums sind anders.

Als Beispiel soll hier das Adjektiv **altus, alta, altum** (groß) dienen. Tabelle 8.1 und Tabelle 8.2 zeigen die Formen des Komparativs.

Kasus	Singular	Plural
Nominativ	altior	altiores
Genitiv	altioris	altiorum
Dativ	altiori	altioribus
Akkusativ	altiorem	altiores
Ablativ	altiore	altioribus

Tabelle 8.1: Deklination des Komparativs (Maskulinum/Femininum)

Kasus	Singular	Plural
Nominativ	altius	altiora
Genitiv	altioris	altiorum
Dativ	altiori	altioribus
Akkusativ	altius	altiora
Ablativ	altiore	altioribus

Tabelle 8.2: Deklination des Komparativs (Neutrum)

Wenn man zwei Wörter vergleicht, benutzt man dazu im Deutschen den Komparativ eines Adjektivs und das Wörtchen *als*. Irgendwer ist schneller, schöner oder klüger *als* irgendein anderer. Der Lateiner hat zwei Möglichkeiten, einen Vergleich anzustellen. Er benutzt entweder das Wörtchen **quam,** das »als« bedeutet, wenn es einem Komparativ folgt, oder er setzt die Personen/Sachen, mit denen verglichen wird, in den Ablativ, der dann **Ablativus comparationis** (Ablativ des Vergleichs) heißt. Deshalb übersetzt man einen Ablativ, der auf einen Komparativ folgt, einfach mit »als«. Hier zwei Beispiele:

Hic auriga est celerior quam ille.

Hic auriga est celerior illo.

Beide Sätze haben die gleiche Bedeutung: »Dieser Wagenlenker ist schneller als jener.«

Auch der sogenannte **Ablativus mensurae** oder **discriminis** (Ablativ des Maßes oder des Unterschieds) steht oft mit einem Komparativ. Dieser Ablativ antwortet auf die Frage »um wie viel?« Wollen Sie also betonen, wie verschieden die Dinge sind, die verglichen werden, stellen Sie einfach Mengenangaben wie *viel*, *wenig* und so weiter im Ablativ zum Komparativ.

Pugil est multo fortior solus quam cum adversario.

Der Boxer ist alleine viel tapferer als mit einem Gegner.

Adjektive im Superlativ

Der Komparativ, der im vorangegangenen Abschnitt *Adjektive im Komparativ* erklärt worden ist, wird benutzt, wenn zwei Personen oder Dinge miteinander verglichen werden sollen. Will man aber eine bestimmte Person oder Sache zweifelsfrei identifizieren, benutzt man den *Superlativ* (von **superferre** – herausheben), die *Höchststufe*. Im Deutschen hat der Superlativ das Suffix **-ste(n)**, und er beschreibt ein einzelnes Substantiv näher. Wenn man sagt, jemand sei der größte Sportler, heißt das im Grunde, dass es nirgendwo auf der Welt einen größeren Sportler gibt.

Lateinische Superlative sind leicht zu erkennen. Sie haben alle einen Doppelkonsonanten in der Mitte. Aber es gibt noch ein paar andere Dinge, die Sie über die Formen des lateinischen Superlativs wissen sollten:

✔ Die meisten Adjektive bilden den Superlativ mit den Endungen **-issimus, -issima, -issimum**. Der Superlativ von **altus** ist somit **altissimus** (am größten).

✔ Adjektive, die im Nominativ Maskulinum auf **-er** enden, bilden den Superlativ mit den Endungen **-rimus, -rima, -rimum**. Der Superlativ von **celer** (schnell) ist **celerrimus** (am schnellsten).

✔ Einige wenige Adjektive enden im Nominativ Maskulinum auf **-lis**, sie bilden den Superlativ mit den Endungen **-limus, -lima, -limum**. Der Superlativ von **facilis** (einfach) ist deshalb **facillimus** (am einfachsten).

Superlative im Femininum werden dekliniert wie Adjektive der ersten Deklination, Superlative im Maskulinum und Neutrum werden dekliniert wie Adjektive der zweiten Deklination. Die Endungen dieser Deklinationen finden Sie in Kapitel 2.

Das Lateinische kennt noch eine Steigerungsstufe, die das Deutsche nicht kennt, den *Elativ* (von **elatus** – hervorgehoben), der verwendet wird, wenn etwas besonders hervorgehoben werden soll. Die lateinischen Formen entsprechen denen des Superlativs, übersetzt wird er mit dem Positiv in Verbindung mit Wörtern wie *sehr, äußerst, besonders*.

Puella verba pulcherrima dixit.

Das Mädchen sprach sehr schöne Worte.

Unregelmäßige Steigerungen

Kinder und Leute, die Deutsch lernen, machen häufig den Fehler, an alle Adjektive einfach die entsprechende Endung zu hängen, wenn sie es steigern wollen. *Gut* wird dann *guter* und *am gutesten* gesteigert und nicht *besser, am besten*. Und das ist nur einer der Fälle, wo die Steigerung nicht den Regeln entspricht, sondern unregelmäßig gesteigert wird.

Und, welch Wunder, auch die lateinische Sprache kennt unregelmäßige Steigerungen. Die folgende Tabelle 8.3 zeigt die drei Steigerungsstufen von einigen wichtigen Adjektiven, die unregelmäßig gesteigert werden. Diese Übersicht kann eine große Hilfe sein, es sei denn, Sie wollen als Barbar dastehen und **bonior** sagen, wenn Sie »besser« meinen.

Positiv	Komparativ	Superlativ
bonus, -a, -um (gut)	melior, melius (besser)	optimus, -a, -um (am besten)
malus, -a, -um (schlecht)	peior, peius (schlechter)	pessimus, -a, -um (am schlechtesten)
magnus, -a, -um (groß)	maior, maius (größer)	maximus, -a, -um (am größten)
parvus, -a, -um (klein)	minor, minus (kleiner)	minimus, -a, -um (am kleinsten)
dives, *Gen.* divitis (reich)	ditior, ditius (reicher)	ditissimus, -a, -um (am reichsten)
vetus, *Gen.* veteris (alt)	vetustior, vetustius (älter)	veterrimus, -a, -um (am ältesten)

Tabelle 8.3: Unregelmäßig gesteigerte Adjektive

Alles ausverkauft: Theater in Rom

Die Römer liebten das Theater (**ludi scaenici** – Bühnenspiele), das sie von den Griechen übernommen hatten. Genau wie sportliche Wettkämpfe (siehe Abschnitt weiter vorne *Lasset die Spiele beginnen*), wurden Theaterstücke zuerst im Zusammenhang mit religiösen Festen aufgeführt. Im Gegensatz zu heutigen Filmen, die man ja Tag und Nacht sehen kann, wurde in Rom recht selten Theater gespielt. Das lag zum Teil daran, dass sie mit bestimmten religiösen Festen in Verbindung standen, zum Teil lag es aber auch an den Naturgewalten. Meistens wurden Theaterstücke unter offenem Himmel vorgeführt, antike Theater waren nicht überdacht. Und in Rom wurde das erste dauerhafte Theater aus Stein erst 55 v. Chr. von Pompeius errichtet. Davor waren die Theater aus Holz, manchmal wurden auch einfach Bühnen und Bänke aufs Forum gestellt. Ohne Ton- und Lichtanlagen waren die Schauspieler auf das Wohlwollen von Mutter Natur angewiesen. Ende des 1. Jahrhunderts v. Chr. konnten die Römer sich nur an 55 Tagen im Jahr ein Theaterstück ansehen.

In den Tagen, als es noch keine Spezialeffekte gab, war das römische Theater auf eine gute Geschichte und gute Schauspieler angewiesen, um das Publikum zu begeistern. Das funktionierte so:

- ✔ **Die Requisiten:** Die Kulisse in einem römischen **theatrum** (Theater) bestand im Wesentlichen aus einer Wand mit drei Türen, vor dieser **scaena** (Bühnenhaus) befand sich die eigentliche Bühne, auf der das Stück gespielt wurde. Die drei Türen standen für die verschiedenen Eingänge in ein Haus oder für Eingänge zu benachbarten Häusern. Die meisten Stücke spielten vor dieser einfachen Kulisse. Ging ein Schauspieler nach rechts von der Bühne ab, bedeutete das, er ging zum Markt oder in die Stadt; ging er nach links ab, war er auf dem Weg zum Hafen oder er ging aufs Land.

✔ **Die Schauspieler:** Genau wie griechische Schauspieler trugen auch die römischen auf der Bühne **personae** (Masken). Es gab unterschiedliche Masken für die Tragödie und die Komödie, und die Zuschauer konnten anhand der Masken auf das Wesen der dargestellten Person schließen. Komödienschauspieler trugen an ihren Füßen eine Art Pantoffel, der **soccus** genannt wurde, im Unterschied dazu trugen Tragödienschauspieler einen Stiefel, der **cothurnus** hieß.

Im römischen Theater traten nur Männer auf, sie spielten auch die Frauenrollen. Die einzige Ausnahme bilden die Mimen, Possen, die Vorläufer der römischen Komödie sind (mehr darüber im Abschnitt *Zum Totlachen*). Im Gegensatz zu unseren großen Film- und Fernsehstars, die viel Geld verdienen und alle möglichen Sonderbehandlungen genießen, waren römische Schauspieler nicht besonders angesehen. Sie waren Sklaven, Freigelassene oder Fremde, die das römische Bürgerrecht nicht besaßen.

Eine tragische Geschichte

In *De Natura deorum* (Über das Wesen der Götter) zitiert Cicero einen Vers des Tragödiendichters Lucius Accius (um 170 bis um 90 v. Chr.), der lautet **maior mihi moles, maius miscendumst malum** (III, 68), übersetzt heißt das »ich muss größere Not, noch größeres Unglück erzeugen«. Das klingt nach Unheil. (Und? Haben Sie die Komparative erkannt? Wenn nicht, dann aber schnell zurück zum Abschnitt *Schön, schöner, am schönsten: Die Steigerung des Adjektivs*.)

Wie Ciceros Zitat zeigt, handeln Tragödien von der dunklen Seite des Lebens, von der *wirklich* dunklen Seite des Lebens. Wer die wahre Tragödie kennenlernen will, muss sich an die alten Griechen halten, die eine ganze Menge an Stücken geschrieben haben, in denen Eltern ihre Kinder umbringen (*Medea* von Euripides), Kinder ihre Eltern umbringen (*Oidipous tyrannos*, zu Deutsch *König Ödipus*), in denen allgemeines Chaos herrscht und die von Racheplänen nur so wimmeln (*Antigone* von Sophokles und *Agamemnon* von Aischylos).

Die Römer hatten zwar eigene Tragödiendichter wie Livius Andronicus, der um 240 v. Chr. als Erster griechische Tragödien adaptierte und dem römischen Publikum zugänglich machte, wirklich populär wurden Tragödien in Rom aber nie. Es sind auch nur wenige Tragödiendichter aus dem 3. Jahrhundert v. Chr. bekannt. Es gibt keinen wirklich großen römischen Tragödiendichter, bis Seneca (um 1 bis 65 n. Chr.), der Philosoph und Erzieher Neros im 1. Jahrhundert n. Chr., Tragödien schrieb. Mehrere seiner Stücke waren Nacherzählungen klassischer griechischer Tragödien wie *Medea* und *Agamemnon*. Allerdings ist nicht bekannt, ob Senecas Stücke jemals aufgeführt wurden.

> **In der Hand des Wahnsinns**
>
> Lucius Annaeus Seneca schrieb nicht nur Tragödien, wirklich bekannt ist er, weil er der Erzieher des berüchtigten Kaisers Nero (37–68 n. Chr., Kaiser ab 54 n. Chr.) war. Obwohl Seneca versuchte, dem Kaiser mit Rat und Tat zur Seite zu stehen, brachte Nero am Ende doch seine Verwandten um (unter anderem seine Mutter), und antike Autoren geben ihm die Schuld am großen Brand Roms 64 n. Chr., bei dem die halbe Stadt niedergebrannt war. Nero forderte Seneca 65 n. Chr. auf, Selbstmord zu begehen, was dieser auch tat – man sah das fast als natürlichen Tod. **Vita artem imitatur!** – Das Leben ahmt die Kunst nach!
>
> Neros Biograf Sueton (70 bis circa 130 n. Chr.) berichtet, dass Nero gern auf der Bühne stand. Nero hatte befohlen, dass niemand seine Vorstellung verlassen durfte – Pech fürs Publikum, denn sie waren so lang, dass schwangere Frauen dabei ihr Kind zur Welt brachten und einige Männer ihren Tod vortäuschten, nur um verschwinden zu können.

Zum Totlachen

Der römische Dichter und Satiriker Horaz machte einst folgende geistreiche Bemerkung:

> **Quid rides? Mutato nomine fabula de te narratur.** (*Satiren* I, 1, 69–70)
>
> Was lachst du? Unter anderem Namen ist die Fabel deine Geschichte.

Wohl wahr und wahrscheinlich eine gute Warnung, das hielt die Römer aber nicht davon ab, Komödien zu schauen. Besonders beliebt waren die, bei denen man auf Kosten anderer lachen konnte.

Im 3. und 2. Jahrhundert v. Chr. schufen die Komödiendichter Plautus (um 254 bis um 184 v. Chr.) und Terenz (um 190 bis 159/158 v. Chr.) mit ihren lebhaften Überarbeitungen griechischer Originale die Voraussetzungen für die römische Komödie. Für seine Werke erhielt Terenz zwar den Beifall der Kritiker (die intellektuelle Elite mochte ihn), den meisten Römern war Plautus aber lieber. Warum? Weil sie Witze über Sex und Wortspiele liebten, und Plautus gab ihnen, was sie wollten.

 Vielleicht mochten die Römer den direkten, rohen Humor deshalb lieber, weil sie an eine Gattung der Komödie gewöhnt waren, die **mimus** genannt wurde. **Mimi** im alten Rom waren kurze, lustige Szenen, in denen sowohl Männer als auch Frauen auftraten. Sie zeichneten sich durch bestimmte immer wiederkehrende Charaktere und Szenen aus: ein Mann und seine fremdgehende Frau, ein reicher Vater und sein Sohn, der Hallodri, und der Liebling der Massen – der gerissene Sklave, der die Situation rettet, indem er alle austrickst. Der **mimus** hatte also nichts mit der modernen *Pantomime* zu tun, bei der weiß geschminkte *Pantomimen* Dinge lautlos darstellen. Diese ähnelt aber dem römischen **pantomimus,** einer Form der Tragödie, bei der ein einzelner Schauspieler einen historischen oder mythologischen Stoff spielte, dabei kein Wort sprach und von einem Chor und Orchester begleitet wurde.

Von Plautus sind 21 seiner 130 Komödien überliefert, Terenz schrieb nur sechs Komödien, die aber alle erhalten sind.

Im Gespräch

Eine **femina** (Frau) und ein **vir** (Mann) unterhalten sich über Komödien.

Vir:	**Plautus comoediam iocosissimam scripsit.**
	Plautus hat die lustigste Komödie geschrieben.
Femina:	**Estne iocosior illa Terenti?**
	Ist sie lustiger als die von Terenz?
Vir:	**Plautus est multo melior quam Terentius.**
	Plautus ist viel besser als Terenz.
Femina:	**Sed ioci eius sunt tam humiles, et servus dolosus semper vincit.**
	Aber seine Scherze sind so seicht, und immer gewinnt der listige Sklave.
Vir:	**Et iuvenis puellam pulcherrimam semper invenit, sicut ego te inveni.**
	Und der junge Mann findet immer das schönste Mädchen, so wie ich dich gefunden habe.
Femina (**discedens** – geht ab):	**Tu es mendax peior, mi amice, et Plauto et Terentio!**
	Du bist ein schlechterer Lügner, mein Freund, als Plautus und Terenz zusammen!

Kleiner Wortschatz

celer, celeris, celere	schnell
fabula, fabulae, f	Fabel, Geschichte, Erzählung
ludus, ludi, m	Spiel, Schauspiel
iocus, ioci, m	Spaß, Scherz
persona, personae, f	Person, Theatermaske

Audiatur et altera pars. (Römischer Rechtsgrundsatz)

Es soll auch die andere Seite (Partei) gehört werden.

Der Grundsatz gilt natürlich nicht nur bei Gericht, sondern im ganz alltäglichen Leben, wenn eine Beziehung in die Brüche zu gehen droht, wenn es Differenzen im Beruf gibt, wenn ... Wir alle waren schon bitter enttäuscht, wenn nicht nach diesem Prinzip verfahren wurde und wir, weil man uns kein Gehör schenkte, zu Unrecht den Kürzeren zogen.

Spiel, Spaß und Denksport

Können Sie diese lateinischen Sätze vervollständigen? Wohin würden Sie gehen, um das Folgende zu tun?

1. **Ludos gladiatorios _____ spectamus.**

    a) in theatro   b) in amphitheatro   c) in socco   d) in circo

2. **Factio russa equos celeriores habet quam prasina _____.**

    a) in colosseo   b) in arena   c) in circo   d) in ludo

3. **Quadrantem habeo. Cupisne ire _____?**

    a) ad thermas   b) ad theatrum   c) ad lanistam   d) ad circenses

Verbinden Sie den deutschen Satz mit dem passenden Adjektiv.

4. Dieser Gladiator ist *größer* als der andere.   a) maior
5. Er hat den *größten* Schild der Welt!   b) facillimus
6. Latein ist *einfacher* als irgendeine andere Sprache.   c) altissimus
7. Ein Wagen ist *größer* als der andere.   d) facilior
8. Das ist der *höchste* Bogen, den ich je gesehen habe.   e) altior
9. Das *leichteste* Spiel ist das, auf das man vorbereitet ist.   f) maximus

Das lässt sich doch noch steigern: groß, größer ..... Achten Sie bitte beim Einsetzen der Steigerungsformen auch auf Numerus und Genus!

10. Germania terra magna est. ...... est quam Italia. Sed Gallia .... terra est.
11. Aedificia alta sunt. .... sunt quam hae. Illa aedificia autem .... sunt.
12. Marcus vir bonus est. ..... est quam Quintus. Sed Gaius vir ..... est.
13. Equi russae factionis celeres sunt. .... quam equi factionis albae erant. At illi equi .... erunt.

Die Lösungen finden Sie Anhang D.

> **IN DIESEM KAPITEL**
>
> Wie das lateinische Passiv aussieht
>
> Wie das Gerundium funktioniert
>
> Was es mit Partizipien auf sich hat
>
> Ein Überblick über das römische Staatswesen

Kapitel 9
Das römische Staatswesen

Pax Romana. Der römische Friede. Dieses Ideal wurde zwar von der tödlichsten Armee der Welt vorangetrieben, nichtsdestotrotz verfolgen Regierungen rund um die Welt immer noch das gleiche Ziel. Die meisten Menschen denken an Kaiser, wenn sie an das antike Rom denken, und die herrschten ja auch eine Zeit lang in der Ewigen Stadt, aber der römische Staat und die römische Politik waren wesentlich mehr als nur Kaiser. Vor der Kaiserzeit war Rom eine Republik (offiziell blieb die Republik auch unter den Kaisern bestehen), in der auch das einfache Volk ein Mitspracherecht hatte. Es gab geschriebene Gesetze und gewählte Beamte. Die Verfassungen vieler moderner Staaten sind von der römischen Republik inspiriert. Rom herrschte über 1.200 Jahre auf dieser Welt, und auch fast drei Jahrtausende, nachdem Romulus die kleine Stadt am Tiber gegründet hat, ist ihr Einfluss immer noch auf der ganzen Welt zu spüren.

Dieses Kapitel bietet einen kurzen Überblick über die drei großen Abschnitte der römischen Geschichte: die Königszeit, die Zeit der Republik und die Kaiserzeit. Nebenbei werden auch einige der bekanntesten und einflussreichsten römischen Staatsmänner vorgestellt, deren Namen Synonyme für Macht und Einfluss geworden sind. Außerdem geht es mal wieder um Verbformen: Das Passiv, das Gerundivum und die Partizipien werden hier eingeführt.

Die Herrscher der Welt

Wenn die alten Römer über die Welt sprachen, nannten sie sie **orbis terrarum,** »Erdkreis«. Ja, die Alten wussten, lange bevor Christoph Kolumbus zu seinen Abenteuern aufbrach, dass die Erde eine Kugel ist. Aber die eigentliche Welt der Römer war der Mittelmeerraum. Um das Ausmaß der römischen Welt zu erfassen, stellen Sie sich am besten eine Karte vor und ziehen in Gedanken eine Linie von England nach Babylon (eine antike Stadt mitten im heutigen Irak) und eine andere Linie von Südspanien zum Kaspischen Meer. Jetzt haben Sie eine Ahnung davon, was die Welt der Römer war. Und fast genau im Zentrum, wo sich die beiden Linien kreuzen, liegt Rom, die Ewige Stadt, in der alles begann. Auch eine mächtige Weltmacht hat irgendwo irgendwann mal klein angefangen.

> **Römische Jungs**
>
> Tullus Hostilius (7. Jh. v. Chr.), sagenhafter König von Rom, zog gegen Alba Longa, die Heimatstadt von Romulus und Remus, in die Schlacht. Zum römischen Heer gehörten Drillinge, die Horatier, und auch im gegnerischen Heer gab es Drillinge, die Curatier. Die Feldherren der beiden Armeen einigten sich, da man ein Blutvergießen vermeiden wollte, dass die Drillinge gegeneinander antreten sollten. Das Ergebnis dieses Kampfes sollte den Krieg entscheiden.
>
> In dem Kampf verloren fünf der sechs Brüder ihr Leben. Der Überlebende war ein Horatier, damit hatte Rom den Krieg gewonnen und die Kontrolle über seine Mutterstadt gewonnen. Diese Geschichte diente im 18. Jahrhundert dem französischen Maler Jacques-Louis David als Vorlage für ein bekanntes Gemälde.

König für einen Tag: Die Könige Roms

Nach dem römischen Historiker Livius beginnt die Geschichte Roms 753 v. Chr. damit, dass sich die Brüder Romulus und Remus mit einigen anderen Leuten aus Alba Longa aufmachten, um eine neue Stadt zu gründen. Da Romulus und Remus Zwillinge waren (und deshalb gleich alt), konnten sie sich nicht einigen, wer König werden sollte. Also beschlossen sie, die Vögel zu beobachten und auf ein Zeichen der Götter zu warten. Remus sah gleich sechs Geier, kurz darauf sah Romulus zwölf. Und wieder waren sie in einer Zwickmühle: Wer sollte herrschen? Der Bruder, der die Vögel zuerst gesehen hatte, oder der, der mehr gesehen hatte?

Augenscheinlich war Romulus der Ansicht, dass der König werden sollte, der mehr Vögel gesehen hatte, und er begann, eine Stadtmauer zu bauen. Remus war ziemlich sauer, als er die Mauer seines Bruders emporwachsen sah, also begann er, seinen Bruder zu ärgern, indem er ständig über die Mauer hüpfte. Romulus verstand aber keinen Spaß, zog sein Schwert und tötete Remus. Damit war der Streit ein für alle Mal beigelegt.

Danach herrschten fast 250 Jahre lang sieben Männer, die den Titel **rex** (König) trugen, über die kleine Stadt am Ufer des Tibers in Mittelitalien. In dieser Zeit wuchs die Stadt und dehnte ihren Einfluss in der Umgebung aus. Man kennt zwar die Namen der sieben Könige, historisch sind sie allerdings schwer greifbar. Was wir über sie wissen, ist erst viele Hundert Jahre später aufgeschrieben worden, deshalb ist es schwierig, die Sage von den historischen Fakten zu trennen. Aber hier sind trotzdem ihre Namen und einige der Dinge, die spätere römische Geschichtsschreiber von ihnen berichten:

- ✔ **Romulus:** Der erste König von Rom war der, der dafür sorgte, dass es in der neu gegründeten Stadt Frauen gab. Er lud die benachbarten Sabiner zu einem Fest ein, auf dem sich die Römer die unverheirateten Mädchen griffen. Die schönsten dieser Mädchen waren natürlich für die Anführer der Römer reserviert.

✔ **Numa Pompilius:** Der zweite König von Rom ist bekannt dafür, dass er die wichtigen Gesetze einführte und die religiösen Kulte reformierte, er legte zum Beispiel die Kultaufgaben der Vestalinnen fest. Sie wurden im Alter zwischen sechs und zehn Jahren ausgewählt und versahen 30 Jahre lang ihren Dienst im Tempel, wo sie das ewige Feuer der Göttin Vesta hüteten, außerdem mussten sie ein Keuschheitsgelübde ablegen. Eine Vestalin, die dieses Gelübde brach, wurde lebendig begraben.

✔ **Tullus Hostilius:** Der dritte König von Rom verfolgte eine wesentlich aggressivere Politik als sein Vorgänger. Er führte viele Kriege und gewann neue Gebiete.

✔ **Ancus Marcius:** Der vierte König von Rom war der Enkel von Numa Pompilius. Wie sein Großvater belebte er viele religiöse Bräuche neu. Eine seiner größten Leistungen war die Errichtung der ersten Holzbrücke, des **Pons Sublicius** (wörtlich: Brücke aus Holzpfählen), über den Tiber.

✔ **Tarquinius Priscus:** Der fünfte König von Rom errichtete eine Pferderennbahn, aus der später der **Circus Maximus** wurde. Außerdem sorgte er mit einer Reihe von Kanälen dafür, dass das spätere **Forum Romanum** trockengelegt wurde. Die Söhne seines Vorgängers beanspruchten den Thron allerdings für sich und ließen den König umbringen.

✔ **Servius Tullius:** Die Karriere des sechsten Königs von Rom war eine Vom-Tellerwäscher-zum-Millionär-Geschichte. (Details gibt's im Kasten *Hinter jedem großen Mann ...* weiter hinten in diesem Kapitel.) Servius Tullius wurde nach dem Mord an seinem Vorgänger König. Er teilte die Bürger entsprechend ihrem Vermögen in verschiedene Klassen ein, damit man wusste, wie viel sie in Kriegszeiten leisten konnten.

✔ **Tarquinius Superbus:** Mithilfe seiner Frau Tullia (der Tochter von Servius Tullius) wurde Tarquinius Superbus der siebte und letzte König Roms, indem er seinen Schwiegervater ermorden ließ. (So kam er zu dem Spitznamen **superbus**, was »hochmütig« bedeutet.) Er wurde 510 v. Chr. aus Rom vertrieben.

Vom Volk, für das Volk: Die römische Republik

Sextus Tarquinius war der Sohn von Tarquinius Superbus, und er versetzte der römischen Monarchie den Todesstoß. Der römische Historiker Livius (um 59 v. Chr. bis um 17 n. Chr.) berichtet, dass Sextus eine Adlige namens **Lucretia** vergewaltigte, was zum Sturz und zur Vertreibung seines Vaters führte. Folgendes soll sich abgespielt haben:

Während der Belagerung einer Stadt stritten sich der Mann von Lucretia, **Tarquinius Collatinus,** Sextus Tarquinius und einige andere über die Untadeligkeit ihrer Frauen. Um herauszufinden, wer die Untadeligste war, statteten sie ihnen Überraschungsbesuche ab. Sie fanden Lucretia beim Spinnen, Sextus Tarquinius sah sie und verfiel ihr. Deshalb besuchte er sie einige Tage später erneut, nichts ahnend ließ Lucretia ihn ein, ihr Mann war nicht da. Nachts drang er in ihr Zimmer ein, um sie zu vergewaltigen. Er bedrohte sie mit seinem Schwert, zunächst sagte sie aber, sie wolle lieber sterben, als ihrem Mann untreu zu werden.

Sextus kündigte daraufhin an, ihren Leichnam neben den eines Sklaven legen zu wollen und ihrem Mann zu erzählen, er hätte sie mit dem Sklaven ertappt und deshalb beide getötet. Daraufhin ließ Lucretia sich von Sextus vergewaltigen. Nachdem er gegangen war, ließ Lucretia ihren Mann rufen und erzählte ihm alles. Collatinus erklärte sie für unschuldig, Lucretia nahm sich aber trotzdem das Leben. Sie wollte nicht, dass untreue Ehefrauen sich später auf sie berufen könnten. Dieses Ereignis war der Tropfen, der das Fass zum Überlaufen brachte, Tarquinius Superbus hatte sich durch eine ganze Reihe unterdrückerischer Maßnahmen vorher schon unbeliebt gemacht. Jetzt vertrieben die Römer ihn und seine Familie. Die römische Geschichtsschreibung datiert dieses Ereignis auf das Jahr 510 v. Chr., das war das Gründungsjahr der Römischen Republik, der **res publica,** was wörtlich »öffentliche Sache« bedeutet. Von nun an wählten die Römer ihre Beamten selbst. In der modernen Geschichtsschreibung wird diese Phase der römischen Geschichte *Zeit der Republik* genannt. Die ersten im Jahr 509 v. Chr. gewählten Konsuln waren Lucius Iunius Brutus und Lucius Tarquinius Collatinus. Letzterer trat im Laufe des Jahres zurück; an seine Stelle wurde Valerius Poplicola (Publicola) gewählt.

In der Zeit der Republik begannen die Römer damit, ihre Gesetze niederzuschreiben, und das Konzept des geschriebenen Gesetzes, **lex, legis,** f hielt Eingang in die Rechtspraxis. Nachdem einige der Könige das Recht missbraucht hatten, wollten die Menschen wissen, welche Gesetze es gab und welche Rechte sie hatten.

Hinter jedem großen Mann ...

Zwei Frauen spielten im Leben der letzten drei römischen Könige eine große Rolle: **Tanaquil,** die Frau von Tarquinius Priscus (dem fünften König Roms) und **Tullia,** die Tochter von Servius Tullius (dem sechsten König) und Frau von Tarquinius Superbus (dem letzten König).

Tanaquil und Tarquinius Priscus hatten ihre Heimatstadt in Etrurien verlassen, weil Tanaquil nicht mit einem Versager verheiratet sein wollte. Tarquinius Priscus war zwar sehr reich, aber da er der Sohn eines Ausländers war, durfte er in seiner Heimatstadt keine öffentlichen Ämter bekleiden. Also überredete ihn Tanaquil, nach Rom auszuwandern. Auf dem Weg nach Rom stürzte ein Adler herab, schnappte sich den Hut von Tarquinius' Kopf und setzte ihm diesen nach einiger Zeit auch wieder auf. Für die abergläubige Tanaquil war dies das Zeichen dafür, dass ihr Mann zum König von Rom gekrönt werden würde. Und das ist ja tatsächlich passiert.

Tanaquil – die immer wieder Zeichen sah – erkannte auch, dass Servius Tullius, der als Sklave in ihrem Haushalt aufwuchs, zu Großem bestimmt war. Eines Nachts stand sein Kopf in Flammen, er verbrannte aber nicht. Tanaquil verstand das als Zeichen seiner göttlichen Gunst. Deshalb veranlasste Tanaquil, dass Servius Tullius die bestmögliche Erziehung bekam und mit ihrer Tochter verheiratet wurde.

Tarquinius Superbus war der Sohn von Tanaquil und Tarquinius Priscus, er war mit Tullia, der Tochter von Servius Tullius verheiratet. Tullias Ehrgeiz war noch größer als der von Tanaquil. Sie organisierte mit ihrem Mann eine Verschwörung, um ihren Vater zu stürzen. Bei einer Senatssitzung nahm der junge Tarquinius den alten Servius Tullius und stieß ihn auf die Straße. Als der alte Mann zu seinem Palast flüchtete, wurde er von gedungenen Mördern getötet. Tullia krönte die Tat damit, dass sie ihrem Kutscher befahl, über den Leichnam ihres Vaters zu fahren.

Grundlage des Rechts war für die Römer der Wille der Götter oder **fas** (göttliches Gesetz). Fas kommt vom Verb **fari,** das »sprechen« bedeutet. Mit anderen Worten, was die Götter sagten, war Gesetz. Auf einer anderen Ebene stand das Konzept der persönlichen Rechte oder der Gerechtigkeit, **ius, iuris,** n genannt. Kurze Gedächtnisauffrischung: Die Buchstaben i und j werden im lateinischen Alphabet ja mit demselben Buchstaben ausgedrückt. Wenn Sie sich dessen bewusst sind, wissen Sie, dass das Wort »Justiz« vom lateinischen **ius** kommt.

Ziemlich bald nach der Gründung der Republik machte sich eine römische Gesandtschaft nach Athen auf, das ja für seine Demokratie berühmt ist. Dort sollte sie die griechischen Gesetze kopieren. (So weit die Legende, vielleicht haben die Römer aber auch einfach bei den griechischen Städten in Unteritalien nachgeschaut, die lagen schließlich näher als Athen.) Die Römer ernannten dann die **decemviri** (Kommission aus zehn Männern), um die bisher mündlich überlieferten Gesetze niederzuschreiben. In den Jahren 451 bis 449 v. Chr. legten sie dann die **XII Tabulae** (wörtlich: zwölf Tafeln; bekannt als Zwölftafelgesetz) vor, die die Grundlage des gesamten römischen Rechtslebens bildeten. Diese Gesetze waren der Rahmen, in dem die Republik Jahrhunderte blühte und Bestand hatte.

Es war für jeden Römer eine große Ehre, ein politisches Amt zu bekleiden. Das System der öffentlichen Ämter wurde **cursus honorum** genannt (wörtlich: Ehrenlaufbahn; auch Ämterlaufbahn genannt). Der **cursus honorum** bestand aus einer Reihe von aufeinanderfolgenden öffentlichen Ämtern, den Magistraturen, ein Magistrat war ein gewählter römischer Beamter. Der **cursus honorum** sah vor, dass man die öffentlichen Ämter in einer bestimmten Reihenfolge bekleiden musste, man konnte nicht Konsul werden, ohne vorher andere Ämter bekleidet zu haben. Die römischen Magistrate wurden nicht bezahlt, was darauf hinauslief, dass die politischen Ämter faktisch nur den Reichen offenstanden. Wichtige Merkmale der Ämterlaufbahn waren die *Annuität* – die Magistrate wurden nur auf ein Jahr gewählt – und die *Kollegialität* – jedes Amt wurde mehrfach besetzt, die Amtsträger konnten auf Entscheidungen der Kollegen Einfluss nehmen. Und ganz nebenbei, man musste natürlich ein Mann sein, um ein Staatsamt bekleiden zu können. Frauen durften nicht mal wählen.

Der klassische **cursus honorum** sah folgendermaßen aus:

- ✔ **quaestor, quaestoris,** m (Quästor): Das waren die Finanzbeamten Roms, sie verwalteten die Staatskasse, waren für das Eintreiben der Steuern und die öffentlichen Ausgaben verantwortlich. Quästoren waren in der Regel 25 bis 30 Jahre alt und wurden nach Ablauf ihrer Amtszeit **senator, senatoris,** m (Senator). Nach der Quästur konnte man sich entweder für das Amt des Ädils oder das des Volkstribuns bewerben.

- ✔ **aedilis, aedilis,** m (Ädil): Ädilen waren verantwortlich für die öffentlichen Bauten, sie mussten Tempel, Straßen und Aquädukte instand halten. Daneben hatten sie die

Polizeigewalt in Rom inne. Und sie waren für die öffentlichen Spiele zuständig, die sie einerseits selbst finanzieren mussten, andererseits war dieses Amt genau deshalb ein gutes Karrieresprungbrett für ehrgeizige Politiker. Je spektakulärer die Spiele waren, desto eher konnte man darauf zählen, in das nächsthöhere Amt gewählt zu werden. Ädilen mussten mindestens 35 Jahre alt sein.

✓ **tribunus plebis, tribuni plebis,** m (Volkstribun): Nur Plebejer konnten Volkstribun werden, Adligen war dieses Amt nicht zugänglich, und nur Plebejer durften die Volkstribunen wählen. Die grundlegende Aufgabe der Volkstribunen war es, die Plebejer, das einfache Volk, vor den Übergriffen des Adels, der Patrizier, zu schützen. Deshalb hatten sie außerordentliche Macht. Sie konnten alle Entscheidungen anderer Magistrate mit einem Veto (»ich verbiete«) belegen und damit verhindern, sie konnten den Senat einberufen und in der Versammlung der Plebejer Gesetze verabschieden lassen, die auch für die Patrizier galten.

✓ **praetor, praetoris,** m (Prätor): Die Prätur war ein hohes Amt des **cursus honorum,** man musste mindestens 40 Jahre alt sein, um es bekleiden zu dürfen. Prätoren waren für die Rechtsprechung zuständig, sie konnten das Kommando über eine Armee übernehmen und sie trugen, wenn die Konsuln nicht in der Stadt waren, die Verantwortung für Rom.

✓ **consul, consulis,** m (Konsul): Die Konsuln bekleideten das höchste zivile und militärische Amt Roms. Es gab immer zwei von ihnen (alle anderen Magistrate hatten mehr Kollegen), und sie mussten mindestens 43 Jahre alt sein. Sie hatten den Vorsitz über den Senat, sie waren die Oberkommandierenden der Armee, sie waren für alle zivilen Angelegenheiten zuständig. Die meisten Konsuln waren Patrizier, aber es gab auch immer wieder Plebejer, die es bis in dieses Amt schafften, ihre Familie gehörte von da an zur Nobilität (die Adelsschicht, die aus altem Adel – den Patriziern – und den Neuaufsteigern bestand). Die ersten beiden Konsuln der Republik sollen **Tarquinius Collatinus,** der Mann der tugendhaften Lucretia (siehe weiter oben in diesem Abschnitt), und **Lucius Iunius Brutus** gewesen sein.

✓ **censor, censoris,** m (Zensor): Die Aufgabe des Zensors war es, alle fünf Jahre den **census, census,** m abzuhalten, daher wurden auch nur alle fünf Jahre zwei Zensoren aus den Reihen der ehemaligen Konsuln gewählt. Der **census** war die Volkszählung und die Vermögenseinschätzung der Bürger. Danach wurden die Bürger in Wählerklassen eingeteilt, wobei die Reichen bei Wahlen mehr Gewicht hatten. Er entschied auch über die Aufnahme in den Ritterstand und den Senat. Gleichzeitig konnte er Ritter und Senatoren aus ihrem Stand entfernen, wenn sie gegen die Moralvorschriften verstießen.

✓ **dictator, dictatoris,** m (Diktator): In außerordentlichen Situationen, vor allem in Kriegszeiten, wenn man die Republik gefährdet sah, konnte der Senat einen Diktator einsetzen, dessen Amtszeit höchstens sechs Monate betrug. Ein Diktator hatte keinen Kollegen, stattdessen aber weitgehende Befugnisse. Er war allen anderen Magistraten übergeordnet. Allerdings hielten sich nicht alle Diktatoren an die Vorgaben. Julius Caesar ließ sich zum Diktator auf Lebenszeit ernennen, damit war das republikanische System ausgehebelt.

Die Republik ist tot, es lebe die Republik – Die Kaiserzeit

Mitte des 2. Jahrhunderts v. Chr. geriet die Republik in eine innenpolitische Krise, die in Bürgerkriegen mündete und schließlich auch Auswirkungen auf das Bündnissystem Roms hatte. Die Römische Republik wurde von Bürgerkriegen und Kriegen zerrissen. Mitte des 1. Jahrhunderts v. Chr. ging Julius Caesar aus dem Bürgerkrieg gegen seinen Landsmann und ehemaligen Schwiegersohn Pompeius den Großen als Sieger hervor. Kurz danach wurde er vom Senat zum Diktator auf Lebenszeit ernannt. Seine Lebenszeit dürfte sich dadurch deutlich verkürzt haben, nach sechs Monaten im Amt fiel er nämlich einem Mordanschlag zum Opfer (an den Iden des März 44 v. Chr.). Die Verschwörer wollten die Republik retten und erdolchten Caesar während einer Senatssitzung im Theater des Pompeius, seines alten Feindes. Ein Kopf der Verschwörung war **Marcus Iunius Brutus,** der seine Familie auf Lucius Iunius Brutus zurückführte, der an der Vertreibung der Könige beteiligt gewesen war und der einer der beiden ersten Konsuln der Republik gewesen war.

In den chaotischen Jahren nach Caesars Tod konnten sich zunächst zwei Männer durchsetzen. Der eine war **Marcus Antonius,** meist Marc Anton genannt, der in Caesars Armee gedient hatte, der andere war ein gewisser **Gaius Octavius,** ein Neffe Caesars, der ihn in seinem Testament adoptiert hatte, und der sich von da an **Gaius Iulius Caesar Octavianus** nannte. Zusammen rächten sie den Tod Caesars und führten Krieg gegen die Verschwörer, ihnen war allerdings keine lange harmonische Zusammenarbeit bestimmt.

Im Jahre 31 v. Chr. trafen Octavian und Marc Anton in Griechenland in einer Seeschlacht aufeinander. Octavian gewann, Marc Anton floh zurück nach Ägypten, wo er mit Kleopatra (ja, mit *der* Kleopatra) Selbstmord beging. Jetzt hatte der 32-jährige Octavian endgültig freie Hand in Rom, er hatte keine ernst zu nehmenden Gegner mehr und der Senat folgte ihm. Octavian hatte schon bis hierhin große politische Begabung erkennen lassen, und er agierte auch weiterhin sehr geschickt. Nachdem sich die Lage beruhigt hatte, erklärte er 27 v. Chr., die Republik sei wiederhergestellt, und er übertrug alle seine Vollmachten wieder an den Senat. Der Senat übertrug Octavian aber gleich wieder eine ganze Menge an Befugnissen, wodurch er de facto Alleinherrscher war, auch wenn nach außen die Republik bestehen blieb. Außerdem verlieh der Senat ihm den Titel **Augustus** (der Erhabene), und unter diesem Namen ist er als der erste römische Kaiser in die Geschichte eingegangen.

> ### Römische Abenteuergeschichten
>
> Einige der besten römischen Abenteuergeschichten stammen aus den frühen Tagen der Republik. Der Historiker Livius berichtet, wie Tarquinius Superbus und seine Familie versuchten, den Thron zurückzugewinnen, und wie sie sich deshalb mit einem benachbarten König verbündeten. Aus diesem Krieg stammen berühmte römische Helden wie Horatius Cocles und Mucius Scaevola. Horatius und zwei seiner Freunde hielten die feindliche Armee auf, während die Römer den Pons Sublicius, die hölzerne Brücke über den Tiber, zerstörten, um die Feinde von der Stadt fernzuhalten. Mit ähnlichem Heldenmut versuchte Mucius, den feindlichen König zu töten, er wurde aber bei dem Versuch gefasst. Man verhörte ihn, um Einzelheiten über die Verschwörung zu erfahren. Weil er

zeigen wollte, dass es sinnlos wäre, ihn zu foltern, um an die Informationen zu kommen, hielt er seine rechte Hand ins Feuer und verbrannte sie. Daher hat er seinen Spitznamen **scaevola** – Linkshand. Der feindliche König war von dieser Standhaftigkeit übrigens so angetan, dass er die Belagerung Roms abbrach.

Augustus und seine Nachfolger nannten sich **princeps** (erster Bürger). Heute scheint uns der Unterschied zwischen einem **princeps** und einem **rex** nicht der Rede wert zu sein, die Römer verabscheuten den Titel König aber seit der Vertreibung der Könige aus tiefstem Herzen, deshalb konnte sich kein Alleinherrscher so nennen. Viele illustre Gestalten der alten Geschichte stammen aus der römischen Kaiserzeit. Darunter sind Kaiser wie **Caligula,** der sein Pferd zum Konsul machen wollte, und **Commodus,** der sich für den wiedergeborenen Herkules hielt und als Gladiator in der Arena auftrat, schließlich wurde er von einem Gladiator im Bad erwürgt. Im Museo della Civiltà Romana in Rom befindet sich eine Kolossalstatue des Commodus als Herkules.

Auch Verben können leiden: Das Passiv

Genus verbi ist ein Begriff aus der Grammatik, mit dem ausgesagt wird, ob eine Verbform *passiv* oder *aktiv* ist. Bis jetzt ging es immer nur um aktive Verbformen, in diesem Abschnitt werden wir uns näher mit dem Passiv beschäftigen. Das *Aktiv* ist die *Tätigkeitsform* eines Verbs, einfach ausgedrückt heißt das, dass das Subjekt des Satzes handelt. Steht ein Verb im *Passiv*, auch *Leideform* genannt, erleidet das Subjekt die Handlung. Wird die Person, von der die Handlung ausgeht, dennoch genannt, ist sie ein Objekt im Satz. Zur Verdeutlichung ist hier ein Beispiel:

Romulus regierte Rom.

Rom wurde von Romulus regiert.

Der erste Satz steht im Aktiv. Romulus, das Subjekt, handelt (er regiert Rom). Im zweiten Satz erleidet das Subjekt (Rom) die Handlung (regiert werden).

Lateinische Autoren benutzen das Passiv, um eine andere Sichtweise zu vermitteln. Die zwei Beispielsätze sagen ja im Grunde das Gleiche aus, aber aus verschiedenen Blickwinkeln. Im ersten Satz liegt die Betonung auf Romulus und seiner Tätigkeit des Regierens. Der Satz vermittelt, dass Romulus und niemand sonst, erst recht nicht Remus, Rom regierte. Der zweite Satz vermittelt grundsätzlich die gleiche Information, die Betonung liegt aber auf der Stadt selbst, hier könnte anklingen, dass es Rom war, das von der Führung des Romulus profitiert hat, obwohl er doch ein Mitglied der königlichen Familie von Alba Longa war.

Das Passiv von Präsens, Imperfekt und Futur I

Das Passiv hat sowohl im Indikativ Präsens, Imperfekt und Futur I als auch im Konjunktiv Präsens und Imperfekt die gleichen Personalendungen. (Für die Endungen des Aktivs siehe Kapitel 2.) Tabelle 9.1 zeigt, was Sie wissen müssen:

Singular	Bedeutung	Plural	Bedeutung
-r	ich	-mur	wir
-ris	du	-mini	ihr
-tur	er/sie/es	-ntur	sie

Tabelle 9.1: Personalendungen des Passivs

Die verschiedenen Tempora erkennen Sie an den gleichen Kennzeichen wie beim Aktiv, für die verschiedenen Konjugationen gelten auch die gleichen Regeln: Im Grunde müssen Sie auf die Endung des Verbs achten und darauf, was zwischen Stamm und Endung steht. (Wenn Sie eine Auffrischung brauchen, finden Sie sie in Kapitel 2.) Der folgende Satz hilft vielleicht, in all das etwas Ordnung zu bekommen.

> **Roma, quae a consulibus regitur et semper sapientia regetur, a regibus regebatur.**
>
> Rom, das von Konsuln regiert wird und immer von Weisheit regiert werden wird, ist von Königen regiert worden.

Beachten Sie, dass vier der sechs Personalendungen des Passivs auf **-r** enden. Das hilft, bei diesen Tempora das Passiv zu erkennen.

Bei einem Prädikat im Passiv steht die Person, von der die Handlung ausgeht, im Ablativ, dem sogenannten *Ablativus auctoris*, mit der Präposition **a** vor Konsonanten oder der Präposition **ab** vor Vokalen. Im Beispielsatz oben sind **a consulibus** und **a regibus** *Ablativi auctoris*. Das Substantiv in solch einer Ablativkonstruktion ist immer etwas Lebendiges, Konsuln und Könige zum Beispiel. Weil *Weisheit* keine Person ist, steht vor **sapientia** keine Präposition. Es ist ein normaler *Ablativus instrumentalis*. Mehr über die verschiedenen Ablative in Kapitel 6.

Im Deutschen wird das Passiv nicht so häufig verwendet wie im Lateinischen, deshalb können Sie in der Übersetzung aus dem Passiv getrost ein Aktiv machen, indem Sie die handelnde Person im *Ablativus auctoris*, das sogenannte *logische Subjekt*, zum Subjekt des Satzes machen.

> **Roma a regibus regebatur.**
>
> Passiv: Rom ist von Königen regiert worden.
>
> Aktiv: Könige haben Rom regiert.

Das Passiv von Perfekt, Plusquamperfekt und Futur II

Im Deutschen werden ständig zusammengesetzte Verbformen benutzt. Das Prädikat in dem Satz »Rom war von Romulus regiert worden« ist aus drei Teilen zusammengesetzt: *war regiert worden*. Der Lateiner benutzt zusammengesetzte Verbformen für das Perfekt Passiv, das Plusquamperfekt Passiv und das Futur II.

All diese Zeiten werden mit dem Partizip Perfekt Passiv (PPP, die vierte Wörterbuchform) und einer Form von **sum, esse, fui** (sein) gebildet. Weil das die einzigen zusammengesetzten Verbformen im Lateinischen sind, sind sie leicht zu erkennen.

In Tabelle 9.2 bis Tabelle 9.4 stehen die Formen des Indikativs Perfekt, Plusquamperfekt und Futur II Passiv vom Verb **rego, regere, rexi, rectum** (lenken, regieren, beherrschen).

Singular	Plural
rectus, -a, -um sum	recti, -ae, -a sumus
rectus, -a, -um es	recti, -ae, -a estis
rectus, -a, -um est	recti, -ae, -a sunt

Tabelle 9.2: Indikativ Perfekt Passiv

Das PPP verhält sich wie ein Adjektiv, deshalb kann es die Endungen aller drei Genera haben. »Er ist regiert worden« wäre **rectus est,** »sie ist regiert worden« hieße aber **recta est.** Das PPP dieser zusammengesetzten Verbformen muss mit dem Subjekt in Kasus, Numerus und Genus übereinstimmen (KNG-Kongruenz).

Singular	Plural
rectus, -a, -um eram	recti, -ae, -a eramus
rectus, -a, -um eras	recti, -ae, -a eratis
rectus, -a, -um erat	recti, -ae, -a erant

Tabelle 9.3: Indikativ Plusquamperfekt Passiv

Singular	Plural
rectus, -a, -um ero	recti, -ae, -a erimus
rectus, -a, -um eris	recti, -ae, -a eritis
rectus, -a, -um erit	recti, -ae, -a erunt

Tabelle 9.4: Indikativ Futur II Passiv

Im folgenden Monstersatz kommen diese drei Tempora im Passiv vor. Vielleicht geht es um Dorfbewohner, die Wassereimer weiterreichen, um beim Löschen eines Brandes zu helfen.

> **Aqua, quae a puellis portata erat, a pueris portata est et paucis horis ab omnibus portata erit.**

> Das Wasser, das von den Mädchen getragen worden war, ist von den Jungen getragen worden und wird in einigen Stunden von allen getragen worden sein.

Den Konjunktiv gibt es im Lateinischen nur in vier Tempora. (Alles über den Konjunktiv in Kapitel 6.) Der Konjunktiv Präsens und Imperfekt hat im Passiv die gleichen Personalendungen wie der Indikativ Präsens und Imperfekt im Passiv. Die Formen des Konjunktivs Perfekt und Plusquamperfekt Passiv ähnelt denen des Indikativs, weil sie auch aus dem PPP und einer Form von **esse** bestehen, wie Sie in Tabelle 9.5 und Tabelle 9.6 sehen.

Singular	Plural
rectus, -a, -um sim	recti, -ae, -a simus
rectus, -a, -um sis	recti, -ae, -a sitis
rectus, -a, -um sit	recti, -ae, -a sint

Tabelle 9.5: Konjunktiv Perfekt Passiv

Singular	Plural
rectus, -a, -um essem	recti, -ae, -a essemus
rectus, -a, -um esses	recti, -ae, -a essetis
rectus, -a, -um esset	recti, -ae, -a essent

Tabelle 9.6: Konjunktiv Plusquamperfekt Passiv

Im Gespräch

In diesem erfundenen Gespräch unterweist Julius Caesar seinen Adoptivsohn Octavian in der Kunst des Regierens.

Caesar: **Roma a viris infirmis diutissime gubernata est.**

Rom ist schon zu lange von schwachen Männern regiert worden.

Octavianus: **Cui Roma gubernanda est?**

Von wem soll Rom regiert werden?

Caesar: **Viris fortibus, ut urbs ad gloriam reducatur.**

Von tapferen Männern, damit die Stadt zum Ruhm zurückgeführt wird.

Octavianus: **Ubi tales viri invenientur?**

Wo wird man solche Männer finden?

Caesar: **Ubicumque augustus iuste agere non dubitat.**

Wo auch immer ein Erhabener nicht zögert, gerecht zu handeln.

Kleiner Wortschatz

dubito, dubitare, dubitavi, dubitatum	zweifeln, zögern
guberno, gubernare, gubernavi, gubernatum	steuern, lenken, regieren
omnis, omne	jeder, ganz, Pl. alle
paucus, pauca, paucum	wenig, klein, Pl. wenige
rego, regere, rexi, rectum	lenken, regieren, beherrschen
urbs, urbis, f	Stadt

Infinite Verbformen

Infinite Verbformen sind Verbformen, die nicht funktionieren wie ein Verb, sondern wie eine andere Wortart. Also wann sind Verben keine Verben? Wenn sie sich verhalten wie ein Adjektiv oder Substantiv.

Hier sind ein paar Beispiele, anhand derer das Ganze deutlich werden soll. Man beachte das Verb *lernen*:

> Sie *lernt* viel.
>
> *Gelerntes* vergisst man auch wieder.
>
> *Lernende* Schüler soll man nicht stören.
>
> Das *Lernen* ist uns immer leicht gefallen.

Im ersten Satz ist *lernt* das Prädikat des Satzes, die Satzaussage, die die Handlung ausdrückt. *Lernt* ist eine *finite Form* oder *Personalform* des Verbs *lernen*. Im zweiten, dritten und vierten Satz verhalten sich *Gelerntes*, *lernende* und *Lernen* nicht wie Verben, sie sind nämlich nicht konjugiert, es sind infinite Verbformen. Stattdessen haben sie die Funktion von Substantiven und Adjektiven. *Gelerntes* ist das Akkusativobjekt des Satzes, *lernende* übernimmt die Funktion eines Adjektivs, indem es das Substantiv *Schüler* näher beschreibt, und *Lernen* wird wieder als Substantiv gebraucht, es ist hier Subjekt des Satzes.

Unter dem Begriff infinite Verbform versteht man die Verbformen, die nicht konjugiert werden, also keine Personalformen (finite Verbformen) bilden. Das Deutsche kennt zwei infinite Verbformen:

✔ **Partizipien:** Ein Partizip kann verwendet werden wie ein Adjektiv. Das Wort kommt vom lateinischen **particeps** (Anteil habend) und drückt aus, dass Partizipien sowohl Anteil an den Eigenschaften von Verben als auch Anteil an den Eigenschaften von Adjektiven haben. Das deutsche Wort für Partizip ist *Mittelwort*. Im Deutschen gibt es das Partizip Präsens/Partizip I (gehend, singend, lernend) und das Partizip Perfekt/Partizip II (gegangen, gesungen, gelernt). Sie werden dekliniert und benutzt wie Adjektive (ein gehender Mann, ein gesungenes Lied, eine lernende Schülerin).

Die lateinische Sprache hat zwar sechs Tempora (für eine Auffrischung der Tempora siehe Kapitel 2, 4 und 6), aber nur drei Arten von Partizipien: das Partizip Präsens, das Partizip Perfekt und das Partizip Futur.

✔ **Infinitiv:** Der Infinitiv ist die Grundform des Verbs, so wird es im Wörterbuch zitiert. Infinitive können aber auch als Substantive verwendet werden, dann kann man sie deklinieren und oft steht ein Artikel davor. (Zum Beispiel *des Lernens* überdrüssig, gingen die Kinder in den Garten.)

Das Lateinische kennt noch andere infinite Verbformen: das Gerundium, das Gerundivum und das Supinum, die keine genaue Entsprechung im Deutschen haben. In den folgenden Abschnitten geht es um die lateinischen Partizipien, das Gerundium und das Gerundivum (das Supinum ist ziemlich selten, deshalb wird es unterschlagen).

Das Partizip Präsens Aktiv (PPA)

Das PPA ist ziemlich leicht zu erkennen. Kennzeichen für das deutsche Partizip I ist ja die Endung **-end** (laufend, springend, singend), im Lateinischen wird das PPA durch die Buchstaben **-ns** und **-nt** gekennzeichnet.

✔ Die Endung **-ns** kennzeichnet den Nominativ Singular des PPA.

✔ Die Buchstaben **-nt** tauchen in allen anderen Formen zwischen Wortstamm und Endung auf.

 Weil Partizipien als Adjektive fungieren können, müssen sie Adjektivendungen haben. Das PPA hat die gleichen Endungen wie Adjektive der dritten Deklination.

In Tabelle 9.7 und Tabelle 9.8 sind die Formen des PPA von **censeo, censere, censui, census** (beschließen, zustimmen) zu sehen. Das PPA hat im Maskulinum und Femininum die gleichen Endungen, im Neutrum sind es andere.

Kasus	Singular	Plural
Nominativ	censens	censentes
Genitiv	censentis	censentium
Dativ	censenti	censentibus
Akkusativ	censentem	censentes
Ablativ	censente	censentibus

Tabelle 9.7: Deklination des Partizip Präsens Aktiv Maskulinum/Femininum

Das folgende Beispiel verdeutlicht, wie das PPA funktioniert und wie Sie es ins Deutsche übersetzen können.

Consul ad curiam senatores censentes convocavit.

1. Der Konsul rief die abstimmenden Senatoren zum Senatsgebäude.
2. Der Konsul rief die Senatoren, die abstimmten, zum Senatsgebäude.
3. Der Konsul rief die Senatoren, weil sie abstimmten, zum Senatsgebäude.
4. Der Konsul rief die Senatoren zum Senatsgebäude und daher stimmten sie ab.

Am einfachsten ist die wörtliche Übersetzung mit einem Partizip Präsens (1.), das funktioniert aber nicht immer. Andere Möglichkeiten sind die Übersetzung mit einem Relativsatz (2.), die Übersetzung mit einem Nebensatz (3., dabei müssen Sie eine Konjunktion finden, die passt) und die Übersetzung mit einem beigeordneten Hauptsatz (4.). Um den Sinn des lateinischen Satzes zu treffen, müssen Sie außerdem wissen, dass das PPA immer die *Gleichzeitigkeit* ausdrückt. Die Tätigkeit, die das PPA beschreibt, findet also zur gleichen Zeit statt wie die Tätigkeit, die das Prädikat des dazugehörigen Satzes beschreibt. Übersetzt man das PPA mit einem Nebensatz oder einem beigeordneten Satz, muss das Prädikat dieses Satzes also in der gleichen Zeit stehen wie das des Hauptsatzes.

Kasus	Singular	Plural
Nominativ	censens	censentia
Genitiv	censentis	censentium
Dativ	censenti	censentibus
Akkusativ	censens	censentia
Ablativ	censente	censentibus

Tabelle 9.8: Deklination des Partizip Präsens Aktiv Neutrum

Das Partizip Perfekt Passiv (PPP)

Jeder, der dieses Buch bis hierhin gelesen hat, ist schon ein paar Mal über das PPP gestolpert. Ja, wirklich! Das ist nämlich der vierte Wörterbucheintrag von Verben. Man betrachte einmal das folgende Verb genauer: **rego, regere, rexi, rectum** (lenken, regieren, beherrschen). Die letzte Form ist das Partizip Perfekt Passiv, dessen vollständige Form **rectus, recta, rectum** (gelenkt, regiert, beherrscht) ist. In Tabelle 9.9 ist zu sehen, wie dieses Partizip konjugiert wird, nämlich genauso wie die Adjektive der ersten und zweiten Deklination.

Kasus	Singular Maskulinum/Femininum/Neutrum	Plural Maskulinum/Femininum/Neutrum
Nominativ	rectus, recta, rectum	recti, rectae, recta
Genitiv	recti, rectae, recti	rectorum, rectarum, rectorum
Dativ	recto, rectae, recto	rectis, rectis, rectis
Akkusativ	rectum, rectam, rectum	rectos, rectas, recta
Ablativ	recto, recta, recto	rectis, rectis, rectis

Tabelle 9.9: Die Deklination des Partizip Perfekt Passiv

In diesem Satz wird der Unterschied zwischen PPP und PPA deutlich:

Cives recti a regibus magistratus censentes iuste agere cupiverunt.

1. Die von Königen regierten Bürger wünschten, dass die beschließenden Beamten gerecht handeln.

2. Die Bürger, die von Königen regiert worden waren, wünschten, dass die …

3. Die Bürger wünschten, weil/nachdem sie von Königen regiert worden waren, dass die …

4. Die Bürger waren von Königen regiert worden und deshalb/danach wünschten sie, dass die …

Recti (regiert) im ersten Teil des Satzes ist ein PPP, das **cives** (Bürger) näher beschreibt. Das PPA **censentes** (beschließend) beschreibt **magistratus** (Beamte). Die Übersetzungsmöglichkeiten beim PPP sind genauso wie die beim PPA. Es kann wörtlich mit einem Partizip Perfekt (1.), mit einem Relativsatz (2.), mit einem Nebensatz, bei dem sich die Konjunktion aus dem Zusammenhang ergibt (3.), oder mit einem beigeordneten Hauptsatz (4.) übersetzt werden. Der große Unterschied zwischen PPA und PPP besteht im Zeitverhältnis zum Prädikat des Satzes. Während das PPA die Gleichzeitigkeit ausdrückt, drückt das PPP die *Vorzeitigkeit* aus. Die Tätigkeit, die das PPP (hier **recti**) beschreibt, hat also immer vor der Tätigkeit stattgefunden, die das Prädikat des Satzes (hier **cupiverunt**) ausdrückt. Dabei spielt es keine Rolle, in welchem Tempus das Prädikat steht.

Das Partizip Futur Aktiv (PFA)

Das Partizip Futur Aktiv sieht aus wie das PPP mit einem **-ur** zwischen Stamm und Endung (siehe dazu den Abschnitt *Das Partizip Perfekt Passiv (PPP)* weiter oben). Genau wie das PPP wird das PFA im Femininum wie Adjektive der ersten Deklination dekliniert, im Maskulinum und Neutrum wird es wie Adjektive der zweiten Deklination dekliniert (siehe Tabelle 9.10).

Die vierte Wörterbuchform von Verben ist das Partizip Perfekt Passiv. Beim Partizip Futur Aktiv tritt die Silbe **-ur** zwischen Stamm und Endung. Das Wort *Futur* endet auf diese Silbe.

Kasus	Maskulinum/Femininum/Neutrum Singular	Maskulinum/Femininum/Neutrum Plural
Nominativ	recturus, rectura, recturum	recturi, recturae, rectura
Genitiv	recturi, recturae, recturi	recturorum, recturarum, recturorum
Dativ	recturo, recturae, recturo	recturis, recturis, recturis
Akkusativ	recturum, recturam, recturum	recturos, recturas, rectura
Ablativ	recturo, rectura, recturo	recturis, recturis, recturis

Tabelle 9.10: Die Deklination des Partizip Futur Aktiv

Hier ist ein Beispielsatz, in dem das PFA **recturi** (einer, der regieren wird) vorkommt.

Aquila in capite viri Romam recturi petasum deposuit.

Ein Adler setzte dem Mann, der Rom regieren sollte, einen Hut auf den Kopf.

Da es im Deutschen kein Partizip Futur gibt, können Sie es nicht wörtlich übersetzen. Auch beim PFA spielt das Zeitverhältnis eine Rolle. Das PFA drückt die *Nachzeitigkeit* aus, die Handlung, die durch das Partizip ausgedrückt wird, liegt also *nach* der Handlung, die das übergeordnete Prädikat beschreibt.

Das Gerundivum

Das Gerundivum ist auch so eine infinite Verbform, die es im Deutschen nicht gibt. Das Gerundivum erfüllt im Lateinischen die Aufgaben eines Adjektivs, deshalb heißt es auch Verbaladjektiv. Seine Bedeutung ist passivisch, und es drückt eine Notwendigkeit aus. Sie erkennen das Gerundivum an der Silbe **-nd** zwischen Verbstamm und Endung, außerdem wird es wie die Adjektive der ersten und zweiten Deklination dekliniert.

Tabelle 9.11 zeigt, wie das Gerundivum von **porto, portare, portavi, portatum** (tragen, bringen) dekliniert wird.

Kasus	Maskulinum/Femininum/Neutrum Singular	Maskulinum/Femininum/Neutrum Plural
Nominativ	portandus, portanda, portandum	portandi, portandae, portanda
Genitiv	portandi, portandae, portandi	portandorum, portandarum, portandorum
Dativ	portando, portandae, portando	portandis, portandis, portandis
Akkusativ	portandum, portandam, portandum	portandos, portandas, portanda
Ablativ	portando, portanda, portando	portandis, portandis, portandis

Tabelle 9.11: Die Deklination des Gerundivums

 Um ein Gerundivum zu erkennen, müssen Sie nur daran denken, dass das Kennzeichen **-nd** im Wort *Gerundivum* steckt.

Hier ein Beispielsatz, in dem die unterschiedliche Bedeutung des PFA, das ja eine aktivische Bedeutung hat, und des Gerundivums mit seiner passivischen Bedeutung klar wird:

Servus nuntium portandum ad regem portaturus in flumen cecidit.

Der Sklave, der eine zu bringende Nachricht zum König tragen sollte, fiel in den Fluss.

Das hört sich ziemlich holprig an, aber um zu wissen, was mit einem Gerundivum gemeint ist, ist es hilfreich, erst mal mit »eine zu tuende Sache« zu übersetzen, also in diesem Fall »eine zu bringende Nachricht«. Weil das Gerundivum eine Notwendigkeit ausdrückt, kann man es oft in einen Nebensatz mit *muss* packen. Wenn man also nicht nur das PFA mit einem Nebensatz übersetzt, sondern auch das Gerundivum, sieht der Satz so aus:

> Der Sklave, *der* eine Nachricht *tragen sollte*, **die** zum König **gebracht werden musste,** fiel in den Fluss.

Die kursiv gedruckte Wendung ist die Übersetzung des Partizip Futur Aktiv, die fett gedruckte Wendung ist die Übersetzung des Gerundivums.

Probleme mit der deutschen Rechtschreibung? Heißt es Simulant oder Simuland, Probant oder Proband? Endet das Substantiv auf **-nd**, hat es seinen Ursprung in einem Gerundivum, das ja eine passivische Bedeutung hat. Solch ein Substantiv bezeichnet also eine Person oder Sache, die etwas »erleidet«. Und genau das tut ein Proband, an ihm wird etwas ausprobiert, er selbst bleibt passiv. Endet das Substantiv aber auf **-nt**, kommt es von einem Partizip Präsens Aktiv. Es bezeichnet also einen »Täter«. Und was tut der Simulant? Er tut, als ob er krank wäre.

Das Gerundivum mit »esse«

Das Gerundivum kommt ziemlich häufig in Verbindung mit einer Form des Hilfsverbs **esse** (sein) vor, das Gerundivum ist dann eine Ergänzung von **esse**. Weil das Gerundivum eine Notwendigkeit ausdrückt, kann es in diesem Fall mit *müssen*, bei einer Verneinung mit *nicht dürfen* übersetzt werden.

> **Aqua portanda est.**

Das Wasser muss getragen werden.

Wenn der Lateiner in diesem Fall angeben will, wer die handelnde Person ist, steht diese im *Dativus auctoris* (Dativ der handelnden Person). Wenn man eine handelnde Person – **tibi** (von dir) – in den obigen Satz einfügt, sieht das so aus:

> **Aqua tibi portanda est.**

Das Wasser muss von dir getragen werden.

Das Gerundivum hat zwar passivische Bedeutung, deshalb ist diese wörtliche Übersetzung zwar korrekt, aber nicht wirklich schön. Um das zu ändern, kann man den Satz ohne Weiteres aktivisch übersetzen:

> Du musst das Wasser tragen.

Das berühmteste Gerundivum der Weltgeschichte wird Cato dem Älteren (234–149 v. Chr.) zugeschrieben. Angeblich schloss er jede seiner Reden im Senat mit dem Ausspruch **Ceterum censeo Carthaginem esse delendam.** (Im Übrigen bin ich der Meinung, dass Karthago zerstört werden muss.) **Delendam** ist das Gerundivum von **delere** (zerstören). 150 v. Chr. bekam Cato übrigens, was er wollte, der Senat beschloss, erneut Krieg gegen Karthago zu führen, den Dritten Punischen Krieg, der 146 v. Chr. mit der Zerstörung Karthagos endete.

Das Gerundium

Das Gerundium ist eine infinite Verbform, die die Aufgabe von Substantiven übernimmt, es ist ein Verbalsubstantiv, das es im Deutschen so nicht gibt. Folgendes ist zum lateinischen Gerundium auszuführen:

✔ Das Gerundium gibt es im Genitiv, Dativ (aber selten), Akkusativ (dann immer mit Präposition, zum Beispiel **ad**) und Ablativ.

✔ Das Gerundium hat keinen Nominativ, ein Gerundium kann also nie Subjekt eines Satzes sein. An dieser Stelle benutzt der Lateiner den Infinitiv Präsens (Aktiv), das ist die zweite Wörterbuchform bei Verben. Auf diese Weise kommt es zu folgendem berühmten Ausspruch:

Errare humanum est.

Irren ist menschlich.

Hier ist der substantivierte Infinitiv Subjekt des Satzes. Da Sie den Infinitiv nicht deklinieren können, wird er in allen Kasus außer dem Nominativ durch das Gerundium ersetzt. Im Deutschen kann auch ein substantivierter Infinitiv dekliniert werden, im Zweifelsfall erkennen Sie den Kasus am zugehörigen Artikel, den es aber im Lateinischen nicht gibt.

✔ Das Gerundium hat keine Pluralformen.

✔ Wie beim Gerundivum (siehe letzter Abschnitt) ist auch das Kennzeichen des Gerundiums **-nd,** das zwischen Präsensstamm des Verbs und der Endung eingefügt wird.

✔ Ein Gerundium ist immer Neutrum und folgt der 2. Deklination.

Tabelle 9.12 zeigt das Gerundium von **erro, errare, erravi, erratum** (umherirren, sich irren) und eine mögliche Übersetzung.

Kasus	Singular	Übersetzung
Nominativ	errare	das Umherirren
Genitiv	errandi	des Umherirrens
Dativ	errando	dem Umherirren
Akkusativ	ad errandum	zum Umherirren
Ablativ	errando	durch das Umherirren

Tabelle 9.12: Die Deklination der Gerundiums

Für das Gerundium gibt es verschiedene Übersetzungsmöglichkeiten. Sie können es mit einem substantivierten Infinitiv, mit zu und Infinitiv oder mit einem Nebensatz übersetzen. Wenn Sie es mit einem Nebensatz übersetzen, müssen Sie je nach Sinn entscheiden, mit welcher Konjugation Sie ihn an den Hauptsatz anschließen. Hier ein Beispiel:

Aeneas tempus errandi non amavit et Venerem matrem consuluit.

Aeneas mochte die Zeit des Umherirrens nicht und fragte seine Mutter Venus um Rat.

Aeneas mochte die Zeit nicht, in der er umherirrte, und fragte seine Mutter Venus um Rat.

Das lateinische Gerundium hat keinen Nominativ, stattdessen wird der Infinitiv Präsens Aktiv benutzt, der zweite Wörterbucheintrag bei Verben.

Die Begriffe Gerundium und Gerundivum sind leicht zu verwechseln, es gibt aber eine Eselsbrücke, mit der Sie sich merken können, dass das Gerundivum ein Verbaladjektiv ist: Das Gerund*iv* ist ein Adjekt*iv*. In Büchern zur lateinischen Grammatik werden Gerundivum und Gerundium auch oft unter dem Oberbegriff *nd-Formen* zusammengefasst.

Der Lateiner benutzt das Gerundium (übrigens auch das Gerundivum) dazu, den Zweck oder die Absicht einer Handlung auszudrücken. Antwortet das Gerundium in einem Satz auf die Frage »wozu?«, kann man es mit einem Finalsatz übersetzen, um die es schon einmal in Kapitel 6 ging. Wer will sich schon immer auf die gleiche Art und Weise ausdrücken? Die Römer mochten Abwechslung, und mit den folgenden grammatischen Konstruktionen konnten sie einen Zweck ausdrücken:

✔ **Genitiv mit causa oder gratia:** In dieser Konstruktion tauchen die Präpositionen **causa** oder **gratia**, die in diesem Fall beide »wegen« bedeuten, in Verbindung mit einem Gerundium oder Gerundivum im Genitiv auf. (causa und gratia stehen in der Regel nach dem Wort / den Wörtern im Genitiv.)

   Princeps belli prohibendi gratia laboravit.

   Der Kaiser bemühte sich wegen der Vermeidung des Krieges.

✔ **Dativus finalis:** Hier braucht man einfach ein Gerundium oder Gerundivum im Dativ, der zunächst mit »dienen zu« übersetzt werden kann.

   Princeps bello prohibendo laboravit.

   Der Kaiser bemühte sich, der Vermeidung des Krieges zu dienen.

✔ **Akkusativ mit ad:** Einem Gerundium geht im Akkusativ immer, einem Gerundivum oft die Präposition **ad** voran; dann wird mit »um zu« übersetzt.

   Princeps ad bellum prohibendum paratus erat.

   Der Kaiser war bereit, den Krieg zu vermeiden.

All diese wörtlichen Übersetzungen sind nicht sonderlich elegant. Sie können deshalb ohne Weiteres freier übersetzen, solange der finale Sinn des Satzes erhalten bleibt. Für all diese Konstruktionen bietet sich deshalb die Übersetzung als Finalsatz mit »zu« und dem Infinitiv an: »Der Kaiser bemühte sich, den Krieg zu vermeiden.«

Ob ein Autor ein Gerundium oder ein Gerundivum benutzt, hängt davon ab, was genau er sagen will. Man betrachte die folgenden Sätze:

> **Nero ad cantandum advenit.**
>
> **Nero ad carmina cantanda advenit.**

Im ersten Satz steht ein Gerundium, er bedeutet: »Nero kam zum Singen.« Das Gerundivum im zweiten Satz beschreibt das Substantiv **carmina** (Lieder) näher, deshalb übersetzt man hier: »Nero kam, um Lieder zu singen.«

Im Gespräch

Ein **patricius** (Patrizier) und ein **plebeius** (Plebejer) diskutieren die anstehenden Wahlen.

Plebeius: **Romani bellum gesturi magistratus fortes cupiunt.**
Die Römer, die einen Krieg führen wollen, wünschen sich tapfere Beamte.

Patricius: **Sic, et praetor ab hominibus laudatus consulatum peto.**
Ja, und weil ich ein Prätor bin, der von den Menschen gelobt worden ist, strebe ich nach dem Konsulat.

Plebeius: **Amici tui, sed non omnes, te laudant.**
Deine Freunde loben dich, aber nicht jeder.

Patricius: **Romani viros pugnantes amant, et ego multis in proeliis pugnavi.**
Die Römer lieben kämpfende Männer, und ich habe in vielen Schlachten gekämpft.

Plebeius: **Virum qui vincit amant, et proelia tua sunt cum uxore, non hostibus.**
Sie lieben einen Mann, der gewinnt, und deine Schlachten sind/finden statt mit deiner Frau, nicht mit dem Feind.

Patricius: **Me insultando vexas.**
Du belästigst mich mit deiner Beleidigung.

Plebeius: **Tribunus sum, et te vetando peius vexabo.**
Ich bin Tribun, und ich werde dich noch schlimmer belästigen, indem ich mein Veto einlege.

Kleiner Wortschatz

cado, cadere, cecidi, casurus	fallen, im Kampf fallen
laudo, laudare, laudavi, laudatum	loben, preisen, rühmen
nuntius, nuntii, m	Nachricht; Bote (, der die Nachricht überbringt)
proelium, proelii, n	Schlacht, Gefecht, Kampf
rex, regis, m	König
verbum, verbi, n	Wort

De gustibus non est disputandum.

Über Geschmack lässt sich nicht streiten.

Das Essen hat nicht geschmeckt. Das Bild möchte man nicht einmal geschenkt haben. Kann man nun sagen, dass einem das Essen nicht schmeckt, dass einem ein Bild nicht gefällt? Man kann schon, falls es die Situation zulässt.

Docendo discimus. (Seneca, *epistulae morales* 7, 8)

Durch Lehren lernen wir. (Indem wir anderen etwas beibringen, lernen wir selbst noch etwas hinzu.)

Aha, also sind die Kids doch schlauer als ihre Lehrer? Nicht ganz. Aber ein aufgeschlossener Lehrer kann aus den Fehlern oder aus unerwarteten Überlegungen seiner Schüler immer noch etwas dazulernen.

Spiel, Spaß und Denksport

Mal sehen, ob Sie sich mit der römischen Geschichte auskennen! Jeder folgt seiner Bestimmung. Können Sie die **nd**-Form mit dem Herrscher oder Magistrat zusammenbringen, dessen Bestimmung sie beschreibt, und einen Finalsatz daraus machen?

1. ad vetandum

   a) consul b) Romulus c) rex d) tribunus

2. deorum laudandorum gratia

   a) quaestor b) Numa Pompilius c) princeps d) censor

3. ad carmina cantanda

   a) Caesar b) aedilis c) Nero d) senator

Setzen Sie die folgenden Sätze vom Aktiv ins Passiv:

4. Romulus Romam regit.
5. Rex exercitum ducebat.
6. Princeps urbem gubernaverat.

Der einfache Bürger ist nicht immer aktiv, je nach Situation ist man ja auch passiv. Setzen Sie die aktiven Verbformen ins Passiv der Zeiten Indikativ Präsens, Konjunktiv Imperfekt und Indikativ Perfekt:

7. gubernant > .... > .... > ....

8. regimus > .... > .... > ....

9. duco > .... > .... > ....

In den folgenden Sätzen ist von Menschen die Rede, die sich durch ihr Handeln oder durch ihre Einstellung aktiv erweisen. Finden Sie aus den deutschen Sätzen jeweils die zutreffende Übersetzung heraus:

10. **Amphitheatrum intramus gladiatores spectandi (= gladiatorum spectandorum) causa.**

    a. Wir betraten das Amphitheater, um die Gladiatoren zu sehen.

    b. Die Gladiatoren betreten das Amphitheater, um gesehen zu werden.

    c. Wir betreten das Amphitheater, um die Gladiatoren zu sehen.

    d. Die Gladiatoren wollen gesehen werden und betreten das Amphitheater.

11. **Non omnes homines regendi cupidi** (**cupidus** + Genitiv: begierig nach) **sunt.**

    a. Alle Menschen sind begierig darauf, nicht regiert zu werden.

    b. Alle Menschen sind begierig darauf, nicht zu regieren.

    c. Nicht alle Menschen sind begierig darauf, zu regieren.

    d. Sind nicht alle Menschen begierig darauf, zu regieren?

Die Lösungen sind in Anhang D zu finden.

> **IN DIESEM KAPITEL**
>
> Ein Treffen mit römischen Dichtern und Schriftstellern
>
> Wie lateinische Konditionalsätze funktionieren
>
> Woran Sie die indirekte Rede erkennen
>
> Einiges über römische Inschriften, Graffiti und Briefe

Kapitel 10
Dauerhafter als Erz: Lateinische Literatur

Irgendwer sagte einmal, dass das geschriebene Wort mächtiger sei als das Schwert. Das trifft auch für Rom zu, denn obwohl die römischen Armeen so mächtig waren, ist ihr Einfluss geschwunden, die lateinische Literatur aber lebt weiter. Schon längst stürmt kein römischer Legionär mit rotem Helmbusch mehr vorwärts, um neues Land zu erobern, und das Kolosseum ist nur noch eine Ruine, eine Touristenattraktion, wo Sie sich mit einem als Gladiator verkleideten Mann fotografieren lassen können. Die lateinische Literatur wird jedoch weiterhin gelesen, man sucht in ihr nach neuem Sinn und lässt sich von ihrem Ideenreichtum und ihren vielfältigen Stilmitteln inspirieren.

Der Dichter Horaz schrieb einst Folgendes über sein Werk:

Exegi monumentum aere perennius. (*Carmina* III, 30, 1)

Ich errichtete ein Denkmal, dauerhafter als Erz.

In diesem Kapitel werden wir einigen der berühmtesten Schriftsteller der römischen Antike begegnen, deren Werke die Zeit überdauert haben. Außerdem betrachten wir zwei wichtige grammatische Konstruktionen, die indirekte Rede und den Konditionalsatz. Ohne diese gäbe es einen großen Teil der lateinischen Literatur gar nicht.

Das geschriebene Wort

Genauso wie moderne Literatur teilte sich die antike Literatur in zwei Gruppen: Dichtung (in Versen) und Prosa (alles, was nicht in Versen geschrieben ist). Von damals bis heute hat sich allerdings die Rolle der Dichtung enorm gewandelt. Heute ist die Dichtung weitgehend auf Liedtexte und Literaturzeitschriften beschränkt. In der modernen Welt ist die wichtigste Form der schriftlichen Kommunikation sowohl zur Unterweisung als auch zur Unterhaltung die Prosa. Der Roman, nicht das Sonett steht unangefochten an erster Stelle.

In der Antike sah die Situation ganz anders aus. Die Schriftsteller benutzten Prosa, um zum Beispiel Historisches oder Reden aufzuzeichnen. (Das bedeutet nicht, dass Prosa nicht elegant sein konnte. Die Reden von Cicero dienten beispielsweise unzähligen Generationen als Vorbild für Eloquenz und Beredsamkeit.) Die Römer kannten Romane nur ansatzweise. Für sie konnte auch die Dichtung pure Unterhaltung sein, und die römischen Dichter fügten sich dem, indem sie Gedichte über Liebe und Hass, über Leben und Tod und all die anderen Themen des menschlichen Lebens schrieben. Die römischen Theaterstücke (Komödien und Tragödien) waren genauso in Versen geschrieben wie die Epen.

Als es das Wort »Urheberrecht« noch nicht gab

Das lateinische Verb für »herausgeben« ist **edere**, das in der Grundbedeutung »von sich geben« heißt. Ein Schriftsteller veröffentlichte ein Werk, indem er irgendjemandem eine Abschrift gab, und der hatte einen Sklaven, der die nächste Kopie anfertigte. Und von da an konnte der Autor keinen Einfluss mehr auf sein Werk nehmen, es war dann außerordentlich schwierig, irgendetwas in einer nächsten Ausgabe zu korrigieren. Deshalb riet Horaz seinen Dichterkollegen, ihre Werke neun Jahre aufzubewahren, bevor sie überhaupt über eine Veröffentlichung nachdenken sollten, und er fügte hinzu: **[N]escit vox missa reverti** (*Ars Poetica* 390) – »Die Rede, die weggeschickt worden ist, kehrt nicht zurück.«

Ein anderer Weg, an Bücher heranzukommen (wenn man keine Sklaven hatte, die eine eigene Abschrift anfertigen konnten), war es, den örtlichen **librarius** (Buchhändler) aufzusuchen. Man konnte die Kisten und Körbe des Buchhändlers durchstöbern (damals gab es Buchrollen) und nach dem fahnden, was man suchte. Für die **librarii** arbeiteten Kopisten, die das abschreiben konnten, was der Kunde wünschte (ähnlich wie heutige Online-Publikationen, die Sie bei Bedarf runterladen können). Bekannte Buchhändler aus dem alten Rom waren die Gebrüder Sosius, die ihren Laden am Forum Romanum hatten. Sie verlegten unter anderem Horaz.

> ### So ähnlich wie ein Roman
>
> Es gibt zwei Werke in der lateinischen Literatur, die gewisse Ähnlichkeit mit einem Roman haben. Im 1. Jahrhundert n. Chr. schrieb Petronius das *Satyricon*, in dem er die Missgeschicke beschreibt, die einem Trio junger Männer widerfahren. Leider ist dieses Werk nicht vollständig erhalten. Der bekannteste Teil dessen, was übrig geblieben ist, handelt vom *Gastmahl des Trimalchio*, einem reichen Mann mit schlechten Manieren.

> Der einzige komplett erhaltene lateinische Roman wurde im 2. Jahrhundert n. Chr. von Apuleius geschrieben. Der Roman ist unter zwei verschiedenen Titeln bekannt: *Metamorphoses* (Verwandlungen) und *Asinus Aureus* (Der goldene Esel). Es geht um einen jungen Mann, der sich versehentlich in einen Esel verwandelt. Es folgen viele Abenteuer, die den Rahmen für den bekanntesten Teil dieses Werkes bieten, die Geschichte von Amor und Psyche.

Die Hautevolee der römischen Literaturszene

Das lateinische Wort für Schriftsteller ist **auctor, auctoris**, m. Wörtlich bedeutet das »einer, der etwas mehrt.« In diesem Abschnitt werden einige römische Schriftsteller erwähnt, die das Wissen und die Kunst ihrer Zeit vermehrten und deren Bedeutung im Laufe der Jahrhunderte nicht nachgelassen hat. In der folgenden Aufzählung finden sich nur einige Leuchttürme der römischen Literatur, zweifellos sind einige davon bekannt, andere vielleicht nicht:

- ✔ **Caesar** (100–44 v. Chr., vollständiger Name: Gaius Julius Caesar): Ja, der große Feldherr war auch ein bedeutender Schriftsteller. In seinem bekanntesten Werk berichtet er über seinen Krieg gegen die Gallier. Und in dem stehen auch die berühmten einleitenden Worte **Gallia est omnis divisa in partes tres** (*De Bello Gallico* I, 1) – »Ganz Gallien ist in drei Teile unterteilt.« Daneben verfasste er ein Werk über den Bürgerkrieg gegen seinen Widersacher Pompejus (*De bello civili*)

- ✔ **Cicero** (106–43 v. Chr., vollständiger Name: Marcus Tullius Cicero): Der Politiker und Philosoph Cicero gilt als der unerreichte Meister der lateinischen Redekunst. Seine Schriften repräsentieren das klassische Latein. In seinem philosophischen Werk geht es um Themen wie das Alter, Freundschaft, das Wesen der Götter und die Grundlagen eines Staates. Seine Briefsammlung (über 800) ist Zeugnis für seine umfangreiche Korrespondenz. Seine rhetorischen Schriften bieten einen Überblick über die römische Redekunst.

- ✔ **Vergil** (70–19 v. Chr., vollständiger Name: Publius Vergilius Maro): Vergil war einer der bedeutendsten Dichter in der Zeit von Kaiser Augustus, der in seiner Zeit große Erfolge feierte, und sein Ruhm lebte im Mittelalter fort. Seine *Aeneis* – die Geschichte vom Fall Trojas und den Abenteuern des trojanischen Helden Aeneas, des Stammvaters der Römer – wurde zum Nationalepos der Römer und sicherte Vergil seinen Platz in der Literaturgeschichte. Dieser berühmte Vers stammt aus der Aeneis: **Quidquid id est, timeo Danaos et dona ferentes** (*Aeneis* II, 49) – Was immer es ist, ich fürchte die Danaer (Griechen), auch wenn sie Geschenke bringen.« Sein Frühwerk sind die *Bucolica* (Hirtengedichte) und die *Georgica* (Gedicht vom Landbau).

- ✔ **Ovid** (43 v. Chr. bis 17 n. Chr., vollständiger Name: Publius Ovidius Naso): Das bekannteste Werk von Ovid dürften die *Metamorphosen* sein, ein Versepos, das aus 15 Büchern besteht. Darin verarbeitet Ovid unglaublich viele Sagen aus der griechischen und römischen Mythologie, in denen es um Verwandlungen geht. Darunter sind viele noch heute bekannte Mythen wie *Daedalus und Icarus* (Vater und Sohn, die Pioniere der Luftfahrt sind), *Pygmalion* (die Statue, die lebendig wurde) und *Pyramus und*

Thisbe (die Liebenden, deren Beziehung unter einem schlechten Stern steht). Er schrieb auch Werke über die Liebe, darunter **Ars Amatoria** (Liebeskunst), in dem er Ratschläge gibt, wie man das jeweils andere Geschlecht rumkriegt. Das Gegenstück dazu heißt **Remedia Amoris** (Heilmittel gegen die Liebe) und erklärt, wie man aus einer Beziehung rauskommt. Ab 8 n. Chr. befand er sich auf Geheiß des Augustus in der *relegatio*, einer milden Form der Verbannung, in Tomis (heute Constanza in Rumänien) am Schwarzen Meer, wo er auch starb. Dort schrieb er die *Epistulae ex Ponto* (Briefe vom Schwarzen Meer) und die *Tristia* (Trauergedichte). Der Weggang in die Verbannung verhinderte die Vollendung seines Werkes *Fasti*, das heißt die Bearbeitung des römischen Festkalenders. Sein Erstlingswerk sind die *Amores* (Liebesgedichte).

- ✔ **Plautus** (um 250 bis 184 v. Chr., vollständiger Name: Titus Maccius Plautus): Er war einer der ersten römischen Schriftsteller und schrieb Komödien, die voll waren mit Klamauk und derbem Humor. Seine Stücke werden immer noch aufgeführt und haben auch durch alle Zeiten Autoren beeinflusst, dazu zählen Shakespeare mit seiner *Komödie der Irrungen* und Heinrich von Kleist mit seinem *Amphitryon*.

- ✔ **Lukrez** (um 98 bis 55 v. Chr., vollständiger Name: Titus Lucretius Carus): Lukrez war Dichter und Philosoph. In seinem Werk *De rerum natura* geht es um die Götter und die Unterwelt, er verbringt viel Zeit damit, die materialistische Lehre Epikurs (Aufbau der Welt aus Atomen) darzustellen mit dem Ziel, den Menschen die Angst vor den Göttern und vor dem Tod zu nehmen.

- ✔ **Catull** (um 84 bis 54 v. Chr., vollständiger Name: Gaius Valerius Catullus): Catull war der größte Lyriker der **poetae novi,** einer Reihe von Dichtern, die Neuerungen in die römische Dichtkunst brachten. Er erkundete persönliche Themen wie Liebe, Freundschaft, Tod und Verrat in Gedichten mit vielen verschiedenen Versmaßen.

- ✔ **Horaz** (65–8 v. Chr., vollständiger Name: Quintus Horatius Flaccus): Horaz war ein Freund von Vergil und freundschaftlich mit Augustus verbunden; er war ein ausgesprochen produktiver Dichter, der Episteln (Briefgedichte), Satiren, Oden und Epoden schrieb. Von ihm stammt einer der lateinischen Aussprüche, die heute noch sehr bekannt sind: **carpe diem** (nutze den Tag).

- ✔ **Livius** (59 v. Chr. bis 17 n. Chr., vollständiger Name: Titus Livius): Livius ist der Autor eines imposanten Werks über die Geschichte Roms: **Ab urbe condita** – *Von der Gründung der Stadt an*. Dieses Werk bestand ursprünglich aus 142 Büchern, von denen leider nur 35 erhalten sind. Livius erzählt die römische Geschichte von der Gründung der Stadt bis zum Zeitalter des Augustus ausgesprochen detailliert. Auf dieses Werk geht die Jahreszählung A.U.C. zurück, über die in Kapitel 6 mehr steht.

Vom Vermessen lateinischer Dichtkunst

Die römische Dichtkunst bietet viele verschiedene Arten von Gedichten. Die Spannweite reicht von der Elegie (Gedichte, in denen eine traurige und schwermütige Stimmung vorherrscht) über die Lyrik (Gedichte, in denen es um Gefühle und Empfindungen geht), die Ode (feierliche Gedichte) und die Satire (Spottdichtung) bis zum Epos (wirklich *lange* Heldengedichte). Die römischen Dichter hatten eine ganze Reihe von Versmaßen im

Repertoire, und sie versuchten das Versmaß, das sie benutzten, an die Handlung oder die Stimmung ihrer Gedichte anzupassen.

Im Deutschen bezieht sich der Begriff Versmaß im Allgemeinen auf die Abfolge von betonten und unbetonten Silben. In der lateinischen Dichtung bezieht er sich auf die Abfolge von kurzen und langen Vokalen. Die lateinische Dichtung wurde in erster Linie fürs Zuhören geschrieben, und da reichte es nicht, wenn der Dichter eine gute Geschichte erzählte. Das Versmaß musste zur Handlung passen, so ungefähr wie ein Film ja auch die passende Filmmusik braucht. Die Bedeutung des Klangs wird vielleicht im folgenden Vers deutlich:

luctantis ventos tempestatesque sonoras (*Aeneis* I, 53)

ringende Winde und tosende Stürme

In diesem Vers wirkt die hämmernde Wiederholung langer Silben wie ein Sturm, der sich gerade zusammenbraut, und darum geht es in diesem Vers ja auch.

Um Gefallen an lateinischer Dichtung zu finden, müssen Sie nicht unbedingt etwas von Versmaßen verstehen. Wenn Sie sich wirklich dafür interessieren, bekommen Sie im Kasten *Neues über den daktylischen Hexameter* einen ersten Überblick über Begriffe wie Versmaß und Versfuß und darüber, wie die lateinischen Dichter sie einsetzten. Der obige Vers aus der *Aeneis* ist übrigens ein Hexameter, das heißt, er besteht aus sechs Versfüßen, die ersten vier Versfüße sind Spondeen, das heißt, sie bestehen aus je zwei langen Silben, der fünfte Versfuß ist ein Daktylus, der aus einer langen und zwei kurzen Silben besteht, der letzte Versfuß ist wieder ein Spondeus.

Neues über den daktylischen Hexameter

Das am häufigsten benutzte Versmaß in der lateinischen Dichtung ist der *daktylische Hexameter* (der seit dem 18. Jahrhundert auch in der deutschen Literatur benutzt wird). In der deutschen Sprache richtet sich das Versmaß nach betonten und unbetonten Silben, der Lateiner dagegen zählt lange und kurze Silben.

Ein *Hexameter* besteht (was ja der griechische Ausdruck schon sagt) aus sechs Versfüßen. Im Falle des daktylischen Hexameters ist der zugrunde liegende Versfuß der *Daktylus*, der aus einer langen und zwei kurzen Silben besteht. Wenn man einen lateinischen Vers liest, gilt es also, die verschiedenen Versfüße zu erkennen, und der Daktylus wird so gekennzeichnet: —∪∪

Ein daktylischer Hexameter sieht also so aus:

—∪∪ | —∪∪ | —∪∪ | —∪∪ | —∪∪ | — —

Der letzte Versfuß sieht deshalb anders aus, weil ein Hexameter meist mit zwei langen Silben endet. Dieser Versfuß aus zwei langen Silben heißt *Spondeus*. Und um das Ganze interessanter zu machen, kann der Spondeus den Daktylus an fast jeder Stelle des Verses ersetzen. Nur im fünften Versfuß ist dieser Austausch ausgesprochen selten. Der fünfte Versfuß ist also der, der eigentlich immer ein Daktylus ist.

Gute Bedingungen für die Grammatik

Cicero sagte einst:

> **[I]acerent in tenebris omnia, nisi litterarum lumen accederet.** (*Pro Archia*, 14)
>
> Alle Dinge lägen im Dunkeln, wenn nicht das Licht der Literatur hinzukäme.

Diese Aussage impliziert natürlich, dass die Dinge nicht im Dunkeln liegen, weil ja das Licht der Literatur auf sie scheint. Ciceros Aussage beschreibt etwas, das im Gegensatz zu den Tatsachen steht, und die grammatische Konstruktion, die er benutzt, um das auszudrücken, ist ein *Konditionalsatz*, auf Deutsch *Bedingungssatz*.

Konditionalsätze sind Sätze mit »wenn/falls …, dann …« Ein Beispiel: *Wenn* (oder unter der Bedingung, dass) diese Frau ein Buch schreibt, *dann* werden die Sosier es publizieren. Das Lateinische kennt alle möglichen Arten von Konditionalsätzen, aber vier davon – die vier, um die es im Folgenden geht – verdienen besondere Beachtung.

Bevor es richtig losgeht, gibt es noch einiges zu beachten:

✔ In lateinischen Konditionalsätzen kommen immer die Wörter **si** (wenn, falls) oder **nisi** (wenn nicht/falls nicht) vor.

✔ Das Wort *dann* steht im Lateinischen nicht da, es ist aber impliziert (im Deutschen lässt man es ja auch meistens weg).

Das ist möglich

Der *Potentialis* gibt eine Möglichkeit an. Sowohl der Hauptsatz als auch der Nebensatz (der Wenn-Satz) stehen im Konjunktiv Präsens. Diesen Konditionalsatz können Sie mit »sollte/wollte … dürfte wohl« übersetzen. (Wenn Sie noch mal wissen wollen, was der Unterschied zwischen Indikativ und Konjunktiv ist, können Sie in Kapitel 6 nachschauen.)

Ein Beispiel:

> **Si librum scribas, librarii eum vendant.**
>
> Wenn du ein Buch schreiben solltest, dürften die Buchhändler es wohl verkaufen.

Was in diesem Satz steht, könnte in der Zukunft passieren, muss aber nicht. Es besteht nur die Möglichkeit, dass das Genannte passieren wird. In einem Potentialis wird also eine unbestimmte Aussage über etwas gemacht, was in der Zukunft passieren *könnte*.

Die ist wirklich

Der *Realis* gibt die Wirklichkeit an. Er kommt in verschiedenen Tempora vor, je nachdem ob es um eine Handlung in der Gegenwart oder der Zukunft geht. Verbmodus ist aber immer der Indikativ. Bei der Übersetzung behält man im Hauptsatz die Zeit bei, die im Lateinischen steht, der Wenn-Satz wird oft mit dem Präsens übersetzt.

So kann ein Realis aussehen:

Si librum scribes, librarii vendent.

Wenn du ein Buch schreibst, werden die Buchhändler es verkaufen.

In diesem Satz geht es recht konkret um die Zukunft. Hier wird ganz kühn der Traum eines jeden Schriftstellers verkündet: Man muss nur ein Buch schreiben, und dann wird es sicherlich publiziert.

Das ist nicht wirklich

Der *Irrealis der Gegenwart*, der etwas aussagt, was der Sprecher für nicht wirklich hält, steht im Konjunktiv Imperfekt. Man übersetzt ihn mit dem Konjunktiv Präteritum:

Si librum scriberes, librarii eum venderent.

Wenn du ein Buch schriebest, würden es die Buchhändler verkaufen.

Genau wie das Zitat von Cicero am Anfang dieses Abschnitts beschreibt dieser Satz etwas, das nicht der Wirklichkeit entspricht. Hier wird gesagt, dass man zwar das Potenzial zum Bestsellerautor hat, da man aber zurzeit nichts schreibt, sollte man seinen Hauptberuf nicht an den Nagel hängen.

Das war nicht wirklich

Der *Irrealis der Vergangenheit*, der etwas ausdrückt, was in der Vergangenheit nicht der Wirklichkeit entsprochen hat, steht im Konjunktiv Plusquamperfekt. Übersetzt wird er mit dem Konjunktiv Plusquamperfekt:

Si librum scripsisses, librarii eum vendidissent.

Wenn du ein Buch geschrieben hättest, hätten die Buchhändler es verkauft.

In diesem Satz geht es um etwas, das in der Vergangenheit nicht real war. Offensichtlich ist dieses Buch nie geschrieben worden, und mit diesem Satz wird der potenzielle Autor verspottet, der ja ein Buch hätte schreiben können, und dann ... wer weiß das schon?

Infos aus zweiter Hand – die indirekte Rede

Ein Autor benutzt die *indirekte Rede* (**oratio obliqua**) dann, wenn er wiedergeben will, was irgendjemand gesagt oder gehört hat, ohne ihn direkt zu zitieren. Die indirekte Rede kommt in der Literatur viel öfter vor als die *direkte Rede* (das ist die mit den Anführungszeichen davor und dahinter).

Man stelle sich Folgendes vor: Irgendjemand erzählt: »Markus ist gefeuert worden.« Um Anteilnahme auszudrücken (und aus Höflichkeit), geht man zu Markus und sagt: »Markus, man hat mir gesagt, du seist entlassen worden.« Markus weiß jetzt, dass man sich um ihn sorgt, und außerdem hat der Sprecher die indirekte Rede benutzt. Wenn eine indirekte Rede vorliegt, kann man im Deutschen oft ein *dass* einfügen: »Markus, man hat mir gesagt, dass du entlassen worden seist.« Außerdem benutzt man in der indirekten Rede den Konjunktiv (zumindest in der Schriftsprache, in der Umgangssprache wird der Konjunktiv oft durch den Indikativ ersetzt).

Zur indirekten Rede gehören im Lateinischen zwei wichtige Elemente: ein Substantiv im Akkusativ und ein Infinitiv. Man erkennt die indirekte Rede ziemlich gut, meist muss man nur darauf achten, ob ein Akkusativ und ein Infinitiv nahe beieinander stehen und irgendwo noch ein Verb wie *sagen, berichten, hören* zu finden ist. Zum Beispiel:

Amicus dicit Catullum carmen novum scribere.

Catullum ist ein Akkusativ und **scribere** ist ein Infinitiv Präsens Aktiv, dazu kommt **dicit** als Prädikat. Damit liegt eine indirekte Rede vor. In die Übersetzung muss man nur noch an den Konjunktiv denken, und dann heißt der Satz: Ein Freund sagt, Catull schreibe ein neues Gedicht.

Die Satzkonstruktion aus Akkusativ und Infinitiv nennt man **Accusativus cum infinitivo** (*Akkusativ mit Infinitiv*, kurz **AcI**). Der AcI kommt im Lateinischen ziemlich häufig vor, und zwar nicht nur bei der indirekten Rede, sondern allgemein nach Verben der Wahrnehmung (wie *sehen, hören*), der Empfindung (wie *fühlen, sich freuen*), des Glaubens und Meinens (wie *glauben, meinen*), des Wissens (wie *wissen, nicht wissen*), des Denkens (wie *denken, merken*), des Sich-Äußerns (wie *sagen, schreiben*) und noch einigen anderen Verben. Am besten übersetzt man ihn mit einem Dass-Satz. Der Akkusativ des AcI wird zum Subjekt des Dass-Satzes, der Infinitiv zum Prädikat des Dass-Satzes:

Scio Catullum carmen novum scribere.

Ich weiß, dass Catull ein neues Gedicht schreibt.

In Kapitel 2 geht es ganz allgemein um den Akkusativ, dort gibt es auch die ersten Informationen zum Infinitiv; um richtig in die indirekte Rede eintauchen zu können, müssen Sie aber noch etwas mehr über Infinitive wissen.

Latein und seine Infinitive

Wenn Sie ein Verb im Wörterbuch nachschlagen, steht an zweiter Stelle ein Infinitiv, das ist aber nicht der einzige. Die meisten lateinischen Verben haben sechs Infinitive:

- ✔ **Präsens Aktiv:** Das ist der, der im Wörterbuch steht, er hat in der Regel die Endung **-re**.

- ✔ **Präsens Passiv:** Der sieht fast so aus wie der Infinitiv Präsens Aktiv, hat aber die Endung **-ri** in der ersten, zweiten und vierten Konjugation und **-i** in der dritten Konjugation. Der deutsche Infinitiv Präsens Passiv setzt sich zusammen aus dem *Partizip Perfekt* und *werden*, zum Beispiel: *gestohlen werden*.

✔ **Perfekt Aktiv:** Man nehme die dritte Wörterbuchform des Verbs und füge die Endung **-sse** an und herauskommt der Infinitiv Perfekt Aktiv. Im Deutschen besteht der Infinitiv Perfekt Aktiv aus dem *Partizip Perfekt* und *haben*, zum Beispiel: *gestohlen haben*.

✔ **Perfekt Passiv:** Dieser Infinitiv hat zwei Bestandteile, er setzt sich aus dem *Partizip Perfekt Passiv*, also der vierten Wörterbuchform (mehr über Partizipien in Kapitel 9) und **esse** zusammen. Im Deutschen setzt er sich aus dem *Partizip Perfekt* und *worden sein* zusammen, zum Beispiel: *gestohlen worden sein*.

✔ **Futur Aktiv:** Diese Form wird mit dem *Partizip Futur Aktiv* gebildet, genau wie beim Infinitiv Perfekt Passiv wird noch **esse** dazugesetzt. Übersetzt wird er mit dem *Infinitiv Präsens Aktiv* und *werden*, zum Beispiel: *stehlen werden*.

✔ **Futur Passiv:** Er wird aus dem *Partizip Perfekt Passiv im Neutrum*, also der Form mit der Endung **-um** und **iri** (Infinitiv Präsens Passiv von **eo, ire, ii, itum** – gehen) gebildet. Dabei ist zu beachten, dass die aus dem P.P.P. gebildete **-um**-Form unveränderlich ist, da es sich um ein sogenanntes Supinum handelt. Auch die Form **iri** bleibt unverändert. Die exakte Übersetzung besteht aus dem *Partizip Perfekt* und *werden werden*, zum Beispiel *gestohlen werden werden*, was allerdings ziemlich schräg klingt, deshalb übersetzt man ihn der Einfachheit halber wie den Infinitiv Präsens Passiv.

Tabelle 10.1 zeigt die Infinitive des Verbs **scribo, scribere, scripsi, scriptum** (schreiben).

	Aktiv	Übersetzung	Aktiv	Übersetzung
Präsens	scribere	schreiben	scribi	geschrieben werden
Perfekt	scripsisse	geschrieben haben	scriptus, -a, -um esse	geschrieben worden sein
Futur	scripturus, -a, -um esse	schreiben werden	scriptum iri	geschrieben werden werden

Tabelle 10.1: Infinitive

Wie schon mal erwähnt, klingt »geschrieben werden werden« doch ziemlich seltsam. In der Tabelle stehen eben die wörtlichen Übersetzungen der Infinitive. Sollten Sie je wissen wollen, wie die Infinitive im Deutschen lauten – hier sind sie also! Ein Glück für die deutsche Sprache, dass diese Infinitive im Lateinischen meist im AcI und somit in der indirekten Rede vorkommen und deshalb meist nicht als Infinitive übersetzt werden. Außerdem geben diese Infinitive nur ein Zeitverhältnis an, sodass Sie in der Übersetzung zunächst auf das Tempus des übergeordneten Prädikats achten müssen, das Tempus des Nebensatzes richtet sich dann danach. Im nächsten Abschnitt, *Wie man mit der indirekten Rede fertig wird*, wird erklärt, wie das funktioniert.

Wie man mit der indirekten Rede fertig wird

Der AcI in der indirekten Rede kann nicht wörtlich übersetzt werden, wenn man es doch versucht, stößt man schnell an die Grenzen dessen, was sinnvolles Deutsch ist. So ein AcI kann immer mit einem Dass-Satz übersetzt werden, der Akkusativ wird dabei zum Subjekt des Dass-Satzes und der Infinitiv wird zum Prädikat. Jetzt muss man nur noch wissen, in welchem Tempus dieses Prädikat stehen soll. Und das ergibt sich aus dem Tempus des übergeordneten Prädikats (das ist das Prädikat des Hauptsatzes, von dem der AcI abhängt) und dem Tempus des Infinitivs, der in einem bestimmten Zeitverhältnis (auch Partizipien geben bestimmte Zeitverhältnisse an, siehe dazu Kapitel 9) zum übergeordneten Prädikat steht. Außerdem muss man bei der indirekten Rede noch daran denken, dass hier im Deutschen der Konjunktiv steht!

Hier die Infinitive und ihre Zeitverhältnisse:

- ✔ **Infinitiv Präsens:** Er drückt die *Gleichzeitigkeit* aus, das heißt, die Handlung, die das übergeordnete Prädikat beschreibt, und die Handlung, die mit dem Infinitiv ausgedrückt wird, finden gleichzeitig statt. Der Infinitiv wird also immer mit dem gleichen Tempus übersetzt wie das Prädikat des übergeordneten Satzes. Hier sind zwei Beispiele für die indirekte Rede mit dem AcI:

    Dicunt Plautum fabulam scribere.

    Sie sagen (Man sagt), dass Plautus eine Fabel schreibe.

    Dicebant Plautum fabulam scribere.

    Sie haben gesagt (Man hat gesagt), dass Plautus eine Fabel schreibe.

- ✔ **Infinitiv Perfekt:** Er drückt die *Vorzeitigkeit* aus. Die Handlung, die der Infinitiv beschreibt, liegt also zeitlich vor der Handlung, die das Prädikat beschreibt. Zwei Beispiele:

    Dicunt Plautum fabulam scripsisse.

    Sie sagen (Man sagt), dass Plautus eine Fabel geschrieben habe.

    Dicebant Plautum fabulam scripsisse.

    Sie haben gesagt (Man hat gesagt), dass Plautus eine Fabel geschrieben hätte.

- ✔ **Infinitiv Futur:** Er drückt die *Nachzeitigkeit* aus. Die Handlung, die der Infinitiv beschreibt, liegt also zeitlich nach der Handlung, die das übergeordnete Prädikat beschreibt. Zwei Beispiele:

    Dicunt Plautum fabulam scripturum esse.

    Sie sagen (Man sagt), dass Plautus eine Fabel schreiben werde.

    Dicebant Plautum fabulam scripturum esse.

    Sie haben gesagt (Man hat gesagt), dass Plautus eine Fabel schreiben würde.

    Das Partizip des Infinitivs stimmt in Kasus, Numerus und Genus (KNG-Kongruenz) mit seinem Subjekt überein. Subjekt eines AcI ist immer der Akkusativ, in diesem Fall **Plautum**, ein Akkusativ Singular Maskulinum.

Die oben beschriebenen Zeitverhältnisse zwischen dem Infinitiv des AcI und dem Prädikat des übergeordneten Satzes gelten auch, wenn es sich nicht um eine indirekte Rede handelt, nur wird der Infinitiv dann nicht mit einem Konjunktiv übersetzt, sondern mit einem Indikativ. Ein Beispiel:

Scio Plautum fabulam scripsisse.

Ich weiß, dass Plautus eine Fabel geschrieben hat.

Im Gespräch

Cicero und Vergil unterhalten sich über die lateinische Literatur. Beachten Sie die Konditionalsätze und den AcI.

Cicero:	**Cogito poetas patriae magis quam aliquem servire.**
	Ich denke, dass die Dichter dem Vaterland mehr dienen als irgendwer anders.
Vergilius:	**Ita vero est. Nisi poetae facta patrum nostrorum conservavissent ...**
	Das ist wahr. Wenn die Dichter nicht die Taten unserer Väter bewahrt hätten ...
Cicero:	**... eosdem errores fecissemus.**
	... hätten wir die gleichen Fehler gemacht.
Vergilius:	**Nisine orator esses, carmina scriberes?**
	Würdest du Gedichte schreiben, wenn du nicht Redner wärest?
Cicero:	**Scribo, ergo omnes litterae sunt tabula mea.**
	Ich schreibe, deshalb ist die gesamte Literatur meine Schreibtafel.

Cicero war zwar als Rhetoriker unübertroffen, ein Dichter war er aber nicht. Leider verstand er davon nichts. Ein Vers aus seinem Gedicht *De Consulatu Suo* (Über sein Konsulat), für das er viel Spott erntete, war **o fortunatam natam me consule Romam,** was so viel heißt wie: »O glückliches Rom, geboren, als ich Konsul war.« Nicht nur, dass Cicero Bescheidenheit hier für keine Zier hielt, es klang für römische Ohren auch noch seltsam, denn die Römer mochten in ihren Gedichten keine Reime, und dieser Vers ist voll davon.

Kleiner Wortschatz

carmen, carminis, n	Lied, Gedicht
cogito, cogitare, cogitavi, cogitatum	denken, überlegen
litterae, litterarum, f	Brief, Wissenschaft, Literatur
lumen, luminis, n	Licht, Leuchte
tempestas, tempestatis, f	Wetter, Unwetter, Sturm
tenebrae, tenebrarum, f	Finsternis, Dunkelheit
vox, vocis, f	Stimme, Wort

Und was die Römer sonst noch geschrieben haben

Es ist wie immer und überall, nicht alles, was auf Latein geschrieben worden ist, reicht an das heran, was Schriftsteller wie Cicero und Vergil geschaffen haben. Im deutschen Sprachraum ist ja auch nicht jeder, der etwas schreibt, gleich ein Goethe oder Schiller. Die meisten lateinischen Schriften, die überliefert sind, haben nicht die literarische Qualität der Werke der Schriftsteller, die weiter vorne in diesem Kapitel erwähnt werden, dennoch sind sie ausgesprochen wichtig für uns, weil sie uns einen Einblick in das Alltagsleben der alten Römer gewähren. Diese schriftlichen Hinterlassenschaften sind so etwas wie unsere Autoaufkleber-, Plakat- und Postkartentexte.

Briefe

Der große lateinische Prosaschriftsteller Cicero höchstselbst ist auch der Urheber einer profaneren Art geschriebenen Wortes, nämlich des Privatbriefs. Welch ein Glück für die Nachwelt: Viele von Ciceros Briefen sind nach seinem Tod publiziert worden, und sie stellen eine einzigartige Quelle für das Alltagsleben im Rom des 1. Jahrhunderts v. Chr. dar. In diesen Briefen liest man von Ciceros persönlichen Angelegenheiten wie der Ausbildung seines Sohnes und der Trauer über den Tod seiner Tochter.

Man erfährt auch, wie die Römer Briefe schrieben. Und man stellt dabei fest, dass es, genau wie heute auch, Abkürzungen und feststehende Wendungen gab. Wer hat eine E-Mail oder eine SMS noch nicht mit LG oder HDL beendet (was die Abkürzungen für »Liebe Grüße« und »Hab dich lieb« sind), ganz zu schweigen von den vielen englischen Abkürzungen wie LOL, BRB oder 4U (»Laughing out loud« – »lautes Lachen«, »Be right back« – »Bin gleich wieder da« und »For you« – »Für dich«).

Ein Brief von Cicero an seinen Freund Atticus könnte zum Beispiel so angefangen haben:

> **Cicero Attico s.p.d.S.v.b.e.v.**

Ausgeschrieben sieht das so aus:

> **Cicero Attico salutem plurimam dicit. Si vales, bene est, valeo.**

Cicero sendet Atticus die herzlichsten Grüße. Wenn es dir gut geht, ist es gut, mir geht es gut.

 Ein Schriftsteller diktierte seine Briefe und seine anderen Schriften oft seinem Sekretär. Ciceros Sekretär war sein Freigelassener Tiro, dem die Erfindung der altrömischen Kurzschrift zu verdanken ist.

Ein anderer Briefeschreiber, der es zu großem Ruhm brachte, war Plinius der Jüngere (um 61 bis 113 n. Chr., nicht zu verwechseln mit seinem Onkel Plinius dem Älteren, dem Autor der *Naturalis Historia*, der »Naturkunde«). Die Briefe von Plinius dem Jüngeren sind heute aus mehreren Gründen berühmt:

✔ Er war Augenzeuge des Vesuvausbruchs 79 n. Chr., der seinen Onkel das Leben kostete und die Städte Pompeji und Herculaneum begrub. In zwei Briefen an seinen Freund, den Historiker Tacitus, beschreibt Plinius den Ausbruch des Vesuvs und den Tod seines Onkels. Dieser sehr genaue Bericht gilt als die erste Dokumentation einer Naturkatastrophe.

✔ Einer seiner Briefe bietet die frühesten Belege dafür, was der römische Staat von einer neuen Religion hielt, die Christentum genannt wurde. Um 112 n. Chr. bittet Plinius Kaiser Trajan in einem Brief um Anweisungen, wie er mit diesen Leuten, die sich weigerten, den römischen Kaiserkult zu befolgen, umgehen sollte.

In Stein gemeißelt: Inschriften

Unter Inschriften wird alles Geschriebene zusammengefasst, das in beständige Materialien wie Metall oder Stein gemeißelt ist. Im Laufe der letzten Jahrhunderte haben Gelehrte Tausende lateinische Inschriften aus dem gesamten Römischen Reich gesammelt und katalogisiert. Und auf vielen römischen Denkmälern sind sie auch heute noch leicht zu erkennen. Leicht zu erkennen schon, leicht zu lesen auch, aber das heißt nicht, dass man sich aus dem Gelesenen auch leicht einen Reim machen kann. Gewöhnlich sind in lateinischen Inschriften ziemlich viele Abkürzungen zu finden, wie an diesem Beispiel vom Pantheon in Rom zu sehen ist:

M AGRIPPA L F COS TERTIUM FECIT

Wenn man die fehlenden Buchstaben einfügt, kommt Folgendes heraus:

Marcus Agrippa Lucii filius consul tertium fecit.

Marcus Agrippa, Sohn des Lucius, machte dies, als er zum dritten Mal Konsul war.

Wenn man bedenkt, dass die Steinmetze, die die Inschriften anfertigten, meist nur wenig Platz dafür hatten, wird klar, warum es in lateinischen Inschriften vor Abkürzungen nur so wimmelt. Die folgenden Abkürzungen sind nur einige Beispiele für das, was die Römer so abkürzten:

✔ **L:** Lucius

✔ **C:** Gaius (Eine ältere Form dieses Namens ist Caius, die Schreibung änderte sich irgendwann, die Abkürzung nicht.)

✔ **SEX:** Sextus

✔ **M:** Marcus

✔ **COS:** Consul (der höchste römische Amtsträger)

✔ **COSS:** Consules

✔ **PONT MAX** oder **P M:** Pontifex Maximus (Hoherpriester)

✔ **IMP:** Imperator (siegreicher Feldherr, später ein Titel der Kaiser)

Schmierereien an der Wand: Graffiti

Eine andere Art von lateinischen Schriftzeugnissen, auf die man immer mal wieder trifft, sind Graffiti. Sehr viele bekannte Graffiti stammen aus Pompeji, das durch den Ausbruch des Vesuvs 79 n. Chr. unter meterhohen Schichten aus Bimsstein und Asche begraben wurde. Einerseits wurde die Stadt durch den Vulkanausbruch zerstört, andererseits aber auch Jahrhunderte lang konserviert, denn so konnten weder Zeit und Sonne noch Wind und Wetter den Überresten etwas anhaben. Die im 18. Jahrhundert begonnenen Ausgrabungen haben reichlich Informationen über das römische Alltagsleben an den Tag gebracht, und man hat eben auch Graffiti gefunden. Hier sind einige Beispiele:

Lucius pinxit.

Das hat Lucius gemalt.

Virgula Tertio suo: Indecens es.

Virgula an ihren [Freund] Tertius: Du bist unanständig.

Oppi, emboliari, fur, furuncule.

Oppius, du bist ein Clown, ein Dieb und ein kleiner Ganove.

Ein kurzer Blick auf lateinische Graffiti genügt, und Sie erkennen, wie recht der Verfasser des Prediger Salomo hatte, wenn er sagt:

Nihil sub sole novum. (*Ecclesiastes* 1, 9)

Es geschieht nichts Neues unter der Sonne. (*Prediger Salomo* 1, 9)

Áut prodésse volúnt aut délectáre poétae. (*Horaz*, ars poetica 333)

Dichter wollen entweder nützen oder unterhalten.

Ob das heute auch noch gilt, daran wird von vielen gezweifelt. Aber sollen die Dichter überhaupt nützen mit ihren Meinungen, die sie elegant oder spröde formulieren? Und wie können sie mit ihrem Wort nützen in einer Kakofonie der Ideologien und politischen Programme? Horaz lebte anscheinend in einer Welt, die noch einigermaßen übersichtlich war.

Spiel, Spaß und Denksport

Können Sie diese Infinitive auch in andere Zeiten setzen? Achtung: Es ist auch ein Infinitiv Passiv dabei!

1. cogitare > (Infinitiv Perfekt) ………………..
2. scripsisse > (Infinitiv Präsens) ………………
3. aperiri > (Infinitiv Perfekt) ………………..
4. laboravisse > (Infinitiv Präsens) ………………
5. cenaturum esse > (Infinitiv Perfekt) ………………..

Die Gebrüder Sosius haben Sie gerade als neuen Kopisten in ihrer Buchhandlung in Rom angestellt. Es ist Ihr erster Arbeitstag, und herein kommt eine Kundin, die nur weiß, welche Art von Büchern sie möchte, aber keine Autorennamen kennt. Können Sie ihr weiterhelfen?

(Kleiner Hinweis: Die Autoren, um die es geht, sind Apuleius, Caesar, Lukrez, Ovid und Vergil.)

6. Er schrieb über Hirten, das Landleben und ein langes Gedicht über den Trojanischen Krieg.
7. Dieser Dichter war berühmt für seine Schriften über Philosophie und Atome.
8. Er war ein Feldherr, ein großer Redner, ach ja, und er schrieb irgendwas über einen Krieg in Gallien.
9. Dieser Schriftsteller schrieb über einen Mann, der sich in einen Esel verwandelte.
10. Dieser Dichter schrieb auch über Verwandlungen, er machte aber auch Ratschläge, wie man das andere Geschlecht verführt.

Die Lösungen sind in Anhang D zu finden.

Teil III
Unser tägliches Latein

IN DIESEM TEIL ...

Latein wird zwar nicht mehr wirklich gesprochen, aber dennoch ist Latein in vielen Arbeitsbereichen allgegenwärtig. Lateinische Wörter werden neu zusammengesetzt oder in ihrem ursprünglichen Sinn verwendet. Wissenschaftler, Ärzte, Rechtsgelehrte und Politiker und Theologen benutzen Latein auf die eine oder andere Weise, und zwar nicht nur, um intelligent zu erscheinen. Jeder benutzt ab und zu Latein, und meistens ist uns das gar nicht bewusst.

Weil man auch heutzutage immer wieder mit Latein konfrontiert wird – auch wenn man es nicht studiert –, geht es in diesem Teil um das Latein, das im Laufe der Jahrhunderte Eingang in die verschiedenen Fachsprachen, wie das Juristendeutsch, gehalten hat. Außerdem gibt es in diesem Teil ein Kapitel, das eine schrittweise Einführung ins Übersetzen der lateinischen Sprache bietet, damit das, was Sie lesen und hören, auch einen Sinn ergibt.

> **IN DIESEM KAPITEL**
>
> Eine kurze Einführung in die Geschichte des römischen Rechts
>
> Ein Blick auf Verbrechen und Strafen im alten Rom
>
> Etwas über das Fachchinesisch der Juristen

Kapitel 11
Juristenlatein

Die meisten Juristen werfen mit lateinischen Ausdrücken um sich. Der Grund dafür ist, dass das römische Rechtssystem starken Einfluss auf das Rechtswesen der meisten westlichen Staaten hatte. Kein Wunder, denn schließlich herrschten die Römer einst über weite Teile Europas, des Nahen Ostens und Nordafrika. Das Motto der Römer war **divide et impera** – »teile und herrsche«. Wenn die Römer ein neues Gebiet erobert hatten, machten sie sich daran, die »Barbaren« (alle, die keine Römer waren), über die sie jetzt herrschten, zu »latinisieren«. Ziel war es, den Barbaren beizubringen, wie richtige Römer zu denken und zu handeln (nur nebenbei, natürlich sollten die Barbaren auch Steuern zahlen). Als das Römische Reich sich langsam auflöste und in Westeuropa im 5. Jahrhundert n. Chr. endgültig von der Landkarte verschwand (das Oströmische Reich bestand noch rund 1000 Jahre länger), übernahmen die neuen Herren Teile des immer noch vorhandenen Rechtssystems. Auch im deutschen Recht sind die römischen Wurzeln noch erkennbar. Vor allem das Bürgerliche Gesetzbuch ist stark vom römischen Recht geprägt. Und deshalb mögen Juristen lateinische Ausdrücke! (Und außerdem kommt man im Studium nicht um sie herum.)

In diesem Kapitel finden Sie die Informationen, die Sie brauchen, um in dem, was ein Anwalt oder Richter sagt, einen Sinn zu erkennen.

> ### Haltet den Dieb
>
> Wenn ein Dieb im alten Rom erwischt wurde, brannte man ihm das lateinische Wort für Dieb, **fur**, mit einem Brenneisen auf die Stirn. Mal abgesehen davon, dass danach die Frisur hinüber war, muss das ziemlich wehgetan haben.

Eine (sehr) kurze Geschichte des römischen Rechts

Die ersten Römer wurden von Königen regiert. Der erste hieß **Romulus** und hatte Rom am 21. April 753 v. Chr. gegründet. (Das entspricht zwar nicht den historischen Tatsachen, die alten Römer glaubten aber gerne daran.) Der König hatte immer das letzte Wort und jeder war ihm untertan. 510 v. Chr. vertrieben die Römer ihren letzten König **Tarquinius Superbus.** Als die Könige weg waren, entwickelte sich Rom zu einer Republik mit zwei Konsuln an der Spitze. Die Konsuln wurden jährlich neu gewählt, und ihnen stand der Senat zur Seite.

Das Rechtssystem basierte zu der Zeit auf dem überlieferten Gewohnheitsrecht und den traditionellen Gebräuchen, dem sogenannten **mos maiorum,** den »Sitten der Vorfahren.« Lange Zeit war es die Aufgabe ausgewählter Adliger, über das Recht zu wachen und die Gesetze auszulegen, sie waren auch die Einzigen, die die überlieferten Gesetze genau kannten.

In der Mitte des 5. Jahrhunderts v. Chr. war der Druck der Plebejer (des einfachen Volks) so groß geworden, dass die ersten Gesetzestexte niedergeschrieben und öffentlich zugänglich gemacht wurden. Diese Gesetzessammlung ist als das Zwölftafelgesetz, *Leges duodecim tabularum,* bekannt. Auf diesen zwölf Tafeln standen die wichtigsten Gesetze des bestehenden Gewohnheitsrechts, die Prozessordnung wurde erklärt und das Vorgehen bei verschiedenen Straftatbeständen. So wurde das Recht jedem Römer zugänglich gemacht und es galt damit auch für jeden. Allerdings war es damals wie heute so, dass es den Reichen leichter fiel, sich einem Urteil zu entziehen.

Die Gesetze wurden veröffentlicht und auf dem Forum Romanum ausgestellt. Die zwölf Tafeln bestanden aus Bronze und waren auf der **rostra,** der Rednerbühne auf dem Forum, angebracht. Diese Gesetze sind nie aufgehoben worden, aber einige wurden später einfach nicht mehr angewendet. Die ursprünglichen Tafeln sind nicht erhalten, wir kennen nur einige Auszüge, weil sie in den Werken antiker Autoren auftauchen. Noch Cicero musste das Zwölftafelgesetz auswendig lernen.

Einer der bekanntesten römischen Rechtsexperten hieß Gaius, er lebte im 2. Jahrhundert n. Chr. Er schrieb viele Bücher über das römische Recht, das bekannteste sind die *Institutiones* (Institutionen, was so viel heißt wie Anweisungen, Belehrungen). Vierhundert Jahre später ordnete Kaiser Justinian I. das römische Recht neu. Sein erstes Werk hieß auch *Institutiones*, weil es zu einem großen Teil auf den *Institutiones* von Gaius beruht. Veröffentlicht wurde es 533 n. Chr., und es war ein kurzes Handbuch zum römischen Recht, das angehenden Juristen als Lehrbuch dienen sollte. Im selben Jahr verkündete Kaiser Justinian auch ein neues Gesetzbuch, *Digesta seu Pandectae* (Digesten oder Pandekten, was so viel heißt wie Geordnetes oder Allumfassendes). 534 n. Chr. wurde die Endfassung des *Codex Iustinianus* veröffentlicht, er stellte eine Zusammenfassung von Gesetzen früherer Kaiser dar, außerdem enthält er die Antworten der Kaiser auf rechtliche Anfragen. Die vierte Gesetzessammlung, die *Novellae* (Novellensammlung) bestand aus Gesetzen, die Justinian nach der Veröffentlichung des *Codex* erlassen hatte. Alle vier zusammen nennt man seit 1583 *Corpus Iuris Civilis.*

Verbrechen und Strafe im alten Rom

Verbrechen, besonders Gewaltverbrechen, nahmen im alten Rom stark zu, als die reichen Landbesitzer das **vulgus,** das einfache Volk, von seinen kleinen Bauernhöfen vertrieb, sodass sie in die große Stadt mussten. Aber auch dort fanden die einfachen Leute oft keine Arbeit, denn die Sklaven, die massenweise als Kriegsbeute nach Rom gekommen waren, waren billigere Arbeitskräfte.

Die römischen Kaiser sorgten für **panem et circenses** – Brot und Spiele (billiges oder kostenloses Getreide und Unterhaltung waren eine frühe Form der staatlichen Wohlfahrt) –, um das Volk bei Laune zu halten. Aber die Untätigkeit führte zu steigender Kriminalität. Jeder, der eines Verbrechens angeklagt wurde, konnte von seinem Ankläger vor den **praetor urbanus** (Beamter, der für die Gerichtsbarkeit in Rom zuständig war) gebracht werden.

Bei Verbrechen wie Meineid, Ehebruch und Falschmünzerei konnte die Todesstrafe verhängt werden. Die Römer hatten folgende Methoden, um einem Verbrecher den Garaus zu machen:

- Begraben bei lebendigem Leibe
- Von einem Felsen gestürzt (in Rom wurden Verräter vom Tarpejischen Felsen gestürzt)
- Köpfen
- Verbrennen
- Kampf gegen andere Verbrecher in der Arena (der Letzte wurde dann von Gladiatoren hingerichtet)
- Der Verbrecher wurde in der Arena wilden Tieren zum Fraß vorgeworfen (**damnatio ad bestias**)
- Kreuzigung
- Lateinlernen (Scherz!)

Weniger schwere Vergehen wurden nach dem Motto »Auge um Auge« bestraft. Wenn man eine Geldstrafe zahlen musste, ging das Geld direkt an den Kläger – nicht ans Gericht. Außerdem wurden Verbrecher zur Zwangsarbeit in Bergwerken verurteilt.

Und dann gibt es ja noch die populäre Vorstellung, dass Verbrecher auf Kriegsgaleeren rudern mussten. Man denke nur an die Szene in *Ben Hur*, in der Charlton Heston gezwungen ist, mit Sklaven und Verbrechern zu rudern. Diese Vorstellung ist aber falsch! Verbrecher wurden überhaupt nicht zum Rudern auf Galeeren verurteilt, Sklaven setzte man nur im Notfall ein, und wenn, wurden sie vor oder nach dem Einsatz freigelassen. Galeeren waren schließlich Kriegsschiffe, also musste die Besatzung, und besonders die Ruderer, ausgesprochen verlässlich sein. Sklaven und Sträflinge waren das in Extremsituationen eben nicht.

Angehörige der oberen Gesellschaftsschichten, also der Senatorenstand und der Ritterstand, die *equites*, mussten nach Vergehen normalerweise für eine bestimmte Zeit ins Exil (das nicht zu nah bei Rom liegen durfte), und ihr Besitz wurde konfisziert. Handelte es sich um ein sehr schweres Verbrechen, gab man ihnen oft die Möglichkeit, Selbstmord zu begehen oder aus der Stadt zu flüchten. (Dabei muss man bedenken, dass es für einen Römer eine schlimme Strafe war, die Stadt vielleicht für immer verlassen und die Privilegien eines römischen Bürgers aufgeben zu müssen, schließlich hielten die Römer alle Nichtrömer für Barbaren und alle Orte außer Rom für unzivilisiert.)

Römische Verbrecher wurden nicht zu Gefängnisstrafen verurteilt. Es gab nämlich keine Gefängnisse, wie wir sie heute kennen. In den Gefängnissen, die es gab, warteten Angeklagte auf ihren Prozess oder Verurteilte auf die Hinrichtung. Reiche saßen meist nicht im Gefängnis, sie standen unter Hausarrest. Dabei befanden sie sich allerdings nicht unbedingt in ihrem eigenen Haus, sondern in dem eines Freundes, der für ihr Erscheinen vor Gericht bürgte. Für Sklaven gab es private Gefängnisse.

Frauen unerwünscht

Im alten Rom konnten nur Männer Anwalt werden. Dazu musste ein Junge erst mal die Schule abschließen und dann eine der Schulen besuchen, die von bekannten **rhetores**, Redelehrern, geleitet wurden. Hatte der junge Mann diese Schule abgeschlossen, durfte er als Anwalt arbeiten. Da römische Anwälte für ihre Dienste nicht sonderlich viel erhielten, war das immer ein Beruf für Männer aus wohlhabenden Familien, die finanziell unabhängig waren.

Vor Gericht im alten Rom

Der römische Marktplatz war das **forum**, das auch als Platz für Gerichtsverhandlungen diente, die zunächst unter freiem Himmel stattfanden. Deshalb bezeichnet man die Gerichtsmedizin auch als »forensische Medizin«. Erst später bauten die Römer an den Rand des Forums große Hallen, die **basilica** hießen. Eine Basilika war ursprüngliche die Halle, in der ein griechischer König (*basileus*) thronte. Basiliken waren Gebäude mit rechteckigem Grundriss, die hauptsächlich als Tagungsort der Gerichte, aber auch als Markthallen dienten. Heute versteht man unter *Forum* (den Ort für) eine Versammlung zur öffentlichen Aussprache. So dient zum Beispiel das 2020 eröffnete und im fassadenmäßig wiederaufgebauten Berliner Schloss untergebrachte Humboldt Forum in Erinnerung an das geistige Erbe der Brüder Alexander und Wilhelm von Humboldt mit den zahlreichen musealen Sammlungen als hochrangige kulturelle Begegnungsstätte.

Basiliken bestanden aus einem Mittelschiff, an das sich an einer Seite eine Apsis, eine halbrunde Altarnische im Chor des Kirchenbaus, anschloss. Rechts und links neben dem Mittelschiff befand sich je ein Seitenschiff, das durch eine Säulenreihe vom Mittelschiff getrennt war, sodass man von einer dreischiffigen Basilika spricht. (Fünfschiffige Basiliken sind selten.) Klingt bekannt, oder? Frühe (und teilweise auch moderne) christliche Kirchen wurden nach diesem Muster gebaut und haben daher ihren Namen.

Auf dem **tribunal,** dem Richterstuhl, saß der **iudex,** der Richter. Heute wird der Begriff *Tribunal* für Sondergerichte verwendet, die vor allem im Bereich des Völkerstrafrechts geschaffen wurden.

Der **reus** – der Angeklagte – erschien vor dem Richter und stand dort dem **accusator** – dem Kläger – gegenüber. Dem Angeklagten stand ein **advocatus** zur Seite. Diese Leute dienten nicht so sehr als rechtlicher Beistand, sie sorgten eher dafür, dass der Angeklagte seinen Fall wortgewandt vorstellen konnte. Im Grunde war es ja so, dass römische Anwälte ausgebildete Redner waren, aber nicht unbedingt Rechtsgelehrte.

Bei schwereren Fällen standen dem Richter Geschworene zur Seite. Sie halfen dabei, die Schuld des Angeklagten festzustellen, sie schlugen eine angemessene Strafe vor, die der Richter verhängen konnte.

Das römische Gerichtsverfahren – und was die Römer dort sagten

Die Römer redeten gern und sie diskutierten gern. Ihr Leben war von Gesetzen, Regeln und Vorschriften bestimmt. Deshalb ist es nicht verwunderlich, dass es in der lateinischen Sprache unglaublich viele Begriffe gibt, die mit dem Recht zu tun haben. In den folgenden Abschnitten geht es um Begriffe und Wendungen, auf die Sie immer wieder stoßen, wenn Sie sich mit Latein beschäftigen. Einige dieser Begriffe dürften bekannt sein, weil sie ins Deutsche übernommen worden sind. So kommen Wörter wie Jura, Justiz, legal und Kriminalität aus dem Lateinischen. Um Begriffe und Wendungen, die von heutigen Juristen gebraucht werden, geht es im Abschnitt *Modernes Juristenlatein*.

Ciceros Zitate zum Angeben

Einer der berühmtesten römischen Anwälte war ein Mann namens Marcus Tullius Cicero, der ein Zeitgenosse Caesars war. Er schrieb viele Bücher über das Recht und über seine bekannten Fälle. Hier sind einige Zitate von ihm, mit denen können Sie Freunde und Kollegen beeindrucken:

Legum omnes servi sumus ut liberi esse possimus. (Cicero, *oratio pro Cluentio* 146)

Wir sind alle Sklaven der Gesetze, um frei sein zu können.

Salus populi suprema lex esto. (Cicero, *De legibus* 3,8)

Das Wohl des Volkes sei das höchste Gesetz.

> **Accipere quam facere praestat iniuriam.** (Cicero, *Tusculanae disputationes* 5,56)
>
> Unrecht erleiden ist besser als Unrecht tun.
>
> **Silent leges inter arma.**
>
> Unter den Waffen schweigen die Gesetze. (Es schweigen die Gesetze, wenn die Waffen sprechen.) (Cicero, *oratio pro T. Annio Milone* 10)

Die Hauptdarsteller und Statisten im Gerichtssaal

Ähnlich wie heute gab es in römischen Gerichtsverfahren einen Richter, einen Kläger und einen Verteidiger (manchmal gab es auch Geschworene). In Tabelle 11.1 sind die Leute aufgeführt, die üblicherweise mit einem Prozess zu tun hatten.

Lateinische Vokabel	Übersetzung
absolvo, absolvere, absolvi, absolutum	freisprechen
accusator, accusatoris, m	Kläger
advocatus, advocati, m	Rechtsbeistand, Anwalt, Sachwalter
causa, causae, f	Rechtsbegründung, Rechtssache, Streitsache; Prozess
damnare (condemnare)	verurteilen
iudex, iudicis, m	Richter
iuratus, iurati, m	Geschworener
magistratus, magistratus, m	Beamter, Magistrat
praetor, praetoris, m	Prätor (Beamter, der als Richter tätig ist)
reus, rei, m	(im Prozess) Angeklagter
scriba, scribae, m	Schreiber, Sekretär
testis, testis, m	Zeuge

Tabelle 11.1: Beteiligte bei einem Gerichtsverfahren

Cincinnatus: Der Bauer, der Diktator und wieder Bauer wurde

Die Römer liebten ihre Diktatoren! Na ja, zumindest einige von ihnen – zum Beispiel Cincinnatus. Lucius Quinctius Cincinnatus war ein ziemlich geradliniger Mensch, der seinen Lebensunterhalt als Bauer verdiente (zugegeben, er war ein ziemlich reicher Bauer). Livius berichtet (*Ab urbe condita* III, 26 und 27), dass Cincinnatus 458 v. Chr. von seinem Acker weggeholt und zum Diktator ernannt wurde, als die **Aequi,** ein anderer Volksstamm in Italien, die römische Armee angegriffen und in die Flucht geschlagen hatten. Weil Cincinnatus unbedingt zurück zu seinem Pflug wollte, sammelte er eine Armee, kämpfte und besiegte die Aequer. Dann legte er sein Amt nieder und kehrte zu seiner Feldarbeit zurück. Und das alles in 15 Tagen.

Antikes Juristenlatein

In Tabelle 11.2 sind einige Vokabeln aufgeführt, die ganz hilfreich sind, wenn Sie Latein lernen und verstehen wollen.

Lateinische Vokabeln	Übersetzung
advocatio, advocationis, f	Rechtsbeistand, Rechtsauskunft
crimen, criminis, n	Vorwurf, Beschuldigung, Vergehen, Verbrechen
iniuria, iniuriae f	Unrecht, Kränkung
iudicium, iudicii, n	Gericht, Gerichtsverhandlung, Prozess, Urteil
ius, iuris, n	Recht
iussu (mit Genitiv)	auf Befehl, im Auftrag
iustitia, iustitiae, f	Gerechtigkeit
legitimus, -a, -um	gesetzlich, rechtmäßig
lex, legis, f	Gesetz, Vorschrift, Gebot, Bestimmung
lis, litis, f	Rechtsstreit, Streitsache, Prozess
litigator, litigatoris, m	Prozessführender, prozessführende Partei
quaestio, quaestionis f	gerichtliche Untersuchung, Vernehmung, Verhör
veritas, veritatis, f	Wahrheit (abstrakt), Wahrheitsliebe
verum, veri n	Wahrheit (konkret)

Tabelle 11.2: Vokabeln, die die Römer bei Gericht benutzten

Im Gespräch

Der **iudex** (Richter) fragt während einer Verhandlung den **advocatus** (Verteidiger), wann der nächste Zeuge erscheint, damit die Verhandlung fortgesetzt werden kann.

Iudex:	**Ubi est testis, advocate?**
	Wo ist der Zeuge, Herr Verteidiger?
Advocatus:	**Venit, venit.**
	Er kommt, er kommt.
Iudex:	**Quando?**
	Wann?
Advocatus:	**Nunc! Est quoque testis in alia lite!**
	Jetzt! Er ist auch in einem anderen Prozess Zeuge!
Iudex:	**Testis in alia lite?**
	Zeuge in einem anderen Prozess?
Advocatus:	**Ita vero est. Est optimus testis. Semper dicit verum!**
	Ja, richtig. Er ist ein sehr guter Zeuge. Er sagt immer die Wahrheit!

Iudex:	**Quis est?**	
	Wer ist er?	
Advocatus:	**Marcus.**	
	Marcus.	
Iudex:	**Nonne est frater rei?**	
	Ist er nicht der Bruder des Angeklagten?	
Advocatus:	**Ita vero est! Sed ille est optimus testis!**	
	Ja, richtig! Er ist aber ein sehr guter Zeuge!	
Iudex:	**Non tempus est. Duc mihi legitimum testem, sine mora.**	
	Dafür ist keine Zeit. Bring mir einen richtigen Zeugen, und zwar ohne Verzögerung.	
Advocatus:	**O me miserum! Omnes mei testes sunt in carcere!**	
	O ich Armer! Alle meine Zeugen sind im Gefängnis!	
Iudex:	**Deinde iussu iudicis haec quaestio est prorogata sine die!**	
	Dann wird dieses Verhör auf Befehl des Richters auf unbestimmte Zeit verschoben.	

Kleiner Wortschatz

ad hoc	nur auf diesen Fall bezogen; aus dem Stegreif, eigens für diesen Zweck
bona fide	auf Treu und Glauben, in gutem Glauben
corpus delicti	(»[Körper, das heißt] Gegenstand des Vergehens«) Beweisstück, durch das der Täter überführt werden kann
de facto	tatsächlich (bestehend), der Ist-Zustand
de iure	nach Recht, von Rechts wegen, laut Gesetz
ex officio	von Amts wegen
habeas corpus	du sollst den Körper haben
ipso facto	durch die Tat selbst
ipso iure	durch das Recht selbst, dem Gesetz entsprechend
modus operandi	Art und Weise des Handelns, des Tätigwerdens
modus procedendi	Art und Weise des Verfahrens
modus vivendi	Art des Neben- und Miteinanderlebens
persona non grata	unerwünschte Person
prima facie	durch den ersten Anschein, auf den ersten Blick
pro bono (publico)	für das gemeine Wohl, zum Wohle (der Öffentlichkeit)
pro forma	nur der Form halber, das heißt zum Schein
quid pro quo	dieses für das, das heißt Austausch, Ersatz
sub poena	unter Strafandrohung

Modernes Juristenlatein

Die Fachsprache der Juristen enthält ziemlich viele lateinische Wendungen und Fremdwörter. Manche sind so gebräuchlich, dass sie auch über die Fachsprache hinaus benutzt werden und jeder sie versteht. Hier sind ein paar Beispiele:

- **alibi** ([Adv.] anderswo): Wenn man aufgefordert wird, ein Alibi für eine bestimmte Zeit zu bringen, weiß man, dass man angeben muss, wo man sich aufgehalten hat, als ein Verbrechen passiert ist, um seine Abwesenheit vom Tatort zum Zeitpunkt des Verbrechens zu belegen. So muss man belegen, dass man nicht der Täter ist.

- **alias** ([Adv.] ein andermal, sonst): Heute ist mit *alias* »mit anderem Namen«, meist ein Deckname, gemeint, den Leute benutzen, die ihre wahre Identität verbergen wollten. Ein *alias* kann aber auch ein Künstlername et cetera sein: »Johnny Cash alias Man in Black« bedeutet eigentlich, dass Johnny Cash auch als Man in Black bekannt ist.

- **status quo** (Zustand, in dem sich etwas befindet): Wenn man vom Stand der Dinge spricht, benutzt man oft die Formulierung »Status quo«.

- **in flagranti** (ursprünglich »im Brennen, das heißt bei noch brennendem Feuer, also während der Brandstiftung [ertappt]«): Wenn jemand auf frischer Tat ertappt wurde, sagt man auch, er wurde in flagranti ertappt.

Tabelle 11.3 zeigt noch mehr lateinische Wörter, die Juristen heute benutzen.

Lateinische Wendung	Übersetzung	Heutiger Gebrauch
bona fide	in gutem Glauben	gutgläubig
creditor	Gläubiger	Gläubiger
debitor	Schuldner	Schuldner
habeas corpus	du sollst den Körper haben	Rechtsgrundsatz, nach dem ein Angeklagter dem Gericht vorzuführen ist
sub poena	unter Strafandrohung	Vorladung; Aufforderung vor Gericht zu erscheinen, das Nichterscheinen steht unter Strafe
status quo ante	Zustand, in dem es vorher war	Zustand vor dem Status quo
versus	gegen ... hin, nach ... hin	gegen

Tabelle 11.3: Heutzutage benutzte lateinische Rechtsbegriffe

Übrigens greifen nicht nur deutsche Juristen immer wieder auf lateinische Begriffe und Wendungen zurück, in englischsprachigen Ländern ist diese Tradition noch viel ausgeprägter.

Im folgenden Abschnitt gibt es weitere Wendungen aus dem römischen Rechtsleben, die heute noch benutzt werden. Viele davon dürften bekannt sein, auch wenn die exakte Bedeutung vielleicht nicht klar ist.

Römische Rechtsgrundsätze und weitere lateinische Wendungen

Viele Rechtsgrundsätze und Wendungen, die Juristen benutzen, werden auch in anderen Zusammenhängen in ihrem ursprünglichen lateinischen Wortlaut benutzt. Einige davon sind in Tabelle 11.4 zu finden. In der folgenden Aufzählung werden weitere näher erklärt.

- **ex officio:** In einem lateinischen Satz würde diese Wendung so auftauchen:

  Imperator erat ex officio dux quoque exercitus.

  Der Kaiser war von Amts wegen auch Befehlshaber der Armee.

  Heute hört man diese Wendung in einem Satz wie diesem:

  Der Bundestagspräsident ist ex officio Stellvertreter des Bundespräsidenten.

- **persona non grata:** In einem lateinischen Satz würde diese Wendung so auftauchen:

  Post caedem Caesaris, Brutus habebatur persona non grata Romae.

  Nach dem Mord an Caesar galt Brutus in Rom als eine nicht willkommene Person.

  Heute finden Sie diese Wendung in folgendem Zusammenhang:

  Nachdem Hans wegen Unterschlagung verurteilt worden war, galt er bei seinen ehemaligen Kollegen als Persona non grata.

Zu den lateinischen Rechtsgrundsätzen, die man immer mal wieder hört, gehören die folgenden Wendungen:

- **Audiatur et altera pars** (»Auch die andere Seite muss gehört werden / Auch die Gegenpartei soll Gehör finden«): In einem Rechtsstreit darf eine Entscheidung erst ergehen, nachdem beide Seiten Gelegenheit hatten, ihren Standpunkt darzulegen. Nicht nur der Ankläger hat das Recht, die Anklage zu verlesen, auch der Beschuldigte hat Anspruch auf rechtliches Gehör.

- **in dubio pro reo** (Im Zweifel für den Angeklagten): Niemand darf verurteilt werden, wenn das Gericht nicht von seiner Schuld überzeugt ist.

- **ne bis in idem** (»nicht zweimal gegen dasselbe«): Grundsatz im Strafprozess, dass gegen eine bereits rechtskräftig abgeurteilte strafbare Handlung nicht noch einmal Strafklage erhoben werden darf.

- **nulla poena sine culpa** (keine Strafe ohne Schuld): Niemand darf für eine Tat bestraft werden, wenn ihn keine Schuld trifft.

✔ **nulle poena sine lege** (keine Strafe ohne Gesetz): Die Strafbarkeit einer Handlung muss durch ein Gesetz bestimmt sein.

✔ **Pacta sunt servanda.** (Verträge sind einzuhalten): Verträge müssen eingehalten werden, wer das nicht tut, handelt rechtswidrig.

Diese und andere Wendungen (die in Tabelle 11.4) hört man öfter mal im Fernsehen und in Filmen. Sie sind einerseits so bekannt, dass die Zuschauer den Zusammenhang verstehen und der Geschichte folgen können, andererseits klingen sie so fremd, dass die Schauspieler wie Rechtsexperten klingen.

Lateinische Wendung	Übersetzung	Heutiger Gebrauch
ad hoc	für dieses	nur auf diesen Fall bezogen, eigens für diesen Zweck; aus dem Stegreif
corpus delicti	Körper des Verbrechens	Beweisstück, durch das der Täter überführt werden kann
de facto	nach Tatsachen	tatsächlich (bestehend), der Ist-Zustand
de iure	nach Recht	von Rechts wegen, laut Gesetz, der Soll-Zustand
ad infinitum	ins Unendliche	unendlich lange, sich unbegrenzt fortsetzend
in absentia	in Abwesenheit	in Abwesenheit
in camera	in der Kammer	im Geheimen
in loco parentis	an eines Elternteiles statt	an Stelle eines Elternteils
ipso facto	durch die Tat selbst	besagt, dass die Folgen der Tat von selbst eintreten
ipso iure	durch das Recht selbst	von Rechts wegen, kraft Gesetzes
locus delicti	Ort des Verbrechens	Tatort
modus operandi	Art des Handelns	wird benutzt, um die Handlungsweise eines Kriminellen zu beschreiben
nolo contendere	ich will nicht streiten	Begriff aus dem US-amerikanischen Recht. Der Angeklagte bestreitet die Straftat nicht, gibt sie aber auch nicht zu. Er erkennt das Urteil an, gibt aber seine Schuld nicht zu.
prima facie	auf den ersten Blick	Anscheinsbeweis
pro forma	der Form halber	zum Schein
quid pro quo	dieses für das	Eine Hand wäscht die andere. Wie du mir, so ich dir.

Tabelle 11.4: Weitere lateinische Rechtsbegriffe

Weise Worte

Die Römer hatten einige Sprichwörter, die ihre Gültigkeit nicht eingebüßt haben:

Quod licet Iovi, non licet bovi.

Was Jupiter darf, darf der Ochse noch lange nicht.

Caveat emptor.

Der Käufer sei wachsam.

Dura lex sed lex.

Ein hartes Gesetz, aber ein Gesetz. Auch wenn ein Gesetz hart ist, muss es respektiert werden. (Grundsatz für die Rechtsanwendung durch den Richter, das heißt, er darf nicht auf Kosten der Norm zugunsten der Billigkeit entscheiden.)

Errare humanum est.

Irren ist menschlich.

Im Gespräch

Der Anwalt Cicero fragt seinen Klienten Sucus, wo er war, als das Verbrechen begangen wurde.

Cicero: **Ubi fuisti? Domi?**
Wo warst du? Daheim?

Sucus: **Ita vero est. Domi.**
Das ist richtig. Daheim.

Cicero: **Quid agebas?**
Was hast du gemacht?

Sucus: **Me lavabam.**
Ich habe ein Bad genommen.

Cicero: **Numquamne a villa discessisti?**
Du bist nie aus dem Haus gegangen?

Sucus: **Ita! Ii ad tabernam et emi mihi aliquid pulli.**
Ja! Ich bin zur Taverne gegangen und habe mir etwas Hühnchen gekauft.

Cicero: **Itaque de facto discessisti a villa! Istine ad locum delicti?**
Also bist du in Wahrheit aus dem Haus gegangen! Bist du zum Tatort gegangen?

Sucus:	**Non. Statim redii domum.**
	Nein. Ich bin sofort nach Hause zurück.
Cicero:	**Sed discessisti a villa! Ipso facto tu videris nocens!**
	Aber du bist aus dem Haus gegangen! Durch diese Tat erscheinst du schuldig.
Sucus:	**Ita vero est. Sed nemo me vidit!**
	Das ist wahr. Aber keiner hat mich gesehen!
Cicero:	**In tua absentia quem reliquisti domi?**
	Wen hast du in deiner Abwesenheit zuhause zurückgelassen?
Sucus:	**Neminem.**
	Niemanden.
Cicero:	**Eheu! Puto te debere implorare: Nolo contendere!**
	Oh nein! Ich glaube, du musst auf »nolo contendere« plädieren!
Sucus:	**Putasne?**
	Glaubst du?
Cicero:	**Ita vero est. Prima facie tu es innocens. Sed perdemus hanc litem!**
	Ja. Auf den ersten Blick bist du unschuldig. Aber wir werden diesen Prozess verlieren!

Kleiner Wortschatz

accusator, accusatoris, m	Kläger
crimen, criminis, n	Vorwurf, Beschuldigung, Vergehen, Verbrechen
iudex, iudicis, m	Richter
iudicium, iudicii, n	Gericht, Gerichtsverhandlung, Prozess, Urteil
lex, legis, f	Gesetz, Vorschrift, Gebot, Bestimmung
litigator, litigatoris, m	Prozessführender, prozessführende Partei
magistratus, magistratus, m	Beamter, Magistrat
scriba, scribae, m	Schreiber, Sekretär
veritas, veritatis, f	Wahrheit (abstrakt), Wahrheitsliebe
verum, veri, n	Wahrheit (konkret)

Lateinische Wendungen, die es auch noch gibt

Wer die letzten Abschnitte gelesen hat, weiß, dass Latein in der juristischen Fachsprache eine große Rolle spielt. Es gibt aber noch mehr. In Tabelle 11.5 sind noch einige Wendungen, auf die Sie eher selten stoßen.

Lateinische Wendung	Übersetzung	Heutiger Gebrauch
a mensa et toro	von Tisch und Bett (getrennt)	Trennung von Tisch und Bett, Trennung der Eheleute nach katholischem Eherecht
casus belli	Kriegsfall	Kriegsgrund
condicio sine qua non	Bedingung, ohne die (etwas) nicht (geschehen kann)	unerlässliche Bedingung, Grundvoraussetzung
cui bono	Wem zum Guten / zum Vorteil / zum Nutzen?	Wem nützt es? Wer hat einen Vorteil?
in flagranti	im Brennen, das heißt bei noch brennendem Feuer, also während der Brandstiftung [ertappt]	auf frischer Tat (ertappt)
inter alia	unter anderem	unter anderem
mutatis mutandis	nachdem das zu Ändernde geändert wurde	mit den nötigen / entsprechenden Abänderungen
Non liquet.	Es (das heißt die Sache) ist nicht klar.	wird benutzt bei unentscheidbaren Fällen
obiter dictum	nebenbei bemerkt	ein Richter kann in einem Urteil eine Rechtsansicht äußern, die keinen Einfluss auf das Urteil hat. Auf diese Weise sagt er nebenbei seine Meinung.
pendente lite	bei hängendem Rechtsstreit	während eines schwebenden Rechtsstreits, bei schwebendem Verfahren
res ipsa loquitur	die Sache spricht für sich selbst	das versteht sich von selbst
sub iudice	beim Richter	noch nicht entschiedener Rechtsfall
Ultra posse (Ultra vires) nemo obligatur (tenetur).	Über sein Können (Über seine Kräfte) hinaus wird niemand verpflichtet.	Unmögliches zu leisten, kann niemand verpflichtet werden. Verbindlichkeiten, die der Betreffende zu erfüllen unvermögend ist, treffen ihn nicht.

Tabelle 11.5: Selten benutzte lateinische Rechtsbegriffe

Im Gespräch

Ein **iudex** (Richter) fragt den **reus** (Angeklagter) nach seiner Beteiligung an einem Diebstahl. Er hat genug von den ausweichenden Antworten und will endlich die Wahrheit erfahren.

Iudex: **Vera? Vera! Cupio vera! Dic mihi ab initio ubi fueris et cum quo!**

Die Wahrheit? Die Wahrheit! Ich will die Wahrheit! Erzähl mir von Anfang an, wo du warst und mit wem du dort warst!

Reus: **Eram, eram ... domi!**

Ich war, ich war ... daheim!

Iudex: **Cum quo?**

Mit wem?

Reus: **Cum matre et patre.**

Mit meiner Mutter und meinem Vater.

Iudex: **Sed vigil dixit mihi se apprehendisse te in flagranti!**

Der Polizist hat mir aber gesagt, er hat dich auf frischer Tat ergriffen.

Reus: **Nescio.**

Ich weiß nicht.

Iudex: **Iuvenis, hic veritas est condicio sine qua non.**

Junger Mann, die Wahrheit ist hier die Bedingung, ohne die es nicht geht.

Reus: **Scio.**

Ich weiß.

Iudex: **Scis? Tu es non compos mentis! Puto te debere pernoctare in carcere!**

Du weißt? Du bist nicht im Besitz deiner Sinne! Ich glaube, du musst die Nacht im Gefängnis verbringen.

Reus: **In carcere? O me miserum! Quid faciam?**

Im Gefängnis? O ich Armer! Was soll ich tun?

Iudex: **Habuisti onus probandi te innocentem. Concidisti.**

Du hattest die Last, deine Unschuld zu beweisen. Du hast versagt.

Reus: **O me miserum. Sum innocens. Crede mihi, si tibi placet!**

O ich Armer! Ich bin unschuldig. Glaub mir bitte!

Iudex: **Custos, inice hunc furciferum in carcerem sub iudice!**

Wächter, wirf diesen Galgenstrick ins Gefängnis, solange das Verfahren läuft.

Gutes Geld für harte Arbeit

Vor der Einführung von Münzgeld wurden die Soldaten im alten Rom mit Salz bezahlt. Sie konnten es gegen Fleisch und andere Güter, die sie brauchten, eintauschen. Das lateinische Wort für Salz ist **sal.** Und von diesem Wort leiten sich das lateinische Substantiv *salarium* (Salzration, Sold, Gehalt), das französische Substantiv *salaire* (Gehalt, Gage), das englische Substantiv *salary* und das deutsche Fremdwort *Salär* ab. Salz hatte den Vorteil, dass man es im Gegensatz zu Vieh oder anderen Naturalien gut lagern und auch transportieren konnte. Münzen wurden in Rom übrigens im 3. Jahrhundert v. Chr. eingeführt.

Kleiner Wortschatz

ab initio	von Anfang an
ad libitum	nach Belieben
casus belli	Kriegsfall, Kriegsgrund
in flagranti	auf frischer Tat
condicio sine qua non	unerlässliche Bedingung, Grundvoraussetzung

Summum ius summa iniuria (*Cicero*, de officiis I, 33)

Das höchste Recht ist das höchste Unrecht. (Wenn das Recht spitzfindig auf die Spitze getrieben wird, kann es zu komplettem Unrecht führen.)

Und doch wollen wir nicht auf den Schutz durch eine funktionierende Rechtsprechung verzichten!

sine ira et studio (*Tacitus*, annales I, 1, 6)

ohne Zorn und Eifer (ohne Partei zu ergreifen, unparteiisch)

Für alle Juristen sicherlich die grundlegende Aufforderung, eine Untersuchung und Bewertung vorurteilsfrei durchzuführen. Ganz offenbar ist es schwer, objektiv, ohne Hass und Gunst eine verworrene Situation zu beurteilen, wir alle wissen es.

Spiel, Spaß und Denksport

Welcher deutsche Ausdruck passt zu welcher lateinischen Wendung? Schreiben Sie den passenden Buchstaben in die Lücke:

_____	1.	crimen	a) irgendwo anders
_____	2.	alibi	b) kraft Amtes
_____	3.	caveat emptor	c) Beweisstück bei einem Verbrechen
_____	4.	quid pro quo	d) unter anderem
_____	5.	ex officio	e) auf den ersten Blick
_____	6.	in camera	f) eine Beschuldigung
_____	7.	inter alia	g) gegenwärtiger Zustand
_____	8.	prima facie	h) der Käufer sei wachsam
_____	9.	lex	i) eine Hand wäscht die andere
_____	10.	corpus delicti	k) ein Gesetz
_____	11.	status quo	l) im Geheimen

Das folgende Verhör ist im Grunde für den **iudex** wie für den **reus** unerfreulich, wie so oft. Können Sie es übersetzen?

12. Iudex: Quid fecisti (facio, facere, feci, factum: machen)? Nonne leges legisti? Legibus factum tuum prohibetur!

13. Reus: Scio

14. Iudex: Si scis, cur id fecisti?

15. Reus: Nescio. Advocatus narrabit.

16. Iudex: Tu narrare debes! Scriba omnia, quae narraveris, scribet.

17. Reus: Statim domum redire volo.

18. Iudex: Minime! Hodie in carcere eris. Poenam meruisti.

19. Reus: O me miserum!

Die Lösungen sind in Anhang D zu finden.

> **IN DIESEM KAPITEL**
>
> Die Teile des menschlichen Körpers
>
> Was sich hinter oft benutzten medizinischen Fachwörtern verbirgt

Kapitel 12
Medizinerlatein

Vor noch gar nicht allzu langer Zeit hatten Wissenschaftler und andere gebildete Menschen wie Juristen und Ärzte in den unterschiedlichsten Ländern eines gemeinsam: Sie sprachen Latein. (Jemand, der außerordentlich gebildet war, war nicht nur des Lateinischen mächtig, nein, er konnte auch Griechisch!) Latein war die **lingua franca** (wörtlich: fränkische Sprache, gemeint ist damit üblicherweise eine Verkehrssprache, die jeder versteht, heute wäre das Englisch) des europäischen Mittelalters und blieb es bis weit in die Neuzeit. Gelehrte und Forscher in ganz Europa konnten sich so verständigen. Deshalb kommen viele medizinische Fachbegriffe und Bezeichnungen für Körperteile aus dem Lateinischen.

Auch heute ist Latein nicht nur eine Fußnote der Medizingeschichte: In vielen medizinischen Berufen werden diese Begriffe heute noch verwendet. In diesem Kapitel erfahren Sie, was Ärzte und Apotheker wirklich sagen, was hinter solchen Sätzen steckt: »Haben Sie die Symptome einer **Angina**?« »Wenn Sie husten, welche Farbe hat dann Ihr **Sputum**?«

Die Benennung des Körpers: Anatomische Fachsprache

Die Römer waren ein praktisch veranlagtes Volk. Sie waren Bauern, hüteten Vieh und lebten in Hütten auf dem Palatin und dem Kapitol (zwei der sieben Hügel, auf denen Rom gebaut worden ist). Sie interessierten sich für den menschlichen Körper und glaubten, dass Gefühle aus der Leber kamen, nicht aus dem Herzen. Später bewunderten gelehrte Römer die Griechen wegen ihres medizinischen Wissens, übernahmen deren Ideen oder passten sie ihrem Bedarf an. Sie fanden auch Namen und Fachausdrücke für die Körperteile, die die Griechen noch nicht benannt hatten.

Dieser Teil enthält einen Überblick über die Körperteile – die inneren und die äußeren –, die ihren Namen von den Römern haben.

Namen für Kopf, Schultern, Knie und Zehen

Ist ja gut, ein Kopf ist ein Kopf, ein Ohr ist ein Ohr und Arme sind Arme. Die meisten Körperteile haben aber auch noch lateinische Namen. Und das sind die, die all die Ärzte, die Chiropraktiker und die Krankenversicherungen benutzen. (Der Jargon von Medizinern ist voll von lateinischen Wörtern.) **Corona** zum Beispiel, woraus sich im Deutschen **Krone** und im Englisch **crown** ableiten, bedeutet »Kranz«. Wenn von einer Koronararterie die Rede ist, ist damit ein Kranzgefäß im Herzen gemeint. (Arterie kommt übrigens aus dem Griechischen; diese glaubten, das Wort bedeute »mit Luft gefüllte Ader«; tatsächlich bedeutet das Wort aber »die sich unter dem Pulsschlag erhebende, das heißt anschwellende Schlagader«.) Tabelle 12.1 zeigt noch mehr Körperteile mit ihren lateinischen Bezeichnungen.

Latein	Körperteil
auris	Ohr
bracchium	Unterarm, Arm
capillus	Haar
caput	Kopf
collum	Hals
crus	Unterschenkel, Bein
cutis	Haut
digitus	Finger, Zehe
manus	Hand
nasus	Nase
oculus	Auge
os	Mund, Züge um den Mund, Gesicht
pectus	Brust, Brustkorb
pes	Fuß
venter	Bauch

Tabelle 12.1: Lateinische Bezeichnungen für Körperteile

Die alten Knochen

Viele Begriffe, die in der Medizin für Teile des Körpers verwendet werden, kommen direkt aus dem Lateinischen, so die meisten Fachbegriffe für Knochen. Der Knochen heißt auf Lateinisch **os, ossis**, n, wobei das o kurz ist (im Gegensatz zu **os, oris**, n »Mund«, hier ist das o lang – siehe Tabelle 12.1). Tabelle 12.2 zeigt einige Begriffe.

Viele der lateinischen Namen und Begriffe haben einen beschreibenden Charakter, das kann ganz hilfreich sein, um sich zu merken, welchen Körperteil sie bezeichnen. Mit dem Wort **fibula** bezeichneten die Römer eine Fibel, das ist eine Spange zum Verschließen von Kleidungsstücken. Eine Fibel ähnelt modernen Sicherheitsnadeln. Zusammen erinnern Tibia und Fibula an die Form einer Sicherheitsnadel, und die Fibula ist dabei der spitze, dünnere Teil des Paares.

Latein	Ursprüngliche Bedeutung	Körperteil
fibula	Spange, Fibel	Wadenbein, einer der Unterschenkelknochen
tibia	Flöte, Pfeife	Schienbein, der andere Unterschenkelknochen
patella	flache Schale	Kniescheibe
femur	Oberschenkel	Oberschenkelknochen
sacrum	heilig	Kreuzbein, zusammengewachsene Wirbel zwischen Lendenwirbel und Steißbein
vertebra	Gelenk, Wirbel (in der Wirbelsäule)	Wirbel
scapula	Schulter, Achsel	Schulterblatt
humerus	Schulter, Oberarm	Oberarmknochen
radius	Stab, Radspeiche	Speiche, einer der Unterarmknochen
ulna	Ellenbogen (als Knochen)	Elle, einer der Unterarmknochen
maxilla	Kinnbacke, Kinnlade, Kinn	Oberkiefer

Tabelle 12.2: Lateinische Bezeichnungen für Knochen

Die Römer und die Medizin

Was die Römer über die Medizin wussten, hatten sie zu einem großen Teil von den Griechen und aus den Schriften des Hippokrates, eines griechischen Arztes, der im 5. Jahrhundert v. Chr. lebte. Im Gegensatz zu anderen Ärzten seiner Zeit, die dachten, Krankheiten seien eine Strafe der Götter, glaubte er, dass jede Krankheit eine natürliche Ursache habe und deshalb zu diagnostizieren und zu behandeln sei. Der erste Verhaltenskodex für Ärzte, den wir heute als *Eid des Hippokrates* kennen, ist nach ihm benannt. Da aber die älteste bekannte Erwähnung aus dem 1. Jahrhundert n. Chr. stammt, ist es relativ unwahrscheinlich, dass Hippokrates ihn formuliert hat. Dieser Eid enthält ethische Richtlinien für Ärzte, die auch heute noch gültig sind.

Im alten Rom waren Ärzte normalerweise Freigelassene oder Sklaven. Ihre Ausbildung war meist praktischer Natur, das heißt, sie lernten diesen Beruf, indem sie andere Ärzte begleiteten. Ärzte genossen gewisse Privilegien, so mussten sie zum Beispiel keine Steuern zahlen. Im Großen und Ganzen war ihr Ansehen aber nicht sonderlich hoch. Der römische Satiriker Martial (um 40 bis ca. 104 n. Chr.) schrieb in seinen Epigrammen:

> **Nuper erat medicus, nunc est vispillo Diaulus:**
>
> **quod vispillo facit, fecerat et medicus.** (*Epigrammata* I, 47)
>
> Vor Kurzem noch war Diaulus Arzt, jetzt ist er Leichenträger:
>
> Was er als Leichenträger macht, hat er auch als Arzt gemacht.

Wenn man bedenkt, dass die Lebenserwartung für Frauen im alten Rom bei 25 Jahren und die für Männer bei 45 Jahren lag, ist dieses Urteil vielleicht gar nicht mal zu scharf.

Kraftprobe: Ein paar Muskeln

Die Muskeln des menschlichen Körpers werden mit lateinischen Begriffen bezeichnet. (Wer hätte das gedacht?) Wahrscheinlich hat jeder schon mal vom Bizeps gehört, und nicht wenige Menschen (vor allem Männer) tun auch etwas für sein Aussehen. Und natürlich kommt auch das Wort »Muskel« aus dem Lateinischen. **Musculus** bedeutet »Mäuschen«. In Tabelle 12.3 sind die wichtigsten Muskeln des Körpers aufgeführt.

Latein	Ursprüngliche Bedeutung	Körperteil
fascia	Binde, Band, Windel	Faszie; Gewebe, das die Muskeln umhüllt und voneinander trennt
musculus biceps	zweiköpfiger Muskel	Bizeps; zweiköpfiger Muskel auf der Vorderseite des Oberarms, der den Ellenbogen beugt
musculus gluteus maximus	größter Gesäßmuskel	größter Muskel des menschlichen Hinterteils
musculus latissimus dorsi	breitester Rückenmuskel	es gibt zwei davon; sie verlaufen von der Wirbelsäule zum Oberarmknochen
musculus obliquus externus abdominis	äußerer schräger Bauchmuskel	er ist für die Drehung und Beugung des Rumpfs zuständig
musculus pectoralis maior	großer Brustmuskel	Brustmuskel, der den Arm einwärts dreht
musculus rectus abdominis	gerader Bauchmuskel	Bauchmuskel, der den Rumpf beugt und das Becken hebt
musculus triceps	dreiköpfiger Muskel	Trizeps; dreiköpfiger Muskel auf der Rückseite des Oberarms, streckt den Ellenbogen

Tabelle 12.3: Lateinische Bezeichnungen für Muskeln

Die Innenarchitektur

Galen von Pergamon (um 129 bis 216 n. Chr.), Hofarzt von Marc Aurel, glaubte, dass Chirurgie ein wichtiger Bestandteil der Medizin sei. Er interessierte sich besonders für die Funktionsweise des menschlichen Körpers. Er verbrachte viel Zeit damit, Tiere zu sezieren – hauptsächlich Schweine, Affen, Ziegen und Schafe. Außerdem war er zeitweise Wundarzt der Gladiatoren in Pergamon und untersuchte die Athleten, die an den Olympischen Spielen teilnahmen. Aus seinen Erfahrungen und seinen Studien zog er Schlüsse über den menschlichen Körper – viele davon sind sehr präzise, andere dagegen ziemlich abwegig.

Gleichwohl hatte Galen, sowohl wegen der Erforschung des menschlichen Körpers als auch aufgrund seiner Stellung als einer der bedeutendsten Ärzte seiner Zeit, entscheidenden Einfluss darauf, wie die Ärzte im alten Rom praktizierten. Die Römer hatten also trotz ihres Vertrauens auf Beschwörungen, Zaubersprüche, Amulette und die Fürsprache verschiedener Götter ein recht modernes Verhältnis zur Chirurgie, und sie nahmen die so gewonnenen Erkenntnisse in die medizinische Theorie auf.

Tabelle 12.4 zeigt die lateinischen Wörter, mit denen Medizin Organe, Systeme und Strukturen benennen, die im menschlichen Körper zu finden sind. Einige dieser Begriffe dürften bekannt sein und es ist wirklich erstaunlich, dass schon die Ärzte der Antike davon wussten.

Latein	Ursprüngliche Bedeutung	Heutige Verwendung
alveolus	kleine Mulde, kleine Wanne	Alveole, kleine Aushöhlung (Zahnfach, Lungenbläschen, bläschenförmiges Drüsenendstück)
atrium	Innenhof, Empfangshalle	Vorhof des Herzens; es gibt einen rechten und einen linken
cerebrum	Gehirn	Großhirn, Endhirn; der größte Teil des Gehirns
cervix	Hals, Nacken, Genick	Gebärmutterhals; cervix uteri: Verbindung zwischen Gebärmutter und Scheide
fistula	Röhre, Rohrpfeife	Fistel; röhrenartige Verbindung zwischen einem Abszess, einem Hohlraum oder einem Hohlorgan (wie Magen oder Darm) zur Hautoberfläche oder zu einem anderen Hohlorgan, sodass Körperflüssigkeit hindurchfließen kann
liquor	Flüssigkeit	klare Körperflüssigkeit
macula	Fleck	kleiner Bereich, der anders aussieht als das umliegende Gewebe
medulla oblongata	verlängertes Mark	hinterster Teil zum Gehirn am Übergang zum Rückenmark (medulla spinalis)
sinus	Vertiefung, Ausbuchtung, Bucht	bezeichnet mehrere Hohlräume vor allem im Schädel, zum Beispiel Nasennebenhöhlen = sinus paranasales
vena	Ader, Vene	Venen im Körper
vena cava	hohle Vene	Hohlvene; zwei Venen, die das Blut vom Körper zurück zum rechten Herzvorhof transportieren

Tabelle 12.4: Lateinische Bezeichnungen für innere Organe

Was es mit diesem Stab und der Schlange auf sich hat

Wer hat sich nicht schon mal gefragt, was es mit dem Symbol der medizinischen Berufe auf sich hat, einem Stab, um den sich eine Schlange windet, dem sogenannten Äskulapstab. Die Geschichte geht so:

Apollon war der griechische Gott der Heilkunst. Irgendwann ging der Laden an seinen Sohn *Asklepios*, der sogar Tote zum Leben erwecken konnte. Asklepios unternahm lange Wanderungen zu den Kranken, dabei hatte er einen Wanderstab und ihn soll eine

Natter begleitet haben. Die Schlange war in der Antike ein Symbol der Heilkunst, denn wegen ihrer regelmäßigen Häutung waren sie ein Sinnbild der Verjüngung. Sein bedeutendstes Heiligtum war Epidauros in Griechenland. Hierher kamen Kranke, um geheilt zu werden. Sie verbrachten dazu einige Nächte im Heiligtum, und im Traum erschien ihnen der Gott und teilte ihnen die richtige Behandlungsmethode mit (so zumindest die Theorie).

Und was hat das Ganze mit Rom zu tun? Zugegeben, bis jetzt recht wenig. Aber jetzt kommt's. Kurz nach 300 v. Chr. war Rom von einer schweren Seuche heimgesucht worden. Die Römer suchten deshalb Hilfe beim Asklepios-Heiligtum von Epidauros. 291 v. Chr. wurde der Asklepios-Kult nach Rom übertragen, und die Römer nannten den Gott **Aesculapius,** auf Deutsch Äskulap. Dabei soll sich Folgendes zugetragen haben (vgl. Livius *Ab urbe condita* X,47,6-7 u. Ovid *Metamorphosen* XV,626-744):

Die römische Gesandtschaft, die nach Epidauros aufgebrochen war, brachte eine der heiligen Schlangen, die dort lebten, mit. Das Schiff mit den Gesandten und der Schlange ruderte den Tiber hinauf Richtung Rom. Die Schlange tauchte in den Fluss und schwamm bis zur Tiberinsel, der **insula Tiberina.** So hatte sich Äskulap den Standort seines Tempels selbst ausgesucht. Die Römer begannen auch gleich mit dem Bau, und schon zwei Jahre später wurde der Tempel eingeweiht, der gleichzeitig als Hospital diente. Und auch heute noch lebt die Krankenpflege auf der Tiberinsel fort. Den westlichen Teil der Insel nimmt das vom Orden der Barmherzigen Brüder geleitete *Ospedale dei Fatebenefratelli* ein; ferner wird die Insel seit dem späten 19. Jh. von der jüdischen Gemeinde Roms genutzt, die dort unter anderem ein Krankenhaus unterhält. Und weil Äskulap der Gott der Heilkunst ist, ist dessen Stab mit der Schlange das Symbol der Ärzte.

Im Gespräch

Aemilia und Clodia, zwei Medizinstudentinnen, büffeln für ihre letzte Prüfung. Es geht um das menschliche Herz.

Aemilia:	**Quid est atrium?**
	Was ist das Atrium?
Clodia:	**Atrium est cubiculum quod accipit sanguinem ex venis.**
	Das Atrium ist eine Kammer, in die das Blut aus den Venen fließt.
Aemilia:	**Quot atria cor habet?**
	Wie viele Vorhöfe hat das Herz?
Clodia:	**Duo. Atrium dextrum et atrium sinistrum.**
	Zwei. Den rechten Vorhof und den linken Vorhof.
Aemilia:	**Recte!**
	Richtig!

Clodia:	**Quot cubicula cor habet?**
	Wie viele Kammern hat das Herz?
Aemilia:	**Duo. Cubiculum dextrum et cubiculum sinistrum.**
	Zwei. Die rechte Kammer und die linke Kammer.
Clodia:	**Recte! Hoc est tam facile!**
	Richtig! Das ist ja so leicht.
Aemilia:	**Mox fiemus medicae!**
	Wir werden bald Ärztinnen sein!

Kleiner Wortschatz

atrium, atrii, n	Empfangshalle, Innenhof
auris, auris f	Ohr
caput, capitis, n	Kopf
cerebrum, cerebri, n	Gehirn
cervix, cervicis, f	Hals, Nacken, Genick
cor, cordis, n	Herz
cutis, cutis f	Haut
manus, manus, f	Hand
nasus, nasi, m	Nase
oculus, oculi, m	Auge
pes, pedis, m	Fuß
vena, venae, f	Vene, Ader

Krankenhäuser in der Antike

Die ersten Krankenhäuser befanden sich in Heiligtümern von Göttern, die für die Heilkunst zuständig waren. Bei den Griechen war das Asklepios, den die Römer Aesculapius nannten. In Rom lag sein Heiligtum auf einer Insel mitten im Tiber, und ursprünglich lud man dort kranke Sklaven ab. Die Besitzer schickten sie dorthin, damit sie sich nicht um sie kümmern mussten. Außerdem war es ganz sinnvoll, die Kranken auf einer Insel zu isolieren, um die Weiterverbreitung von Krankheiten zu verhindern oder zumindest einzudämmen. Und so wurde der Tempel des Äskulap zum ersten Krankenhaus Roms.

Da Roms Armeen immer mächtiger wurden, wurde das Römische Reich immer größer. In der Armee gab es auch Ärzte, seit der Regierungszeit des Augustus waren sie ein fester Bestandteil der Armee. Auf diese Weise verbreitete sich das medizinische Wissen der Römer im ganzen Römischen Reich, und die Einheimischen profitierten und lernten davon. (Wenn nicht die Römer im östlichen Mittelmeerraum von den Griechen lernten.) In den ausgesprochen gut organisierten Militärkrankenhäusern wurden die in der Schlacht verwundeten Soldaten behandelt. Man kümmerte sich auch um gebrochene Knochen oder ausgerenkte Gelenke; wenn es sein musste, nahmen die Militärärzte auch Amputationen vor.

Opium und Alkohol wurden als Betäubungsmittel eingesetzt. Und bei Ausgrabungen finden Archäologen immer wieder Chirurgenbesteck. Dazu gehören Scheren, Pinzetten, Zangen, Skalpelle, Haken, Nadeln und noch einiges mehr. Besonders viele Instrumente wurden in den antiken Städten Pompeji und Ostia gefunden.

Einige gebräuchliche medizinische Fachbegriffe

Sie sind krank, und irgendwann beschließen Sie, doch mal zum Arzt zu gehen. Sie verstehen allerdings nur die Hälfte dessen, was der Arzt sagt, weil er so viele Fachbegriffe benutzt. Wenn der Arzt den Mund aufmacht, hören Sie vielleicht so was:

Die Untersuchung hat ergeben, dass eine leichte (medizinisches *Kauderwelsch, medizinisches Kauderwelsch*) Ihr (medizinisches *Kauderwelsch, medizinisches Kauderwelsch*) beeinflusst.

Und wahrscheinlich *interpretieren* Sie das so:

Sie haben eine schreckliche Krankheit, die Sie wahrscheinlich umbringt, bevor Sie die Praxis überhaupt verlassen können.

Die Tatsache, dass viele Ärzte Latein benutzen und die meisten Patienten das nicht verstehen, führt oft genug zu Kommunikationsproblemen und wohl auch zu unnötiger Panik. Tabelle 12.5 nennt ein paar medizinische Fachbegriffe, die dafür sorgen können, dass sich die Panik in Grenzen hält.

Latein	Ursprüngliche Bedeutung	Heutige Verwendung
cera	Wachs	Cerumen, Ohrenschmalz
caries	Fäulnis, Morschheit	Karies, Zahnfäule
decubitus	einer, der krank im Bett liegt (PPP von decumbo)	Dekubitus, Wundliegen, Druckgeschwür, Wundliegegeschwür
delirium tremens	zitternd wahnsinnig sein	Zustand, in den ein Alkoholiker, der schon lange abhängig ist, fallen kann. Er bekommt beängstigende Halluzinationen, ist verwirrt und zittert.

Latein	Ursprüngliche Bedeutung	Heutige Verwendung
fremitus	dumpfes Getöse, Rasselgeräusch	Stimmfremitus; leichtes Vibrieren, das man spüren kann, wenn man die Hand auf den Brustkorb des Patienten legt und der Patient spricht
in situ	in der Lage, in der Stellung	in der natürlichen Lage, an der ursprünglichen Stelle, in der Originallage
insomnia	Schlaflosigkeit	Insomnie, Schlafstörung
in vitro	im Glas	(Vorgänge, die außerhalb des lebenden Organismus stattfinden, zum Beispiel) im Reagenzglas, das heißt unter künstlichen Bedingungen durchgeführt
libido	Begierde, Lust	sexuelle Begierde, Geschlechtstrieb
lumbus	Lende	Lumbago, Hexenschuss
nausea	Seekrankheit, Übelkeit	Übelkeit, Brechreiz
ovum	Ei	Eizelle
placebo	ich werde gefallen	Scheinmedikament; Arzneimittel ohne medizinischen Wirkstoff
rubella	rötlich	rubeolae (rubeola, rubella): Röteln
sputum	Speichel, Auswurf	Auswurf
tinnitus	das Klingeln	Pfeifton im Ohr
vertigo	Umdrehung, das Kreisen, Schwindel	Schwindelgefühl

Tabelle 12.5: Medizinische Fachbegriffe

Im Gespräch

Marcus hat einen Kater und geht zum **medicus** in der Nachbarschaft, weil er auf Heilung hofft.

Medicus: **Ave, Marce! Quid sentis hodie?**

Hallo Marcus! Wie geht es dir heute?

Marcus: **O caput meum! Dolet!**

O mein Kopf! Er schmerzt!

Medicus: **Cur?**

Warum?

Marcus: **Heri bibi nimium. Potesne me adiuvare?**

Ich habe gestern zu viel getrunken. Kannst du mir helfen?

Medicus:	**Habeo remedium tibi! Recipe hoc medicamentum cum aqua per os ante cenam.**
	Ich habe ein Mittel für dich! Nimm dieses Medikament mit Wasser vor dem Essen durch den Mund ein.
Marcus:	**Sed ..., sed ... olet. Vomitabo. Deinde venter mihi quoque dolebit.**
	Aber ..., aber ... es stinkt. Ich werde mich davon erbrechen. Dann wird auch mein Bauch schmerzen.
Medicus:	**Non possum sanare et caput et ventrem. Recipe hoc et abi!**
	Ich kann nicht deinen Kopf und deinen Bauch heilen. Nimm das und geh!
Marcus:	**O me miserum. Hi medici sunt inutiles.**
	O ich Armer. Diese Ärzte sind nutzlos.

Kleiner Wortschatz

caries, cariei, f	Fäulnis, Zahnfäule
in situ	am normalen (ursprünglichen) Ort, in der Originallage
ovum, ovi, n	Ei, Eizelle
insomnia, insomniae, f	Schlaflosigkeit
libido, libidinis, f	Begierde, Lust
nausea, nauseae, f	Übelkeit
sputum, sputi, n	Speichel, Auswurf
tinnitus, tinnitus, m	Klingeln, Geräusch im Ohr

Félix, quí potuít rerúm cognóscere caúsas (*Vergil*, Georgica 2, 490)

Glücklich ist, wer die Ursachen der Dinge erkennen konnte.

Unter die Oberfläche schauen, hinter die Dinge blicken zu können – wenn es nur so einfach wäre! Nicht nur bei den Ärzten erleben wir ja immer wieder, dass an Symptomen statt an den Ursachen herumkuriert wird.

Spiel, Spaß und Denksport

Übersetzen Sie die Körperteile!

1. caput _____
2. venter _____

3. crus   _____
4. bracchium   _____
5. manus   _____
6. digitus   _____
7. oculus   _____
8. pes   _____
9. auris   _____
10. capillus   _____

Zwei Ärzte unterhalten sich über einen Kranken. Er scheint nicht ernsthaft krank zu sein, vielleicht ist er ja in Wirklichkeit gesund. Verstehen Sie, was die beiden Mediziner sagen?

11. Putasne hunc virum salvum esse?

12. Puto. In capite eius nasus et duo oculi et duae aures sunt. Cervix recta (rectus, a, um: gerade, richtig) est. Etiam cerebrum sanum (sanus, -a, -um: gesund) est.

13. Sed aures rubrae sunt, tinnitu vexatur (vexare: quälen). Somnus (somnus, i, m: Schlaf) eius malus est.

14. Plus (mehr) laborare debet (debere: müssen, sollen), ut somnus eius melior sit. Tum (dann) valebit.

Die Lösungen sind in Anhang D zu finden.

> **IN DIESEM KAPITEL**
>
> Die Geschichte des frühen Christentums kurz und bündig
>
> Latein als offizielle Kirchensprache
>
> Beten auf Latein
>
> In der Kirche oft gehörte lateinische Begriffe

Kapitel 13
Kirchenlatein

Latein ist die Amtssprache der katholischen Kirche, und bis heute werden dort alle amtlichen Texte in Latein verfasst, insbesondere Enzykliken, päpstliche Rundschreiben an die katholischen Bischöfe der Welt, in denen allgemeine Fragen der kirchlichen Lehre und Disziplin für die ganze Kirche verbindlich dargelegt werden. In diesem Fall spricht der Papst **ex cathedra**, das heißt vom Päpstlichen Stuhl aus, aus päpstlicher Vollmacht (und damit als unfehlbar geltend). Bis in die 1960er-Jahre sprachen alle katholischen Priester Latein, bis 1970 wurde die Messe auf Latein gehalten – ein paar Bruchstücke Griechisch waren auch drin. (Die herausgehobene Stellung der lateinischen Sprache ist aber eigentlich nicht verwunderlich, schließlich ist es die *römisch*-katholische Kirche.) 1970 wurden dann auch andere Sprachen neben Latein erlaubt, und die Priesterschaft ging dazu über, die Messe in der Sprache zu halten, die ihre Gemeindemitglieder sprachen. In den folgenden Jahren ging der Gebrauch des Lateinischen in der Messe stark zurück, ist inzwischen aber wieder im Kommen, denn Papst Benedikt XVI. hat im apostolischen Schreiben vom 22. Februar 2007 den Gebrauch des Lateinischen in der Messe ausdrücklich unterstützt. Heute können Katholiken oft wählen, ob sie lieber eine Messe besuchen, die in ihrer Muttersprache gehalten wird, oder eine, die auf Latein gehalten wird.

Auch in den zahlreichen evangelischen Kirchen, die seit der Reformation im 16. Jahrhundert entstanden sind, spielt Latein eine Rolle, wenn auch eine wesentlich geringere als in der katholischen Kirche. Schließlich waren die ersten Reformatoren und die ersten evangelischen Christen alle einmal katholisch gewesen, bevor sie sich von der katholischen Kirche losgesagt haben. Viele dieser lateinischen Phrasen sind recht bekannt und nicht nur eifrige Gottesdienstbesucher können etwas damit anfangen.

Die meisten Menschen dürften schon das ein oder andere Mal über lateinische Wendungen gestolpert sein, die mit der Bibel und der Religion zusammenhängen. Eine dieser Wendungen ist **pax vobiscum** (Friede sei mit euch). Es gibt viele andere lateinische Wendungen, die heute noch in Gebrauch sind. Wenn Sie dieses Kapitel gelesen haben, wissen Sie, was sie bedeuten.

 Kirchenlatein wird anders ausgesprochen als klassisches Latein und hat manchmal auch eine andere Bedeutung. Mehr über die Aussprache von klassischem Latein und Kirchenlatein steht in Kapitel 2.

Über ein magisches Mysterium

Über die frühen Christen, die sich im Geheimen trafen, waren viele Gerüchte in Umlauf. Diese Treffen im Verborgenen machten die Römer, die nicht dazugehörten, äußerst misstrauisch, denn sie hörten von geheimnisvollen Riten und Zeremonien. Und ein Ritus stellte für sie ein besonderes Problem dar und sorgte für viel Verwirrung: das heilige Abendmahl. Beim Abendmahl (auch Kommunion genannt), das ja auch heute noch im Gottesdienst gefeiert wird, stehen Brot und Wein (oder Traubensaft) für Leib und Blut Christi. Die Gemeindemitglieder, die das Brot essen und den Wein trinken, gedenken so des Opfers, das Jesus für sie gebracht hat. (So viel in Kürze, allerdings hat so ziemlich jede christliche Konfession ein anderes Abendmahlsverständnis.)

Dieser Unterschied war den Römern entgangen, sie hatten nur gehört, dass die Christen Fleisch aßen und Blut tranken, und dabei sagten: **Hoc est corpus [meum]**, was bedeutet »Das ist mein Leib.« Gemeint ist der Leib Christi. Da die Römer die Symbolik dieser Handlung nicht verstanden, dachten sie, die Christen würden Hexerei betreiben. Mit der Zeit wurde **Hoc est corpus** vor allem von Menschen, die kein Latein verstanden, immer weiter verkürzt, bis es zu *hokus-pokus* geworden war. Und deshalb verbinden wir diesen Ausdruck mit dem Spruch, den Zauberer sagen, wenn sie ihre Tricks vorführen.

Christ sein im alten Rom

Die Römer haben Jesus in Jerusalem gekreuzigt, als Tiberius Kaiser war (14–37 n. Chr.; das genaue Todesjahr von Jesus ist nicht bekannt, er dürfte 30 n. Chr. oder etwas später gekreuzigt worden sein). Danach breitete sich das Christentum im gesamten Römischen Reich aus. Das Christentum fand gerade unter den römischen Sklaven und den Frauen viele Anhänger, denn es versprach den Armen und Schwachen eine Erlösung im Leben nach dem Tod. Die Römer waren anderen Religionen gegenüber zwar ziemlich tolerant, aber die Lunte war gelegt. Das Christentum unterschied sich von anderen Religionen, und die Römer betrachteten die Christen als menschenfressende Verräter, die den Zorn der Götter über sie bringen würden. Und zwar deshalb:

✔ Die Römer hatten Götter für jeden Lebensbereich – für das Säen, für das Ernten, für das Wetter, für Vulkane, für Krieg, für Geburten, für die Ehe und für den Tod. Den Christen bedeuteten diese Gottheiten jedoch nichts, und für die Römer war diese Ablehnung nicht akzeptabel. Die Römer fürchteten, dass diese Gotteslästerung die Götter erzürnen würde und dass die Götter nicht nur die Missetäter strafen würden, sondern auch die Römer selbst.

✔ Die meisten römischen Kaiser wurden nach ihrem Tod vergöttlicht. Sie erhielten eigene Tempel und eine eigene Priesterschaft. Die Anbetung der Kaiser galt als Zeichen der Loyalität dem Staat gegenüber. Die Christen weigerten sich aber, am Kaiserkult teilzunehmen, da sie keine Menschen anbeten durften. Für die Römer war das Hochverrat und konnte deshalb mit dem Tode bestraft werden. Deshalb kam es auch immer wieder zu Verfolgungen.

✔ Weil die Römer das christliche Abendmahl (siehe Kasten *Über ein magisches Mysterium*) nicht verstanden, glaubten sie, dass die Christen Säuglinge opferten, Menschenfleisch aßen und Blut tranken.

Dass die Christen nichts mit den vielen römischen Göttern anfangen konnten, hätten die Römer ja noch tolerieren können. Dass sie aber dem Kaiser und damit dem Staat die Loyalitätsbekundung verweigerten, konnte nicht toleriert werden. Außerdem war da noch der vermeintliche Kannibalismus. So kam es, dass die Römer die Christen als **odium humani generis**, als »Hasser des Menschengeschlechts« bezeichneten.

Und welches Jahr ist das?

Die meisten Autoren benutzten die Abkürzungen v. Chr. und n. Chr. im Zusammenhang mit Jahresangaben. Manchmal findet man aber auch v.u.Z. und u.Z. oder v.d.Z. und n.d.Z., und dann wundert sich so mancher, was das nun wieder soll.

Also, das ist so: Im 6. Jahrhundert n. Chr. fing ein Mönch namens Dionysius Exiguus damit an, die christliche Zeitrechnung zu benutzen. Er rechnete das Geburtsjahr von Jesus Christus aus, das war dann das Jahr eins *nach Christi Geburt*, auf Latein **Anno Domini**, im Jahre des Herrn (abgekürzt AD, dieses Kürzel wird heute im englischsprachigen Raum verwendet). Die Abkürzung *v. Chr.* steht also für *vor Christi Geburt*. In dieser Zeitrechnung gibt es kein Jahr null. Die Null war im frühen Mittelalter unbekannt, sie wurde erst im 13. Jahrhundert ins christliche Europa eingeführt, es sollte aber noch einige Jahrhunderte dauern, bis sie in der Mathematik wirklich verwendet wurde. Zurück zur Zeitrechnung. Die Abkürzungen v. Chr. und n. Chr. sind also eng mit dem christlichen Glauben verknüpft.

Viele Menschen, die keine Christen sind, haben Probleme damit, diese Abkürzungen zu benutzen und haben eine Alternative entwickelt. Statt v. Chr. benutzen sie v.u.Z. (vor unserer Zeitrechnung) oder v.d.Z. (vor der Zeitenwende) und u.Z. (unsere Zeitrechnung) oder n.d.Z. (nach der Zeitenwende).

Christenverfolgungen

Der erste römische Kaiser, der Christen verfolgen ließ, war Nero (regierte 54–68 n. Chr.). 64 n. Chr. kam es in Rom zu einem verheerenden Brand, der große Teile der Stadt zerstört hat. Nero ist auch deshalb berüchtigt, weil er den Brand von seinem Palast aus beobachtet und dabei angeblich die Leier gespielt und gesungen haben soll. (In dieser Rolle hat Peter Ustinov 1951 in *Quo vadis?* beeindruckt.) Nero gab auf jeden Fall den Christen die Schuld an dem Brand. Die, die sich zum Christentum bekannten, wurden zum Tode verurteilt, und aus ihrer Hinrichtung wurde ein großes Spektakel gemacht. Das hat diese frühen Christen erwartet:

- Einige wurden in Tierfelle eingenäht und von Hunden zerfleischt.

- Manche wurden gekreuzigt oder verbrannt.

- Andere wurden zur Unterhaltung der Massen im Circus Maximus wilden Tieren zum Fraß vorgeworfen.

- Und wieder andere mussten die **tunica molesta,** das »lästige Gewand«, tragen. Eine **tunica** war ein Kleidungsstück, das wie ein T-Shirt geschnitten war, allerdings war sie länger. Die **tunica molesta** war mit Pech und Harz getränkt, und die Unglücklichen, die dieses Gewand tragen mussten, dienten als lebende Kerzen in Neros Gärten.

In den folgenden Jahrhunderten wurden die Christen mal mehr und mal weniger verfolgt, bis Kaiser Konstantin den Christen Anfang des 4. Jahrhunderts Religionsfreiheit gewährte.

Endlich wird es besser

Konstantin der Große (regierte 306–337) kämpfte gegen Maxentius, der ihm den Thron streitig machen wollte. Bevor Konstantin 312 n. Chr. in die Schlacht zog, hatte er einen Traum, in dem ihm ein Kreuz und die Worte **in hoc signo vinces** (in diesem Zeichen wirst du siegen) erschienen. Und obwohl die Auguren (Wahrsager) eine Niederlage vorausgesagt hatten, besiegten Konstantins Truppen mit einem Kreuz auf ihren Schilden Maxentius und seine Soldaten beim **pons Milvius,** der Milvischen Brücke direkt vor den Toren Roms. 313 erließ Konstantin das Toleranzedikt von Mailand, in dem erklärt wird, dass alle Menschen ihre Religion frei wählen können. Ab jetzt galt im Römischen Reich Religionsfreiheit, von der besonders die Christen profitierten, die nun nicht mehr verfolgt wurden. Auch Kaiser Konstantin wurde Christ, allerdings ist umstritten, wann er sich taufen ließ. Viele Forscher nehmen an, er habe sich erst kurz vor seinem Tod taufen lassen.

Wer spielt mit?

Domino wird heute auf der ganzen Welt gespielt. Es heißt, es stammt aus China, vielleicht geht es aber auch auf die alten Griechen und Römer zurück. Ein Dominospiel besteht aus kleinen rechteckigen Spielsteinen, die ursprünglich aus Elfenbein oder Knochen geschnitzt waren, die darin eingelassenen Augen waren ursprünglich aus Ebenholz. Mit diesen Steinen kann man viele verschiedene Spiele spielen; die Steine müssen nach einem bestimmten System aneinandergelegt werden. Hier sind zwei Theorien darüber, wo der Name herkommt:

- Einst wurden katholische Priester **Benedicamus Domino** genannt, das heißt »lasst uns preisen den Herrn!« Der Priester sagte das während der Messe ziemlich oft. **Benedicamus Domino** wurde bald mit **domino** abgekürzt. So nannte man dann den schwarzen Kapuzenmantel italienischer Geistlicher, der außen schwarz und innen weiß war. Die Spielsteine nannte man Domino, weil sie auch schwarz-weiß waren.

✔ Die andere Theorie besagt, dass die Mönche, die dieses Spiel einst spielten, beim Würfeln immer **Benedicamus domino** sagten. Das sollte Glück bringen und die Kurzform dieses Ausspruchs wurde später zum Namen für dieses Spiel.

Welche Geschichte stimmt, werden wir wohl nie wissen. Macht aber nichts, sie sind beide gut!

Kirchenlatein, klassisches Latein, Vulgärlatein – darf's sonst noch was sein?

Wer Latein in der Schule lernt, hat mit den Werken von Autoren wie Catull, Caesar, Cicero, Vergil, Ovid, Plinius, Tacitus zu tun. Die Zeit, in der diese Autoren schrieben, wird als die Blütezeit der lateinischen Sprache betrachtet. Diese Entwicklungsstufe des Latein wird als klassische Periode bezeichnet, und deshalb ist das Latein, das von den damals schreibenden Autoren benutzt wurde, klassisches Latein. Das gemeine Volk in den Gassen Roms und anderswo im Römischen Reich sprach aber eine andere Sprache. In Rom existierten wirklich zwei Sprachen nebeneinander: Das Latein, das von den Intellektuellen und den Gebildeten gesprochen und vor allem geschrieben wurde, war der **sermo urbanus** (die städtische Sprache), das vom Volk gesprochene Latein war der **sermo vulgaris**, die Volkssprache, die heute als Vulgärlatein bezeichnet wird. (Der Begriff »Vulgärlatein« hat nichts Abwertendes, es ist einfach die Sprache, die das Volk spricht.)

Diese zwei Varianten der lateinischen Sprache standen aber nicht isoliert nebeneinander – schließlich wurden beide zur gleichen Zeit in Rom gesprochen –, die Menschen, die den **sermo urbanus** sprachen, mussten sich ja mit denen verständigen, die den **sermo vulgaris** sprachen. Das führte zu einer dritten Form der lateinischen Sprache, dem **sermo cotidianus** (alltägliche Sprache). Der **sermo cotidianus** war eine Mischung aus anspruchsvollem und einfachem Latein.

Die frühen Kirchenväter, die Latein schrieben, benutzten den **sermo cotidianus**. Außerdem benutzten sie weiterhin griechische Begriffe und Wendungen. Manchmal erfanden sie auch neue Wörter, indem sie Vorsilben oder Nachsilben an schon bestehende lateinische Wörter anfügten oder indem sie zwei oder mehr Wörter kombinierten und so ein neues Wort schufen. Außerdem benutzten sie manche Wörter in einem anderen Sinn, als es vorher üblich war. Ein Beispiel dafür ist **fidelis**, das ursprünglich »treu«, »zuverlässig« bedeutete. Im Kirchenlatein bedeutete es aber »Gläubiger«. Aus dieser Mischung ist Kirchenlatein entstanden. Für die frühen Kirchenväter war das der einfachste Weg, sich einem großen Teil der Bevölkerung mitzuteilen.

Ein großartiges Buch, in dem neben Kirchenlatein auch Morde, Intrigen und ein Mönch auf Verbrecherjagd vorkommen, ist Umberto Ecos *Der Name der Rose*, das im Jahr 1327 spielt. Dieses Buch wurde auch verfilmt, und im gleichnamigen Film spielen Sean Connery und Christian Slater die Hauptrollen.

Die Vulgata: Eine Bibel für das gemeine Volk

Der heilige Hieronymus, mit vollem Namen Sophronius Eusebius Hieronymus, hatte in seiner Ausbildung klassisches Latein gelernt. Die Schriften und der Stil von Cicero, dem großen römischen Redner, hatten großen Einfluss auf Hieronymus. Ende des 4. Jahrhunderts n. Chr. übersetzte er die Bibel, das Alte Testament aus dem Hebräischen, das Neue Testament aus dem Griechischen, ins Lateinische. Diese Bibelübersetzung wird Vulgata genannt. In überarbeiteter Form wird sie in der katholischen Kirche noch immer benutzt.

Das Wort Vulgata kommt vom lateinischen Adjektiv **vulgatus,** das »allgemein bekannt«, »verbreitet« bedeutet. Zur gleichen Wortfamilie gehört auch **vulgus,** was »das gemeine Volk« bedeutet. »Gemein« hat hier nichts mit »fies« und »hinterhältig« zu tun, sondern ist ein anderes Wort für »gewöhnlich«, »einfach«. Das Fremdwort *vulgär* kommt auch daher und bedeutet im ursprünglichen Sinne »einfach«, »schlicht«. Die Vulgata ist also eine allgemein übliche, verbreitete Übersetzung der Bibel, die auch das gemeine Volk verstehen konnte.

Die frühe Kirche und ihre Sprache

Bis in die Mitte des 3. Jahrhunderts n. Chr. sprach die christliche Gemeinschaft in Rom vorwiegend griechisch. Die Liturgie wurde auf Griechisch gefeiert und die Kirchenväter schrieben bis dahin auch meist auf Griechisch.

In Afrika war Griechisch die Sprache, die die Priester bevorzugten, für die Mehrheit der Gläubigen war aber Latein die geläufigere Sprache. Um mit denen zu kommunizieren, gingen die Priester dazu über, Latein zu benutzen. Besonders wichtig war dabei der Heilige Augustinus (354–430). Er war Bischof in Hippo Regius im heutigen Algerien, und seine Schriften haben die Theologie der westlichen Kirchen entscheidend geprägt. Und dieser Augustinus schrieb nur auf Latein. (Sein Griechisch war wohl nicht besonders gut.)

Augustinus und die anderen Kirchenväter, die auf Latein schrieben, hatten großen Einfluss auf spätere Schriftsteller und Theologen. Da immer mehr Christen im Weströmischen Reich und in dem, was ehemals dazugehört hat, auf Latein schrieben, wurde es irgendwann zur offiziellen Sprache der katholischen Kirche.

Zu den bekanntesten Werken von Augustinus gehören die **Confessiones,** seine »Bekenntnisse«, und **De Civitate Dei,** »Vom Gottesstaat«.

Wer schon mal eine katholische Taufe, eine Firmung, eine Hochzeit, eine Beerdigung oder eine Messe besucht hat, hat wahrscheinlich schon einmal ein paar der Wörter und Wendungen gehört, die in den folgenden Abschnitten aufgeführt werden. (Katholiken, die ihren Priester beeindrucken wollen, können ja ein paar davon auswendig lernen!)

Oh Herr, hilf mir (und auch anderen)!

Alle Gläubigen, egal welcher Religion sie angehören, erflehen göttlichen Beistand und Hilfe, Christen bilden da keine Ausnahme. Wenn man sich die Geschichte des frühen Christentums anschaut (siehe den Abschnitt *Christ sein im alten Rom* weiter vorne in diesem Kapitel), weiß man auch, warum die Christen Gott auf so viele verschiedene Arten um Hilfe bitten. In Tabelle 13.1 sind zusätzlich zu gebräuchlichen Wendungen einige davon aufgeführt.

Latein	Bedeutung
in saecula saeculorum	von nun an bis in Ewigkeit
in excelsis	in der Höhe
adeste fideles	herbei, o ihr Gläubigen
beati pacifici	selig sind die Friedfertigen
beati pauperes spiritu	selig sind, die geistlich arm sind
magnificat anima mea Dominum	meine Seele preist die Größe des Herrn
miserere mei, Deus	Gott, erbarm dich meiner
Deus misereatur	Gott sei gnädig
Deus vobiscum	Gott sei mit euch
Dominus vobiscum	der Herr sei mit euch
Deus det nobis suam pacem	Gott gebe uns seinen Frieden
Deo iuvante	mit Gottes Hilfe

Tabelle 13.1: Gebräuchliche religiöse Ausdrücke auf Latein

Egal ob Sie katholisch sind oder nicht, einige dieser Ausdrücke dürften Ihnen irgendwie bekannt erscheinen. Sie haben sie schon mal gehört, wussten aber nichts damit anzufangen. Das hat sich ja jetzt geändert.

Gott wird angerufen

Es gibt verschiedene lateinische Begriffe, mit denen Gott bezeichnet wird:

- ✔ **Agnus Dei** bedeutet »Lamm Gottes«, damit ist Jesus Christus gemeint.
- ✔ **Corpus Christi** bedeutet »Leib Christi«, damit ist das Brot oder die Hostie gemeint, die beim Abendmahl oder der Kommunion gereicht wird.
- ✔ **In nomine Patris** bedeutet »im Namen des Vaters«. Damit ist Gott gemeint.
- ✔ **Pater noster** bedeutet »Vater unser«. Das ist der lateinische Name des Vaterunsers.

Maria, die Mutter von Jesus, wird auch noch anders bezeichnet. Fast jeder dürfte schon mal eine Vertonung des »Ave Maria« gehört haben, besonders beliebt bei Hochzeiten ist das sogenannte Ave Maria von Franz Schubert. (Schuberts Lied heißt eigentlich »Ellens dritter Gesang«, die Strophen beginnen aber mit »Ave Maria«, was dazu geführt hat, dass das

Ave Maria zu dieser Melodie gesungen wird.) **Ave Maria** bedeutet eigentlich »Gegrüßt seist du, Maria« und ist der Beginn eines von Katholiken häufig gesprochenen Gebets. Weitere Bezeichnungen für Maria sind diese hier:

✔ **Mater Dei** bedeutet »Mutter Gottes«.

✔ **Beata Virgo Maria** bedeutet »gesegnete Jungfrau Maria«.

✔ **Mater dolorosa** bedeutet »die schmerzensreiche Mutter« und bezieht sich auf die Kreuzigung Jesu, bei der Maria unter dem Kreuz stand.

Wie die Sache mit dem Papst angefangen hat

Ein Titel, den der Papst, das Oberhaupt der römisch-katholischen Kirche, trägt, ist **pontifex maximus.** Die Wurzeln dieses Titels liegen im alten Rom. Eigentlich bedeutet das Wort **pontifex** »Brückenbauer«, wobei das Wort auch auf die magischen Fähigkeiten des Brückenbauers anspielt. Der **pontifex maximus** (also der »oberste Brückenbauer«) war ursprünglich für den **Pons Sublicius** zuständig. Das war die älteste und lange Zeit auch einzige Brücke, die in Rom über den Tiber führte. Die Brücke war komplett aus Holz gebaut und wurde als heilig betrachtet. Der **pontifex maximus** war für die Instandhaltung der Brücke zuständig und führte bei jeder Reparatur bestimmte religiöse Riten aus.

Der **pontifex maximus** war zusammen mit anderen **pontifices,** »Priestern«, für die Organisation der Staatsreligion zuständig. Sie legten auch fest, wann religiöse Feste gefeiert wurden, und zeichneten die wichtigsten Ereignisse eines Jahres auf. Sie genossen einige Privilegien, so mussten sie zum Beispiel keine Steuern zahlen und keinen Militärdienst leisten.

46 v. Chr. war Julius Caesar **pontifex maximus.** Er reformierte den römischen Kalender und stellte ihn von zehn auf zwölf Monate um. Dieser Kalender ist der sogenannte julianische Kalender, der die Grundlage für den heute benutzten gregorianischen Kalender bildet. In der Kaiserzeit war der Kaiser gleichzeitig pontifex maximus.

Kaiser Gratian (regierte 367/375–383) legte den Titel 382 nieder, Kaiser Theodosius I. (regierte 379–395) wies den Titel bereits bei seinem Regierungsantritt zurück, sodass der herrenlos gewordene, doch seine uralte Würde bewahrende sakrale Titel zunächst faktisch, im Laufe des 5. Jahrhunderts formell an den Papst überging. Allerdings ist er kein Bestandteil der offiziellen Titulatur, in der heißt es **summus pontifex,** was aber auch »oberster Priester« bedeutet. Der deutsche Begriff »Papst« kommt vom griechischen *pappas*, das im Kirchenlatein zu **papa** wurde und »Vater« oder »Bischof« bedeutet. Im Italienischen heißt der Papst heute noch *papa*. Am 8. November 392 untersagte Theodosius I. per Erlass explizit allen Bewohnern des Imperium Romanum die heidnische Kultausübung. Damit war das Christentum faktisch Staatsreligion geworden.

Kleiner Wortschatz

anno Domini	im Jahre des Herrn
in saecula saeculorum	von nun an bis in Ewigkeit
in excelsis	in der Höhe
beati pacifici	selig sind die Friedfertigen
beati pauperes spiritu	selig sind, die geistlich arm sind
agnus Dei	Lamm Gottes
corpus Christi	Leib Christi
in nomine Patris	im Namen des Vaters
mater Dei	Mutter Gottes
Deus misereatur	Gott sei gnädig
Deus / Dominus vobiscum	Gott / Der Herr sei mit euch

Im Gespräch

Ein **sacerdos** (Priester) hat seine Predigt beendet und segnet dann die **fideles** (die Gläubigen, hier die Gemeinde). Sie antworteten dementsprechend.

Sacerdos:	**Beati sunt pacifici.**
	Selig sind die Friedfertigen.
Fideles:	**Amen.**
	So sei es.
Sacerdos:	**Beati sunt pauperes spiritu.**
	Selig sind, die geistlich arm sind.
Fideles:	**Amen.**
	So sei es.
Sacerdos:	**Oremus. O Pater in caelis, agimus Tibi gratias.**
	Lasst uns beten. O Vater im Himmel, wir bringen dir Dank.
Sacerdos:	**Cura fideles, Domine. Serva eos.**
	Sorge für deine Gläubigen, Herr. Schütze sie.
Sacerdos:	**Deus misereatur vobis. Deus vobiscum. Pax vobiscum.**
	Gott sei euch gnädig. Gott sei mit euch. Friede sei mit euch.
Fideles:	**Quoque tecum.**
	Und auch mit dir.
Sacerdos:	**In nomine Patris et Filii et Spiritus Sancti.**
	Im Namen des Vaters, des Sohnes und des Heiligen Geistes.
Sacerdos:	**In saecula saeculorum. Amen. Ite in pace.**
	Von nun an bis in Ewigkeit. So sei es. Gehet hin in Frieden.

In Dankbarkeit

An der Westküste Südafrikas ungefähr 150 Kilometer nordwestlich von Kapstadt liegt das kleine Fischerdorf Paternoster. Die Legende besagt, dass irgendwann im 17. Jahrhundert mehrere Seeleute, die auf dem Weg in den Fernen Osten waren oder von dort kamen, in den tückischen Gewässern des Atlantischen Ozeans Schiffbruch erlitten. (Das in der Nähe gelegene Kap der Guten Hoffnung wurde auch Kap der Stürme genannt.) Unter großen Anstrengungen erreichten die Seeleute die Küste. Sie waren so dankbar, verschont worden zu sein, dass sie alle das Vaterunser sprachen. Die lateinischen Anfangsworte des Vaterunsers sind **Pater noster**, deshalb wurde der kleine Ort, der dort gegründet wurde, aus Dankbarkeit »Paternoster« genannt.

Ein römischer Feiertag

Schon seit ewigen Zeiten feiern die Menschen um die Wintersonnenwende, wenn die Tage wieder länger werden und die Sonne zurückkehrt, ein Fest. Das war eines der populärsten Feste im alten Rom. Sie nannten es Saturnalia und feierten dieses Fest des Saturnus eine Woche lang. Das Fest endete am 25. Dezember. Dieser Tag war deshalb wichtig, weil es einerseits der letzte Tag der Saturnalien war, andererseits der Geburtstag von Mithras (ein Sonnengott, der seine Ursprünge im Osten hatte) und der Feiertag von Sol Invictus (der unbesiegte Sonnengott). Am 25. Dezember wurde gefeiert, es gab Geschenke und öffentliche Spiele. Außerdem kam es oft zu einem Rollentausch, die Herren bedienten ihre Sklaven und die Schulkinder unterrichteten ihre Lehrer.

Das wirkliche Geburtsdatum von Jesus ist nicht bekannt – es gibt weder in der Bibel noch irgendwo anders einen Hinweis darauf. Im Laufe der Zeit setzte es sich durch, Christi Geburt am 25. Dezember zu feiern (der 24. Dezember ist Heiligabend, der Abend vor Christi Geburt, an dem die Feiern beginnen), denn die Feierlichkeiten, die es an diesem Tag sowieso gab, waren bei den Heiden sehr populär, und sie wurden auch nach dem Übertritt zum Christentum weitergefeiert. Das erste belegte Weihnachtsfest wurde angeblich 336 gefeiert.

Um die Rückkehr der Sonne zu befördern, wurde damals ein großer Holzklotz in der Feuerstelle angezündet. Und schon die Römer schmückten ihr Haus mit immergrünen Pflanzen wie Lorbeer, im Norden schmückte man das Haus schon früh mit Tannenzweigen, im deutschsprachigen Raum wurde daraus im späten Mittelalter oder der frühen Neuzeit der ganze Tannenbaum. In England schmückte man Häuser und Kirchen mit Efeu und Stechpalmenzweigen. Man benutzt deshalb immergrüne Pflanzen, weil sie Symbole für das ewige Leben sind. Die Legende besagt, dass es Martin Luther war, der den Weihnachtsbaum erstmals mit Kerzen geschmückt hat, um so den Sternenhimmel darzustellen, von dem Christus auf die Erde hinabgestiegen war.

An Gottes Seite

Im Kirchenlatein gibt es auch Begriffe und Wendungen, mit denen man Dankbarkeit, Reue, Gottvertrauen, Gottergebenheit und das Bekenntnis von Sünden ausdrücken kann. Die Worte, die man braucht, um diese Dinge vor Gott zu bringen, stehen in Tabelle 13.2.

Latein	Bedeutung
benedicamus Domino	lasst uns preisen den Herrn
Dei gratia	von Gottes Gnaden
Deo volente	so Gott will
Deus vult	Gott will es
Dominus providebit	der Herr wird vorsorgen
fiat voluntas tua	dein Wille geschehe
gloria Deo	Ehre sei Gott
Deo gratias	Dank sei Gott
mea culpa	meine Schuld
peccavi	ich habe gesündigt

Tabelle 13.2: Begriffe der Buße und des Vertrauens

Begriffe für die Schöpfung

Als der Heilige Hieronymus die Genesis – das 1. Buch Mose, das mit der Schöpfungsgeschichte beginnt – übersetzte, benutzte er dafür lateinische Begriffe. In Tabelle 13.3 sind einige der Begriffe aufgeführt, mit denen die frühen Christen Gottes Schöpfung umschrieben.

Latein	Bedeutung
caelum	Himmel
terra	Erde
inanis	wüst
vacuus	leer
tenebrae	Finsternis
super	über, auf
facies	Gesicht, Gestalt
regnum	Königreich, Herrschaft
liber	frei
malum	Übel, Laster
abyssus	Tiefe, Abgrund, Hölle
fiat lux	es werde Licht

Tabelle 13.3: Begriffe, die die Welt beschreiben

Diese Wörter (und noch einige andere) braucht man, um die folgenden Zeilen aus dem Alten Testament zu verstehen (sie stehen im 1. Buch Mose ganz am Anfang der Bibel).

In principio creavit Deus caelum et terram.

Am Anfang schuf Gott Himmel und Erde,

Terra autem erat inanis et vacua

aber die Erde war wüst und leer,

et tenebrae super faciem abyssi

und es war Finsternis auf dem Angesicht der Tiefe,

et spiritus Dei ferebatur super aquas.

und der Geist Gottes schwebte über den Wassern.

Dixitque Deus fiat lux et facta est lux

Und Gott sprach: Es werde Licht! Und es ward Licht.

Et vidit Deus lucem quod esset bona

Und Gott sah, dass das Licht gut war,

et divisit lucem ac tenebras

und da schied Gott das Licht von der Finsternis,

appellavitque lucem diem et tenebras noctem

und er nannte das Licht Tag und die Finsternis Nacht.

factumque est vespere et mane dies unus.

Da ward aus Abend und Morgen der erste Tag.

Ganz ordentlich, oder?

Kleiner Wortschatz

Deo volente	so Gott will
fiat voluntas tua	dein Wille geschehe
gloria Deo	Ehre sei Gott
gratias Deo	Dank sei Gott
mea culpa	meine Schuld

caelum, caeli, n	Himmel
terra, terrae, f	Erde
vacuus, vacua, vacuum	leer
tenebrae, tenebrarum, f/Pl.	Finsternis
regnum, regni, n	Königreich, Herrschaft
liber, libera, liberum	frei
malum, mali, n	Übel, Laster
fiat lux	es werde Licht

Im Gespräch

Ein paar Kinder – Tulia, Marcia und Quintus – diskutieren über die Schöpfung der Welt. Sie sind sich aber nicht einig, wie genau das vonstattenging.

Tullia: **Nonne Deus creavit hominem primum?**

Hat Gott nicht zuerst den Menschen geschaffen?

Marcia: **Non. Ille creavit hominem ultimum.**

Nein. Er hat den Menschen zum Schluss geschaffen.

Quintus: **Fortasse ille creavit animalia primum?**

Hat er vielleicht zuerst die Tiere geschaffen?

Marcia: **Non. In principio ille creavit caelum et terram.**

Nein. Am Anfang schuf er Himmel und Erde.

Tullia: **Deinde hominem?**

Dann den Menschen?

Marcia: **Non. Terra erat vacua. Erant quoque tenebrae ubique.**

Nein. Die Erde war leer. Es war auch überall finster.

Quintus: **Deinde animalia?**

Dann die Tiere?

Marcia: **Non. Ille deinde creavit diem et noctem. Ille dixit: Fiat lux! Et erat lux!**

Nein. Dann schuf er Tag und Nacht. Er sagte: »Es werde Licht!« Und es war Licht!

Tullia: **Confusa sum. Si tibi placet, lege locum nobis iterum!**

Ich bin verwirrt. Bitte lies uns diese Stelle noch mal vor!

Marcia: **Probe: In principio Deus creavit caelum et terram ...**

Gut: Am Anfang schuf Gott Himmel und Erde ...

Quintus: **Deo gratias!**

Dank sei Gott!

Das Vaterunser auf Latein

Das wohl bekannteste christliche Gebet ist das Vaterunser (*Matthäus* 6, 9–13). Tabelle 13.4 zeigt die Vokabeln, die Sie brauchen, um das Gebet auf Latein zu verstehen. Die lateinische Version des Gebets und die deutsche Übersetzung finden Sie hinter der Tabelle.

Latein	Bedeutung
sanctificare	heiligen
advenire	kommen
fieri (fiat)	geschehen (es geschehe)
voluntas	Wille
sicut	wie, so wie
panis	Brot
quotidianus	täglich
hodie	heute
dimittere	vergeben
debitum	Schuld
debitor	Schuldiger, Schuldner
inducere	verleiten, führen
tentatio	Versuchung

Tabelle 13.4: Begriffe aus dem Vaterunser

Oratio dominica

Gebet des Herrn

Pater noster, qui es in caelis,

Vater unser im Himmel,

sanctificetur nomen tuum.

geheiligt werde dein Name.

Adveniat regnum tuum.

Dein Reich komme.

Fiat voluntas tua,

Dein Wille geschehe,

sicut in caelo et in terra.

wie im Himmel so auf Erden.

Panem nostrum quotidianum da nobis hodie,

Unser tägliches Brot gib uns heute,

et dimitte nobis debita nostra,

und vergib uns unsere Schuld,

sicut et nos dimittimus debitoribus nostris.

wie auch wir vergeben unseren Schuldigern.

Et ne nos inducas in tentationem,

Und führe uns nicht in Versuchung,

sed libera nos a malo. Amen.

sondern erlöse uns von dem Bösen. Amen.

Was so alles in einem Wort steckt

Es war schon bei den Römern so: Viele Stadtbewohner sahen auf die Landbevölkerung herab und verspotteten sie. Das lateinische Wort für Stadt ist **urbs,** und natürlich gibt es auch ein Wort, mit dem die Stadtbevölkerung beschrieben wird: **urbanus,** das kultiviert, geschmackvoll, gebildet und elegant bedeutet. Daher kommt unser Fremdwort urban, das die gleiche Bedeutung hat wie sein lateinisches Ursprungswort.

Das lateinische Wort für Dorf oder Bezirk war dagegen **pagus,** und jemand, der vom Land kam, wurde **paganus** – Dorfbewohner – genannt. Im Laufe der Zeit wurde **paganus** ein Synonym für Trampel oder Tölpel. Zufälligerweise war es so, dass in der Frühzeit des Christentums die meisten Christen in Städten lebten. Die Landbevölkerung neigte noch länger dazu, die alten römischen Götter und Göttinnen anzubeten. Und so kam es zustande, dass die Christen die Menschen, die den alten Göttern anhingen, als **pagani** – das ist der Plural von **paganus** – bezeichneten.

Und noch ein paar lateinische Wendungen (und ihre Geschichte)

Das Problem mit vielen lateinischen Wendungen ist, dass sie manchmal einfach sinnlos erscheinen. Aber jede hat eine Geschichte. Hier sind einige der Wendungen, die man öfter mal hört, und es gibt zu jeder eine Erklärung. Sie können sie verwenden, um Freunde und Kollegen zu beeindrucken.

- ✔ **R.I.P.** steht für **Requiescat In Pace.** Das heißt »Er/sie ruhe in Frieden«. Diese Wendung findet man auf vielen frühen christlichen Grabsteinen. Heute wird die Abkürzung noch im englischsprachigen Raum verwendet.

- ✔ **Consummatum est** bedeutet »Es ist vollbracht«. Das waren Jesu letzte Worte am Kreuz.

- ✔ **Quo vadis, Domine?** bedeutet »Wohin gehst du, Herr?« Der Legende nach soll Petrus das gefragt haben, als er auf der Flucht aus Rom war und dabei Christus begegnete. Christus antwortete ihm, er gehe nach Rom, um sich erneut kreuzigen zu lassen (»Venio iterum crucifigi«). Daraufhin kehrte Petrus um, wurde in Rom gefangen genommen und gekreuzigt. An der Stelle, wo die Begegnung zwischen Jesus Christus und Petrus in Rom stattgefunden haben soll, steht heute das Kirchlein »Domine quo vadis«. Der polnische Schriftsteller Henryk Sienkiewicz (1846–1916) schrieb darüber einen Roman, der 1951 in den USA verfilmt wurde und für den ihm 1905 der Literaturnobelpreis verliehen wurde.

- ✔ **Urbi et orbi** bedeutet »Der Stadt [Rom] und dem Erdkreis«. So nennt man den Segen, den der Papst an Weihnachten und Ostern spendet. Damit wird ausgedrückt, dass der Segen für Rom (der Papst ist ja Bischof von Rom) und für die ganze Welt gilt (denn der Papst ist ja gleichzeitig das Oberhaupt der Katholiken in aller Welt).

- ✔ **Abyssus abyssum invocavit** heißt wörtlich »Ein Abgrund ruft nach dem Abgrund«. Das entsprechende deutsche Sprichwort ist »Ein Fehler zieht den anderen nach sich«.

- ✔ **I.N.R.I.: Iesus Nazarenus Rex Iudaeorum** bedeutet »Jesus von Nazareth, König der Juden«. Ein römischer Soldat soll diese Abkürzung auf ein kleines Schild geschrieben und an Jesu Kreuz befestigt haben.

- ✔ **Ecce homo!** Bedeutet »Seht, welch ein Mensch!« Mit diesen Worten ließ der römische Statthalter Pontius Pilatus den gefangenen, gegeißelten, mit der Dornenkrone gekrönten und dem purpurroten Mantel bekleideten Jesus Christus der jüdischen Führung vorführen, weil er keinen Grund für seine Verurteilung sah. Mit *Ecce Homo* werden auch Bilder bezeichnet, auf denen Jesus in dieser Situation als Schmerzensmann dargestellt ist. Seit dem Spätmittelalter wurden *Ecce-homo*-Darstellungen künstlerisch gestaltet, zum Beispiel von M. Schongauer, A. Dürer, Tizian, Rembrandt.

Was es mit dem Fisch auf sich hat

Es gibt ziemlich viele Autos, auf denen ein Fisch klebt. Da fragt man sich schon, was das soll. Dieses Symbol besagt, dass der Besitzer des Autos Christ ist. Und was hat jetzt ein Fisch mit Christ sein zu tun?

Das war so: Als die Christen in Rom noch verfolgt wurden, mussten sie sich im Geheimen treffen. Ein guter Platz für diese geheimen Zusammenkünfte waren die Katakomben, unterirdische Begräbnisstätten vor den Toren des antiken Rom. Die Christen wussten, dass die Römer ziemlich abergläubig waren und da wahrscheinlich nicht suchen würden.

Diese Katakomben bestanden aus kilometerlangen Gängen. Damit sich niemand verirrte, ritzten die Christen Fische in die Wände der Gänge. Die Köpfe zeigten in die Richtung, in die die Christen gehen mussten. Wer raus wollte, musste einfach in die Richtung gehen, in die der Schwanz zeigte.

Und warum haben sie einen Fisch benutzt und keinen Pfeil? Der Grund hierfür liegt darin, dass die meisten frühen Christen auch Griechisch konnten, und irgendwann hat jemand herausgefunden, dass das griechische Wort für Fisch **ichthys** die Abkürzung für **Iesus Christos Theou Hyios Soter** ist. Das ist eigentlich ein kurzes Glaubensbekenntnis und heißt: Jesus, der Gesalbte, Gottes Sohn, Erlöser. Und deshalb war und ist der Fisch ein weltweit bekanntes Symbol der Christenheit.

Kleiner Wortschatz

advenio, advenire, adveni, adventum	ankommen
fio, fieri, factus sum	werden, geschehen
voluntas, voluntatis, f	Wille
panis, panis, m	Nahrung, Brot
quotidianus, quotidiana, quotidianum	täglich, alltäglich
hodie	heute
dimitto, dimittere, dimisi, dimissum	vergeben, verzeihen
debitum, debiti, n	Schuld
debitor, debitoris, m	Schuldner, Schuldiger

Memento mori!

Denke daran, dass du sterben musst!

Das weiß jeder – und doch sollten uns wir diese unerfreuliche Tatsache immer wieder vor Augen halten.

De mortuis nil nisi bene!

Über die Toten soll man nur gut (in gutem Ton) sprechen!

Roma locuta, causa finita! (*Augustinus*, sermones 131,10)

Rom hat gesprochen, der Streitfall ist abgeschlossen.

So dachte man sich das früher im Vatikan, als das Wort aus Rom ja wirklich in der ganzen damals bekannten (katholischen) Welt galt. Aber diese Zeiten sind vorbei.

Spiel, Spaß und Denksport

Hier sind die Zehn Gebote auf Deutsch und auf Lateinisch. Die deutschen sind in der richtigen Reihenfolge. Können Sie das deutsche und das lateinische Gebot zusammenbringen? Schreiben Sie den entsprechenden Buchstaben in die Lücke.

Die Zehn Gebote auf Deutsch:

1. ____Du sollst keine anderen Götter neben mir haben.

2. ____Du sollst den Namen des Herrn, deines Gottes, nicht missbrauchen.

3. ____Gedenke des Sabbattags, dass du ihn heiligst.

4. ____Du sollst deinen Vater und deine Mutter ehren, auf dass du lang lebest im Lande.

5. ____Du sollst nicht töten.

6. ____Du sollst nicht ehebrechen.

7. ____Du sollst nicht stehlen.

8. ____Du sollst nicht falsch Zeugnis reden wider deinen Nächsten.

9. ____Du sollst nicht begehren deines Nächsten Weib.

10. ____Du sollst nicht begehren alles, was deines Nächsten ist.

Die Zehn Gebote auf Latein (vgl. *2. Moses 20*):

a) Non occides.

b) Honora patrem tuum et matrem tuam, ut sis longaevus superterram.

c) Non assumas nomen Domini Dei tui in vanum.

d) Non loqueris contra proximum tuum falsum testimonium.

e) Memento, ut diem sabbati sanctifices.

f) Non concupisces omnia, quae proximi sunt.

g) Non habebis deos alienos in conspectu meo.

h) Non concupisces uxorem proximi tui.

i) Non moechaberis.

j) Non furtum facies.

Auch im Lukas-Evangelium (11, 2–4) ist das Vaterunser aufgezeichnet. Diese Fassung ist kürzer als bei Matthäus; viele Theologen vertreten die Meinung, dass der von Lukas überlieferte Text dichter an den ursprünglichen Gebetstext herankommt. Hier können Sie die beiden Fassungen des Vaterunsers vergleichen:

Matthäus 6, 9-13:	**Lukas 11, 2-4:**
Pater noster, qui es in caelis,	Pater,
sanctificetur nomen tuum.	sanctificetur nomen tuum.
Adveniat regnum tuum.	Adveniat regnum tuum.
Fiat voluntas tua,	* * *
sicut in caelo et in terra.	* * *
Panem nostrum quotidianum da nobis hodie,	Panem nostrum quotidianum da nobis hodie.
et dimitte nobis debita nostra,	Et dimitte nobis peccata nostra,
sicut et nos dimittimus debitoribus nostris.	siquidem et ipsi dimittimus omni debenti nobis.
Et ne nos inducas in tentationem,	Et ne nos inducas in tentationem.
sed libera nos a malo. Amen.	* * *

Die Lösungen finden Sie in Anhang D.

> **IN DIESEM KAPITEL**
>
> Wie in der Biologie Tiere und Pflanzen benannt werden
>
> Gebräuchliche lateinische Namen für Pflanzen und Tiere
>
> Die verborgene Bedeutung einiger Pflanzennamen

Kapitel 14
Biologenlatein

Die meisten Leute nennen Tiere und Pflanzen bei ihrem landläufig bekannten Namen. Ein Tiger ist ein Tiger, ein Leopard ein Leopard und ein Berglöwe ist ... in manchen Gegenden der Welt auch ein Puma. Und genau das ist das Problem: In verschiedenen Gegenden werden verschiedene Namen für ein und dasselbe benutzt, was ein bisschen verwirrend sein kann. Diese Art von Verwirrung beeinträchtigt Normalsterbliche nicht sonderlich. Denn es ist ja so, dass wohl niemand darauf bestehen wird, dass das Tier, das er gerade gesehen hat, ein Berglöwe ist, wenn irgendjemand schreit: »Ein Puma frisst gerade unser Kaninchen!«

Wenn aber jetzt Biologen, um genau zu sein Zoologen und Botaniker, auch so ungenau mit Begriffen umgehen würden, mit denen sie Tiere oder Pflanzen beschreiben, wäre die Verwirrung in der Zoologie und Botanik genauso groß wie bei den russischen Romanen, in denen alle Figuren Dutzende von Namen haben. Die Wissenschaft käme nur noch im Schneckentempo voran.

Deshalb haben Biologen ein System entwickelt, mit dem Tiere und Pflanzen genau klassifiziert werden können. Damit können Wissenschaftler Pflanzen oder Tiere voneinander unterscheiden und kleine Unterschiede zwischen ähnlichen Pflanzen oder Tieren angeben. Und da dies ja ein Lateinbuch ist, kann man davon ausgehen, dass viele der Begriffe, die zur Benennung von Tieren und Pflanzen benutzt werden, aus dem Lateinischen kommen.

Grundsätzliches zur Bestimmung

Der griechische Philosoph Aristoteles war im 4. Jahrhundert v. Chr. der Erste, der ein System entwickelte, um Pflanzen und Tiere zu bestimmen und zu ordnen. Aber nicht auf ihn geht das heute benutzte System der Klassifizierung zurück, diese Ehre gebührt einem anderen. Der Erste, der im 18. Jahrhundert ein akzeptables System entwickelt hatte, war Carl von Linné, ein schwedischer Naturforscher (1707–1778). Er beschloss, die Tiere und Pflanzen mit lateinischen Namen zu benennen, denn damals war Latein die Sprache der Wissenschaft, und so waren Linnés Überlegungen der gesamten Forschergemeinde zugänglich.

Linné unterteilte Tiere und Pflanzen in sieben Kategorien, die auch heute noch benutzt werden. In der folgenden Liste sind diese Kategorien zu sehen, und als Beispiel ist angegeben, wie die normale Hauskatze klassifiziert wird. (Bei Pflanzen funktioniert das genauso, statt *Phylum* oder *Stamm* heißt es dort aber *Divisio* oder *Abteilung*.)

Kategorie (deutsch)	Kategorie (lateinisch)	Bestimmung der Katze	Übersetzung
Reich	Regnum	Animalia	Tier
Stamm	Phylum	Chordata	Chordatiere; Tiere mit Rückensaite (chorda dorsalis)
Klasse	Classis	Mammalia	Säugetiere
Ordnung	Ordo	Carnivora	Raubtiere
Familie	Familia	Felidae	Katzen
Gattung	Genus	Felis	Katze
Art	Species	Domesticus	Haus-

Es gibt ein paar nette Merksprüche, mit denen Sie sich die Kategorien und ihre Reihenfolge merken können. Hier sind zwei davon: **R**osa **S**chweinchen **k**ämpfen **o**hne **F**urcht **g**egen **A**lligatoren. Und jetzt von unten nach oben: Jede **Art** sich zu be**gatt**en erzeugt **Familie**, die **Ordnung** ist **klasse**, der **Stamm** bleibt **reich.**

Wenn man sich von den vielen lateinischen Namen für Tiere und Pflanzen nicht abschrecken lässt, erkennt man, dass das Klassifizierungssystem eigentlich recht einfach ist. Sowohl für Tiere als auch für Pflanzen gilt das Prinzip der *binominalen Nomenklatur* – *bi* heißt zwei, *nomen* Name. Das heißt, der wissenschaftliche Name von Tieren und Pflanzen besteht aus zwei Teilen: aus dem Gattungsnamen (**genus**) und aus der Bezeichnung der Art (**species**), beide Namensbestandteile sind lateinisch.

- ✔ **Gattung:** Der Gattungsname kommt zuerst, er ist immer ein Substantiv und wird großgeschrieben. Wenn der Gattungsname kein lateinisches Wort ist, wird es latinisiert. Er kann aus einem Personennamen (zum Beispiel dem Namen einer Person, die damit geehrt werden soll) abgeleitet sein, die Pflanze oder das Tier beschreiben oder eine Gestalt aus der antiken Mythologie bezeichnen.

- ✔ **Art:** Der zweite Teil des Namens gibt die Art an. Dieses Wort ist meist ein Adjektiv und wird kleingeschrieben. Es weist oft auf den Entdeckungsort des Tieres oder der Pflanze hin, auf irgendwelche Besonderheiten, auf die äußere Erscheinung oder es ist der Name des Entdeckers.

Es gibt eine Methode, um die Reihenfolge von Gattung und Art zu behalten. Sie müssen sie sich als Vor- und Nachname vorstellen. So wie jeder Mensch einen Vornamen und einen Nachnamen hat, haben auch Tiere und Pflanzen Vor- und Nachnamen. Der Nachname gibt an, zu welcher größeren **G**ruppe von Leuten man gehört – Müller, Maier, Schulz. Man kann den Nachnamen also als Gattungsnamen betrachten. Der Vorname bestimmt eine **spe**zielle Person – Sabine, Thomas oder Katrin. Das wäre dann die Bezeichnung für die Art (der lateinische Begriff für Art ist **species**). Und wenn man seinen Namen auf ein amtliches Formular schreibt, gibt man zuerst den Nachnamen, also den Namen seiner Gruppe an und dann seinen speziellen Namen – Müller, Sabine; Maier, Thomas; Schulz, Katrin.

Nenn mich Carolus

Wie die meisten Gelehrten seiner Zeit latinisierte auch Carl von Linné seinen Namen. Latein war schließlich die Gelehrtensprache der Zeit, deshalb brauchte man als Gelehrter auch einen lateinischen Namen. So wurde aus Carl von Linné Carolus Linnaeus. Das ist auch der Name, unter dem er 1753 sein **Species plantarum** veröffentlichte, in dem er das System umriss, nach dem heute noch Tiere und Pflanzen benannt werden. Es sind also nicht die Biolehrer, die daran schuld sind.

Man muss nicht genial sein, um das Genus zu erfassen

Das **genus,** also die Gattung, besteht aus einer Gruppe von Lebewesen, die die gleichen Eigenschaften haben. Es folgen einige Gattungen, über die Sie in der Tierwelt wohl schon mal gestolpert sind:

- ✔ **Canis** (Haushunde, Wölfe, Kojoten, Schakale und Dingos)
- ✔ **Equus** (Esel, Pferde und Zebras)
- ✔ **Falco** (Falkenarten wie der Wanderfalke, der Turmfalke und der Merlin)
- ✔ **Felis** (Kleinkatzen, zu denen Luchse, Pumas, Wild- und Hauskatzen zählen)
- ✔ **Homo** bezeichnet die verschiedenen Menschengattungen wie den *Homo habilis* (geschickter Mensch), den *Homo erectus* (aufgerichteter Mensch) und den *Homo sapiens* (weiser Mensch [der heute lebende Menschentypus]).
- ✔ **Ursus** (Braunbär, Schwarzbär und Eisbär)

Welcher Art sind die Arten?

Der zweite Namensteil bei Tieren oder Pflanzen bestimmt die Art. Er gibt oft die Farbe des Tieres oder der Pflanze an. In Tabelle 14.1 stehen einige dieser Farben. (Es fällt auf, dass mehrere Begriffe für die gleiche oder eine ähnliche Farbe dabei sind. Wenn Sie das genauer betrachten, ist das im Deutschen aber ähnlich. Schließlich sind himmelblau, azurblau, saphirblau, kobaltblau verschiedene Töne ein und derselben Farbe, nämlich Blau.)

Farbe	Bedeutung
albus, alba	weiß
auratus, aurata	golden, vergoldet
aureus, aurea	golden, goldfarbig, goldschimmernd
caeruleus, caerulea	(himmel-)blau, bläulich
flammeus, flammea	feuerrot
fulvus, fulva	bräunlich, rotgelb, braungelb
fuscus, fusca	braun, dunkel, schwärzlich
luteus, lutea	safrangelb, gelb
niger, nigra	schwarz, dunkel
purpureus, purpurea	purpurrot, dunkelrot
ruber, rubra	rot
rufus, rufa	rot, fuchsrot
viridis	grün, grünlich

Tabelle 14.1: Farben von Tieren und Pflanzen

Adjektive mit der Endung -us sind Maskulina, Adjektive mit der Endung -a sind Feminina. Im Lateinischen muss das Adjektiv in Kasus, Numerus und Genus zu dem Substantiv passen, das es beschreibt (KNG-Kongruenz). Die Adjektive mit der Endung -us beschreiben also maskuline Wörter, die mit der Endung -a beschreiben feminine Wörter. Mehr über die Endungen von Adjektiven steht in Kapitel 4.

Was der Hund mit dem Kanarienvogel zu tun hat

Wahrscheinlich hat jeder schon mal von den Kanarischen Inseln gehört. Diese kleine Inselgruppe liegt vor der Nordwestküste Afrikas. Der Gedanke liegt nah, dass die Inseln nach den Kanarienvögeln benannt sind, diesen kleinen gelben Vögeln. Falsch! Diese Inseln haben ihren Namen von Hunden! Plinius der Ältere, der im 1. Jahrhundert n. Chr. lebte, nannte eine der im Atlantik gelegenen »Insel der Glückseligen« (**insulae fortunatae** – diese Bezeichnung für die Kanarischen Inseln findet sich bereits bei dem Geografen Pomponius Mela 44 n. Chr. –**insula canaria** (*Naturalis historia* 6,205) oder Insel der Hunde, weil die Insel von vielen Rudeln großer Wildhunde besiedelt war (*Canariam vocari a multitudine canum ingentis magnitudinis*). (Klingt logisch, wenn man bedenkt, dass Hund im Lateinischen **canis** heißt.) In Mauretanien, dem heutigen Marokko, machte derselbe Plinius die Völkerschaft der **Canarii** ausfindig, die sich von Hunden (*canes*) ernährten (*Naturalis historia* 5,15). Die kleinen gelben Vögel, die auf diesen Inseln lebten, wurden später deshalb Kanarienvögel genannt.

Im Gespräch

Zwei römische Jungen sind auf dem Weg in die Schule. Sie hatten gestern frei und unterhalten sich jetzt darüber, was sie an diesem Tag alles gemacht haben.

Marcus:	**Quid fecisti heri?**
	Was hast du gestern gemacht?
Quintus:	**Heri ii ad Colosseum.**
	Gestern bin ich ins Kolosseum gegangen.
Marcus:	**Quid vidisti?**
	Was hast du gesehen?
Quintus:	**Animalia.**
	Tiere.
Marcus:	**Qualia?**
	Welche?
Quintus:	**Videamus. Erant magni canes, fulvi. Erant quoque equi.**
	Mal sehen. Es gab große Hunde, braungelb. Es gab außerdem Pferde.
Marcus:	**Quid haec animalia fecerunt?**
	Was haben diese Tiere gemacht?
Quintus:	**Canes captabant equos et capiebant et edebant eos.**
	Die Hunde haben die Pferde gejagt und gefangen und sie gefressen.
Marcus:	**Hmmmm. Magni fulvi canes. Quem colorem equi habuerunt?**
	Hmmmm. Große gelbbraune Hunde. Welche Farbe hatten die Pferde?
Quintus:	**Colorem? Colores! Equi habuerunt nigras et albas lineas.**
	Farbe? Farben! Die Pferde hatten schwarze und weiße Streifen.
Marcus:	**Mehercule! Es stultus! Illi canes erant leones, et equi erant zebrae!**
	Bei Herkules! Du bist bescheuert! Diese Hunde waren Löwen und die Pferde waren Zebras!

Kleiner Wortschatz

albus, alba, album	weiß
animal, animalis, n	Lebewesen, Tier
canis, canis, m/f	Hund, Hündin
equus, equi, m	Pferd
feles, felis, f	Katze

fulvus, fulva, fulvum	bräunlich, rotgelb, braungelb
homo, hominis, m	Mensch, Mann
leo, leonis, m	Löwe
niger, nigra, nigrum	schwarz, dunkel

Neues aus Afrika

Die alten Römer hatten großen Respekt vor Afrika. Es gab damals ein beliebtes Sprichwort: **ex Africa semper aliquid novi,** was so viel heißt wie »Aus Afrika immer was Neues«. Als die ersten Entdecker aus Afrika zurückkehrten, berichteten sie von einer wundersamen Kreatur, die sie gesehen hätten. Als sie diese Kreatur beschreiben sollten, wussten sie zuerst nicht so recht, wie sie das tun sollten. Dann sagten sie aber, dass dieses Tier aus der Ferne betrachtet so groß sei wie ein Pferd, aussehe wie ein Pferd und ein gewaltiges Horn auf der Stirn trage. Daher kommt die Legende vom Einhorn, das auf Latein **unicornus** heißt (**unus** bedeutet »eins« und **cornu** bedeutet »Horn«). Die Entdecker hatten natürlich kein Einhorn gesehen (zumindest nicht das legendäre). Was sie wirklich gesehen haben, war ein Nashorn.

Fauna und Flora

Fauna war die Schwester von Faunus, dem römischen Gott der Wälder. Sowohl Fauna als auch ihr Bruder wurden mit den kleinen Tieren, die in den Wäldern lebten, in Verbindung gebracht. Flora dagegen war die römische Göttin der Blumen und Blüten. Sie sorgte dafür, dass die Bäume blühten (ohne das gäbe es kein Obst), und sie waltete über alles Blühende. Heute benutzen wir die Begriffe Flora und Fauna, um damit die Pflanzen- und Tierwelt einer bestimmten Gegend zu beschreiben.

Behaart, kriechend und immergrün: Bekannte Pflanzengattungen und Artnamen

Wie schon weiter vorne im Abschnitt *Grundsätzliches zur Bestimmung* erwähnt, werden mit dem Begriff *Gattung* Gruppen von *Arten* zusammengefasst, die ähnliche Eigenschaften haben. Hier kommt jetzt eine Liste mit Gattungen, über die Sie in der Pflanzenwelt wohl schon mal gestolpert sind:

- ✔ **Allium** (Zwiebel- und Laucharten wie Zwiebeln, Knoblauch, Lauch, Schnittlauch, Schalotten und Bärlauch)

- ✔ **Lactuca** (Latticharten wie Gartensalat, wozu der Kopfsalat zählt, Stachellattich und Giftlattich)

- **Malum** (Apfel, wozu auch der Holzapfel und der Kirchapfel zählen); malus »Apfelbaum«
- **Prunum** (Mandel, Aprikose, Pflaume, Kirsche, Pfirsich); prunus »Pflaumenbaum«
- **Quercus** (alle Arten von Eichen wie Steineichen, Korkeichen, Roteichen)
- **Solanum** (Nachtschatten wie Auberginen, Kartoffeln und Tomaten)

Genau wie bei den Tieren gehört zum Pflanzennamen oft ein Adjektiv. Diese Adjektive beschreiben das Aussehen oder bestimmte Eigenschaften der Pflanze, damit man eine Pflanze leichter von der anderen unterscheiden kann.

Das lateinische Wort **flos**, das »Blume« bedeutet, ist ein Maskulinum. Deshalb haben alle Adjektive, die **flos** näher beschreiben, eine maskuline Endung. (Mehr über Adjektivendungen steht in Kapitel 4.) In Tabelle 14.2 stehen einige der gebräuchlicheren Adjektive in Tier- und Pflanzennamen.

Eigenschaft	Bedeutung
grandiflora	großblütig
maculata	gefleckt
nana	zwergig
odorata	wohlriechend
pendula	hängend
pubescens	flaumig behaart
reptans	kriechend
rugosa	runzlig
sanguinea	blutrot
scandens	kletternd
sempervirens	immergrün
stricta	steif, straff
tomentosa	filzig

Tabelle 14.2: Gebräuchliche Adjektive in Tier- und Pflanzennamen

Die Welt der Tiere und Pflanzen ist weit, und wir haben hier nur an der Oberfläche gekratzt. Weil die lateinischen Formen der hier genannten Gattungen und Arten ihre Endungen nicht verändern (dazu Kapitel 2), brauchen Sie nur ein gutes Lateinwörterbuch, um die nötigen Informationen herauszufinden.

Die Adjektive, die in Artnamen von Tieren und Pflanzen gebraucht werden, sind oft gleich. Aber das sollte eigentlich keine weitere Verwirrung hervorrufen, weil aus der Gattung hervorgeht, ob es sich um ein Tier oder eine Pflanze handelt.

Eine Rose ist eine Rose ist eine Rose. Oder doch nicht?

Einige Pflanzen haben ausgesprochen interessante Namen; hinter ihrem Namen versteckt sich nämlich eine Geschichte. Hier sind einige davon:

- ✔ **Gladiole:** Diese Blumen haben lange Blätter, die aussehen wie kleine Schwerter. Das lateinische Wort für Schwert ist **gladius,** ein kleines Schwert ist ein **gladiolus.** Und daher hat diese Pflanze ihren Namen. Der deutsche Name dieser Pflanze ist übrigens Schwertlilie.

- ✔ **Iris:** Das war die griechische Götterbotin, außerdem ist es das griechische Wort für Regenbogen. In der Botanik ist Iris der Gattungsname für Schwertlilien (zu denen auch die oben genannten Gladiolen gehören), was ja auch kein Wunder ist, denn es gibt ziemlich viele Irisarten, die in allen Farben des Regenbogens blühen.

- ✔ **Narzisse:** Narcissus war ein gut aussehender junger Mann, der sein Spiegelbild in einem See entdeckte und sich unsterblich darin verliebte. Er konnte sich nicht von seinem Spiegelbild losreißen und welkte dahin. Die Götter hatten Mitleid mit ihm und verwandelten ihn in die Blume, die heute noch seinen Namen trägt. Insofern ist es nicht überraschend, dass man Narzissen oft in der Nähe von Gewässern findet. Eine der bekanntesten Bearbeitungen dieses Mythos steht übrigens in Ovids Metamorphosen.

Varietas delectat. (Phaedrus, *fabulae* II prol. 10)

Abwechslung macht Freude.

Das gilt auch in der Natur. Jeder Gartenbesitzer schätzt den Sinn dieses alten Satzes.

Vivat, crescat, floreat!

Er (oder sie) möge leben, er soll wachsen, er möge gedeihen.

Gemeint sind nicht Radieschen oder Kohlkopf, sondern ein Geburtstagskind.

Spiel, Spaß und Denksport

Hier sind ein paar Namen, die etwas über die Herkunft von Tier- oder Pflanzenarten aussagen. Können Sie den lateinischen Begriff der deutschen Übersetzung zuordnen?

1. **japonica** a) aus Amerika
2. **canadensis** b) aus dem Osten (normalerweise Asien)
3. **sylvestris** c) aus Japan
4. **americana** d) aus dem Wald
5. **montana** e) aus dem Meer
6. **africana** f) aus Europa

7. **occidentalis**   g) aus dem Westen
8. **europaeus**   h) aus Kanada
9. **orientalis**   i) aus Afrika
10. **maritima**   j) aus dem Gebirge

Viele von den Botanikern und Gärtnern gebrauchte Pflanzennamen weisen auf den typischen Standort der Pflanze, ihre Farbe oder Form hin wie zum Beispiel bei der Schafgarbe, deren Blätter in außerordentlich viele kleine Blattteile gegliedert sind. Manchmal ist eine besondere Eigenschaft genannt wie beim Gänseblümchen, das fast das ganze Jahr (**annus, anni,** m) über Blüten zeigt. Gelegentlich steckt der deutsche Name auch leicht verändert im lateinischen drin. Deswegen können Sie vom lateinischen Namen oft auf den deutschen Namen schließen – und umgekehrt. Finden Sie heraus, was zusammengehört?

11. **Achillea millefolium**   a) Alpen-Leinkraut
12. **Aloe maculata**   b) Bayerischer Enzian
13. **Angelica sylvestris**   c) Gänseblümchen
14. **Bellis perennis**   d) Gefleckter Aloe
15. **Betula pendens**   e) Hängebirke
16. **Capsula bursa-pastoris**   f) Hirtentäschel
17. **Centaurium minus**   g) Punktierter Enzian
18. **Gentiana bavarica**   h) Tausendgüldenkraut
19. **Gentiana punctata**   i) Waldengelwurz
20. **Linaria alpina**   j) Wiesen-Schafgarbe

Die Lösungen finden Sie in Anhang D.

> **IN DIESEM KAPITEL**
>
> Wie sich die Struktur lateinischer Sätze von der deutscher Sätze unterscheidet
>
> Vier Schritte für die Übersetzung lateinischer Sätze
>
> Ein paar Übungen zum Übersetzen

Kapitel 15
Latein übersetzen und lesen

Viele Leute, die einen lateinischen Satz ins Deutsche übersetzen, machen einen kapitalen Fehler: Sie übersetzen das erste Wort im Satz zuerst, dann übersetzen sie das nächste, dann das dritte und immer so weiter. Und weil es im Lateinischen wenige Regeln für die Satzstellung gibt, kommen bei unerfahrenen Übersetzern oft seltsame Sätze heraus, die manchmal überhaupt keinen Sinn ergeben. Damit die Übersetzerei nicht im Chaos endet, brauchen Sie ein System, das dabei hilft, genau zu erfassen, was Sie da eigentlich lesen. Und darum geht es in diesem Kapitel – hier werden vier Schritte vorgestellt, mit denen Sie sowohl einfachen als auch komplexen lateinischen Sätzen beikommen.

Und weil man Latein eher liest als spricht, gibt es in diesem Kapitel noch ein paar Auszüge echter lateinischer Dichtung, an denen Sie sich die Übersetzerzähne ausbeißen können.

Satzstellung oder wo zum Teufel ist das Subjekt?

Latein ist eine interessante und für unsere Augen manchmal auch seltsame Sprache. Es ist nämlich noch flexibler als das Deutsche. Im Deutschen ist es möglich, Satzteile zu vertauschen, ohne dass sich der Sinn des Satzes ändert, das geht allerdings nur bis zu einem gewissen Grad. Der Satz *Der Hund beißt den Mann* hat die gleiche Bedeutung wie *Den Mann beißt der Hund*. *Hund beißt Mann* ist allerdings etwas anderes als *Mann beißt Hund*.

Im Lateinischen hat die Satzstellung nichts mit der Funktion des Wortes im Satz zu tun: Es ist die Wortendung, auf die es ankommt. Die Endung bestimmt, ob ein Wort Subjekt oder Objekt ist. Die Wörter selbst können an so ziemlich jeder Stelle im Satz stehen.

Jedes Substantiv in einem Satz hat eine bestimmte Funktion; hat es das nicht, sollte es nicht in dem Satz stehen. Die Stellung eines Wortes im Satz bestimmt *nicht* seine Funktion, das macht die Endung eines Wortes. In Kapitel 2 wird beschrieben, wie diese Endungen aussehen und wie sich die verschiedenen Deklinationen voneinander unterscheiden.

Wie man zu einer sinnvollen Übersetzung kommt

Wenn Sie einen lateinischen Satz angehen, sind Vokabelkenntnisse nur die halbe Miete. Sie könnten mit dem ersten Wort anfangen und mit dem letzten aufhören und den Satz in der Reihenfolge übersetzen. Dann käme aber etwas heraus, das wahrscheinlich ziemlich sinnlos wäre. Stattdessen sollten Sie strategisch vorgehen. Man geht einen lateinischen Satz folgendermaßen an:

1. **Man suche das Prädikat und übersetze es.**

   Wenn man das Prädikat (Satzaussage, die das Subjekt näher bestimmt, eine finite Verbform enthält und aus einem oder mehreren Wörtern bestehen kann) gefunden hat, erhält man auf einen Schlag viele wichtige Informationen: Man kennt jetzt die Person (ich, du, er/sie/es, wir, ihr, sie), den Numerus (Singular oder Plural), das Tempus (Präsens, Imperfekt, Perfekt, Futur und so weiter) und den Modus (Indikativ, Konjunktiv oder Imperativ).

2. **Man suche das Subjekt des Satzes und übersetze es.**

   Das Subjekt steht immer im Nominativ. (Mehr zu den verschiedenen Kasus in Kapitel 2.)

   Finden Sie kein Subjekt, sollten Sie sich keine Gedanken machen, manchmal wird das Subjekt nicht direkt genannt. Wenn es nicht genannt ist, benutzt man die Person, die vom Prädikat angegeben wird: *ich, du, er/sie/es, wir, ihr* oder *sie*.

3. **Man suche das Akkusativobjekt des Satzes.**

   Das Akkusativobjekt »erleidet« die Handlung des Prädikats. Es antwortet auf die Frage »wen oder was?« Sie sollten daran denken, dass es nicht in jedem Satz ein Akkusativobjekt gibt.

4. **Man übersetze den Rest des Satzes.**

   Das ist alles, was nicht zum Prädikat, zum Subjekt oder zum Akkusativobjekt gehört.

Wenn Sie sich danach richten, kommen Sie bei der Übersetzung ganz gut durch. Und so kommt meistens etwas raus, was ganz sinnvoll klingt. Dennoch werden Sie den Satz noch etwas bearbeiten müssen, vor allem wenn der »Rest« ziemlich umfangreich ist. Das wird in den folgenden Abschnitten etwas vertieft.

Die Endung eines Substantivs bestimmt seine Funktion. Das Subjekt steht im Nominativ, das Akkusativobjekt im Akkusativ, das Dativobjekt im Dativ und so weiter. Wem diese Begriffe völlig unbekannt sind, der sollte in Kapitel 2 nachschauen, in dem es um lateinische Kasus geht. Bei Verben ist das ein wenig schwieriger. Sie können das Substantiv erst richtig übersetzen, wenn Sie wissen, zu welcher Deklination (erste, zweite, dritte und so weiter) es gehört. Was Sie darüber wissen müssen, steht auch in Kapitel 2.

Wie einfache Sätze übersetzt werden

Hier ist ein einfacher lateinischer Satz, an dem Sie Ihre Fähigkeiten als Übersetzer mal ausprobieren können:

> **Puellas in horto puer expectat.**

Wenn Sie versuchen sollten, diesen Satz einfach von vorne nach hinten zu übersetzen, käme ungefähr Folgendes raus: »Die Mädchen im Garten der Junge erwartet.« Das ergibt keinen Sinn. Wenn Sie jetzt aber die Tipps aus dem letzten Abschnitt befolgen, wird auf einmal alles klar:

1. **Man suche das Prädikat und übersetze es.**

    Das Prädikat ist **expectat** (erwartet). Jetzt kennen Sie die Person (er, sie oder es) und den Numerus (Singular), in denen das Prädikat steht. Diese Informationen sind hilfreich, wenn es darum geht, das Subjekt zu finden, das im Numerus mit dem Prädikat übereinstimmen muss.

2. **Man suche das Subjekt des Satzes und übersetze es.**

    Es gibt drei Substantive in diesem Satz, und jedes könnte das Subjekt sein: **puer** (Junge), **puellas** (Mädchen) und **horto** (Garten). Aus folgenden Gründen kann nur **puer** das Subjekt sein:

    Puer steht im Nominativ. (Merke: Das Subjekt steht immer im Nominativ.) Außerdem steht **puer** im Singular, damit stimmt es mit dem Prädikat überein.

    Puer könnte auch Vokativ Singular sein. Der Vokativ drückt aus, dass jemand den Jungen anspricht, so wie bei »He, Junge!« Es ist aber nicht so, denn dann müsste das Prädikat in der 2. Person Singular stehen (du). Der Vokativ verlangt ein Prädikat in der 2. Person.

    Puellas steht im Plural (es passt also nicht zum Prädikat), außerdem ist es ein Akkusativ, kein Nominativ.

    Horto ist zwar Singular, es ist aber ein Ablativ.

3. **Man suche das Akkusativobjekt des Satzes.**

    In diesem Satz ist **puellas** der einzige Akkusativ. Es ist ein Akkusativ Plural. Deshalb ist **puellas** das Akkusativobjekt, das auf die Frage »wen oder was?« antwortet.

4. **Man übersetze den Rest des Satzes.**

    Übrig bleibt **in horto**. **In** ist eine Präposition (in). Weil **horto** der Präposition folgt, ist es ein Ablativ, der beschreibt, wo der Junge ist. (Eine Aufgabe des Ablativs ist es, zu beschreiben, wo etwas ist. Mehr über den Ablativ erfahren Sie in Kapitel 6.)

Jetzt sind alle Einzelteile übersetzt und ihre Funktion ist klar. Wenn Sie die einzelnen Satzteile zusammenfügen und in eine sinnvolle Reihenfolge bringen (in der Rohübersetzung am besten immer in der Reihenfolge Subjekt-Prädikat-Objekt), kommt Folgendes raus: »Der Junge erwartet die Mädchen im Garten.«

Hier noch ein Satz, an dem Sie sich probieren können:

> **Vir equos agricolae laudat.**

Jetzt gehen Sie genauso vor wie oben:

1. **Man suche das Prädikat und übersetze es.**

    Das Prädikat ist **laudat**. Es heißt »er, sie oder es lobt« (3. Person Singular). Merke: Sie wissen so lange nicht, wer lobt, bis Sie das Subjekt gefunden haben.

2. **Man suche das Subjekt des Satzes und übersetze es.**

    Das Subjekt des Satzes ist **vir** (Mann). Das erkennen Sie daran, dass es das einzige Substantiv (die anderen sind **equos** und **agricolae**) im Satz ist, das den Anforderungen entspricht: Es ist Nominativ und Singular.

    - **Equos** ist Akkusativ Plural und kann deshalb nicht das Subjekt sein.

    - **Agricolae** auszuschließen ist etwas kniffliger, weil es ein Nominativ sein könnte, dann wäre es aber der Nominativ Plural – **-ae** ist auch die Endung des Nominativ Plurals. Deshalb ist klar, **agricolae** ist nicht das Subjekt.

3. **Man suche das Akkusativobjekt des Satzes.**

    Das einzige Wort, das in diesem Satz im Akkusativ steht, ist **equos** (die Pferde), es ist ein Akkusativ Plural. Das ist also das Akkusativobjekt, das auf die Frage »wen oder was?« antwortet.

4. **Man übersetze den Rest des Satzes.**

    Übrig bleibt **agricolae**. Das Wort steht im Genitiv Singular, es ist also ein Genitivattribut, das etwas über den Besitz aussagt. Es wird also mit »des Bauern« übersetzt.

Wenn man alles zusammensetzt, erhält man: »Der Mann lobt die Pferde des Bauern.«

Wie Satzreihen übersetzt werden

Ganz klar: Einfache Sätze sind leichter zu übersetzen als komplexere, längere Sätze. Aber unabhängig von der Länge eines Satzes können Sie die im Abschnitt *Wie man zu einer sinnvollen Übersetzung kommt* beschriebene Vorgehensweise anwenden. Auch bei Satzreihen, die ja aus mehreren Hauptsätzen bestehen, behandelt man jeden Satz wie eine eigene Einheit. Hier ein Beispiel:

Puer canem ex villa ducit et eum in viam fugat.

Ein Hinweis darauf, dass dieser Satz etwas komplizierter ist, sind die zwei finiten Verbformen in dem Satz. Anscheinend hat er zwei Prädikate: **ducit** und **fugat**. Schauen Sie sich das näher an, erkennen Sie, dass Sie es eigentlich mit zwei Hauptsätzen zu tun haben (**puer canem ex villa ducit** und **eum in viam fugat**), die durch die Konjunktion **et** (und) verbunden sind. Und jetzt nehmen Sie einfach einen Satz nach dem anderen in Angriff:

1. **Man suche das Prädikat des ersten Satzes: ducit.**

   Ducit ist 3. Person Singular. Übersetzt heißt das »er, sie oder es führt/zieht« (Sie müssen dann entscheiden, welche Bedeutung im Satzzusammenhang sinnvoller ist).

2. **Man suche das Subjekt: puer.**

   Puer ist ein Substantiv im Nominativ Singular und bedeutet »der Junge«.

3. **Man suche das Akkusativobjekt: canem.**

   Canem ist ein Substantiv im Akkusativ Singular und bedeutet »den Hund«.

4. **Man übersetze den Rest des Satzes: ex villa.**

   Ex villa ist ein Ablativ Singular und bedeutet »aus dem Haus«.

   Als Zugabe hängen Sie jetzt noch **et** (und) an und haben bis hierhin »Der Junge führt den Hund aus dem Haus und …« Jetzt können Sie die zweite Hälfte des Satzes angehen:

5. **Man suche das Prädikat des zweiten Satzes: fugat.**

   Fugat ist 3. Person Singular. Übersetzt heißt es »er, sie oder es (ver)jagt«.

6. **Man suche das Subjekt.**

   Jetzt wird es etwas komplizierter. Dieser Satz hat kein direkt erkennbares Subjekt, aber Sie haben ja das im Prädikat einbegriffene Subjekt, nämlich *er, sie* oder *es*. Da **puer** das Subjekt des ersten Satzes ist, ist es sehr wahrscheinlich, dass der Junge auch im zweiten Satz Subjekt ist.

7. **Man suche das Akkusativobjekt: eum.**

   Eum antwortet auf die Frage »wen oder was?«, ist somit das Akkusativobjekt und bedeutet »ihn«.

8. **Man übersetze den Rest: in viam.**

   In viam bedeutet hier »auf die Straße«.

Die Übersetzung des zweiten Satzes ist also »(er) jagt ihn auf die Straße«. Wenn Sie beide Sätze zusammenfügen, erhalten Sie »Der Junge zieht den Hund aus dem Haus und jagt ihn auf die Straße«.

Im Gespräch

Caesar und seine Frau Calpurnia reden darüber, was sie an diesem Tag vorhaben. Heute sind die Iden des März (15. März) 44 v. Chr., und Calpurnia will, dass Caesar daheimbleibt. Der hat aber andere Pläne.

Calpurnia: **Caesar, mane domi. Noli exire hodie, oro te!**

Caesar, bleib daheim. Geh heute nicht hinaus, ich bitte dich!

Caesar: **Non possum manere hic! Senatores me expectant, praesertim Brutus et Cassius.**

Ich kann nicht hierbleiben! Die Senatoren erwarten mich, besonders Brutus und Cassius.

Calpurnia: **Non credo illi Bruto. Habet macrum et ieiunum vultum.**

Ich traue diesem Brutus nicht. Er hat einen ausgemergelten und hungrigen Gesichtsausdruck.

Caesar: **Deinde da ei aliquid cibi et vini.**

Dann gib ihm etwas zu essen und Wein.

Calpurnia: **O Caesar. Tua stultitia erit olim mors tua!**

O Caesar. Deine Dummheit wird dereinst dein Tod sein.

Caesar: **Cum amicis velut Bruto et Cassio? Mehercule, numquam!**

Mit Freunden wie Brutus und Cassius? Bei Herkules, niemals!

Calpurnia: **Eges amicis velut illis sicut eges pugione in tergo! Cura te. Vale.**

Du brauchst Freunde wie diese, wie du einen Dolch in deinem Rücken brauchst! Achte auf dich. Leb wohl.

Caesar: **Vale. Para mihi gratam cenam: videbo tribus horis.**

Leb wohl. Bereite mir mein Leibgericht zu: Ich sehe dich in drei Stunden wieder.

Calpurnia: **Nisi veneris domum tempore, necabo te.**

Wenn du nicht pünktlich daheim bist, bringe ich dich um.

Die Ewige Stadt

In der Entwicklung der westlichen Zivilisation spielte Rom eine große Rolle. Es ist also nicht verwunderlich, dass es viele Sprichwörter und Redewendungen gibt, in denen Rom vorkommt.

Rom wurde auch nicht an einem Tag erbaut.

Alle Wege führen nach Rom.

Zustände wie im alten Rom.

Die sieben Hügel Roms.

Solange das Kolosseum steht, steht Rom, wenn das Kolosseum fällt, fällt auch Rom, wenn Rom fällt, wird die Welt untergehen.

Rom ist die Stadt der Liebe. Die Römer nannten ihre Stadt **Roma**. Wenn Sie **Roma** rückwärts lesen, kommt *amor* raus, das lateinische Wort für Liebe. Roma ist also der Ursprung von Wörtern wie *Romanze* oder *romantisch*. Und deshalb heißen Sprachen, die sich aus dem Lateinischen entwickelt haben, auch romanische Sprachen. Dazu gehören Italienisch, Spanisch, Portugiesisch, Rumänisch und Französisch.

Kleiner Wortschatz

sapiens, sapientis	weise, klug
quot	wie viele
possum, posse, potui	können, vermögen
scio, scire, scivi, scitum	wissen, verstehen
puto, putare, putavi, putatum	glauben, meinen, halten für
video, videre, vidi, visum	sehen
debeo, debere, debui, debitum	müssen, schulden, verdanken
neco, necare, necavi, necatum	töten
servo, servare, servavi, servatum	bewahren, retten
eo, ire, ii, itum	gehen

Echtes Latein: Martialisches mit Martial

In diesem Abschnitt geht es um echtes Latein – also um Latein, das von richtigen Römern geschrieben worden ist. Das folgende Epigramm stammt von **Martialis,** der in der zweiten Hälfte des 1. Jahrhunderts n. Chr. lebte und seine Gedichte schrieb. Seine Epigramme sind meist ganz erheiternd und werfen ein Schlaglicht auf das gesellschaftliche Leben im Rom seiner Zeit.

Hier die Vokabeln, die man braucht, um dieses Epigramm zu übersetzen. Es vermittelt einen Eindruck davon, was Martial von Ärzten hielt.

Vokabel	Bedeutung
nuper	vor kurzer Zeit, unlängst, neulich
medicus	Arzt
vispillo	Leichenträger
facio, facere, feci, factum	tun, machen

Original	Übersetzung
Nuper erat medicus, nunc est vispillo Diaulus:	Bis vor Kurzem war Diaulus Arzt, jetzt ist er Leichenträger:
Quod vispillo facit, fecerat et medicus. *(Epigrammata I, 47)*	Was er als Leichenträger macht, hat er auch als Arzt gemacht.

Martialis, oder Martial, wie er heute genannt wird, hatte eine große Begabung dafür, sich über andere Leute lustig zu machen. In seinem nächsten Epigramm vergleicht er zwei Frauen. Im Folgenden sind einige Vokabeln aufgeführt, die Sie brauchen, um dieses Epigramm zu übersetzen. **Thais** und **Laecania** sind die Namen der Frauen.

Vokabel	Bedeutung
habeo	ich habe
niger	schwarz
niveus	(schnee)weiß
dens	Zahn
ratio	Grund
emptus	gekauft, erworben
haec	diese
illa	jene

Original	Übersetzung
Thais habet nigros, niveos Laecania dentes.	Thais hat schwarze, Laecania schneeweiße Zähne.
Quae ratio est? Emptos haec habet, illa suos! *(Epigrammata V, 43)*	Was ist der Grund? Diese hat gekaufte, jene ihre eigenen.

Wie Satzgefüge übersetzt werden

Im Deutschen besteht ein Satzgefüge aus einem Hauptsatz und einem oder mehreren Nebensätzen. Ein Hauptsatz ist unabhängig und kann alleine stehen, ein Nebensatz ist vom Hauptsatz abhängig und kann nicht alleine stehen. Ein Beispiel dafür ist dieser Satz: »Das Huhn überquerte die Straße, weil es auf die andere Seite wollte.« Der Hauptsatz ist »Das Huhn überquerte die Straße«. Der davon abhängige Nebensatz ist »weil es auf die andere Seite wollte«.

Die meisten Nebensätze können irgendwo im Satz auftauchen – am Anfang, in der Mitte oder am Ende des Satzes. Im eben angeführten Beispiel steht der Nebensatz am Ende. Genauso gut kann er aber am Anfang stehen: »Weil es auf die andere Seite wollte, überquerte das Huhn die Straße.« Oder in der Mitte: »Das Huhn überquerte, weil es auf die andere Seite wollte, die Straße.«

Latein kennt diese Art von Satzkonstruktionen auch, das soll am folgenden Beispiel dargestellt werden. Zunächst müssen Sie dazu rausfinden, welches der Hauptsatz und welches der davon abhängige Nebensatz ist.

Vir, qui in horto sedet, patrem expectat.

Der Hauptsatz ist **vir patrem expectat.** In diesem Satz beginnt der Nebensatz (**qui in horto sedet**) mit dem Relativpronomen **qui,** er steht mitten im Hauptsatz. Wenn Sie so einen Satz übersetzen wollen, übersetzen Sie Haupt- und Nebensatz getrennt und fügen sie dann wieder zusammen.

Um den Hauptsatz zu übersetzen, sucht und übersetzt man das Prädikat, das Subjekt, das Akkusativobjekt und alles Übrige. Folgendes sollte dabei rauskommen. (Wenn es nicht so richtig klappt, sollten Sie noch mal im Abschnitt *Wie man zu einer sinnvollen Übersetzung kommt* weiter vorne in diesem Kapitel nachschauen.)

Funktion	Wort	Übersetzung
Prädikat	expectat	er/sie/es wartet auf
Subjekt	vir	der Mann
Akkusativobjekt	patrem	den (seinen) Vater
Der Rest	keiner da	

Bis jetzt sieht die Übersetzung so aus: »Der Mann wartet auf seinen Vater.«

Mit der gleichen Technik übersetzt man die Satzglieder des Nebensatzes.

Funktion	Wort	Übersetzung
Prädikat	sedet	er/sie/es sitzt
Subjekt	qui	der
Akkusativobjekt	keins da	
Der Rest	in horto	im Garten

Die Übersetzung des Nebensatzes lautet: »Der im Garten sitzt.«

Wenn man die beiden Sätze jetzt wieder zusammenfügt, erhält man: »Der Mann, der im Garten sitzt, wartet auf seinen Vater.«

Mehr echtes Latein: Catulls großer Fang

Der Dichter Catullus, auf Deutsch Catull, lebte in der ersten Hälfte des ersten Jahrhunderts v. Chr. in Rom. Er war verrückt nach einer jungen Frau und schrieb kurze, glühende Gedichte, in denen er ihr seine Gefühle mitteilte. Nach einer Weile bekam er mit, dass er nicht der einzige Mann war, mit dem sie sich traf – mal abgesehen von ihrem Ehemann, den es auch noch gab. Der schwer enttäuschte Catull drückte seine widerstreitenden Gefühle in folgendem kurzen Gedicht aus.

Um das Übersetzen richtig zu üben, empfiehlt es sich, die Spalte mit der Übersetzung abzudecken. Aber hier erst mal die Vokabeln, die Sie zum Übersetzen brauchen.

Vokabel	Bedeutung
odi	ich hasse
quare	weshalb
fortasse	vielleicht
requiris	du fragst
nescio	ich weiß nicht
fieri	geschehen
excrucior	ich werde gefoltert

Original	Übersetzung
Odi et amo. Quare id faciam, fortasse requiris.	Ich hasse und ich liebe. Weshalb ich das tue, fragst du vielleicht.
Nescio, sed fieri sentio et excrucior. *(Carmen 85)*	Ich weiß nicht, aber ich fühle, dass es geschieht, und ich werde gefoltert.

Es folgt noch eines von Catulls Gedichten. Es ist an Catulls Freund Fabulus gerichtet, der mit dem Gedicht zu einem Fest eingeladen wird. Die Sache hat aber einen Haken! Na ja, das kann jetzt jeder selbst lesen. Hier erst mal die Vokabeln, die Sie zum Übersetzen brauchen:

Vokabel	Bedeutung
apud	bei
pauci	wenige
affero	ich bringe herbei
inquam	ich sage
candida	weiß, hübsch, glänzend
cachinnus	lautes Gelächter
sacculus	Säckchen, Geldbeutel, Brieftasche
aranea	Spinne, Spinnwebe
plenus	voll

Original	Übersetzung
Cenabis bene, mi Fabulle, apud me	Du wirst gut bei mir speisen, mein Fabullus,
paucis, si tibi di favent, diebus,	in wenigen Tagen, wenn die Götter dir gewogen sind,
si tecum attuleris bonam atque magnam	wenn du mit dir bringen wirst ein gutes und großes
cenam, non sine candida puella	Mahl, nicht ohne ein hübsches Mädchen
et vino et sale et omnibus cachinnis.	und Wein und Witz und alles Gelächter.
Haec si, inquam, attuleris, venuste noster,	Ich sage, wenn du das mitbringst, unser Bester,
cenabis bene: nam tui Catulli	wirst du gut speisen: denn deines Catulls
plenus sacculus est aranearum. *(Carmen 13)*	Geldbeutel ist voll von Spinnweben.

Der arme Catull! Er hat Hunger, Durst, Langeweile, kein Geld, kein Fernsehen, aber er kann trotzdem eine Fete schmeißen!

Wie man den Konjunktiv übersetzt

In den Sätzen in diesem Abschnitt kommt der Konjunktiv vor. Einfach ausgedrückt wird der Konjunktiv zur Darstellung einer Möglichkeit benutzt. (Mehr Informationen über den Konjunktiv finden Sie in Kapitel 6.)

Der Konjunktiv in Hauptsätzen

Wenn das Prädikat des Hauptsatzes im Konjunktiv steht, wird damit gewöhnlich ein Wunsch, eine Aufforderung, eine Vermutung oder vorsichtige Behauptung verbunden. Hier sind einige Beispiele:

✔ Im folgenden Beispiel sind **vivamus** und **amemus** Konjunktiv Präsens, mit ihnen wird eine Aufforderung ausgedrückt.

Vivamus, mea Lesbia, atque amemus.

Lass uns leben, meine Lesbia, und lass uns lieben. (Catull, *carmen* 5,1)

✔ In folgenden Satz ist **pugnent** Konjunktiv Präsens, auch hier handelt es sich um eine Aufforderung.

Gladiatores in arena pugnent.

Die Gladiatoren sollen in der Arena kämpfen.

Der Konjunktiv in Nebensätzen

Und wie ist das mit dem Konjunktiv in Nebensätzen? Na ja, der Konjunktiv taucht in ziemlich vielen Nebensatzkonstruktionen auf, dazu gehören Finalsätze, Konsekutivsätze, die indirekte Rede, Konditionalsätze und noch einige andere. Übersetzt wird der Konjunktiv in Nebensätzen aber nur, wenn er in Konditionalsätzen oder in der indirekten Rede steht, ansonsten übersetzt man ihn mit dem deutschen Indikativ oder einer Infinitivkonstruktion. Der lateinische Konjunktiv signalisiert dann nur, dass der Nebensatz ganz eng mit dem übergeordneten Hauptsatz verknüpft ist. (Mehr über den Konjunktiv erfahren Sie in Kapitel 6.) Hier einige Beispiele:

✔ **Caesar Romam venit, ut gladiatores spectet.**

Caesar kommt nach Rom, damit er die Gladiatoren anschauen kann.

In diesem Satz ist **spectet** das Verb im Konjunktiv, der Nebensatz **ut gladiatores spectet** ist ein Finalsatz, der eine Absicht anzeigt.

✔ **Pueri tam laeti sunt, ut laetitia exsultent.**

Die Jungen sind so fröhlich, dass sie vor Freude hüpfen.

Der Nebensatz **ut laetitia exsultent** ist ein Konsekutivsatz, er gibt die Folge des im Hauptsatz genannten Sachverhalts an. Er sieht zwar so ähnlich aus wie ein Finalsatz, ist aber keiner. Man erkennt einen Konsekutivsatz daran, dass im Hauptsatz das Wörtchen *so* auftaucht.

Im Deutschen ist *so* ein eigenes Wort und auch dann leicht zu erkennen, wenn es in andere Wörter eingebaut ist. Im Lateinischen ist *so* in viele verschiedene Wörter eingebaut: in **tot** (so viele), **tantus** (so groß) und **totidem** (ebenso viele) zum Beispiel. Wenn in der deutschen Übersetzung des Hauptsatzes also irgendwo ein *so* auftaucht, stehen die Chancen ziemlich gut, dass da ein Konsekutivsatz folgt.

✔ **Pater me rogavit, num ad ludum irem.**

Vater hat mich gefragt, ob ich zur Schule ginge.

Der Nebensatz **num ad ludum irem** gibt eine Frage wieder, es handelt sich also um eine indirekte Frage. (Was hat der Vater eigentlich gefragt? »Gehst du in die Schule?« ist eine direkte Frage.)

✔ **Dux militibus imperat, ut fortiter pugnent.**

Der Feldherr befiehlt seinen Soldaten, tapfer zu kämpfen.

Der Nebensatz **ut fortiter pugnent** stellt einen indirekten Befehl dar. (Wörtlich sagte der Feldherr zu seinen Soldaten: »Kämpft tapfer, Leute!«)

✔ **Si hoc facias, stultus sis.**

Wenn du das machen solltest, müsstest du dumm sein.

Dieser Satz ist ein Konditionalsatz. Beachten Sie, dass hier sowohl das Prädikat des Hauptsatzes als auch das des Nebensatzes im Konjunktiv stehen.

Wenn Sie ein Verb im Konjunktiv entdecken, sollten Sie aufpassen. Mit dem Indikativ werden ja Fakten ausgedrückt, mit dem Konjunktiv werden Dinge ausgedrückt, die wahrscheinlich oder möglich sind, und Dinge, die passieren könnten oder auch nicht. Aber vor allem in Nebensätzen wird der lateinische Konjunktiv oft mit dem deutschen Indikativ übersetzt.

Im Gespräch

Kaiser Caligula (regierte 37–41) will den Senat dazu bringen, sein Lieblingspferd Incitatus zum Konsul für das kommende Jahr zu wählen. Die Senatoren sind vorsichtig, weil Caligula schon eine Menge Senatoren unbegründet hat hinrichten lassen.

Caligula: **Senatores, hic equus est sapiens. Cum eum rogo »Quot sunt duo et duo?« pedem supplodit quater!**

Senatoren, dieses Pferd ist klug. Wenn ich es frage: »Wie viel sind zwei und zwei?«, stampft es vier Mal mit dem Huf auf.

Crassus: **Sed hic equus est animal. Potestne dicere?**

Aber dieses Pferd ist ein Tier. Kann es sprechen?

Caligula: **Non potest dicere, sed scio, quae putet. Incitate, quid putas?**

Es kann nicht sprechen, ich weiß aber, was es denkt. Incitatus, was denkst du?

Crassus: **Debeo hoc videre!**
Ich muss das sehen!

Caligula: **Vide! Hic equus putat me debere necare aliquos senatores.**
Sieh! Dieses Pferd denkt, dass ich einige Senatoren töten sollte.

Marcus: **Non me. Puto hunc equum esse sapientem. Puto te debere necare Crassum. Ille dixit te esse cerritum.**
Mich nicht. Ich glaube, dieses Pferd ist klug. Ich glaube, du solltest Crassus töten. Er hat gesagt, du seist verrückt.

Caligula: **Crassusne dixit me esse cerritum? Milites, necate illum furciferem!**
Crassus hat gesagt, ich sei verrückt? Soldaten, tötet diesen Galgenstrick!

Crassus: **O me miserum! Adiuvate me, amici! Servate me!**
O ich Armer! Helft mir, Freunde! Rettet mich!

Caligula: **Hoc docebit vos! Facite, ut equus consul fiat.**
Das wird euch lehren! Macht, dass das Pferd Konsul wird.

Marcus: **Senatores, eamus in curiam et deliberemus de consulatu equi. Vale, Caligula!**
Senatoren, lasst uns ins Senatsgebäude gehen und über das Konsulat des Pferdes beraten. Leb wohl, Caligula!

Caligula: **Valete!**
Lebt wohl!

Kleiner Wortschatz

domi	zu Hause
hodie	heute
praesertim	besonders, vor allem
deinde	dann, danach, darauf
stultitia, stultitiae, f	Dummheit
olim	einst
numquam	niemals, noch nie
velut	wie, wie zum Beispiel
sicut	so wie, wie zum Beispiel
cena, cenae, f	Essen, Abendmahlzeit

Bélla geránt alií, tu, félix Aústria, núbe! (Matthias I. Corvinus Huniyadi, König von Ungarn 1458–1490)

Andere mögen Kriege führen (um ihren Herrschaftsbereich zu vergrößern); du, glückliches Österreich, heirate (und erreiche dasselbe Ziel ohne Kriegsgeschrei)!

Ein Beleg dafür, dass Österreicher doch wesentlich cleverer sein können als ihre Nachbarn im Nordwesten.

Dónec erís felíx, multós numerábis amícos: /

Témpora sí fueríni núbila, sólus erís. (Ovid, *tristia* I, 9, 5)

Solange du glücklich bist, wirst du viele zu deinen Freunden zählen /

Wenn die Zeitumstände düster sind, wirst du allein sein.

Der Dichter Ovid war bei Kaiser Augustus in Ungnade gefallen und von ihm im Jahr 8 n. Chr. an den äußersten Rand des Imperium Romanum, an die Küste des Schwarzen Meeres, verbannt worden. Die beiden Verse spiegeln seine Lebenserfahrung wider.

Spiel, Spaß und Denksport

Finden Sie die korrekte deutsche Übersetzung für die folgenden lateinischen Sätze. Unbekannte Wörter können Sie im Mini-Wörterbuch am Ende des Buches nachschlagen.

1. Ancillae urnas in urbem portant.

    a. Die Dienerinnen tragen die Wasserkrüge in die Stadt.

    b. Die Dienerinnen trugen die Wasserkrüge in die Stadt.

    c. Die Dienerinnen haben die Wasserkrüge in die Stadt getragen.

    d. Die Dienerinnen werden die Wasserkrüge in die Stadt tragen.

2. Cives in foro ambulabant et oratores audiebant.

    a. Die Bürger gehen auf dem Forum spazieren und hören die Redner.

    b. Die Bürger gingen auf dem Forum spazieren und hörten die Redner.

    c. Die Bürger spazieren auf dem Forum, um die Redner zu hören.

    d. Die Bürger spazierten auf dem Forum, um die Redner zu hören.

3. Eamus ad circum et spectemus equos.

    a. Wir gehen auf die Rennbahn und betrachten die Pferde.

    b. Wir werden auf die Rennbahn gehen und die Pferde betrachten.

    c. Wir gehen auf die Rennbahn, um die Pferde zu betrachten.

    d. Lasst uns auf die Rennbahn gehen und die Pferde betrachten.

KAPITEL 15 Latein übersetzen und lesen 283

4. Pueri, qui in via ludunt, filii mei avunculi sunt.

   a. Die Jungen, die auf der Straße spielten, waren die Söhne meines Onkels.

   b. Die Jungen, die auf der Straße spielen, sind die Söhne meines Onkels.

   c. Die Mädchen, die auf der Straße spielen, sind die Töchter meines Onkels.

   d. Die Mädchen, die auf der Straße spielten, waren die Töchter meines Onkels.

5. Milites, pugnate ferociter et hostes superate!

   a. Soldaten, lasst uns tapfer kämpfen und die Feinde besiegen!

   b. Die Soldaten kämpften tapfer und besiegten die Feinde!

   c. Die Soldaten kämpfen tapfer und besiegen die Feinde!

   d. Soldaten, kämpft tapfer und besiegt die Feinde!

6. Cur fles? Quis te pulsavit?

   a. Warum weinst du? Wer schlägt dich?

   b. Warum weinst du? Wer hat dich geschlagen?

   c. Warum hast du geweint? Wer hat sich geschlagen?

   d. Warum hast du geweint? Hat dich jemand geschlagen?

7. Feminae gladiatores et animalia in circo spectabant.

   a. Die Frauen kommen in den Circus, um sich Gladiatoren und Tiere anzuschauen.

   b. Die Frauen werden im Circus Gladiatoren und Tiere anschauen.

   c. Die Frauen schauten im Circus Gladiatoren und Tiere an.

   d. Die Frauen schauen im Circus Gladiatoren und Tiere an.

8. Nautae, qui ad Graeciam navigabunt, naves in portu parant.

   a. Die Seeleute, die nach Griechenland segeln werden, bereiten im Hafen die Schiffe vor.

   b. Die Seeleute, die nach Griechenland segeln werden, werden im Hafen die Schiffe vorbereiten.

   c. Die Seeleute, die nach Griechenland segeln werden, haben im Hafen die Schiffe vorbereitet.

   d. Die Seeleute, die nach Griechenland gesegelt sind, haben im Hafen die Schiffe vorbereitet.

9. Pueri tam fessi sunt, ut sub arbore sedeant.

   a. Die Jungen waren so müde, dass sie sich unter einen Baum setzten.

   b. Der Junge war so müde, dass er sich unter einen Baum setzte.

   c. Die Jungen sind so müde, dass sie sich unter einen Baum setzen.

   d. Der Junge ist so müde, dass er sich unter einen Baum setzt.

10. Dux militibus imperavit, ut fortiter pugnarent.

    a. Der Feldherr befiehlt den Soldaten, tapfer zu kämpfen.

    b. Der Feldherr befahl dem Soldaten, tapfer zu kämpfen.

    c. Der Feldherr wird den Soldaten befehlen, tapfer zu kämpfen.

    d. Der Feldherr befahl den Soldaten, tapfer zu kämpfen.

Noch einmal ein paar Sätze, die Ihnen bei der eigenständigen Übersetzung nun keine Schwierigkeiten mehr bereiten sollten:

11. Multi Romani orant, ut templum Iani claudatur.

12. Pullos et porcos deo offerebant.

13. Etiam pater familias hostiam (hostia, hostiae: Opfertier) ad aram templi ponet, ne bellum novum geratur (gero, gerere, gessi, gestum: tragen, führen).

14. Mox imperator Augustus adveniet et Romanis pacem (pax, pacis: Frieden) nuntiabit (nuntio, nuntiare, nuntiavi, nuntiatum: melden, verkünden).

Die Lösungen sind in Anhang D zu finden.

> IN DIESEM KAPITEL
>
> Zitate, mit denen man auf Partys angeben kann
>
> Lateinische Sprüche über die Liebe, den Krieg und das Leben
>
> Bekannte lateinische Sprichwörter

Kapitel 16
Latein für jede Lebenslage

»Latein ist tot!« Wäre das wirklich so, hätte man ein Problem. Viele Wörter, Ausdrücke und Zitate, die man im Alltag benutzt, kommen aus dem Lateinischen. Würde man all diese lateinischen Einflüsse aus der deutschen Sprache entfernen, wäre sie wesentlich ärmer. Man benutzt nämlich ziemlich oft lateinische Wörter, ohne sich dessen richtig bewusst zu sein.

Außerdem gibt es Leute, die lateinische Redewendungen zitieren können und ihre Sätze (mit Absicht) mit lateinischen Ausdrücken würzen, um besonders gebildet zu wirken. Anstatt diese Leute zu beneiden und sich über sie zu ärgern, können Sie ja einer von ihnen werden. (Allerdings sollten Sie versuchen, anderen Leuten damit nicht zu sehr auf die Nerven zu gehen.) Dieses Kapitel bietet alle möglichen lateinischen Zitate, Sinnsprüche, Ratschläge und Lebensweisheiten, es verrät, wer was gesagt hat, und bietet zu allem auch noch eine Übersetzung, damit Sie wissen, was Sie eigentlich sagen, sollten Sie mal den einen oder anderen Brocken an den Mann oder die Frau bringen wollen. Sie können damit bei der nächsten Party Freunde überraschen oder beim nächsten Meeting den Chef beeindrucken. Viel Spaß!

Der zitierbare Römer

Die Römer haben nicht immer nur irgendwo Kriege geführt, sie haben auch nicht ständig irgendwelche Völker und Länder erobert. Die waren ziemlich praktisch veranlagt und gute Beobachter. Sie beobachteten gerne das Leben und kommentierten, was sie sahen. Römische Schriftsteller schrieben über eine große Bandbreite von Themen: Liebe, Tod, das Universum, Landwirtschaft, Architektur, Philosophie, Satire und vieles, vieles mehr. Über die Jahrhunderte haben viele Schriftsteller die geistreichen Bemerkungen der alten Römer zitiert, und viele davon betreffen auch noch unser Leben.

Römer über die Liebe

»Darin besteht die Liebe: dass sich zwei Einsame beschützen und berühren und miteinander reden.« Die Lorbeeren für dieses Zitat können die Römer nicht ernten: Es stammt vom österreichischen Lyriker Rainer Maria Rilke (1875–1926). Aber auch die Römer hatten einiges über die Liebe zu sagen, und sie war für viele Schriftsteller ein wichtiges Thema.

Der große römische Dichter Vergil schrieb: **Omnia vincit Amor et nos cedamus Amori. (*Bucolica* X,69).** Das heißt übersetzt: »Die Liebe besiegt alles und wir wollen uns der Liebe unterordnen.« Einer der wichtigsten Sprüche der großen Verführer.

Der römische Staatsmann und Theaterschriftsteller Seneca schrieb: **Si vis amari, ama!** (Seneca, *Epistulae morales* 9,6) Übersetzt heißt das: »Wenn du geliebt werden willst, liebe!« Das wird beständig von Rockbands, Dichtern und Liebesbriefschreibern verwendet.

Von Catull, einem anderen berühmten römischen Dichter, stammen folgende Sprüche:

- ✔ **Difficile est longum subito deponere amorem.** (Schwierig ist es, eine lang gehegte Liebe plötzlich abzulegen [das heißt, ihr zu entsagen].) (Catull, *Carmina* 76,13)

- ✔ **Vivamus, mea Lesbia, atque amemus.** (Lass uns leben, meine Lesbia, und lass uns lieben.) (Catull, *Carmina* 5,1)

Der römische Dichter Ovid, von dem unter anderem die *Metamorphosen* (Originaltitel: *Metamorphoseon libri*, zu Deutsch »Bücher der Verwandlung«) stammen, sagt Folgendes über die Liebe:

- ✔ **Amor tussisque non celantur.** (Liebe und Husten lassen sich nicht verheimlichen.)

- ✔ **Militat omnis amans et habet sua castra Cupido.** (Kriegsdienst leistet jeder, der liebt, und Cupido (das heißt Amor) hat sein eigenes Kriegslager.) (Ovid, *Amores* I,9,1)

Hier noch ein paar Aussagen über die Liebe, mit denen Sie Ihre Freunde beeindrucken können:

- ✔ *Über zukünftige Liebe:* **Cras amet, qui numquam amavit, quique amavit cras amet.** (Morgen liebe, wer nie geliebt hat, und wer geliebt hat, liebe morgen.) – *Pervigilium Veneris*, die »Nachtfeier der Venus«, ein anonymes Gedicht vermutlich aus dem 2. Jh. n. Chr., das die Macht der Venus preist.

- ✔ *Über Liebe und Treue:* **Expertus dico: nemo est in amore fidelis.** (Ich spreche aus Erfahrung: Niemand ist in der Liebe treu.) – Properz, römischer Dichter (Properz, *Elegiae* II,34A,3).

- ✔ *Über Liebe und Weisheit:* **Amare et sapere vix deo conceditur.** (Lieben und gleichzeitig vernünftig zu bleiben, wird kaum einem Gott zugestanden / erlaubt.) (Publilius Syrus, *Sententiae* A 22) – Publilius Syrus, römischer Mimendichter zur Zeit Cäsars.

- ✔ *Über Liebe und Streit:* **Amantium irae amoris integratio est.** (Der Zorn der Liebenden ist die Erneuerung der Liebe. Oder anders ausgedrückt: Das Beste an einem Streit ist die Versöhnung danach.) (Terenz, *Andria* 555) – Terenz, römischer Komödiendichter.

- ✔ *Über Liebe und Liebende:* **Amantes (sunt) amentes.** (Liebende sind verrückt.) – Auch von Terenz (Terenz, *Andria* 218).

> **Berühmte letzte Worte**
>
> Hier eine Aufzählung von berühmten letzten Worten, die aus der Antike stammen:
>
> **Noli turbare circulos meos!** (Störe meine Kreise nicht!) (Livius, *Ab urbe condita* XXV,31,10) – Der griechische Mathematiker Archimedes (um 287–212 v. Chr.) sagte diese Worte angeblich zu einem römischen Soldaten, der ihn nach der Eroberung von Syrakus festnehmen sollte. Archimedes hatte gerade einige geometrische Figuren in den Sand gezeichnet, denen der Soldat gefährlich nahe kam. Die Reaktion des Soldaten? Er wurde so wütend, dass er Archimedes tötete.
>
> **Paete, non dolet.** (Es schmerzt nicht, Paetus.) (Plinius, *Epistulae* III,16,6) – Arria (gestorben 42 n. Chr.) war die Frau von Paetus, der an einer Verschwörung gegen Kaiser Claudius beteiligt war. Er wurde zum Selbstmord verurteilt. Als Paetus zögerte, stieß Arria den Dolch in ihre eigene Brust. Mit diesen Worten überreichte sie Paetus den Dolch.
>
> **Acta est fabula, plaudite!** (Das Spiel ist aus, Applaus!) – Augustus (63 v. Chr. bis 14 n. Chr.), Großneffe Caesars und erster römischer Kaiser.
>
> **Adhuc vivo!** (Ich lebe noch!) Aber nicht mehr lange. Der römische Kaiser Caligula (12–41 n. Chr.), der für seine Grausamkeit bekannt war, hatte einmal gesagt: **Oderint dum metuant** (Mögen sie mich hassen, solange sie mich fürchten). Seine letzten Worte sprach er, nachdem er von seinem eigenen Leibwächter erstochen worden war. Kurz darauf starb er.
>
> **Qualis artifex pereo!** (Welch Künstler geht mit mir zugrunde!) (Sueton, *Vita Neronis* 49,1) – Nero (37–68 n. Chr.), berüchtigter römischer Kaiser.
>
> **Ego me bene habeo.** (Mir geht es gut.) – Sextus Afranius Burrus (gestorben 62 n. Chr.), ein hoher Beamter unter Nero.
>
> **Vae puto me deum fieri!** (Wehe, ich glaube, ich werde ein Gott!) – Vespasian (9–79 n. Chr.), römischer Kaiser.

Römer über den Krieg

Die Römer sind bekannt dafür, dass sie in ganz Europa (na ja, fast ganz Europa), im Nahen Osten und in Nordafrika gekämpft haben. Sie sind nie auf einen Menschenschlag getroffen, den sie nicht unterwerfen, zivilisieren oder vernichten wollten. Die folgenden Zitate sind nur einige Ansichten über den Krieg, die man in den Werken römischer Autoren finden kann:

- ✔ **Silent enim leges inter arma.** (Denn unter den Waffen schweigen die Gesetze.) – Cicero, römischer Staatsmann und Philosoph.

- ✔ **Ceterum censeo Carthaginem esse delendam.** (Im Übrigen bin ich der Meinung, dass Karthago zerstört werden muss.) – Cato der Ältere, der in Karthago eine große Bedrohung für Rom sah, beendete jede seiner Reden im Senat mit diesen Worten. Die markanten Worte **Ceterum censeo** gelten heute als Ausdruck einer unverrückbaren Forderung.

- **Bella matribus detestata.** (Von den Müttern verfluchte Kriege.) (Horaz, *Carmina* I,1,24 f.) – Horaz, römischer Dichter.

- **Dulce et decorum est pro patria mori.** (Süß und ehrenvoll ist es, fürs Vaterland zu sterben.) (Horaz, *Carmina* III,2,13) – Horaz.

- **Qui desiderat pacem, praeparet bellum.** (Wer Frieden wünscht, bereite sich auf den Krieg vor.) – Vegetius, Militärschriftsteller (um 400 n. Chr.).

- **Bella, horrida bella.** (Kriege, entsetzliche Kriege.) – Vergil.

Aus dem Munde von Julius Caesar

Julius Caesar gehört wohl zu den berühmtesten Römern. Er war nicht nur ein großer Staatsmann und Schriftsteller, sondern auch ein ausgezeichneter Feldherr. Caesar führte die römische Armee in vielen Ländern zum Sieg, er war mit seinen Legionen in Gallien (heute Frankreich), Britannien (aber nur im Süden), Spanien, Nordafrika, dem Nahen Osten und Griechenland. Zurück in Rom reformierte er den alten römischen Kalender, indem er zwei zusätzliche Monate einfügte und das Jahr auf 365 ¼ Tage verlängerte. Dieser Kalender wird heute (Überraschung!) *Julianischer Kalender* genannt. An den Iden des März (15. März) 44 v. Chr. wurde Caesar von einigen römischen Senatoren, die sich gegen ihn verschworen hatten, ermordet, sie waren der Meinung, er habe nichts anderes verdient. Hier sind ein paar von Caesars bekannten Aussprüchen:

- **Alea iacta est.** (Der Würfel ist gefallen.) (Sueton, *Divus Iulius* 32) Caesar sagte das, als er seine Armee 49 v. Chr. über den Rubikon, den Grenzfluss zwischen seiner Provinz Gallia Cisalpina und Italien in der Nähe des heutigen Rimini, führte. Eigentlich war es verboten, den Fluss mit Truppen zu überqueren, das stellte eine Kriegserklärung an Rom dar. Caesar wusste das. Er wusste auch, dass es nach der Überquerung des Rubikons kein Zurück mehr gab und er eine Entscheidung getroffen hatte, die nicht mehr rückgängig zu machen war. Wenn jemand eine sehr riskante Entscheidung gefällt hat, spricht man auch heute noch davon, dass er den Rubikon überquert hat.

- **Et tu, Brute?** (Auch du, Brutus?) (Sueton, *Divus Iulius* 82,2) Das soll Caesar zu Brutus gesagt haben, nachdem der ihn erstochen hat, zumindest schreibt der englische Dichter William Shakespeare (1564–1616) das in seiner Tragödie *Julius Cäsar*. Glaubt man dem römischen Schriftsteller Sueton (circa 70 bis 130 n. Chr.), sagte Caesar auf Griechisch »Auch du, mein Kind?« Caesar dachte nämlich, er sei für Brutus ein väterlicher Freund gewesen. (Im Kasten *Berühmte letzte Worte* erfahren Sie, wie andere Berühmtheiten der Antike aus dem Leben geschieden sind.)

- **Gallia est omnis divisa in partes tres.** (Ganz Gallien ist in drei Teile geteilt.) Dies sind die berühmten Einleitungsworte zu Caesars *Commentarii de Bello Gallico* (Kommentare über den Gallischen Krieg). Hier berichtet Caesar in sieben Büchern über den Feldzug, den er gegen die Gallier im heutigen Frankreich führte.

- **Veni, vidi, vici.** (Ich kam, sah und siegte.) (Sueton, *Divus Iulius* 37,2) Das schrieb Caesar an seinen Freund Gaius Matius in Rom, als er am 2.8.47 v. Chr. die Schlacht von Zela (heute Zile in der Türkei) innerhalb von vier Stunden für sich entscheiden konnte.

Noch ein Bier: Römer über das Trinken

Die Römer liebten ihren Wein und tranken ziemlich viel davon. Die folgenden Zitate sagen einiges über die Vorliebe der Römer für die Früchte des Bacchus aus:

- ✔ **Bibere humanum est, ergo bibamus.** (Trinken ist menschlich, also lasst uns trinken.) – Anonym.

- ✔ **In vino veritas.** (Im Wein ist Wahrheit [das heißt, der Wein löst die Zunge].) – Anonym.

- ✔ **Nemo enim fere saltat sobrius, nisi forte insanit.** (Fast niemand tanzt nämlich nüchtern, außer er ist vielleicht wahnsinnig.) – Cicero.

- ✔ **Nunc est bibendum.** (Nun muss getrunken werden.) (Horaz, *Carmina* I,37, 1) – Horaz.

- ✔ **Bibamus, moriendum est.** (Lasst uns trinken, sterben müssen wir sowieso.) – Seneca.

Lateinische Zitate von anderen berühmten Leuten

Lateinische Zitate findet man nicht nur in antiken Texten. Im Ehering der schwedischen Königin Katharina Jagiellonica (1526–1583) stand **Nemo nisi mors** (Niemand außer dem Tod [wird uns trennen]). Der englische König trägt den Titel **Defensor fidei** (Verteidiger des Glaubens). Ursprünglich hatte der Papst diesen Titel Heinrich VIII. (1491–1547) verliehen, bevor der mit Rom brach und Oberhaupt der von ihm begründeten anglikanischen Kirche wurde. Und nicht alle berühmten lateinischen Zitate stammen von Römern. Hier sind einige bekannte lateinische Äußerungen von Nichtrömern:

- ✔ **Deus vocatus atque invocatus aderit.** (Gott wird da sein, ob angerufen oder nicht angerufen.) – Diese Inschrift befindet sich auf dem Grab von Carl Gustav Jung (1875–1961), einem bekannten Schweizer Mediziner und Psychologen.

- ✔ **Austriae est imperare orbi universo.** (Es ist Österreich bestimmt, die Welt zu beherrschen.) – Friedrich III. (1415–1493), Kaiser des Heiligen Römischen Reichs Deutscher Nation. Diese Worte gelten als Ausdruck des Glaubens an die habsburgische Bestimmung zur Weltherrschaft. Das Problem bei diesem Wahlspruch ist, dass Friedrich III. ihn nur als Abkürzung **A.E.I.O.U.** verwendete. Die Auflösung ist also nicht ganz sicher. Die oben genannte wäre möglich. Beliebt ist auch die Version **Austria erit in orbe ultima** (Österreich wird ewig sein), aber auch diese Interpretation hat ihren Charme: »Also eigentlich ist's ohnehin unwichtig.«

- ✔ **Nam et ipsa scientia potestas est.** (Denn auch das Wissen selbst ist eine Macht.) Wissen bedeutet Macht. – Francis Bacon (1561–1626), englischer Philosoph, Naturwissenschaftler und Staatsmann.

- ✔ **Vix ulla tam iniqua pax, quin bello vel aequissimo sit potior.** (Es gibt keinen noch so ungerechten Frieden, der nicht einem noch so gerechten Krieg vorzuziehen ist.) – Erasmus von Rotterdam (1465–1536), niederländischer Humanist und Theologe.

- ✔ **Sic semper tyrannis!** (So immer den Tyrannen!) – John Wilkes Booth (1838–1865), US-Schauspieler und Mörder von Abraham Lincoln. Er soll das nach der Ermordung des amerikanischen Präsidenten ausgerufen haben. Vor ihm soll diesen Spruch schon

Brutus bei der Ermordung von Julius Caesar gesagt haben. Außerdem ist er das Motto des US-Bundesstaats Virginia.

- ✔ **Cogito ergo sum.** (Ich denke, also bin [das heißt, existiere] ich.) – René Descartes (1596–1650), französischer Philosoph und Mathematiker. (René Descartes, *Principia philosophiae* 4)

- ✔ **Si monumentum requiris, circumspice!** (Wenn du ein Denkmal suchst, schau umher!) – Diese Inschrift befindet sich auf dem Grab von Christopher Wren (1632–1723) in der St. Paul's Cathedral in London. Wren war ihr Erbauer.

- ✔ **Ora et labora.** (Bete und arbeite.) – Der Heilige Benedikt von Nursia (um 480 bis 547), Begründer des abendländischen Mönchtums. Wahlspruch des Benediktiner-Ordens (OSB). Kurzformel des benediktinischen Lebensstils. (*Regula Sancti Benedicti* Kap. 48)

- ✔ **Dum excusare credis, accusas.** (Während du dich zu entschuldigen glaubst, klagst du dich an.) – Der Heilige Hieronymus (347–419), Kirchenvater, Gelehrter, Theologe und Übersetzer der Vulgata, der lateinischen Bibel. (Mehr über die Kirche und Latein steht in Kapitel 13.)

Im Gespräch

Zwei Römer auf einer Party. Der eine ist **iurisconsultus** (Rechtsgelehrter), der gerade etwas trinkt, der andere ist **medicus** (Arzt). Sie unterhalten sich über ihre beruflichen Perspektiven unter dem neuen Kaiser.

Medicus:	**Imperator mortuus est. Imperator novus diu vivat!**
	Der Kaiser ist tot. Lang lebe der neue Kaiser!
Iurisconsultus:	**Ita vero est! Sed desiderabo veterem. Caligula imperatore, habui plurimos clientes.**
	Ja, genau! Aber ich werde den alten vermissen. Als Caligula Kaiser war, hatte ich viele Klienten.
Medicus:	**Et ego habui plurimos aegros.**
	Und ich hatte sehr viele Patienten.
Iurisconsultus:	**Claudius, novus imperator, non tam crudelis est quam Caligula.**
	Der neue Kaiser Claudius ist nicht so grausam wie Caligula.
Medicus:	**Itaque habebo minus aegrorum.**
	Und so werde ich weniger Patienten haben.
Iurisconsultus:	**Fortasse debes fieri vispillo!**
	Vielleicht musst du Leichenträger werden!
Medicus:	**Vispillo? Cur?**
	Leichenträger? Warum?

Iurisconsultus:	**Quod facies vispillo, facis nunc medicus.**
	Was du als Leichenträger tun wirst, tust du jetzt als Arzt.
Medicus:	**Et quid est illud?**
	Und was ist das?
Iurisconsultus:	**Sepelies tuos aegros.**
	Deine Patienten begraben.
Medicus:	**Certe! Dummodo omnes sint iurisconsulti!**
	Sicher! Wenn das nur alles Rechtsgelehrte wären!
Iurisconsultus:	**Medice, cura te ipsum! Tabernari, da alteram potionem meo amico!**
	Arzt, kuriere dich selbst! Barkeeper, gib meinem Freund noch etwas zu trinken!

Kleiner Wortschatz

certe	sicherlich, sicher
cliens, clientis, m	Klient
crudelis, crudele	grausam
diu	lange Zeit
dummodo	wenn nur
imperator, imperatoris, m	Kaiser
minor, minoris	kleiner, geringer
minus (m. Gen.)	weniger (an)
morior, mori, mortuus sum	sterben
plurimus, plurima, plurimum	sehr viel, am meisten
sepelio, sepelire, sepelivi, sepultum	begraben, bestatten
vetus, veteris	alt, betagt
vivo, vivere, vixi, victum	leben

Lateinische Weisheiten: Ratschläge zum Leben

Direkt im Zentrum von Amsterdam gibt es ein Kasino. Gegenüber dem Hintereingang dieses Kasinos befindet sich ein Kino. Über dem Eingang steht in großen Buchstaben eine lateinische Inschrift, die folgendermaßen lautet:

Homo sapiens non in ventum urinat.

Ein weiser Mann uriniert nicht in den Wind.

Ein sehr kluger Rat, das muss man schon sagen! Aber Moment, das ist nicht alles. Die Römer hatten noch andere kluge Ratschläge. Hier Kostproben römischer Lebensweisheiten, die man sich ab und zu mal in Erinnerung rufen sollte.

- ✔ **Caveat emptor.** (Der Käufer muss sich hüten.) – Anonym.

- ✔ **Cave canem.** (Warnung vor dem Hund.) – Anonym. (Wenn man ungebetene Gäste wirklich von seinem Grundstück fernhalten will, sollte man besser ein Schild mit der deutschen Version ans Hoftor hängen.)

- ✔ **Promoveatur ut amoveatur.** (Er soll befördert werden, um ihn loszuwerden.) – Anonym. (Diese Redewendung entspricht dem Peter-Prinzip: Jeder wird so lange befördert, bis er eine Position erreicht hat, für die er nicht kompetent genug ist.)

- ✔ **Dum spiro, spero.** (Solange ich atme, habe ich noch Hoffnung.) – Cicero, römischer Staatsmann und Philosoph.

- ✔ **Carpe diem.** (Nutze den Tag.) – Horaz, römischer Dichter. (Horaz, *Carmina* I,11,8)

- ✔ **Ira furor brevis est.** (Der Zorn ist eine kurze Raserei.) – Horaz. (Horaz; *Epistulae* I,2,62)

- ✔ **Mens sana in corpore sano.** (Gesunder Geist in gesundem Körper.) – Juvenal, römischer Satirendichter. (Juvenal, *Saturae* X,356)

- ✔ **Sed quis custodiet ipsos custodes?** (Wer, außer den Wächtern selbst, überwacht die Wächter?) – Juvenal.

- ✔ **Mendacem oportet esse memorem.** (Ein Lügner muss ein gutes Gedächtnis haben.) – Quintilian, römischer Redner. (Quintilian, De *institutione oratoria* IV,2,91)

- ✔ **Timendi causa est nescire.** (Unwissenheit ist ein Grund zur Furcht.) – Seneca der Jüngere, römischer Philosoph und Schriftsteller, Erzieher von Nero.

- ✔ **Senectus ipsa est morbus.** (Das Greisenalter selbst ist eine Krankheit.) – Terenz, römischer Komödiendichter. (vgl. Terenz, *Phormio* 575)

- ✔ **Facilis descensus Averno.** (Leicht ist der Abstieg zur Unterwelt.) – Vergil, römischer Dichter. (Vergil, *Aeneis* VI,126)

- ✔ **Labor omnia vincit.** (Arbeit besiegt alles.) – Vergil. (Vergil, *Georgica* I,145)

Ratschläge für Glatzköpfe

Mit Männern, die eine Glatze haben oder eine bekommen, ist wirklich alles in Ordnung! Julius Caesar gingen die Haare aus, und er war bekannt dafür, dass er versuchte, das zu kaschieren. Wie die folgenden Zitate zeigen, machten sich die Römer über Männer lustig, die versuchten, ihre kahlen Stellen auf dem Kopf mit ihren restlichen Haaren zu verdecken:

> **Calvo turpius est nihil compto.** (Nichts ist peinlicher als ein Glatzkopf, der gekämmt ist.) – Martial.
>
> **Etiam capillus unus habet umbram.** (Auch ein einziges Haar wirft seinen Schatten.) – Publilius Syrus. (Publilius Syrus, *Sententiae* E 13)

> ### Wahlsprüche für jede Gelegenheit
>
> Wer sucht einen Wahlspruch für seine Schule, seinen Verein, irgendeinen Zusammenschluss? Hier werden Sie fündig. Hier sind ein paar griffige und einprägsame Wahlsprüche für verschiedene Gelegenheiten. Und Sie müssen sich keine Gedanken um die Urheberrechte machen, die Urheber sind alle schon 2.000 Jahre tot.
>
> **Audaces fortuna iuvat.** (Den Kühnen hilft das Glück.)
>
> **Aut viam inveniam aut faciam.** (Ich werde entweder einen Weg finden oder mir einen bahnen.)
>
> **Docendo discimus.** (Durch Lehren lernen wir / lernt man selber.)
>
> **Facta non verba.** (Taten, nicht Worte.)
>
> **Finis coronat opus.** (Das Ende krönt das Werk.) (nach Ovid, *Heroides* II,85)
>
> **Non scholae sed vitae discimus.** (Nicht für die Schule, sondern für das Leben lernen wir.)
>
> **Nulli secundus.** (Wie kein Zweiter, unübertroffen.)
>
> **Potest ex casa magnus vir exire.** (Es kann aus einer Hütte ein bedeutender Mann hervorgehen.)
>
> **Potius mori quam foedari.** (Lieber sterben, als entehrt zu werden.)

Lateinische Wahlsprüche

Viele Universitäten, Organisationen, Gruppen, Wohlfahrtseinrichtungen – manchmal auch Personen oder Familien – haben einen Wahlspruch oder ein Motto. Ein Wort oder eine Wendung, mit der knapp auf den Punkt gebracht wird, wofür diese Gruppe steht oder was sie erreichen will. Diese Wahlsprüche sind oft auf Latein, und in diesem Abschnitt werden einige davon vorgestellt.

Wahlsprüche bekannter Organisationen und Institutionen

Die folgenden Wahlsprüche gehören zu einigen bekannten Organisationen und Institutionen:

- ✔ **Attempto!** (Ich wag's!) – Universität Tübingen

- ✔ **Semper apertus** (Immer offen) – Universität Heidelberg

- ✔ **In omnibus veritas** (In allem Wahrheit) – Universität Mannheim

- ✔ **Tuitio fidei et obsequium pauperum** (Bezeugung des Glaubens und Hilfe den Bedürftigen) – Malteser Hilfsdienst

- ✔ **Inter arma caritas** (Inmitten der Waffen Nächstenliebe) – Internationales Komitee des Roten Kreuzes

- ✔ **Ad maiorem Dei gloriam** (Zur höheren Ehre Gottes) – Jesuitenorden

---

Zungenbrecher

Versuchen Sie mal, die folgende Zeile schnell und fehlerfrei aufzusagen:

O Tite tute Tati tibi tanta, tyranne, tulisti!

O Titus Tatius, du Tyrann, so Großes hast du dir selbst angetan!

Wahlsprüche von Ländern und Städten

Es gibt ziemlich viele Städte und Länder auf der ganzen Welt, die sich ein lateinisches Motto zugelegt haben. In diesen Wahlsprüchen ist Latein immer noch lebendig. Hier sind ein paar:

- ✔ **Unus pro omnibus, omnes pro uno** (Einer für alle, alle für einen) – Schweiz

- ✔ **E pluribus unum** (Aus vielem ein Ganzes) – USA

- ✔ **Ex unitate vires** (Aus Einigkeit Kraft; Einigkeit macht stark) – Südafrika

- ✔ **A mari usque a mare** (Von Meer zu Meer) – Kanada

- ✔ **Nemo me impune lacessit** (Niemand reizt mich ungestraft) – Schottland

- ✔ **In varietate concordia** (In Vielfalt geeint) – Europäische Union

- ✔ **Domine, dirige nos** (Herr, leite uns) – London

- ✔ **Fluctuat nec mergitur** ([Das Schiff] mag schwanken, aber es geht nicht unter) – Paris (Motto zum Schiffswappen der Stadt Paris)

- ✔ **Iustitia omnibus** (Allen Gerechtigkeit) – Washington D.C.

- ✔ **Fidelitas** (Treue) – Karlsruhe

- ✔ **Sit intra te concordia et publica felicitas** (In deinen Mauern herrsche Eintracht und allgemeines Wohlergehen) – Rostock

Kluge Redewendungen

In lateinischen Redewendungen und Sentenzen konzentriert sich oft viel Lebenserfahrung. Sie können sich diese Erfahrung zu eigen machen und vielleicht bei passender Gelegenheit auch zitieren.

Concordia res parvae crescunt, discordia maximae dilabuntur. (Sallust, *bellum Iugurthinum* 10, 6)

Durch Eintracht wachsen kleine Dinge, durch Zwietracht zerfallen sogar die größten. Eintracht vermehrt, Unfriede verzehrt.

De profundis (clamavi ad te, Domine). (Psalm 130, 1)

Aus der Tiefe (habe ich zu dir gerufen, Herr).

Festina lente! (Sueton, *Augustus* 25, 4)

Eile mit Weile!

Gútta cavát lapidém non ví, sed sáepe cadéndo. (vgl. Ovid, *Epistulae ex Ponto* 4, 10, 5)

Der Tropfen höhlt den Stein nicht mit Gewalt, sondern durch sein stetiges Fallen.

Íncidit ín Scyllám, qui vúlt vitáre Charýbdim. (Walter von Chatillon [ca. 1135–1179], *Alexandreis* V, 301)

Es gerät in die Fänge der Scylla, wer der Charybdis entgehen will.

Iucundi acti labores (Cicero, *de finibus bonorum et malorum* 2, 105)

Angenehm sind erledigte Arbeiten.

Manus manum lavat. (Petronius, *Satyricon* 45, 13)

Eine Hand wäscht die andere.

Nomen est omen. (Plautus, *Persa* 625)

Der Name hat eine (Vor-)Bedeutung. Im Namen liegt oft eine Vorbedeutung.

Plenus venter non studet libenter.

Ein voller Bauch studiert nicht gern.

Principiis obsta! (Ovid, *remedia amoris* 91)

Widerstehe den Anfängen!

Rem tene, verba sequentur. (Cato, *ad Marcum filium* fr. 371)

Halte die Sache fest, Worte werden folgen. / Behalte die Sache im Auge, die Worte stellen sich dann von selbst ein. / Erfasse den Stoff, die Worte werden von selbst folgen.

Sapere aude! (Horaz, *epistulae* I, 2, 40)

Wage es, vernünftig zu sein!

Immanuel Kant formulierte freier »Habe Mut, dich deines eigenen Verstandes zu bedienen« und prägte damit einen Leitsatz der (deutschen) Aufklärung.

Sic transit gloria mundi. (Thomas von Kempen, *imitatio Christi* 1, 3, 30)

So vergeht der Ruhm der Welt.

Spectatum veniunt, veniunt, spectentur ut ipsae. (Ovid, *ars amatoria* 1, 99)

Sie (das heißt die Frauen) kommen, um zu sehen, und sie kommen, um selbst gesehen zu werden.

In Goethes Faust I greift der Direktor im Vorspiel auf dem Theater dieses Zitat sinngemäß auf, wenn er sagt: »Die Damen geben sich und ihren Putz zum Besten / und spielen ohne Gage mit.«

Ubi bene, ibi patria (Cicero, *Tusculanae disputationes* 5, 108)

Wo es mir gut geht, dort ist meine Heimat.

Quidquid agis, prudenter agas et respice finem! (*Gesta Romanorum* 103)

Was immer du tust, tu es klug und bedenke das Ende!

Si tacuisses, philosophus mansisses. (Boethius, *consolatio philosophiae* 4,7,42)

Wenn du geschwiegen hättest, wärst du ein Philosoph geblieben / hätte man dich weiterhin für einen Philosophen gehalten.

Ultra posse nemo obligatur. (*Digesta* 50, 17, 185)

Niemand ist verpflichtet, mehr zu leisten, als er kann.

Ut desint vires, tamen est laudanda voluntas. (Ovid, *epistulae ex Ponto* 3, 4, 79)

Wenn auch die Kräfte fehlen, der Wille ist dennoch zu loben.

Spiel, Spaß und Denksport

Das ist ein interessantes lateinisches Palindrom, man kann es von oben nach unten, von unten nach oben, von links nach rechts und von rechts nach links lesen!

S	A	T	O	R
A	R	E	P	O
T	E	N	E	T
O	P	E	R	A
R	O	T	A	S

Als zusammenhängender Satz geschrieben, sieht das so aus: **Sator Arepo tenet opera rotas**. Übersetzt heißt das: »Arepo, der Säer, hält mit Mühe die Räder.«

Welche Wahlsprüche passen zusammen?

Viele Bundesstaaten in den USA haben lateinische Wahlsprüche. Hier ein paar davon. Finden Sie die passende deutsche Übersetzung?

1. Arizona: **Didat deus**
2. Colorado: **Nil sine numine**
3. Idaho: **Esto perpetua**
4. Maine: **Dirigo**
5. Mississippi: **Virtute et armis**
6. New York: **Excelsior**
7. Oklahoma: **Labor omnia vincit**
8. Virginia: **Sic semper tyrannis**
9. West Virginia: **Montani semper liberi**
10. Wyoming: **Cedant arma togae**

a) Arbeit besiegt alles.
b) Die Waffen sollen der Toga weichen.
c) So immer den Tyrannen.
d) Nichts ohne göttlichen Willen.
e) Gott möge reich machen.
f) Immer höher.
g) Bergbewohner sind immer frei.
h) Ich lenke.
i) Möge sie ewig leben.
j) Durch Tapferkeit und Waffen.

Die Lösungen finden Sie in Anhang D.

Teil IV
Der Top-Ten-Teil

Mehr über die »…für Dummies«-Bücher finden Sie auf Instagram:
https://www.instagram.com/furdummies/

> **IN DIESEM TEIL ...**
>
> Kurz und zackig ein paar interessante Informationen? Das finden Sie in dem Teil, der jetzt kommt. In Teil IV werden zehn lateinische Abkürzungen entschlüsselt, es werden zehn Wörter vorgestellt, die beim Lernen immer wieder Probleme machen, und hier gibt es eine Liste mit gebräuchlichen lateinischen Vor- und Nachsilben (oder auf Latein Präfixen und Suffixen). Und dann ist da noch eine Liste mit zehn Websites, auf denen Sie mehr über die alten Römer und ihre Sprache erfahren.

> **IN DIESEM KAPITEL**
>
> Deutsche Wörter, die aus dem Lateinischen stammen
>
> Fremdwörter mit anderer Bedeutung

Kapitel 17
Zehn lateinische Fremdwörter

In der deutschen Sprache gibt es viele – ja, Tausende – Wörter, die aus der lateinischen Sprache kommen. In den meisten Fällen haben sie ihre ursprüngliche Bedeutung beibehalten. Diese Wörter nennt man *Fremdwörter*. Hier geht es um zehn Fremdwörter, die im Deutschen recht häufig gebraucht werden.

Forum

Der zentrale Platz im alten Rom, wo sich die Bürger trafen, miteinander unterhielten, politische Reden hörten und Handel trieben, wurde **forum** genannt. Heute benutzt man das Wort, wenn man von einem Ort spricht, an dem Meinungen ausgetauscht und Fragen gestellt werden können. Weitere Einzelheiten siehe Kapitel 11.

Senat

In der römischen Republik war **senatus** ursprünglich (das heißt bereits in der Königszeit) der Rat der Ältesten (**senes,** ab 60 Jahren). Sobald man das niedrigste Amt, das des Quästors (Mindestalter: 30 Jahre), bekleidet hatte, wurde man in den Senat aufgenommen. Der Senat bestand also nicht – wie ein modernes Parlament – aus gewählten Volksvertretern. Er konnte nicht von sich aus zusammentreten, sondern wurde von den Konsuln einberufen. Sie brachten die Vorschläge ein, über die der Senat beriet und abstimmte. Staatsrechtlich waren die Konsuln nicht an die Senatsbeschlüsse gebunden. Trotzdem war es praktisch so, dass die Konsuln in allen wichtigen Fällen den Senat befragten und seinen Rat befolgten. Praktisch herrschte der Senat, die Beamten (*magistratus*) führten seine Anordnungen aus. Der Senat war insbesondere für die auswärtigen Beziehungen zuständig. Er überwachte auch die Staatsreligion, regelte die Staatsausgaben und die Besteuerung und war insofern verantwortlich für die Gesetzgebung, da höchst selten ein Antrag vor die Volksversammlung gelangte, den nicht zuvor der Senat genehmigt hatte. Die Volksversammlung konnte die vom Senat vorbereiteten Anträge nur annehmen oder verwerfen, aber nicht abändern. Ein Mitglied dieser Versammlung hieß **senator**. Senate gibt es heute immer noch. Manchmal ähneln ihre Aufgaben denen des römischen Senats, manchmal auch nicht. So werden verschiedene deutsche Landesregierungen als Senat bezeichnet (zum Beispiel die Regierungen von Berlin und Hamburg), die Leitungsgremien von Universitäten heißen so, höhere Gerichte, zum Beispiel das Bundesverfassungsgericht, bestehen auch aus Senaten. In den USA ist der Senat (neben dem Repräsentantenhaus) eine der beiden gesetzgebenden Kammern.

Radio

Die Römer hatten keine Radios (allerdings gelang einem ihrer Nachfahren, dem Italiener Guglielmo Marconi (1874–1937), 1896 erstmals die drahtlose Übertragung von Signalen), sie hatten aber das Wort **radio.** Damals bedeutete das »ich schimmere«, »ich strahle« oder »ich sende Strahlen aus«. Anhand dieser Übersetzungen kann man erkennen, warum man diese Bezeichnung für das moderne Radio gewählt hat.

Opus

Heute benutzt man dieses Wort vor allem, um das schöpferische Werk eines großen Künstlers, eines Musikers (abgekürzt op. + Ziffer), Malers oder Schriftstellers, zu bezeichnen. **Opus** bedeutet Werk, der Plural davon ist **opera,** davon kommt unsere Oper. Ursprünglich bezeichnete das Wort jede Art von Arbeit, also nicht nur die künstlerische, sondern auch Feldarbeit oder Bautätigkeit.

Atrium

Das **atrium** war der nach oben offene Zentralraum des römischen Hauses. Schlafzimmer, Arbeitszimmer und Esszimmer waren darum angeordnet. Der Name kommt von **ater, atra, atrum,** was »schwarz« bedeutet. Die Wände und die Decken des Atriums waren nämlich vom Feuer, das hier brannte – ursprünglich wurde im Atrium gekocht –, schwarz. Heute bezeichnet man normalerweise einen verglasten Innenhof oder nach oben offenen Innenhof in öffentlichen Gebäuden oder Geschäftshäusern als Atrium. Außerdem wird auch der Vorhof des menschlichen Herzens Atrium genannt.

Via

Wenn man via Stuttgart nach Paris reist, bedeutet das, dass man über Stuttgart reisen muss, bevor man weiter nach Paris kann. Dieses Wort kommt vom Lateinischen **via,** das »Straße« bedeutet.

Veto

Ein **tribunus plebis** – ein Volkstribun – war ein gewählter Beamter, der verhindern konnte, dass Gesetze in Kraft treten, indem er aufstand und **veto!** sagte. Das heißt: »Ich verbiete.« Die Volkstribunen konnten jede Verfügung, selbst die der Konsuln und des Senats, kraft ihres Vetos für unvollstreckbar erklären. Heute wird so die offizielle Ablehnung eines vorgeschlagenen Gesetzes oder einer vorgeschlagenen Resolution bezeichnet.

Ego

Das lateinische Wort für »ich«, das Personalpronomen der ersten Person Singular, ist **ego**. Heute benutzt man es, wenn man jemanden beschreiben will, der sehr selbstgewiss ist, er hat dann ein großes Ego. Es ist auch Bestandteil von Wörtern wie *egoistisch* und *egozentrisch*, damit beschreibt man Menschen, die nur an sich denken und sehr selbstbezogen sind.

Horror

Wenn uns vor etwas schaudert oder wenn wir Abscheu vor etwas empfinden, sprechen wir auch von Horror. Das lateinische Wort **horror** bedeutet so viel wie »Grausen«, »Entsetzen« und »Schrecken«. Und davon sind Begriffe wie *Horrorfilm*, *Horrorvorstellung* und *Horrortrip*, aber auch das Adjektiv **horrend** (»schaurig«, das heißt jegliches Maß übersteigend [zum Beispiel eine horrende Geldsumme]) abgeleitet.

Omnibus

Wer mit dem Omnibus fährt, fährt mit vielen anderen Leuten zusammen irgendwohin. Das lateinische **omnibus** bedeutet »für alle«, »mit allen«. Und den Omnibus hat man so genannt, weil er ein Gefährt für alle ist, in dem alle mitfahren können.

> **IN DIESEM KAPITEL**
>
> Tipps, um Fehler beim Übersetzen zu vermeiden
>
> Einige Bedeutungsunterschiede zwischen deutschen und lateinischen Wörtern

Kapitel 18
Zehn falsche Freunde: Was beim Übersetzen oft falsch gemacht wird

Der römische Philosoph Seneca, der auch Neros Erzieher war, schrieb **Errare humanum est,** das heißt: »Irren ist menschlich.« Wenn man einen Text vom Lateinischen ins Deutsche übersetzt, wird man nicht umhinkommen, Fehler zu machen. Meistens macht man diese Fehler aus folgenden Gründen: Man kennt die Bedeutung der Vokabeln nicht, man nimmt sich nicht die Zeit, sie nachzuschlagen, und man will so schnell wie möglich fertig werden. In Kapitel 15 werden vier Schritte zu einer vernünftigen Übersetzung vorgestellt, damit können Sie zumindest einige Fehler vermeiden. Aber auch wenn Sie sich Zeit nehmen und Ihre Vokabeln ziemlich gut kennen, ist es sehr wahrscheinlich, dass Sie über lateinische Wörter stolpern, die aussehen wie Wörter, die Sie aus dem Deutschen kennen, aber eine andere Bedeutung haben oder die anderen lateinischen Wörtern zum Verwechseln ähnlich sehen. Diese Wörter werden »Falsche Freunde« genannt, und wenn Sie nicht vorsichtig sind, sind sie ziemlich verwirrend.

Wenn Sie übersetzen, müssen Sie ziemlich vorsichtig sein. Wenn Sie auf ein unbekanntes Wort stoßen, müssen Sie es nachschlagen. Nicht raten. Dieses Kapitel zeigt, dass Sie sonst leicht auf Abwege geraten können. Die Römer hatten ein Sprichwort: **Festina lente,** was »Eile mit Weile« bedeutet. Das sollten Sie beim Übersetzen immer im Hinterkopf haben. Denn Hektik tötet jede Übersetzung.

Audere und audire: Wagemutiges Hören

Die lateinischen Wörter für *wagen,* **audere,** und für *hören,* **audire,** sehen sich ziemlich ähnlich. Sie haben aber nicht nur unterschiedliche Bedeutungen, sie gehören auch verschiedenen Konjugationen an. **Audere** ist ein Verb der zweiten Konjugation, **audire** dagegen ist ein Verb der vierten Konjugation. (Wer nicht weiß, warum die Konjugationsklasse eines Verbs wichtig ist, sollte in Kapitel 2 nachlesen.)

Dum: Dumm, dümmer, am dümmsten

Sollte man über das lateinische Wort **dum** stolpern und das mit dumm übersetzen, bekommt man ein Problem, denn **dum** ist eine Konjunktion und bedeutet »während«, während die lateinische Übersetzung des deutschen Adjektivs dumm **stultus** ist. Dumm gelaufen, kann man da nur sagen.

Ad oder ab: Auf und ab?

Ab und **ad** sind zwar beides Präpositionen und sie sehen sich ziemlich ähnlich, sie haben aber entgegengesetzte Bedeutungen. **Ad** heißt »zu« oder »an« oder »bei« und steht mit dem Akkusativ. (Informationen über diesen und die anderen Kasus von Substantiven in Kapitel 2.) Um im Gedächtnis zu behalten, was ad bedeutet, kann man an *addieren* denken, das *zusammenzählen* bedeutet. Die Präposition **ab** bedeutet »von« oder »seit« oder »weg« und steht mit dem Ablativ. **Ab** kann man sich mit *absolut* merken, das *losgelöst von* bedeutet.

Fallere: Über eine Täuschung gestolpert

Fallere gehört auch zu den falschen Freunden. Dieses lateinische Verb hat nichts mit dem deutschen Verb *fallen* zu tun. **Fallere** bedeutet »täuschen«. »Fallen« heißt auf Latein **cadere**.

Semper und saepe: Passiert das hier oft oder immer?

Ein anderer Fehler, der beim Übersetzen oft vorkommt, ist die Verwechslung von **semper** und **saepe**. **Semper** heißt »immer«. **Saepe** heißt »oft«.

Servare und servire: Werden Sie bedient oder gerettet?

Die Wörter **servare** und **servire** sehen sich ziemlich ähnlich und sie haben auch die gleiche Funktion (beides sind Verben), sie haben aber ganz verschiedene Bedeutungen. **Servare** ist ein Verb der ersten Konjugation, **servire** gehört der vierten Konjugation an. (Mehr über Konjugationen in Kapitel 2.) **Servare** heißt »retten« oder »bewahren«. **Servire** heißt »dienen«.

Das Wort *konservieren* kommt von **servare** (was man sich leichter merken kann, wenn man an Konservator denkt), das Wort *servieren* dagegen von **servire**.

Tandem und tamen: Ich fahre gern Rad, aber ...

Ein anderes Wortpaar, das man leicht verwechseln kann, ist **tandem**, was »endlich«, »schließlich«, »eigentlich« bedeutet, und **tamen**, was »trotzdem«, »dennoch«, »aber« bedeutet.

Heute wird ein Fahrrad mit zwei hintereinanderliegenden Plätzen als *Tandem* bezeichnet und dieser Begriff kommt vom lateinischen **tandem**.

Fugere und fugare: Folge mir, ich bin direkt hinter dir!

Die Römer waren gute Soldaten und hatten nichts gegen eine ordentliche Schlacht einzuwenden. Oft waren sie in der Offensive, ab und zu auch mal in der Defensive. Das lateinische Wort, das »vertreiben« oder »in die Flucht schlagen« bedeutet, ist **fugare**. Das Wort, das »fliehen« oder »flüchten« bedeutet, ist **fugere**. **Fugare** ist ein Verb der ersten Konjugation, **fugere** gehört zur dritten Konjugation. (Siehe Kapitel 2.)

Dicere und ducere: Tu, was ich sage ...

Dicere und **ducere** werden oft verwechselt, weil sie sich so ähnlich sehen. Das Verb **dicere** bedeutet »sprechen«, »sagen«. Das Verb **ducere** bedeutet »führen«, »ziehen«. Beides sind Verben der dritten Konjugation, sie werden also auch noch gleich konjugiert und damit sind sie besonders schwer auseinanderzuhalten. Von **ducere** kommen Wörter wie *Aquädukt*, von **dicere** Wörter wie *Diktat*.

Ludus: Nicht alle Spiele sind lustig

Die Römer nahmen die Schule nicht allzu ernst. Sie benutzten dasselbe Wort für Schule und Spiel: **ludus.** Hier liegt alles in der Hand des Übersetzers, er muss bei der Übersetzung die richtige Bedeutung finden. Dabei hilft der Kontext. Wenn man die beiden Bedeutungen beim Übersetzen vom Lateinischen ins Deutsche verwechselt, wird das Ergebnis wahrscheinlich recht drollig klingen.

> **IN DIESEM KAPITEL**
>
> Lateinische Präfixe, die leicht zu merken sind
>
> Wie Präfixe die Bedeutung eines Wortes abändern

Kapitel 19
Zehn häufige lateinische Präfixe

Präfixe sind etwas Praktisches. Man hängt sie vor ein Wort und dessen Bedeutung verändert sich. Nehmen wir mal das Wort *ordentlich*. Das ist nicht sonderlich aufregend. Wenn man jetzt das Präfix *außer-* davor setzt, wird außerordentlich daraus, setzt man *un-* davor, wird unordentlich daraus. Alle Menschen sind irdische Wesen, aber wenn ein UFO landet, rechnet man damit, von *Außerirdischen* entführt zu werden. *Entführen* hat übrigens auch eine Vorsilbe, nämlich *ent-*.

So einfach und amüsant ist die Sache mit den Vorsilben. In diesem Kapitel geht es um zehn lateinische Präfixe, über die Sie vielleicht auch schon mal im Deutschen bei irgendwelchen Fremdwörtern gestolpert sind.

Circum-

Die meisten Leute waren schon mal im Zirkus und selbst wenn nicht, wissen sie, dass die Zirkusvorstellung meist in einem großen, runden Zelt stattfindet. Auch ein Kreis ist ein vollkommen rundes Objekt. Deshalb überrascht es wohl nicht, dass das lateinische Präfix **circum-** »ringsum«, »um-« oder »herum-« bedeutet.

Prae-

Auch **prae-** ist ein Präfix, auf das man recht häufig trifft. **Prae-** heißt »vor-« oder »vorher-«. Deshalb ist ein *Präfix eine Vor*silbe.

Inter-

Das Präfix **inter-** bedeutet »dazwischen« oder »mitten«. Wenn jemand irgendwo **inter**veniert, geht er also dazwischen.

Bi-

Bei einem **Bi**athlon geht es um zwei Sportarten (nämlich Skilanglauf und Schießen), eine **Bi**ennale findet alle zwei Jahre statt und so weiter. Der **Bi**zeps ist ein zweiköpfiger Beugemuskel des Oberarms. Das Präfix **bi-** bedeutet »zwei«.

Tran(s)-

1927 machte Charles Lindbergh den ersten **Trans**atlantikflug ohne Zwischenlandung und ohne Begleiter. Der **Trans**itverkehr auf deutschen Autobahnen nimmt immer mehr zu. Tran(s)- bedeutet »hinüber« oder »durch«.

Bene-

Wenn ein Rockstar ein Benefizkonzert für irgendeinen guten Zweck veranstaltet, heißt das, dass der Erlös eben diesem guten Zweck zukommt. Das Präfix **bene-** bedeutet »gut«.

Post-

Die **Post**moderne ist die Zeit nach der Moderne, auf den Kommunismus folgt die Zeit des **Post**kommunismus, nach dem Kolonialismus kam der **Post**kolonialismus. **Post-** bedeutet »nach«.

Multi-

Eine **multi**kulturelle Gesellschaft besteht aus vielen verschiedenen Kulturen, in einem **Multi**vitaminsaft sind viele Vitamine. Ein **Multi**millionär hat viele Millionen. **Multi-** bedeutet »viele«.

Re-

Die Vorsilbe **re-** kommt ziemlich oft vor. Sie bedeutet »wieder« oder »zurück«. Es gibt **re**aktivieren, **re**novieren, **re**sozialisieren, **re**flektieren, **re**konstruieren, **re**stituieren und noch viele mehr.

A(b)- / A(b)s-

Die lateinische Vorsilbe **a(b)-** entspricht den deutschen Vorsilben »un-«, »miss-« oder »weg-« oder »davon-«. **Ab**norm ist das Gleiche wie *un*normal, es gibt den **Ab**solventen, den **Ab**iturienten, die **Ab**straktion und den **Abs**zess (»Abgang von Eiter«, das heißt eine abgekapselte Weichteileiterung). Wenn jemand eine **A**version gegen Latein hat, so hat er **Ab**neigung dagegen (hoffentlich nicht), weil er sich von Latein abwendet.

IN DIESEM KAPITEL

Lateinische Suffixe, ohne die nichts geht

Wie Suffixe die Funktion der Wörter beeinflussen

Kapitel 20
Zehn wichtige lateinische Suffixe

Bei dem Substantiv *Exkommunikation* ist **ex-** das Präfix und **-ion** das Suffix. Wie im vorherigen Kapitel erklärt, verändern Präfixe die Bedeutung eines Wortes. Suffixe haben genau so viel Einfluss: Sie können die Funktion eines Wortes bestimmen. Indem man ein anderes Suffix an den Wortstamm hängt, kann man aus einem Verb ein Adjektiv und daraus ein Substantiv machen. Viele Suffixe kommen aus dem Lateinischen. Um ein paar der wichtigsten geht es in diesem Kapitel.

-or

Eines der wichtigsten und sehr häufig gebrauchten Suffixe ist **-or**. Mit diesem Suffix wird die Person oder der Gegenstand gekennzeichnet, die oder der eine Handlung ausführt. Ein Koordinat**or** ist jemand, der koordiniert, ein Restaurat**or** ist jemand, der restauriert, ein Kompress**or** ist etwas, das komprimiert, Mot**or** bedeutet wörtlich »Beweger«, ein Moderat**or** moderiert (das heißt leitet) zum Beispiel eine Talkshow. Substantive, die auf **-or** enden, sind meist maskulin.

-nd

-nd ist eine ganz nützliche Nachsilbe, die nicht ganz am Ende des Wortes stehen muss. Sie bezeichnet eine Person oder Sache, mit der etwas passiv geschehen soll. **-nd** ist das Kennzeichen des Gerundivums (siehe Kapitel 9), und das hat eben passivische Bedeutung. Ein Konfirma**nd** soll konfirmiert werden, ein Diploma**nd** soll ein Diplom ablegen, ein Memora**nd**um soll memoriert werden, ein Doktora**nd** soll den akademischen Titel eines Doktors erhalten, an einem Proba**nd**en soll etwas getestet werden.

-zid

Die Römer waren ziemlich erpicht darauf, Blut zu sehen, immer führten sie irgendeinen Krieg, und sie schauten sich gerne Gladiatorenkämpfe an, bei denen es um Leben und Tod ging. Eines ihrer vielen Wörter für »töten« ist **caedere,** das Perfekt davon ist **cecidi**. Und von dem **cid** kommt die deutsche Endung **-zid,** das eine »Tötung« bezeichnet. Sui**zid** ist der Selbstmord, ein Insekti**zid** tötet Insekten, ein Pesti**zid** tötet, wörtlich, »Seuchen« (**pestis** ist die Seuche), ein Herbi**zid** ist ein chemisches Mittel zur Abtötung von Pflanzen beziehungsweise Unkraut (*herba*), bei einem Geno**zid** wird ein Volk (*gens*) vernichtet.

-tudo

Die lateinische Nachsilbe **-tudo** wurde benutzt, um abstrakte Substantive wie Tod, Liebe, Eifersucht, Hass und Angst zu bilden. Wenn man dieses Suffix an ein Adjektiv hängt, wird ein Substantiv daraus. Hier ist ein Beispiel: Das lateinische Adjektiv **fortis** bedeutet »tapfer«. Mit dem Suffix **-tudo** wird **fortitudo** daraus und das bedeutet Tapferkeit. Weitere Beispiele: **magnitudo** »Größe«, **multitudo** »Vielzahl, Menge«, **altitudo** »Höhe« beziehungsweise »Tiefe«.

-ismus

Das ursprünglich griechische Suffix **-ismus,** das es auch im Deutschen gibt, kann ziemlich viele Dinge anzeigen. Es kann eine Haltung, eine Methode, eine Verhaltensweise, eine Denkrichtung, eine Glaubensrichtung, eine Ideologie oder eine Theorie bezeichnen. Es gibt den Kommun**ismus,** den Real**ismus,** den Katholiz**ismus,** den Protestant**ismus,** den Impression**ismus,** den Kapital**ismus,** den Terror**ismus,** den Pazif**ismus** und, und, und. Diese Substantive sind maskulin.

-ist

Genau wie **-or** bezeichnet das ursprünglich griechische Suffix **-ist** eine Person, die etwas tut. Substantive, die auf **-ist** enden, sind meist maskulin. Oft wird dieses Suffix benutzt, um anzuzeigen, dass eine Person einen bestimmten Glauben hat oder einer Ideologie anhängt: ein Buddh**ist,** ein Pessim**ist,** ein Optim**ist,** ein Anarch**ist,** ein Kommun**ist** und so weiter.

-ion

Die Endung **-ion** findet man im Deutschen ziemlich häufig bei Fremdwörtern, die aus dem Lateinischen kommen. Das ursprüngliche lateinische Suffix lautete **-io**. **Religio** wurde so zu *Religion*. Oft bezeichnen diese Substantive auch eine Akt**ion,** wie Addit**ion,** Demonstrat**ion** oder Aukt**ion**. Substantive auf **-ion** sind übrigens meistens feminin.

-ität

Aus der lateinischen Endung **-itas** wurde im Deutschen **-ität**. Aus der lateinischen **auctoritas** wurde die deutsche *Autorität*. Außerdem kann man mit **-tät** aus Adjektiven Substantive machen, aus *stabil* wird so *Stabilität*. Substantive mit dieser Endung sind in der Regel feminin.

-tur

Die Endung **-ur** kommt vom lateinischen Suffix **-tura.** Damit werden abstrakte Konzepte wie *Kul**tur*** und *Quadra**tur*** oder Institutionen und Einrichtungen wie *Agen**tur*** bezeichnet. Außerdem kann man damit Verben zu Substantiven machen, aus *signieren* wird *Signatur*, aus *kon-struieren* wird *Struk**tur**.* Substantive mit dem Suffix **-tur** sind meist feminin.

-dukt

Das Verb **ducere** bedeutet »führen« oder »ziehen«. Das Suffix **-dukt** zeigt deshalb etwas an, das führt. Ein *Aquä**dukt*** ist eine von Menschen gebaute Konstruktion, die Wasser (**aqua**) von der Quelle an den Bestimmungsort führt. Ein *Via**dukt*** ist eine größere Straßen- oder Eisenbahnbrücke, die den Weg (**via**) über ein Tal hinwegführt. Ein anderes Wort mit dieser Endung ist *Pro**dukt**.* Das Präfix **pro-** bedeutet »vor«, wörtlich ist ein *Produkt* also etwas, das vorführt. Heute bedeutet Produkt oft so viel wie Ergebnis oder Erzeugnis.

> **IN DIESEM KAPITEL**
>
> Abkürzungen, die aus dem Lateinischen kommen
>
> Papier und Zeit sparen mit Abkürzungen

Kapitel 21
Zehn heute gebräuchliche lateinische Abkürzungen

Abkürzungen können schon sehr praktisch sein. Sie sparen Zeit, und wenn man nicht genug Papier hat – so ging es den alten Römern –, sparen sie auch Platz. Hier sind ein paar lateinische Abkürzungen, die heute benutzt werden.

PS

Wenn man einen Brief beendet hat und noch etwas dazuschreiben will, benutzt man die Abkürzung **PS**. Das steht für **Post Scriptum,** was »nach dem Geschriebenen« bedeutet.

PS: Wenn man noch einen Nachsatz nach dem ersten PS anfügen möchte, schreibt man **PPS,** das steht für **Post Post Scriptum.**

etc.

Das benutzt man, wenn man anzeigen will, dass es noch mehr Beispiele gibt, als die aufgezählten. **etc.** steht für **et cetera** und bedeutet »und die übrigen« oder »und so weiter und so fort«. Ein Beispiel: Das Vogelhäuschen lockte viele Vögel an, darunter waren Tauben, Spatzen, Stare **etc.**

et al.

Mit dieser Abkürzung kann man eine Aufzählung von Personen erweitern. **Et al.** steht für **et alii,** das bedeutet »und andere«. Hier ist ein Beispiel: Philipp, Jan, Erich **et al.** haben hart gearbeitet, um aus dem Haus das zu machen, was es jetzt ist.

ca.

ca. wird benutzt, wenn man eine ungefähre Zahl angeben will. Die Abkürzung steht für **circa,** was »ungefähr« oder »um« bedeutet. Ein Beispiel: Es werden **ca.** 20 Helfer nötig sein, um die Party vernünftig vorbereiten zu können.

Q.E.D.

Diese Abkürzung wird in der Mathematik benutzt, um einen Beweis abzuschließen. Sie steht für **quod erat demonstrandum**. Die wörtliche Übersetzung lautet »was zu zeigen war« oder »was bewiesen werden musste«. Landläufig übersetzt man es aber mit »was zu beweisen war«.

c.t./s.t.

Wenn eine Vorlesung an der Uni um 10 Uhr **c.t.** losgeht, dann kommt der Dozent erst um 10.15 Uhr. **c.t.** ist die Abkürzung für **cum tempore**, das heißt »mit Zeit(zuschlag)«, und damit ist das sogenannte akademische Viertel gemeint. Eine Vorlesung fängt also eine viertel Stunde nach der im Vorlesungsverzeichnis angegebenen Uhrzeit an. Steht dagegen 10 Uhr **s.t.** im Vorlesungsverzeichnis, sollte man auch wirklich um 10.00 Uhr da sein, denn es geht **sine tempore**, also »ohne Zeit(zuschlag)« oder akademisches Viertel, los.

ppa.

Diese Abkürzung ist im Geschäftsleben ziemlich gebräuchlich. Sie steht für **per procura**, das bedeutet »durch den Stellvertreter«. Damit ist meist der Stellvertreter der Geschäftsleitung gemeint, der Prokurist. Wenn er unterschreibt, setzt er ein **ppa.** vor seine Unterschrift.

N.N.

Heute benutzt man **N.N.** als Platzhalter für Personennamen. Ist bei der Drucklegung eines Veranstaltungsprogramms noch nicht bekannt, wer einen bestimmten Vortrag hält, steht da **N.N.** Diese Abkürzung wird mit **nomen nominandum** aufgelöst, das heißt, »der Name ist noch zu nennen«. Die Römer benutzten diese Abkürzung allerdings in einem etwas anderen Sinn. Die Abkürzung stammt aus der römischen Prozessordnung, wo die Richter ohne Ansehen der Person urteilen sollten. In den Gerichtsprotokollen standen deshalb nicht die richtigen Namen von Kläger und Beklagtem, sondern fiktive Namen. Für den Kläger wurde der Name Aulus Agerius, abgekürzt A.A., verwendet, für den Beklagten wurde der Name Numerius Negidius verwendet. Übersetzt heißt das »derjenige, der sich weigert zu zahlen«. Abgekürzt wurde dieser Kunstname mit **N.N.**, und diese Abkürzung wurde im Laufe der Zeit zu dem, was sie heute ist.

vs.

Das ist die Abkürzung für **versus**, was »gegen« bedeutet. Diese Abkürzung ist nicht direkt aus dem Lateinischen ins Deutsche gekommen, sondern über das Englische. Also ist diese lateinische Abkürzung eigentlich ein Anglizismus. Im Deutschen wird **vs.** vor allem im Sport benutzt, wenn zwei Mannschaften gegeneinander spielen, zum Beispiel Mannheimer Adler **vs.** Kölner Haie (Eishockey).

R.I.P.

Das ist eine Inschrift, die man auf Grabsteinen findet. **R.I.P.** steht für **requiescat in pace**, das heißt »er/sie ruhe in Frieden«.

> **IN DIESEM KAPITEL**
>
> Ein paar wirklich gute Websites
>
> Wie Sie Ihr Latein verbessern und Online-Wörterbücher finden
>
> Hinweis auf eine vierteljährlich erscheinende Zeitschrift in lateinischer Sprache

Kapitel 22
Zehn nützliche Websites über Latein und die Römer

Es gibt im Internet viele Sites, die Informatives über die Geschichte der Römer zu bieten haben: über römisches Leben, die römische Familie, römische Städte, römische Architektur, römische Kunst und Literatur, über das römische Militär, über die Eroberungen der Römer und eben auch über die lateinische Sprache. In diesem Kapitel werden zehn Websites vorgestellt, auf denen Sie noch mehr über die Römer und über Latein erfahren.

Diese Liste dient nur der ersten Orientierung. Es gibt noch andere Sites im Netz, auf denen es um die Römer, ihre Welt, ihre Geschichte und ihre Sprache geht. Sie sollten mal nach Herzenslust auf diesen Seiten surfen, es ist wirklich erstaunlich, was Sie da alles über die Römer und ihre Sprache erfahren.

Navigium: Wortschatzlernen, Grammatik und anderes

www.navigium.de

Navigium ist eine auf Latein spezialisierte Lehr- und Lernplattform, die seit vielen Jahren erfolgreich an Schulen eingesetzt wird. Neben Funktionen zu Wortschatz, Grammatik und Textarbeit bietet Navigium auch spannende Wettkämpfe und Spiele. Teilnahmebedingungen sind der Website zu entnehmen.

Frag Cäsar!

www.frag-caesar.de

Cäsar lebt! Trotz des auf ihn verübten Attentats der Verschwörer an den Iden des März (= 15. März) 44 v. Chr. lebt Cäsar fort – in diesem Online-Lateinwörterbuch gibt er beharrlich

Auskunft bei allen Fragen zur »wundervollen« (so die Website) Sprache Latein. Man muss nur das betreffende Suchwort eingeben, und Cäsar gibt umfassend Auskunft zu Deklinationen, Konjugationen, Übersetzung. Er wollte und will die Barbaren in Germanien doch nicht unterjochen, sondern aus ihnen gebildete Menschen machen, die Latein über alles lieben …

Lateinische Übersetzungen

www.volutabrum.de

Volutabrum ist ein Verzeichnis deutscher Übersetzungen von lateinischen Internet-Texten.

Wie man Latein lernt

https://de.duolinge.com

Mit einer kostenlosen App und dem Web kann jeder Duolinge nutzen. Latein kann mit kurzen, wissenschaftlich fundierten Lektionen erlernt werden.

Nuntii latini: Nachrichten auf Latein

www.bremenzwei.de/themen/nuntii-latini-100.html

Radio Bremen bietet Nachrichten auf Latein an. Es wird ein Monatsrückblick auf Ereignisse angeboten, die in Deutschland und auf der Welt passiert sind.

Das Römische Reich auf einen Blick

www.imperiumromanum.com/index.htm

Imperium-Romanum bietet Infos zu wichtigen Personen der römischen Geschichte, zu einzelnen Legionen, zu den Provinzen, zum Alltag der Römer. Hier dürfte jeder etwas finden, der sich für das Römische Reich und die Römer interessiert.

Lateinische Grammatik zum Nachschlagen

www.univie.ac.at/latein/gr/grammatik.htm

Wenn Sie noch mal schnell nachschauen wollen, was ein Ablativus modi ist, sind Sie hier richtig. Auf dieser Website der Universität Wien sind furchtbare Grammatikbegriffe alphabetisch geordnet und sie werden kurz und knapp mit Beispielen erklärt.

Alles rund um die Römer

www.die-roemer-online.de

Informative Seite zum Leben der Römer. Die Infos reichen von der römischen Küche über die römische Badekultur bis zum Bergbau. Es sind auch ein paar Infos über Latein dabei, besonders nützlich sind die Hinweise zur Aussprache des Lateinischen.

Linkliste, eigentlich für den Lateinunterricht ...

www.hengelhaupt.de/latein/latlink.htm

... aber uneigentlich für alle, die sich für Latein und vor allem für lateinische Texte interessieren. Die Seite bietet 200 kommentierte Internetadressen rund um Latein und die Antike. Es gibt sowohl Links zu Sammlungen lateinischer Texte als auch Links zu den Texten einzelner Autoren, Seiten über diese Autoren sind auch verlinkt. Es gibt Links zu Seiten mit Bildern von antiker Kunst und Links zu bestimmten Themen von Amphitheater bis Thermen. Die Seite ist ziemlich lang, aber Sie sollten sich wirklich die Mühe machen, bis ganz nach unten vorzudringen, dann da finden Sie Links zu Römermuseen und römischen Ausgrabungsstätten in Deutschland und in einigen anderen Ländern.

Rom im Netz: Kleiner Vorgeschmack auf die nächste Romreise

www.roma-antiqua.de/

Hier können Sie eine Führung durch das antike Rom machen. Auf einer virtuellen Karte sind alle Sehenswürdigkeiten verzeichnet, die man auf der Seite besuchen kann. Sie müssen sie nur anklicken. Dann kommen Sie zu Bildern, Plänen, Beschreibungen und zu historischen Infos über diesen Ort. So können Sie sich im antiken Rom bewegen, ohne das Haus zu verlassen. Wenn Sie Rom im realen Leben besuchen wollen, hilft die Seite auch weiter. Sie finden hier Tipps zur Anreise, zu Hotels, zum öffentlichen Nahverkehr, zum Wetter und, und, und.

Zu guter Letzt noch eine Zugabe: Die folgende Zeitschrift ist nur in Druckform zu beziehen, ihre Lektüre lohnt aber in jedem Fall.

Vox Latina

Vox Latina (»Die lateinische Stimme«) ist eine gänzlich in lateinischer Sprache abgefasste, vierteljährlich erscheinende Zeitschrift, die von der »Societas Latina« an der Universität des Saarlandes herausgeben wird. Sie wurde 1965 auf maßgebliches Betreiben des Benediktinermönchs P. Caelestis Eichenseer (1924–2008) gegründet, der sie auch jahrzehntelang redigierte. Die Zeitschrift beinhaltet Texte zu allen möglichen kulturellen und sonstigen – auch aktuellen – Ereignissen, zum Beispiel zur COVID-19-Pandemie, zu Studienreisen und dergleichen. Aber auch der Wortschatz bestimmter Wörter, vor alle Verben, wird genau untersucht. Ziel der Herausgeber der Zeitschrift war und ist es, den aktiven Gebrauch der lateinischen Sprache zu fördern. Das Jahresabonnement beträgt derzeit weniger als 45 €. Die Zeitschrift kann unter folgender Adresse bezogen werden:

> Societas Latina
> Universität des Saarlandes – FR 5.2
> Postfach 151150
> 66041 Saarbrücken

Die Zeitschrift kann sehr zur Lektüre empfohlen werden. Es sollten aber bereits einige Lateinkenntnisse vorhanden sein.

Teil V
Anhang

IN DIESEM TEIL ...

Wenn man Latein lernt, muss man einen schnellen Zugang zu den wichtigsten grammatischen Formen und Vokabeln haben. Den bietet dieser Anhang. Hier finden Sie Deklinationstabellen mit den fünf Deklinationen des Lateinischen und Konjugationstabellen, in denen die vier Konjugationen der lateinischen Verben stehen. Außerdem gibt es ein kleines Vokabelverzeichnis (Latein-Deutsch und Deutsch-Latein), sodass Sie die wichtigsten Vokabeln im Blick haben.

Ach ja. Außerdem gibt es hier die Lösungen zu allen »Spiel, Spaß und Denksport«-Abschnitten.

Deklinations- und Konjugationstabellen

Deklinationstabellen

Beispiel: puella, puellae, f (Mädchen)

Kasus	Singular	Plural
Nominativ	puella	puellae
Genitiv	puellae	puellarum
Dativ	puellae	puellis
Akkusativ	puellam	puellas
Ablativ	puella	puellis

Tabelle A.1: Substantive der 1. Deklination im Femininum (sehr selten Maskulinum)

Beispiel: amicus, amici, m (Freund)

Kasus	Singular	Plural
Nominativ	amicus	amici
Genitiv	amici	amicorum
Dativ	amico	amicis
Akkusativ	amicum	amicos
Ablativ	amico	amicis

Substantive der 2. Deklination im Maskulinum

Beispiel: saxum, saxi, n (Fels)

Kasus	Singular	Plural
Nominativ	saxum	saxa
Genitiv	saxi	saxorum
Dativ	saxo	saxis
Akkusativ	saxum	saxa
Ablativ	saxo	saxis

Substantive der 2. Deklination im Neutrum

Beispiel: mater, matris f (Mutter)

Kasus	Singular	Plural
Nominativ	mater	matres
Genitiv	matris	matrum
Dativ	matri	matribus
Akkusativ	matrem	matres
Ablativ	matre	matribus

Substantive der 3. Deklination im Maskulinum und Femininum

Beispiel: tempus, temporis, n (Zeit)

Kasus	Singular	Plural
Nominativ	tempus	tempora
Genitiv	temporis	temporum
Dativ	tempori	temporibus
Akkusativ	tempus	tempora
Ablativ	tempore	temporibus

Substantive der 3. Deklination im Neutrum

Beispiel: exercitus, exercitus, m (Heer)

Kasus	Singular	Plural
Nominativ	exercitus	exercitus
Genitiv	exercitus	exercituum
Dativ	exercitui	exercitibus
Akkusativ	exercitum	exercitus
Ablativ	exercitu	exercitibus

Substantive der 4. Deklination im Maskulinum und Femininum

Beispiel: cornu, cornus, n (Horn)

Kasus	Singular	Plural
Nominativ	cornu	cornua
Genitiv	cornus	cornuum
Dativ	cornu	cornibus
Akkusativ	cornu	cornua
Ablativ	cornu	cornibus

Substantive der 4. Deklination im Neutrum

Beispiel: dies, diei, m (Tag)

Kasus	Singular	Plural
Nominativ	dies	dies
Genitiv	diei	dierum
Dativ	diei	diebus
Akkusativ	diem	dies
Ablativ	die	diebus

Substantive der 5. Deklination im Maskulinum und Femininum

Konjugationstabellen

Beispiel: amo, amare, amavi, amatum (lieben)

Präsens	Aktiv Singular	Aktiv Plural	Passiv Singular	Passiv Plural
1. Person	amo	amamus	amor	amamur
2. Person	amas	amatis	amaris	amamini
3. Person	amat	amant	amatur	amantur

Imperfekt	Aktiv Singular	Aktiv Plural	Passiv Singular	Passiv Plural
1. Person	amabam	amabamus	amabar	amabamur
2. Person	amabas	amabatis	amabaris	amabamini
3. Person	amabat	amabant	amabatur	amabantur

Futur I	Aktiv Singular	Aktiv Plural	Passiv Singular	Passiv Plural
1. Person	amabo	amabimus	amabor	amabimur
2. Person	amabis	amabitis	amaberis	amabimini
3. Person	amabit	amabunt	amabitur	amabuntur

Perfekt	Aktiv Singular	Aktiv Plural	Passiv Singular	Passiv Plural
1. Person	amavi	amavimus	amatus (-a, -um) sum	amati (-ae, -a) sumus
2. Person	amavisti	amavistis	amatus (-a, -um) es	amati (-ae, -a) estis
3. Person	amavit	amaverunt	amatus (-a, -um) est	amati (-ae, -a) sunt

Plusquamperfekt	Aktiv Singular	Aktiv Plural	Passiv Singular	Passiv Plural
1. Person	amaveram	amaveramus	amatus (-a, -um) eram	amati (-ae, -a) eramus
2. Person	amaveras	amaveratis	amatus (-a, -um) eras	amati (-ae, -a) eratis
3. Person	amaverat	amaverant	amatus (-a, -um) erat	amati (-ae, -a) erant

Futur II	Aktiv Singular	Aktiv Plural	Passiv Singular	Passiv Plural
1. Person	amavero	amaverimus	amatus (-a, -um) ero	amati (-ae, -a) erimus
2. Person	amaveris	amaveritis	amatus (-a, -um) eris	amati (-ae, -a) eritis
3. Person	amaverit	amaverint	amatus (-a, -um) erit	amati (-ae, -a) erunt

Verben der 1. Konjugation Indikativ

Präsens	Aktiv Singular	Aktiv Plural	Passiv Singular	Passiv Plural
1. Person	amem	amemus	amer	amemur
2. Person	ames	ametis	ameris	amemini
3. Person	amet	ament	ametur	amentur

Imperfekt	Aktiv Singular	Aktiv Plural	Passiv Singular	Passiv Plural
1. Person	amarem	amaremus	amarer	amaremur
2. Person	amares	amaretis	amareris	amaremini
3. Person	amaret	amarent	amaretur	amarentur

Perfekt	Aktiv Singular	Aktiv Plural	Passiv Singular	Passiv Plural
1. Person	amaverim	amaverimus	amatus (-a, -um) sim	amati (-ae, -a) simus
2. Person	amaveris	amaveritis	amatus (-a, -um) sis	amati (-ae, -a) sitis
3. Person	amaverit	amaverint	amatus (-a, -um) sit	amati (-ae, -a) sint

Plusquamperfekt	Aktiv Singular	Aktiv Plural	Passiv Singular	Passiv Plural
1. Person	amavissem	amavissemus	amatus (-a, -um) essem	amati (-ae, -a)essemus
2. Person	amavisses	amavissetis	amatus (-a, -um) esses	amati (-ae, -a) essetis
3. Person	amavisset	amavissent	amatus (-a, -um) esset	amati (-ae, -a) essent

Verben der 1. Konjugation Konjunktiv

Beispiel: video, videre, vidi, visum (sehen)

Präsens	Aktiv Singular	Aktiv Plural	Passiv Singular	Passiv Plural
1. Person	video	videmus	videor	videmur
2. Person	vides	videtis	videris	videmini
3. Person	videt	vident	videtur	videntur

Imperfekt	Aktiv Singular	Aktiv Plural	Passiv Singular	Passiv Plural
1. Person	videbam	videbamus	videbar	videbamur
2. Person	videbas	videbatis	videbaris	videbamini
3. Person	videbat	videbant	videbatur	videbantur

Futur I	Aktiv Singular	Aktiv Plural	Passiv Singular	Passiv Plural
1. Person	videbo	videbimus	videbor	videbimur
2. Person	videbis	videbitis	videberis	videbimini
3. Person	videbit	videbunt	videbitur	videbuntur

Perfekt	Aktiv Singular	Aktiv Plural	Passiv Singular	Passiv Plural
1. Person	vidi	vidimus	visus (-a, -um) sum	visi (-ae, -a) sumus
2. Person	vidisti	vidistis	visus (-a, -um) es	visi (-ae, -a) estis
3. Person	vidit	viderunt	visus (-a, -um) est	visi (-ae, -a) sunt

Plusquamperfekt	Aktiv Singular	Aktiv Plural	Passiv Singular	Passiv Plural
1. Person	videram	videramus	visus (-a, -um) eram	visi (-ae, -a) eramus
2. Person	videras	videratis	visus (-a, -um) eras	visi (-ae, -a) eratis
3. Person	viderat	viderant	visus (-a, -um) erat	visi (-ae, -a) erant

Futur II	Aktiv Singular	Aktiv Plural	Passiv Singular	Passiv Plural
1. Person	videro	viderimus	visus (-a, -um) ero	visi (-ae, -a) erimus
2. Person	videris	videritis	visus (-a, -um) eris	visi (-ae, -a) eritis
3. Person	viderit	viderint	visus (-a, -um) erit	visi (-ae, -a) erunt

Verben der 2. Konjugation Indikativ

Präsens	Aktiv Singular	Aktiv Plural	Passiv Singular	Passiv Plural
1. Person	videam	videamus	videar	videamur
2. Person	videas	videatis	videaris	videamini
3. Person	videat	videant	videatur	videantur

Imperfekt	Aktiv Singular	Aktiv Plural	Passiv Singular	Passiv Plural
1. Person	viderem	videremus	viderer	videremur
2. Person	videres	videretis	videreris	videremini
3. Person	videret	viderent	videretur	viderentur

Perfekt	Aktiv Singular	Aktiv Plural	Passiv Singular	Passiv Plural
1. Person	viderim	viderimus	visus (-a, -um) sim	visi (-ae, -a) simus
2. Person	videris	videritis	visus (-a, -um) sis	visi (-ae, -a) sitis
3. Person	viderit	viderint	visus (-a, -um) sit	visi (-ae, -a) sint

Plusquamperfekt	Aktiv Singular	Aktiv Plural	Passiv Singular	Passiv Plural
1. Person	vidissem	vidissemus	visus (-a, -um) essem	visi (-ae, -a) essemus
2. Person	vidisses	vidissetis	visus (-a, -um) esses	visi (-ae, -a) essetis
3. Person	vidisset	vidissent	visus (-a, -um) esset	visi (-ae, -a) essent

Verben der 2. Konjugation Konjunktiv

Beispiel: pono, ponere, posui, positum (setzen, stellen, legen)

Präsens	Aktiv Singular	Aktiv Plural	Passiv Singular	Passiv Plural
1. Person	pono	ponimus	ponor	ponimur
2. Person	ponis	ponitis	poneris	ponimini
3. Person	ponit	ponunt	ponitur	ponuntur

Imperfekt	Aktiv Singular	Aktiv Plural	Passiv Singular	Passiv Plural
1. Person	ponebam	ponebamus	ponebar	ponebamur
2. Person	ponebas	ponebatis	ponebaris	ponebamini
3. Person	ponebat	ponebant	ponebatur	ponebantur

Futur I	Aktiv Singular	Aktiv Plural	Passiv Singular	Passiv Plural
1. Person	ponam	ponemus	ponar	ponemur
2. Person	pones	ponetis	poneris	ponemini
3. Person	ponet	ponent	ponetur	ponentur

Perfekt	Aktiv Singular	Aktiv Plural	Passiv Singular	Passiv Plural
1. Person	posui	posuimus	positus (-a, -um) sum	positi (-ae, -a) sumus
2. Person	posuisti	posuistis	positus (-a, -um) es	positi (-ae, -a) estis
3. Person	posuit	posuerunt	positus (-a, -um) est	positi (-ae, -a) sunt

Plusquamperfekt	Aktiv Singular	Aktiv Plural	Passiv Singular	Passiv Plural
1. Person	posueram	posueramus	positus (-a, -um) eram	positi (-ae, -a) eramus
2. Person	posueras	posueratis	positus (-a, -um) eras	positi (-ae, -a) eratis
3. Person	posuerat	posuerant	positus (-a, -um) erat	positi (-ae, -a) erant

Futur II	Aktiv Singular	Aktiv Plural	Passiv Singular	Passiv Plural
1. Person	posuero	posuerimus	positus (-a, -um) ero	positi (-ae, -a) erimus
2. Person	posueris	posueritis	positus (-a, -um) eris	positi (-ae, -a) eritis
3. Person	posuerit	posuerint	positus (-a, -um) erit	positi (-ae, -a) erunt

Verben der 3. Konjugation Indikativ

Präsens	Aktiv Singular	Aktiv Plural	Passiv Singular	Passiv Plural
1. Person	ponam	ponamus	ponar	ponamur
2. Person	ponas	ponatis	ponaris	ponamini
3. Person	ponat	ponant	ponatur	ponantur

Imperfekt	Aktiv Singular	Aktiv Plural	Passiv Singular	Passiv Plural
1. Person	ponerem	poneremus	ponerer	poneremur
2. Person	poneres	poneretis	ponereris	poneremini
3. Person	poneret	ponerent	poneretur	ponerentur

Perfekt	Aktiv Singular	Aktiv Plural	Passiv Singular	Passiv Plural
1. Person	posuerim	posuerimus	positus (-a, -um) sim	positi (-ae, -a) simus
2. Person	posueris	posueritis	positus (-a, -um) sis	positi (-ae, -a) sitis
3. Person	posuerit	posuerint	positus (-a, -um) sit	positi (-ae, -a) sint

Plusquamperfekt	Aktiv Singular	Aktiv Plural	Passiv Singular	Passiv Plural
1. Person	posuissem	posuissemus	positus (-a, -um) essem	positi (-ae, -a) essemus
2. Person	posuisses	posuissetis	positus (-a, -um) esses	positi (-ae, -a) essetis
3. Person	posuisset	posuissent	positus (-a, -um) esset	positi (-ae, -a) essent

Verben der 3. Konjugation Konjunktiv

Beispiel: audio, audire, audivi, auditum (hören)

Präsens	Aktiv Singular	Aktiv Plural	Passiv Singular	Passiv Plural
1. Person	audio	audimus	audior	audimur
2. Person	audis	auditis	audiris	audimini
3. Person	audit	audiunt	auditur	audiuntur

Imperfekt	Aktiv Singular	Aktiv Plural	Passiv Singular	Passiv Plural
1. Person	audiebam	audiebamus	audiebar	audiebamur
2. Person	audiebas	audiebatis	audiebaris	audiebamini
3. Person	audiebat	audiebant	audiebatur	audiebantur

Futur I	Aktiv Singular	Aktiv Plural	Passiv Singular	Passiv Plural
1. Person	audiam	audiemus	audiar	audiemur
2. Person	audies	audietis	audieris	audiemini
3. Person	audiet	audient	audietur	audientur

Perfekt	Aktiv Singular	Aktiv Plural	Passiv Singular	Passiv Plural
1. Person	audivi	audivimus	auditus (-a, -um) sum	auditi (-ae, -a) sumus
2. Person	audivisti	audivistis	auditus (-a, -um) es	auditi (-ae, -a) estis
3. Person	audivit	audiverunt	auditus (-a, -um) est	auditi (-ae, -a) sunt

Plusquamperfekt	Aktiv Singular	Aktiv Plural	Passiv Singular	Passiv Plural
1. Person	audiveram	audiveramus	auditus (-a, -um) eram	auditi (-ae, -a) eramus
2. Person	audiveras	audiveratis	auditus (-a, -um) eras	auditi (-ae, -a) eratis
3. Person	audiverat	audiverant	auditus (-a, -um) erat	auditi (-ae, -a) erant

Futur II	Aktiv Singular	Aktiv Plural	Passiv Singular	Passiv Plural
1. Person	audivero	audiverimus	auditus (-a, -um) ero	auditi (-ae, -a) erimus
2. Person	audiveris	audiveritis	auditus (-a, -um) eris	auditi (-ae, -a) eritis
3. Person	audiverit	audiverint	auditus (-a, -um) erit	auditi (-ae, -a) erunt

Verben der 4. Konjugation Indikativ

Präsens	Aktiv Singular	Aktiv Plural	Passiv Singular	Passiv Plural
1. Person	audiam	audiamus	audiar	audiamur
2. Person	audias	audiatis	audiaris	audiamini
3. Person	audiat	audiant	audiatur	audiantur

Imperfekt	Aktiv Singular	Aktiv Plural	Passiv Singular	Passiv Plural
1. Person	audirem	audiremus	audirer	audiremur
2. Person	audires	audiretis	audireris	audiremini
3. Person	audiret	audirent	audiretur	audirentur

Perfekt	Aktiv Singular	Aktiv Plural	Passiv Singular	Passiv Plural
1. Person	audiverim	audiverimus	auditus (-a, -um) sim	auditi (-ae, -a) simus
2. Person	audiveris	audiveritis	auditus (-a, -um) sis	auditi (-ae, -a) sitis
3. Person	audiverit	audiverint	auditus (-a, -um) sit	auditi (-ae, -a) sint

Plusquamperfekt	Aktiv Singular	Aktiv Plural	Passiv Singular	Passiv Plural
1. Person	audivissem	audivissemus	auditus (-a, -um) essem	auditi (-ae, -a) essemus
2. Person	audivisses	audivissetis	auditus (-a, -um) esses	auditi (-ae, -a) essetis
3. Person	audivisset	audivissent	auditus (-a, -um) esset	auditi (-ae, -a) essent

Verben der 4. Konjugation Konjunktiv

Mini-Wörterbuch

Latein-Deutsch

A

a/ab (bei Nomen im Ablativ): von, von – her, von – aus, von – an, seit

accipio, accipere, accepi, acceptum: nehmen, empfangen

accusator, accusatoris (m): Ankläger

ad (bei Nomen im Akkusativ): zu, nach, an, bei

adiuvo, adiuvare, adiuvi, adiutum: unterstützen, helfen

advenio, advenire, adveni, adventum: ankommen, hinkommen

aestas, aestatis (f): Sommer

aetas, aetatis (f): Zeitalter, Lebensalter

affero, afferre, attuli, allatum: herbeitragen, bringen

ager, agri (m): Acker, Feld

ago, agere, egi, actum: treiben, betreiben, handeln, tun

agricola, agricolae (m): Bauer

albus, alba, album: weiß

alius, alia, aliud: ein anderer

ambulo, ambulare, ambulavi, ambulatum: umhergehen, spazieren gehen

amicus, amici (m): Freund

amita, amitae (f): Tante (väterlicherseits)

amo, amare, amavi, amatum: lieben

amor, amoris (m): Liebe

ancilla, ancillae (f): Dienerin, Sklavin

animal, animalis (n): Lebewesen, Tier

ante (bei Nomen im Akkusativ): vor

anus, anus (f): alte Frau

aperio, aperire, aperui, apertum: öffnen

apud (bei Nomen im Akkusativ): bei, nahe bei

aqua, aquae (f): Wasser

arbor, aboris (f): Baum

arma, armorum (n.pl.): Rüstung, Waffen

ars, artis (f): Kunst, Handwerk, Geschick

atrium, atrii (n): Innenhof, Halle, Atrium

audio, audire, audivi, auditum: hören

auris, auris (f): Ohr

aut ... aut: entweder ... oder

autumnus, autumni (m): Herbst

avia, aviae (f): Großmutter

avunculus, avunculi (m): Onkel (mütterlicherseits)

avus, avi (m): Großvater

B

bellum, belli (n): Krieg

bene (Adverb): gut

bibo, bibere, bibi, bibitum: trinken

bis (Adverb): zweimal

bonus, bona, bonum: gut

C

cado, cadere, cecidi, casurum: fallen

caelum, caeli (n): Himmel

calidus, calida, calidum: warm, heiß

callidus, callida, callidum: schlau, gewandt

canis, canis (m/f): Hund, Hündin

canto, cantare, cantavi, cantatum: singen

capio, capere, cepi, captum: ergreifen, fassen, nehmen

caput, capitis (n): Kopf

caries, cariei (f): Fäulnis, Morschheit

carmen, carminis (n): Lied, Gedicht

casa, casae (f): Hütte

castra, castrorum (n.pl.): (Feld-/Kriegs-)Lager

casus, casus (m): Fall, Zufall

celer, celeris, celere: schnell

cena, cenae (f): Mahlzeit

ceno, cenare, cenavi, cenatum: speisen, essen

cerebrum, cerebri (n): Gehirn

cervix, cervicis (f): Hals, Nacken

ceteri, ceterae, cetera: die Übrigen, die anderen

cibus, cibi (m): Speise, Nahrung

civis, civis (m/f): Bürger, Bürgerin

clamo, clamare, clamavi, clamatum: rufen, schreien

claudo, claudere, clausi, clausum: schließen

cogito, cogitare, cogitavi, cogitatum: denken, überlegen

comes, comitis (m/f): Begleiter, Begleiterin

consobrinus, consobrini (m): Cousin Cousin (meist mütterlicherseits)

consobrina, consobrinae (f): Cousine (meist mütterlicherseits)

coquus, coqui (m): Koch

cor, cordis (n): Herz

corpus, corporis (n): Körper

cras (Adverb): morgen

crimen, criminis (n): Beschuldigung

cum (bei Nomen im Ablativ): mit

cum (mit Indikativ): (immer) wenn; als

cur: warum?

curo, curare, curavi, curatum: sorgen, sich kümmern

curro, currere, cucurri, cursum: laufen, rennen

D

de (bei Nomen im Ablativ): von … her, von … herab, über

dea, deae (f): Göttin

debeo, debere, debui, debitum: schulden, verdanken, müssen

defendo, defendere, defendi, defensum: abwehren, verteidigen

deinde (Adverb): dann, darauf

delictum, delicti (n): Vergehen

dens, dentis (m): Zahn

deus, dei (m): Gott

dico, dicere, dixi, dictum: sagen, sprechen

dies, diei (m/f): (m) Tag; (f) Termin, Frist

difficultas, difficultatis (f): Schwierigkeit

diligens, diligentis (Genitiv): sorgfältig, gewissenhaft

diu (Adverb): lange Zeit, lange

do, dare, dedi, datum: geben

doceo, docere, docui, doctum: lehren, unterrichten

domi (Adverb): daheim

domina, dominae (f): Herrin, Hausfrau

dominus, domini (m): Herr, Hausherr

domus, domus (f): Haus

donum, doni (n): Geschenk

dormio, dormire, dormivi, dormitum: schlafen

dubito, dubitare, dubitavi, dubitatum: zweifeln; zögern

dubium, dubii (n): Zweifel

duco, ducere, duxi, ductum: führen, ziehen

dum (stets mit Verb im Präsens): während

dux, ducis (m): Führer, Feldherr

E

e/ex (bei Nomen im Ablativ): aus, von, seit

emo, emere, emi, emptum: kaufen

eo, ire, ii, itum: gehen

equus, equi (m): Pferd

et: und, auch, sogar

et ... et: sowohl ... als auch

etiam: auch, sogar

exspecto, exspectare, exspectavi, exspectatum: warten, erwarten

F

fabula, fabulae (f): Gerede, Erzählung, Geschichte

facies, faciei (f): Aussehen, Gestalt, Gesicht

facilis, facile: (»machbar«) leicht

facio, facere, feci, factum: tun, machen

factum, facti (n): Tat, Tatsache

familia, familiae (f): Hausgenossenschaft, Familie

femina, feminae (f): Frau

feriae, feriarum (f.pl.): Feiertage, Ferien

fero, ferre, tuli, latum: tragen, bringen, ertragen

festino, festinare, festinavi, festinatum: eilen

fides, fidei (f): Treue, Vertrauen, Glaube

filia, filiae (f): Tochter

filius, filii (m): Sohn

fio, fieri, factus sum: werden, entstehen, geschehen

flagro, flagrare, flagravi, flagratum: brennen

fleo, flere, flevi, fletum: weinen, beklagen

forma, formae (f): Form, Schönheit

fortasse (Adverb): vielleicht

fortis, forte: stark, mutig

frater, fratris (m): Bruder

frigidus, frigida, frigidum: kalt

fugio, fugere, fugi, fugiturum: fliehen

fugo, fugare, fugavi, fugatum: verjagen, in die Flucht schlagen

fulvus, fulva, fulvum: rotgelb, bräunlich

G

gaudium, gaudii (n): Freude

gratia, gratiae (f): Anmut, Beliebtheit, Dank

gratias ago, agere, egi, actum: danken

gratus, grata, gratum: angenehm, anmutig, gefällig, willkommen, dankbar

guberno, gubernare, gubernavi, gubernatum: steuern, lenken, leiten, regieren

H

habeo, habere, habui, habitum: haben

habito, habitare, habitavi, habitatum: wohnen, bewohnen

heri (Adverb): gestern

hic, haec, hoc: dieser, diese, dieses

hiems, hiemis (f): Winter

hodie (Adverb): heute

homo, hominis (m): Mensch, Mann

hortus, horti (m): Garten

hostis, hostis (m/f): Feind, Feindin

I = J

iam (Adverb): schon, bereits

ianua, ianuae (f): Tür

ibi (Adverb): da, dort

ille, illa, illud: jener, jene, jenes

imago, imaginis (f): Bild, Wachsmaske

in (bei Nomen im Ablativ): in, an, auf

in (bei Nomen im Akkusativ): in … hinein

infans, infantis (m/f): Kleinkind, Säugling

initium, initii (n): Anfang

insula, insulae (f): Insel

inter (bei Nomen im Akkusativ): zwischen, unter, während

interea (Adverb): unterdessen

intro, intrare, intravi, intratum: eintreten, betreten

invenio, invenire, inveni, inventum: finden, erfinden

ipse, ipsa, ipsum: selbst, persönlich

ira, irae (f): Zorn

ita est / ita vero est: so ist es = ja, jawohl

itaque: daher, deshalb

iter, itineris (n): Reise, (zurückgelegter) Weg

iterum (Adverb): wiederum, zum zweiten Mal

iubeo, iubere, iussi, iussum: befehlen

iudex, iudicis (m): Richter

iudicium, iudicii (n): Gericht, Urteil, Prozess

ius, iuris (n): Recht

iuvenis, iuvenis (m): junger Mann

iuvo, iuvare, iuvi, iutum: unterstützen, helfen

K

Kalendae, Kalendarum (f.pl.): die Kalenden, erster Tag des Monats

L

labor, laboris (m): Arbeit

laboro, laborare, laboravi, laboratum: arbeiten

laudo, laudare, laudavi, laudatum: loben

lego, legere, legi, lectum: auflesen, sammeln, lesen

lentus, lenta, lentum: langsam

leo, leonis (m): Löwe

lex, legis (f): Gesetz

liber, libri (m): Buch

lingua, linguae (f): Zunge, Sprache

litterae, litterarum (f.pl.): Schrift, Brief, Literatur

litus, litoris (n): Meeresufer, Strand

ludus, ludi (m): Spiel, Schule

lumen, luminis (n): Licht, Leuchte

M

magister, magistri (m): Vorgesetzter, Lehrer

magistra, magistrae (f): Lehrerin

magistratus, magistratus (m): Amt, Beamter

magnus, magna, magnum: groß

malus, mala, malum: schlecht, böse

manus, manus (f): Hand, Schar

mare, maris (n): Meer

maritus, mariti (m): Ehemann

mater, matris (f): Mutter

matertera, materterae (f): Tante (mütterlicherseits)

mens, mentis (f): Verstand

mensa, mensae (f): Tisch

mereo, merere, merui, meritum: verdienen

meus, mea, meum: mein, meine

miles, militis (m): Soldat

miser, misera, miserum: elend, unglücklich, kläglich

mitto, mittere, misi, missum: schicken, senden

modus, modi (m): Maß, Art und Weise

moneo, monere, monui, monitum: ermahnen, warnen

mons, montis (m): Berg

mors, mortis (f): Tod

mortuus, mortua, mortuum: tot

multus, multa, multum: viel, zahlreich

murus, muri (m): Mauer

N

nam: denn

narro, narrare, narravi, narratum: erzählen

nasus, nasi (m): Nase

nauta, nautae (m): Seemann

navigo, navigare, navigavi, navigatum: segeln

navis, navis (f): Schiff

nec/neque: und nicht, auch nicht

neco, necare, necavi, necatum: töten

nescio, nescire, nescivi, nescitum: nicht wissen

niger, nigra, nigrum: schwarz, von dunkler Farbe

nisi: wenn nicht

niveus, nivea, niveum: schneeweiß

nomen, nominis (n): Name

non: nicht

notus, nota, notum: bekannt

novus, nova, novum: neu

nox, noctis (f): Nacht

numquam (Adverb): nie

nunc: jetzt, nun

nuntius, nuntii (m): Nachricht, Bote (als Überbringer der Nachricht)

nuper (Adverb): neulich

O

oculus, oculi (m): Auge

odi, odisse, osurus: hassen

offero, offerre, obtuli, oblatum: entgegenbringen, anbieten

officium, officii (n): Dienstleistung, Pflicht, Aufgabe, Amt

olim (Adverb): einst, dereinst

omnis, omne: jeder, jede, jedes, ganz; Pl. alle

onus, oneris (n): Last

oppugno, oppugnare, oppugnavi, oppugnatum: bestürmen, angreifen

oro, orare, oravi, oratum: reden, beten, bitten

os, oris (n): Mund, Gesicht

os, ossis (n): Knochen

ovum, ovi (n): Ei

P

parentes, parentum (m/f.pl.): Eltern

pareo, parere, parui, pariturus: gehorchen

paro, parare, paravi, paratum: vorbereiten

parvus, parva, parvum: klein

pater, patris (m): Vater

patruelis, patruelis (m): Cousin (väterlicherseits)

patruus, patrui (m): Onkel (väterlicherseits)

pauci, paucae, pauca: wenige

pecunia, pecuniae (f): Geld

per (bei Nomen im Akkusativ): durch, während

persona, personae (f): Maske, Rolle, Person

pes, pedis (m): Fuß

peto, petere, petivi, petitum: erstreben, angreifen, verlangen, bitten um

plenus, plena, plenum: voll, vollständig

poena, poenae (f): Strafe, Buße

pono, ponere, posui, positum: setzen, stellen, legen

porta, portae (f): Tür, Tor

porto, portare, portavi, portatum: tragen

portus, portus (m): Hafen

possum, posse, potui: können

post (bei Nomen im Akkusativ): hinter, nach

praesertim (Adverb): besonders

primus, prima, primum: erster, erste, erstes

pro (bei Nomen im Ablativ): vor, für, anstatt

probo, probare, probavi, probatum: prüfen, anerkennen

proelium, proelii (n): Schlacht

prope (bei Nomen im Akkusativ): nahe bei

puella, puellae (f): Mädchen

puer, pueri (m): Junge

pugno, pugnare, pugnavi, pugnatum: kämpfen

pulchritudo, pulchritudinis (f): Schönheit

pulso, pulsare, pulsavi, pulsatum: schlagen, stoßen, prügeln

puto, putare, putavi, putatum: meinen, halten für

Q

quaero, quaerere, quaesivi, quaesitum: suchen, erlangen, fragen

quare: warum?

qui, quae, quod: der, die, das (Relativpronomen)

quis, quid: wer?, was?

quod: weil

quot: wie viele?

R

ratio, rationis (f): Rechnung, Vernunft

reddo, reddere, reddidi, reditum: zurückgeben

regina, reginae (f): Königin

rego, regere, rexi, rectum: lenken, regieren

relinquo, relinquere, reliqui, relictum: zurücklassen, übrig lassen, hinterlassen

requiro, requirere, requisivi, requisitum: aufsuchen, verlangen, nachforschen, fragen

rex, regis (m): König

rogo, rogare, rogavi, rogatum: fragen, bitten

S

saepe (Adverb): oft

saluto, salutare, salutavi, salutatum: grüßen

sapiens, sapientis (Genitiv): weise, vernünftig, klug

saxum, saxi (n): Fels, Steinblock

scio, scire, scivi, scitum: wissen

scriba, scribae (m): Schreiber

scribo, scribere, scripsi, scriptum: schreiben

secundum (bei Nomen im Akkusativ): entlang, gemäß

sedeo, sedere, sedi, sessum: sitzen

semel (Adverb): einmal

semper (Adverb): immer

senex, senis (m/f): Greis, Greisin

sermo, sermonis (m): Unterhaltung, Gespräch

servio, servire, servii, servitum: dienen

servo, servare, servavi, servatum: retten, bewahren

si: wenn, falls

sic (Adverb): so, auf diese Weise

sicut (Adverb): so wie

sine (bei Nomen im Ablativ): ohne

situs, situs (m): Lage, Stellung

solus, sola, solum: allein

soror, sororis (f): Schwester

specto, spectare, spectavi, spectatum: schauen, betrachten

statim (Adverb): sofort

sto, stare, steti, statum: stehen

stultitia, stultitiae (f): Torheit

sub (bei Nomen im Ablativ): unter

subito (Adverb): plötzlich

T

taceo, tacere, tacui, tacitum: schweigen

tacitus, tacita, tacitum: verschwiegen, schweigend

tandem (Adverb): endlich

tempestas, tempestatis (f): Zeit, Wetter, Unwetter

templum, templi (n): Tempel

tempus, temporis (n): Zeit

tenebrae, tenebrarum (f.pl.): Finsternis

teneo, tenere, tenui, tentum: halten, festhalten

ter (Adverb): dreimal

terra, terrae (f): Erde, Land

terror, terroris (m): Schrecken, Angst

timeo, timere, timui: fürchten

tollo, tollere, sustuli, sublatum: hochheben, aufheben, beseitigen

totus, tota, totum: ganz

trado, tradere, tradidi, traditum: übergeben, anvertrauen

traho, trahere, traxi, tractum: ziehen, schleppen

triclinium, triclinii (n): Speisezimmer

tunc (Adverb): damals, dann

tuus, tua, tuum: dein, deine

U

ubi: wo

ubi (mit Indikativ Perfekt beziehungsweise Futur II): sobald

umquam (Adverb): jemals

urbs, urbis (f): Stadt

urna, urnae (f): Wasserkrug

uxor, uxoris (f): Ehefrau

V

velut (Adverb): wie

vena, venae (f): Ader

venio, venire, veni, ventum: kommen

ventus, venti (m): Wind

ver, veris (n): Frühling

verbum, verbi (n): Wort

veritas, veritatis (f): Wahrheit

verto, vertere, verti, versum: wenden, umdrehen

via, viae (f): Weg, Straße

video, videre, vidi, visum: sehen

vinco, vincere, vici, victum: siegen, besiegen

vinum, vini (n): Wein

vir, viri (m): Mann

virgo, viginis (f): junge Frau, Jungfrau

vix (Adverb): kaum

voco, vocare, vocavi, vocatum: rufen

vox, vocis (f): Stimme, Äußerung, Wort

Deutsch-Latein

A

abwehren: **defendo, defendere, defendi, defensum**

Acker: **ager, agri** (m)

Ader: **vena, venae** (f)

allein: **solus, sola, solum**

als: **cum** (m. Indikativ)

Amt: **magistratus, magistratus** (m); **officium, officii** (n)

an: **in** (bei Nomen im Ablativ)

anbieten: **offero, offerre, obtuli, oblatum**

anderen, die: **ceteri, ceterae, cetera**

anderer, andere, anderes: **alius, alia, aliud**

anerkennen: **probo, probare, probavi, probatum**

Anfang: **initium, initii** (n)

angreifen: **oppugno, oppugnare, oppugnavi, oppugnatum;** peto, petere, petivi, petitum

Angst: **terror, terroris** (m)

Ankläger: **accusator, accusatoris** (m)

ankommen: **advenio, advenire, adveni, adventum**

Anmut: **gratia, gratiae** (f)

anmutig: **gratus, grata, gratum**

annehmen: **accipio, accipere, accepi, acceptum**

anstatt: **pro** (bei Nomen im Ablativ)

anvertrauen: **trado, tradere, tradidi, traditum**

Arbeit: **labor, laboris** (m)

arbeiten: **laboro, laborare, laboravi, laboratum**

Art und Weise: **modus, modi** (m)

Atrium: **atrium, atrii** (n)

auch: **et; etiam**

auch nicht: **nec/neque**

auf: **in** (bei Nomen im Ablativ)

auf diese Weise: **sic** (Adverb)

aufheben: **tollo, tollere, sustuli, sublatum**

Auge: **oculus, oculi** (m)

aus: **a/ab** (bei Nomen im Ablativ); **de** (bei Nomen im Ablativ); **e/ex** (bei Nomen im Ablativ)

Aussehen: **facies, faciei** (f)

B

Bauer: **agricola, agricolae** (m)

Baum: **arbor, aboris** (f)

Beamter: **magistratus, magistratus** (m)

befehlen: **iubeo, iubere, iussi, iussum**

Begleiter: **comes, comitis** (m)

Begleiterin: **comes, comitis** (f)

bei: **ad** (bei Nomen im Akkusativ); **apud** (bei Nomen im Akkusativ)

bekannt: **notus, nota, notum**

beklagen: **fleo, flere, flevi, fletum**

Beliebtheit: **gratia, gratiae** (f)

bereits: **iam** (Adverb)

Berg: **mons, montis** (m)

Beschuldigung: **crimen, criminis** (n)

beseitigen: **tollo, tollere, sustuli, sublatum**

besiegen: **vinco, vincere, vici, victum**

besonders: **praesertim** (Adverb)

bestürmen: **oppugno, oppugnare, oppugnavi, oppugnatum**

beten: **oro, orare, oravi, oratum**

betrachten: **specto, spectare, spectavi, spectatum**

betreiben: **ago, agere, egi, actum**

betreten: **intro, intrare, intravi, intratum**

bewahren: **servo, servare, servavi, servatum**

bewohnen: **habito, habitare, habitavi, habitatum**

Bild: **imago, imaginis** (f)

bitten: **oro, orare, oravi, oratum; rogo, rogare, rogavi, rogatum**

bitten um: **peto, petere, petivi, petitum**

böse: **malus, mala, malum**

Bote: **nuntius, nuntii** (m)

bräunlich: **fulvus, fulva, fulvum**

brennen: **flagro, flagrare, flagravi, flagratum**

Brief: **litterae, litterarum** (f.pl.)

bringen: **affero, afferre, attuli, allatum**

Bruder: **frater, fratris** (m)

Buch: **liber, libri** (m)

Bürger: **civis, civis** (m)

Bürgerin: **civis, civis** (f)

Buße: **poena, poenae** (f)

C

Cousin (meist mütterlicherseits): **consobrinus, consobrini** (m)

Cousine (meist mütterlicherseits): **consobrina, consobrinae** (f)

Cousin (väterlicherseits): **patruelis, patruelis** (m)

D

da: **ibi** (Adverb)

daheim: **domi** (Adverb)

daher: **itaque**

damals: **tunc** (Adverb)

Dank: **gratia, gratiae** (f)

dankbar: **gratus, grata, gratum**

danken: **gratias ago, agere, egi, actum**

dann: **deinde** (Adverb); **tunc** (Adverb)

dein, deine: **tuus, tua, tuum**

denken: **cogito, cogitare, cogitavi, cogitatus**

denn: **nam**

der, die, das (Relativpronomen): **qui, quae, quod**

dereinst: **olim** (Adverb)

deshalb: **itaque**

dienen: **servio, servire, servii, servitus**

Dienerin: **ancilla, ancillae** (f)

Dienstleistung: **officium, officii** (n)

dieser, diese, dieses: **hic, haec, hoc**

dort: **ibi** (Adverb)

dreimal: **ter** (Adverb)

durch: **per** (bei Nomen im Akkusativ)

E

Ehefrau: **uxor, uxoris** (f)

Ehemann: **maritus, mariti** (m)

Ei: **ovum, ovi** (n)

eilen: **festino, festinare, festinavi, festinatum**

einmal: **semel** (Adverb)

einst: **olim** (Adverb)

eintreten: **intro, intrare, intravi, intratum**

elend: **miser, misera, miserum**

Eltern: **parentes, parentum** (m/f.pl.)

endlich: **tandem** (Adverb)

entgegenbringen: **offero, offerre, obtuli, oblatum**

entlang: **secundum** (bei Nomen im Akkusativ)

entstehen: **fio, fieri, factus sum**

entweder … oder: **aut … aut**

Erde: **terra, terrae** (f)

erfinden: **invenio, invenire, inveni, inventum**

ergreifen: **capio, capere, cepi, captum**

erlangen: **quaero, quaerere, quaesivi, quaesitum**

ermahnen: **moneo, monere, monui, monitum**

erster, erste, erstes: **primus, prima, primum**

erster Tag des Monats: **Kalendae, Kalendarum** (f.pl.)

erstreben: **peto, petere, petivi, petitum**

ertragen: **fero, ferre, tuli, latum**

erwarten: **exspecto, exspectare, exspectavi, exspectatum**

erzählen: **narro, narrare, narravi, narratum**

essen: **ceno, cenare, cenavi, cenatum**

F

Fall: **casus, casus** (m)

fallen: **cado, cadere, cecidi, casurum**

falls: **si**

Familie: **familia, familiae** (f)

fassen: **capio, capere, cepi, captum**

Fäulnis: **caries, cariei** (f)

Feiertage: **feriae, feriarum** (f.pl.)

Feind: **hostis, hostis** (m)

Feindin: **hostis, hostis** (f)

Feld: **ager, agri** (m)

Feldherr: **dux, ducis** (m)

Fels: **saxum, saxi** (n)

finden: **invenio, invenire, inveni, inventum**

Finsternis: **tenebrae, tenebrarum** (f.pl.)

fliehen: **fugio, fugere, fugi, fugiturum**

Form: **forma, formae** (f)

fragen: **quaero, quaerere, quaesivi, quaesitum; requiro, requirere, requisivi, requisitum; rogo, rogare, rogavi, rogatum**

Frau: **femina, feminae** (f)

Frau, alte: **anus, anus** (f)

Frau, junge: **virgo, virginis** (f)

Freude: **gaudium, gaudii** (n)

Freund: **amicus, amici** (m)

Frühling: **ver, veris** (n)

führen: **duco, ducere, duxi, ductum**

Führer: **dux, ducis** (m)

für: **pro** (bei Nomen im Ablativ)

fürchten: **timeo, timere, timui**

Fuß: **pes, pedis** (m)

G

ganz: **omnis, omne; totus, tota, totum**

Garten: **hortus, horti** (m)

geben: **do, dare, dedi, datum**

Gedicht: **carmen, carminis** (n)

gehen: **eo, ire, ivi/ii, itum**

Gehirn: **cerebrum, cerebri** (n)

gehorchen: **pareo, parere, parui, pariturus**

Geld: **pecunia, pecuniae** (f)

gemäß: **secundum** (bei Nomen im Akkusativ)

Gericht: **iudicium, iudicii** (n)

geschehen: **fio, fieri, factus sum**

Geschenk: **donum, doni** (n)

Geschichte: **fabula, fabulae** (f)

Geschick: **ars, artis** (f)

Gesetz: **lex, legis** (f)

Gesicht: **facies, faciei** (f)

Gespräch: **sermo, sermonis** (m)

Gestalt: **facies, faciei** (f)

gestern: **heri** (Adverb)

gewandt: **callidus, callida, callidum**

Glaube: **fides, fidei** (f)

Gott: **deus, dei** (m)

Göttin: **dea, deae** (f)

Greis: **senex, senis** (m)

Greisin: **senex, senis** (f)

groß: **magnus, magna, magnum**

Großmutter: **avia, aviae** (f)

Großvater: **avus, avi** (m)

grüßen: **saluto, salutare, salutavi, salutatum**

gut: **bene** (Adverb); **bonus, bona, bonum**

H

haben: **habeo, habere, habui, habitum**

Hafen: **portus, portus** (m)

Halle: **atrium, atrii** (n)

Hals: **cervix, cervicis** (f)

halten: **teneo, tenere, tenui, tentum**

halten für: **puto, putare, putavi, putatum**

Hand: **manus, manus** (f)

handeln: **agere, ago, egi, actum**

Handwerk: **ars, artis** (f)

hassen: **odi, odisse, osurus**

Haus: **domus, domus** (f)

Hausfrau: **domina, dominae** (f)

Hausgenossenschaft: **familia, familiae** (f)

Hausherr: **dominus, domini** (m)

heiß: **calidus, calida, calidum**

helfen: **adiuvo, adiuvare, adiuvi, adiutum; iuvo, iuvare, iuvi, iutum**

her: **a/ab** (bei Nomen im Ablativ)

Herbst: **autumnus, autumni** (m)

Herr: **dominus, domini** (m)

Herrin: **domina, dominae** (f)

Herz: **cor, cordis** (n)

heute: **hodie** (Adverb)

Himmel: **caelum, caeli** (n)

hinkommen: **advenio, advenire, adveni, adventum**

hinter: **post** (bei Nomen im Akkusativ)

hinterlassen: **relinquo, relinquere, reliqui, relictum**

hören: **audio, audire, audivi, auditum**

Hund: **canis, canis** (m)

Hündin: **canis, canis** (f)

Hütte: **casa, casae** (f)

I

immer: **semper** (Adverb)

in: **in** (bei Nomen im Ablativ)

in ... hinein: **in** (bei Nomen im Akkusativ)

Innenhof: **atrium, atrii** (n)

Insel: **insula, insulae** (f)

J

ja, jawohl: **ita est / ita vero est**

jeder, jede, jedes: **omnis, omne**

jemals: **umquam** (Adverb)

jener, jene, jenes: **ille, illa, illud**

jetzt: **nunc**

Junge: **puer, pueri** (m)

K

Kalenden (erster Tag des Monats): **Kalendae, Kalendarum** (f.pl.)

kalt: **frigidus, frigida, frigidum**

kämpfen: **pugno, pugnare, pugnavi, pugnatum**

kaufen: **emo, emere, emi, emptum**

kaum: **vix** (Adverb)

kläglich: **miser, misera, miserum**

klein: **parvus, parva, parvum**

Kleinkind: **infans, infantis** (m/f)

klug: **sapiens, sapientis** (Genitiv)

Knochen: **os, ossis** (n)

Koch: **coquus, coqui** (m)

kommen: **venio, venire, veni, ventum**

König: **rex, regis** (m)

Königin: **regina, reginae** (f)

können: **possum, posse, potui**

Kopf: **caput, capitis** (n)

Körper: **corpus, corporis** (n)

Krieg: **bellum, belli** (n)

kümmern (sich): **curo, curare, curavi, curatum**

Kunst: **ars, artis** (f)

L

Lage: **situs, situs** (m)

Lager: **castra, castrorum** (n.pl.)

Land: **terra, terrae** (f)

lange: **diu** (Adverb)

langsam: **lentus, lenta, lentum**

Last: **onus, oneris** (n)

laufen: **curro, currere, cucurri, cursum**

Lebensalter: **aetas, aetatis** (f)

Lebewesen: **animal, animalis** (n)

legen: **pono, ponere, posui, positum**

lehren: **doceo, docere, docui, doctum**

Lehrer: **magister, magistri** (m)

Lehrerin: **magistra, magistrae** (f)

leicht: **facilis, facile**

leiten: **rego, regere, rexi, rectum**

lenken: **rego, regere, rexi, rectum**

lesen: **lego, legere, legi, lectum**

Leuchte: **lumen, luminis** (n)

Liebe: **amor, amoris** (m)

lieben: **amo, amare, amavi, amatum**

Licht: **lumen, luminis** (n)

Lied: **carmen, carminis** (n)

Literatur: **litterae, litterarum** (f.pl.)

loben: **laudo, laudare, laudavi, laudatum**

Löwe: **leo, leonis** (m)

M

machen: **facio, facere, feci, factum**

Mädchen: **puella, puellae** (f)

Mahlzeit: **cena, cenae** (f)

Mann: **homo, hominis** (m); **vir, viri** (m)

Mann, junger: **iuvenis, iuvenis** (m/f)

Maske: **persona, personae** (f)

Maß: **modus, modi** (m)

Mauer: **murus, muri** (m)

Meer: **mare, maris** (n)

Meeresufer: **litus, litoris** (n)

mein, meine: **meus, mea, meum**

meinen: **puto, putare, putavi, putatum**

Mensch: **homo, hominis** (m)

mit: **cum** (bei Nomen im Ablativ)

morgen: **cras** (Adverb)

Morschheit: **caries, cariei** (f)

Mund: **os, oris** (n)

müssen: **debeo, debere, debui, debitum**

mutig: **fortis, forte**

Mutter: **mater, matris** (f)

N

nach: **ad** (bei Nomen im Akkusativ); **post** (bei Nomen im Akkusativ)

Nacht: **nox, noctis** (f)

Nacken: **cervix, cervicis** (f)

nahe bei: **prope** (bei Nomen im Akkusativ), **apud** (bei Nomen im Akkusativ)

Nahrung: **cibus, cibi** (m)

Name: **nomen, nominis** (n)

Nase: **nasus, nasi** (m)

nehmen: **capio, capere, cepi, captum**

neu: **novus, nova, novum**

neulich: **nuper** (Adverb)

nicht: **non**

nicht wissen: **nescio, nescire, nescivi, nescitum**

nie: **numquam** (Adverb)

nun: **nunc**

O

öffnen: **aperio, aperire, aperui, apertum**

oft: **saepe** (Adverb)

ohne: **sine** (bei Nomen im Ablativ)

Onkel (mütterlicherseits): **avunculus, avunculi** (m)

Onkel (väterlicherseits): **patruus, patrui** (m)

P

Person: **persona, personae** (f)

persönlich: **ipse, ipsa, ipsum**

Pferd: **equus, equi** (m)

Pflicht: **officium, officii** (n)

plötzlich: **subito** (Adverb)

Prozess: **iudicium, iudicii** (n)

prüfen: **probo, probare, probavi, probatum**

prügeln: **pulso, pulsare, pulsavi, pulsatum**

R

Rechnung: **ratio, rationis** (f)

Recht: **ius, iuris** (n)

reden: **oro, orare, oravi, oratum**

regieren: **guberno, gubernare, gubernavi, gubernatum; rego, regere, rexi, rectum**

Reise: **iter, itineris** (n)

rennen: **curro, currere, cucurri, cursum**

retten: **servo, servare, servavi, servatum**

Richter: **iudex, iudicis** (m)

Rolle: **persona, personae** (f)

rotgelb: **fulvus, fulva, fulvum**

rufen: **clamo, clamare, clamavi, clamatum; voco, vocare, vocavi, vocatum**

Rüstung: **arma, armorum** (n.pl.)

S

sagen: **dico, dicere, dixi, dictum**

sammeln: **lego, legere, legi, lectum**

Säugling: **infans, infantis** (m/f)

Schar: **manus, manus** (f)

schauen: **specto, spectare, spectavi, spectatum**

schicken: **mitto, mittere, misi, missum**

Schiff: **navis, navis** (f)

Schlacht: **proelium, proeli** (n)

schlafen: **dormio, dormire, dormivi, dormitum**

schlagen: **pulso, pulsare, pulsavi, pulsatum**

schlau: **callidus, callida, callidum**

schlecht: **malus, mala, malum**

schließen: **claudo, claudere, clausi, clausum**

schneeweiß: **niveus, nivea, niveum**

schnell: **celer, celeris, celere**

schon: **iam** (Adverb)

Schönheit: **forma, formae** (f); **pulchritudo, pulchritudinis** (f)

Schrecken: **terror, terroris** (m)

schreiben: **scribo, scribere, scripsi, scriptum**

Schreiber: **scriba, scribae** (m)

schreien: **clamo, clamare, clamavi, clamatum**

Schrift: **litterae, litterarum** (f.pl.)

schulden: **debeo, debere, debui, debitum**

Schule: **ludus, ludi** (m)

schwarz: **niger, nigra, nigrum**

schweigen: **taceo, tacere, tacui, tacitum**

schweigend: **tacitus, tacita, tacitum**

Schwester: **soror, sororis** (f)

Schwierigkeit: **difficultas, difficultatis** (f)

Seemann: **nauta, nautae** (m)

segeln: **navigo, navigare, navigavi, navigatum**

sehen: **video, videre, vidi, visum**

seit: **a/ab** (bei Nomen im Ablativ); **e/ex** (bei Nomen im Ablativ)

selbst: **ipse, ipsa, ipsum**

senden **mitto, mittere, misi, missum**

setzen: **pono, ponere, posui, positum**

siegen: **vinco, vincere, vici, victum**

singen: **canto, cantare, cantavi, cantatum**

sitzen: **sedeo, sedere, sedi, sessum**

Sklavin: **ancilla, ancillae** (f)

so: **sic** (Adverb)

so wie: **sicut** (Adverb)

sobald: **ubi** (m. Indikativ Perfekt)

sofort: **statim** (Adverb)

sogar: **et; etiam**

Sohn: **filius, filii** (m)

Soldat: **miles, militis** (m)

Sommer: **aestas, aestatis** (f)

sorgen: **curo, curare, curavi, curatum**

sorgfältig: **diligens, diligentis** (Genitiv)

sowohl ... als auch: **et ... et**

spazieren gehen: **ambulo, ambulare, ambulavi, ambulatum**

Speise: **cibus, cibi** (m)

speisen: **ceno, cenare, cenavi, cenatum**

Speisezimmer: **triclinium, triclinii** (n)

Spiel: **ludus, ludi** (m)

Sprache: **lingua, linguae** (f)

sprechen: **dico, dicere, dixi, dictum**

Stadt: **urbs, urbis** (f)

stark: **fortis, forte**

stehen: **sto, stare, steti, statum**

stellen: **pono, ponere, posui, positum**

Stellung: **situs, situs** (m)

steuern: **guberno, gubernare, gubernavi, gubernatum**

still: **tacitus, tacita, tacitum**

Stimme: **vox, vocis** (f)

stoßen: **pulso, pulsare, pulsavi, pulsatum**

Strafe: **poena, poenae** (f)

Strand: **litus, litoris** (n)

Straße: **via, viae** (f)

suchen: **quaero, quaerere, quaesivi, quaesitum; requiro, requirere, requisivi, requisitum**

T

Tag: **dies, diei** (m)

Tante (mütterlicherseits): **matertera, materterae** (f)

Tante (väterlicherseits): **amita, amitae** (f)

Tat: **factum, facti** (n)

Tatsache: **factum, facti** (n)

Tempel: **templum, templi** (n)

Termin: **dies, diei** (f)

Tier: **animal, animalis** (n)

Tisch: **mensa, mensae** (f)

Tochter: **filia, filiae** (f)

Tod: **mors, mortis** (f)

Tor: **porta, portae** (f)

Torheit: **stultitia, stultitiae** (f)

tot: **mortuus, mortua, mortuum**

töten: **neco, necare, necavi, necatum**

tragen: **fero, ferre, tuli, latum; porto, portare, portavi, portatum**

treiben: **ago, agere, egi, actum**

Treue: **fides, fidei** (f)

trinken: **bibo, bibere, bibi, bibitum**

tun: **ago, agere, egi, actum; facio, facere, feci, factum**

Tür: **ianua, ianuae** (f); **porta, portae** (f)

U

über: **de** (bei Nomen im Ablativ)

übergeben: **trado, tradere, tradidi, traditum**

überlegen: **cogito, cogitare, cogitavi, cogitatum**

Übrigen, die: **ceteri, ceterae, cetera**

übrig lassen: **relinquo, relinquere, reliqui, relictum**

umdrehen: **verto, vertere, verti, versum**

umhergehen: **ambulo, ambulare, ambulavi, ambulatum**

und: **et**

und nicht: **nec/neque**

unglücklich: **miser, misera, miserum**

unter: **inter** (bei Nomen im Akkusativ); **sub** (bei Nomen im Ablativ) unterdessen: **interea** (Adverb)

Unterhaltung: **sermo, sermonis** (m)

unterrichten: **doceo, docere, docui, doctum**

Unwetter: **tempestas, tempestatis** (f)

Urteil: **iudicium, iudicii** (n)

V

Vater: **pater, patris** (m)

verdanken: **debeo, debere, debui, debitum**

verdienen: **mereo, merere, merui, meritum**

Vergehen: **delictum, delicti** (n)

verjagen: **fugo, fugare, fugavi, fugatum**

verlangen: **peto, petere, petivi, petitum; requiro, requirere, requisivi, requisitum**

Vernunft: **ratio, rationis** (f)

vernünftig: **sapiens, sapientis** (Genitiv)

verschwiegen: **tacitus, tacita, tacitum**

Verstand: **mens, mentis** (f)

verstehen: **teneo, tenere, tenui, tentum**

verteidigen: **defendo, defendere, defendi, defensum**

Vertrauen: **fides, fidei** (f)

viel: **multus, multa, multum**

vielleicht: **fortasse** (Adverb)

voll: **plenus, plena, plenum**

vollständig: **plenus, plena, plenum**

von: **a/ab** (bei Nomen im Ablativ); **e/ex** (bei Nomen im Ablativ)

von ... her: **de** (bei Nomen im Ablativ)

vor: **ante** (bei Nomen im Akkusativ); **pro** (bei Nomen im Ablativ)

vorbereiten: **paro, parare, paravi, paratum**

Vorgesetzter: **magister, magistri** (m)

W

Wachsmaske: **imago, imaginis** (f)

Waffen: **arma, armorum** (n.pl.)

während: als Konjunktion: **dum** (Verbum stets im Indikativ Präsens); als Präposition: **per** (bei Nomen im Akkusativ); **inter** (bei Nomen im Akkusativ)

Wahrheit: **veritas, veritatis** (f)

warm: **calidus, calida, calidum**

warnen: **moneo, monere, monui, monitum**

warten: **exspecto, exspectare, exspectavi, exspectatum**

warum?: **cur; quare**

was?: **quid**

Wasser: **aqua, aquae** (f)

Wasserkrug: **urna, urnae** (f)

Weg: **via, viae** (f); (zurückgelegter) Weg: **iter, itineris** (n)

weil: **quod**

Wein: **vinum, vini** (n)

weinen: **fleo, flere, flevi, fletum**

weise: **sapiens, sapientis** (Genitiv)

weiß: **albus, alba, album**

wenden: **verto, vertere, verti, versum**

wenige: **pauci, paucae, pauca**

wenn: **si**

(immer) wenn: **cum** (m. Indikativ)

wer?: **quis**

werden: **fio, fieri, factus sum**

Wetter: **tempestas, tempestatis** (f)

wie: **velut** (Adverb)

wie viele?: **quot**

wiederum: **iterum** (Adverb)

willkommen: **gratus, grata, gratum**

Wind: **ventus, venti** (m)

Winter: **hiems, hiemis** (f)

wissen: **scio, scire, scivi, scitum**

wissen, nicht: **nescio, nescire, nescivi, nescitum**

wo: **ubi** (Adverb)

wohnen: **habito, habitare, habitavi, habitatum**

Wort: **verbum, verbi** (n); **vox, vocis** (f)

Z

zahlreich: **multus, multa, multum**

Zahn: **dens, dentis** (m)

Zeit: **tempestas, tempestatis** (f); **tempus, temporis** (n)

Zeitalter: **aetas, aetatis** (f)

ziehen: **duco, ducere, duxi, ductum; traho, trahere, traxi, tractum**

zögern: **dubito, dubitare, dubitavi, dubitatum**

Zorn: **ira, irae** (f)

zu: **ad** (bei Nomen im Akkusativ)

Zufall: **casus, casus** (m)

Zunge: **lingua, linguae** (f)

zurückgeben: **reddo, reddere, reddidi, reditum**

zurücklassen: **relinquo, relinquere, reliqui, relictum**

Zweifel: **dubium, dubii** (n)

zweifeln: **dubito, dubitare, dubitavi, dubitatum**

zweimal: **bis** (Adverb)

zum zweiten Mal: **iterum** (Adverb)

zwischen: **inter** (bei Nomen im Akkusativ)

D

Spiel, Spaß und Denksport: Lösungen

Kapitel 2

1. Akkusativ Plural
2. Nominativ Singular
3. Genitiv Plural
4. Dativ Singular
5. a) agricolae   b) amicum   c) saxa   d) servorum
6. a) amant   b) ponunt   c) capimus
7. a) amabis   b) audient   c) orabat   d) tenebam   e) dicebamus
8. e) wir hören
9. a) ich hörte
10. f) ihr werdet hören
11. c) ihr hört
12. Die Bauern werden die Felsen finden.
13. Die Sklaven und die Mädchen hörten die Königin.
14. Wir bereiten das Essen im Speisezimmer vor.

Kapitel 3

1. London
2. Spanien
3. Frankreich (oder Gallien)
4. Schweiz

5. sunt

6. eris

7. erant

8. sum, estis

9. Seid ihr auf dem Forum/Marktplatz?

10. Wir waren im Landhaus unserer Freunde.

11. Wo werdet ihr morgen sein?

12. Wir werden nach Sizilien segeln.

Kapitel 4

1. b) avia

2. a) avunculus

3. c) mater

4. d) coniunx

5. pulchras

6. parvi

7. multae / multas

8. grato

9. fortem

10. salutabant, salutaverunt

11. vincebat, vicerat

12. habitabis, habitaveris

Kapitel 5

1. Ientaculum: panis, fructus, caseus

2. Prandium: ova, piscis, (h)olera, vinum

3. Cena: ova, piscis, mulsum, pullus, vinum, fructus, mala

4. impluvium (Im Landhaus gibt es einen Hofraum/ein Wassersammelbecken.)

5. impluvio, ancillae, frigidam (Aus dem Sammelbecken bringen die Mägde kühles Wasser.)

6. cibum / cibos, patella / patellis (Sklaven legen Speise(n) in die Schale(n).)

7. Was wollt ihr lieber trinken: kalten Wein oder warmen / temperierten Wein?

8. Wir wollen mit Wasser vermischten Wein trinken.

9. Die Männer gehen auf den Marktplatz, sie wollen nicht im Landhaus sein.

Kapitel 6

1. a.d. VI Id. Iun. 2744 A.U.C.

2. a.d. XVI Kal. Feb. 2631 A.U.C.

3. a.d. IV Non. Dec. 681 A.U.C.

4. c) Venus

5. d) Fornax

6. a) Merkur

7. b) Robigus

8. laboras *Indikativ*

9. laboraret *Konjunktiv*

10. laboretis *Konjunktiv*

11. docebam *Indikativ*

12. docemus *Indikativ*

13. docuissent *Konjunktiv*

14. aperiunt *Indikativ*

15. aperiat *Konjunktiv*

16. aperiremus *Konjunktiv*

Kapitel 7

1. a) eques

2. c) sagittarius

3. b) aquilifer

4. d) speculator

5. Im selben Kasus und Numerus stehen:

    mihi – illi – huic

    nostrum – illorum – horum

    tu – qui – ille

    huius – eius – illius

    has – quas – eos

    hunc – eum – eam

6. Relativpronomen

    a. quam (Der Centurio/Hauptmann schreibt einen Brief/Briefe an die Frau, die er liebt.)
    b. quas (Auf dem Tisch sind/liegen Briefe, die der Hauptmann geschrieben hat.)
    c. cui (Der Soldat, dem der Hauptmann einen Witz erzählt, lacht.)

Kapitel 8

1. b) in amphitheatro
2. c) in circo
3. a) ad thermas
4. e) altior
5. f) maximus
6. d) facilior
7. a) maior
8. c) altissimus
9. b) facillimus
10. maior, maxima
11. altiora, altissima
12. melior, optimus
13. celeriores, celerrimi

Kapitel 9

1. d) tribunus (ein Tribun, um zu verbieten)
2. b) Numa Pompilius (Numa Pompilius, um die Götter zu preisen)
3. c) Nero (Nero, um Lieder zu singen)
4. Roma a Romulo regitur.
5. Exercitus a rege ducebatur.
6. Urbs a principe gubernata erat.
7. gubernantur, gubernarentur, gubernati, -ae sunt
8. regimur, regeremur, recti, -ae sumus
9. ducor, ducerer, ductus, -a sum
10. c)
11. c)

Kapitel 10

1. cogitavisse
2. scribere
3. apertum, -am esse
4. laborare
5. cenavisse
6. Vergil
7. Lukrez
8. Caesar
9. Apuleius
10. Ovid

Kapitel 11

1. f)
2. a)
3. h)
4. i)
5. b)
6. l)
7. d)
8. e)
9. k)
10. c)
11. g)
12. Was hast du gemacht? Hast du nicht die Gesetze gelesen? Durch Gesetze wird deine Tat verboten.
13. Ich weiß.
14. Wenn du es weißt, warum hast du es getan?
15. Ich weiß es nicht. Mein Rechtsbeistand/Anwalt wird es erzählen.
16. Du musst es erzählen! Der Schreiber wird alles notieren, was du erzählst.
17. Ich will sofort nach Hause zurückkehren.
18. Auf keinen Fall! Heute (noch) wirst du im Gefängnis sein. Du hast deine Strafe verdient.
19. Oh ich Armer!

Kapitel 12

1. caput (Kopf)
2. venter (Bauch)
3. crus (Bein, Unterschenkel)
4. brachium (Unterarm)

5. manus (Hand)

6. digitus (Finger)

7. oculus (Auge)

8. pes (Fuß)

9. auris (Ohr)

10. capillus (Haar)

11. Glaubst du, dass dieser Mann gesund ist?

12. Ich glaube es / Ja. An seinem Kopf sind Nase, zwei Augen und zwei Ohren. Sein Hals ist gerade. Auch sein Gehirn ist gesund.

13. Aber seine Ohren sind rot, er wird von Tinnitus gequält. Sein Schlaf ist schlecht.

14. Er soll mehr arbeiten, damit sein Schlaf besser wird. Dann wird er gesund sein.

Kapitel 13

1. g) Non habebis deos alienos in conpectu meo.

2. c) Non assumes nomen Domini Dei tui in vanum.

3. e) Memento, ut diem sabbati sanctifices.

4. b) Honora patrem tuum et matrem tuam, ut sis longaevus super terram.

5. a) Non occides.

6. i) Non moechaberis.

7. j) Non furtum facies.

8. d) Non loqueris contra proximum tuum falsum testimonium.

9. h) Non concupisces uxorem proximi tui.

10. f) Non concupisces omnia, quae proximi sunt.

Kapitel 14

1. c) aus Japan

2. h) aus Kanada

3. d) aus dem Wald

4. a) aus Amerika

5. j) aus dem Gebirge

6. i) aus Afrika

7. g) aus dem Westen

8. f) aus Europa

9. b) aus dem Osten (normalerweise Asien)

10. e) aus dem Meer

11. j) Wiesen-Schafgarbe

12. d) Gefleckter Aloe

13. i) Waldengelwurz

14. c) Gänseblümchen

15. e) Hängebirke

16. f) Hirtentäschel

17. h) Tausendgüldenkraut

18. b) Bayerischer Enzian

19. g) Punktierter Enzian

20. a) Alpen-Leinkraut

Kapitel 15

1. a) Die Dienerinnen tragen die Wasserkrüge in die Stadt.

2. b) Die Bürger gingen auf dem Forum spazieren und hörten die Redner.

3. d) Lasst uns auf die Rennbahn gehen und die Pferde betrachten.

4. b) Die Jungen, die auf der Straße spielen, sind die Söhne meines Onkels.

5. d) Soldaten, kämpft tapfer und besiegt die Feinde!

6. b) Warum weinst du? Wer hat dich geschlagen?

7. c) Die Frauen schauten im Circus Gladiatoren und Tiere an.

8. a) Die Seeleute, die nach Griechenland segeln werden, bereiten im Hafen die Schiffe vor.

9. c) Die Jungen sind so müde, dass sie sich unter einen Baum setzen.

10. d) Der Feldherr befahl den Soldaten, tapfer zu kämpfen.
11. Viele Römer beten, dass der Tempel des Janus geschlossen werde.
12. Sie opferten dem Gott junge Hühner und Schweine.
13. Auch der Familienvater wird ein Opfertier beim Altar des Tempels niederlegen, damit nicht ein neuer Krieg geführt wird.
14. Bald wird der Kaiser Augustus kommen und den Römern Frieden verkünden.

Kapitel 16

1. e) Gott möge reich machen.
2. d) Nichts ohne göttlichen Willen.
3. i) Möge sie ewig leben.
4. h) Ich lenke.
5. j) Durch Tapferkeit und Waffen.
6. f) Immer höher.
7. a) Arbeit besiegt alles.
8. c) So immer den Tyrannen.
9. g) Bergbewohner sind immer frei.
10. b) Die Waffen sollen der Toga weichen.

Stichwortverzeichnis

A

a/ab 74, 123, 177, 306
a/ab- (Präfix) 310
Abendmahl 240–241
Abfallentsorgung 115
Abkürzung 202
Ablativ 46, 122, 124
    Präposition mit 74–75
Ablativ mit Partizip 122, 125
Ablativus absolutus 122, 125
Ablativus auctoris 177
Ablativus comparationis 162
Ablativus discriminis 163
Ablativus instrumentalis 122, 125, 177
Ablativus loci 123
Ablativus mensurae 163
Ablativus modi 122, 125
Ablativus separativus 123
Ablativus temporis 123
Abschied 66
ab urbe condita 78, 120, 194
Accusativus cum infinitivo 198, 199
accusator 213
ad 74, 124, 186, 306
A.D. 120
Ädil 159, 173
Adjektiv 44–45, 89, 161
    Deklination 89
    Elativ 163
    Komparation 164
    Komparativ 161–163
    Positiv 161
    Satzstellung 90
    Superlativ 161, 163
Adjektiv. 3. Deklination 91
advocatus 213
aedilis 173
Aeneas (Sagengestalt) 102, 139, 156, 193
Aeneis 102, 156, 193
Afrika 264
Agnus Dei 245
Akkusativ 46, 123
    Präposition mit 74
Akkusativobjekt 270
Aktiv 176
ala 141
Alba Longa 170
alea iacta est 288
alias 217
alibi 217
allium 264
Alltagsleben 202
Alphabet 36
Alta ripa 34
Altrip 34
Amphitheater 156, 158
Amt
    politisches 173
Ämterlaufbahn 173
Ancus Marcius (König) 171
Anno Domini 120, 241
Annuität 173
Anwalt 212
apodyterium 159
Apollon (Gott) 231
apud inferos 52
Apuleius, Lucius
    (Schriftsteller) 193
aquilifer 142
Archimedes (Mathematiker) 287
Arena 156, 158, 211
Aristoteles (Philosoph) 259
arma 143
Armee 139–140, 142–143, 174
    Ausrüstung 143
    Bewaffnung 143
    Disziplin 144
Art 260
    Pflanze 261
    Tier 261
Artikel 44–45
Arzt
    Richtlinien 229
Asklepios (Gott) 231
Asklepios-Kult 232
Äskulap (Gott) 232–233
Äskulapstab 231
atque 61
atrium 108, 114, 302
A.U.C. 120, 194
auctor 193
audere 305
audire 305
Augsburg 34
Augusta Treverorum 34
Augusta Vindelicorum 34
Augustinus (Kirchenvater) 244
Augustus (Kaiser) 119, 159, 175, 287
Aussprache 38
    Kirchenlatein 40
    klassisches Latein 38
aut 61
autem 62
auxiliares 141
Ave Maria 246

B

Bacchus (Gott) 289
Bad 159
barbarus 38, 66, 209, 212
basilica 212
Begräbnis 156
Begrüßung 65–66
bene- (Präfix) 310
Benedikt XVI. (Papst) 239
Besteck 109
bestiarius 158
Betonung 41
bi- (Präfix) 310
Bibel 244, 250
Bibulus, Marcus Calpurnius (Politiker) 120, 134
Bischof 246
Blume 265
Bona Dea (Göttin) 91
Bonn 34
Bonna 34

Botanik 259
Brand 115
Brief 202
Briefe
 Plinius 203
Brutus, Marcus Iunius
 (Caesarmörder) 288
Buch 192
Buchhändler 192
Buchstabe 36
Bühnenhaus 164
Bürgerkrieg 175
Bürgerliches Gesetzbuch
 209

C

cadere 306
Caesar, Gaius Julius (Feldherr,
 Politiker) 32, 38, 67, 77, 91,
 117, 119–120, 140, 158,
 174, 175, 193, 246, 288, 292
caldarium 159
caligae 144
Caligula (Kaiser) 144, 176,
 287
Calpurnia (Ehefrau Caesars)
 121
canis 261–262
Caracalla (Kaiser) 159
caro 104
carpe diem 194
casa 114
Cash, Johnny 217
Castor (Sagengestalt) 160
Catilinarische Verschwörung
 95
Cato der Ältere (Politiker)
 185, 287
Catull (Dichter) 38, 51, 103,
 105, 109, 133, 194, 277, 286
cena 108
censor 174
Censorinus (Schriftsteller)
 117
census 174
centuria 140
centurio 142, 144
ceterum censeo Carthaginem
 esse delendam 185
Chirurgenbesteck 234
Chirurgie 230
Christentum 203, 240–241

Fischsymbol 254
Christenverfolgung 241
Cicero, Marcus Tullius
 (Redner, Politiker) 38, 91,
 95, 97, 103, 165, 192–193,
 196, 201–202, 213, 287,
 289
Cincinnatus, Lucius Quinctius
 (Diktator) 214
circenses 159
circum 74
circum- (Präfix) 309
circus 159
Circus Maximus 160, 171
civis 66
Claudius (Kaiser) 287
Clodius Pulcher, Publius
 (Politiker) 91, 97
Codex Iustinianus 210
cognomen 66
cohors 140
Colonia Claudia Ara
 Agrippinensium 34
comissatio 108
Commodus (Kaiser) 176
compluvium 114
Confessiones 244
consul 174
Corpus Christi 245
cubiculum 114
cum 74, 125, 132
cur 72
cursus honorum 173

D

Daktylus 195
damnatio ad bestias 211
Dativ 46
Dativus auctoris 185
Dativus finalis 187
de 74, 123
De Bello Gallico 193, 288
decemviri 173
De Civitate Dei 244
decuria 141
deductio 88
Deklination 44, 46
 1. Deklination 46, 89
 2. Deklination 48–49, 89
 3. Deklination 83–84
 4. Deklination 145
 5. Deklination 145, 147

Adjektive 89
Demokratie 173
Demonstrativpronomen 45,
 148–149
denarius 104
De Natura Deorum 165
Diana (Göttin) 106
dicere 307
Dichtung 192
dictator 174
Dido (Sagengestalt) 142
dies 118
Diktator 174, 214
Dionysius Exiguus (Mönch)
 120
Direkte Rede 197
divide et impera 209
Domino 242
domus 113–114, 145
ducere 307
-dukt (Suffix) 313
dum 306
dux 142

E

ea 148, 150
e/ex 74, 123
ego 303
Einhorn 264
Elegie 194
Elysium 52
Epidauros 232
Epigramm 275
Epikureismus 136
epithalamium 88
Epos 192, 194
eques 97, 140–141
 Strafen 212
equus 261
ergo 62
errare humanum est 186, 305
esse 68, 72, 111, 185
Essen 102, 105, 107–109
et 61
etiam 61
exercitus 140, 142, 145
ex officio 218

F

fabri 142
falco 261
fallere 306

Stichwortverzeichnis 379

familia 83, 87
Familie 83, 86
  Gastfreundschaft 114
  Schutzgeister 135
Fauna (Göttin) 264
Faunus (Gott) 121, 264
Feiertag 121, 156
Feldzeichen 142–143
felis 261
Femininum 44–45
ferre 112
Fest 121
Festkalender 121
Feuer 114
Fibel 228
fibula 228
ficus 104
Film 124
Finalsatz 131, 279
Finite Verbform 180, 270
Fisch 105
Fischsoße 105
flammeum 88
Fleisch 102–103
Flexion 44
Flora (Göttin) 264
flos 265
forum 212
Forum 301
Forum Romanum 171
Frage 72
  indirekte 132
  Suffix 72
Fragewort 72, 124
Freigelassener 67, 229
Fremdwort 32–34, 36, 217, 301
frigidarium 159
frumentum 102
fugare 307
fugere 307
funditor 142
Futur
  Infinitiv 199
  Personalendung 58
Futur I 58–59, 97
Futur II 97

G

Galeere 211
Galen von Pergamon (Arzt) 230
Gallia est omnis divisa in partes tres 193, 288
garum 105
Gastfreundschaft 114
Gastmahl 110
Gattung 260, 261, 264
Gefängnis 212
Gemüse 102, 108
Genitiv 46
genius 135
Genus 44–45, 84
  feststellen 45
Genus verbi 176
Gerechtigkeit 173
Gericht 212
Germania Inferior 34
Germania Superior 34
Germanicus (Feldherr) 144
Gerundium 181, 186
  Übersetzung 186
Gerundivum 181, 184–185
Gesetz 172–174, 210
Getreide 102
Gibbon, Edward (britischer Historiker) 136
Gladiator 66, 156, 158
Gladiole 266
gladius 143, 156, 266
Gleichzeitigkeit 182, 200
Gott 245
Gottheit 121, 134–136, 240
Graffiti 204
Gregorianischer Kalender 119, 246
Griechenland 156
Griechisch 244

H

Hauptsatz 130, 272, 276
Haus 113, 115
Heer 140–141, 147
Heiligabend 248
Heilkunst 232–233
Hexameter 195
hic 150
Hieronymus (Kirchenvater) 244, 249, 290
Hilfstruppe 141
Hippokrates (Arzt) 229
hoc est corpus 240
Hochzeit 88
Hokuspokus 240

Homo 261
Horatius Cocles (Held) 175
Horaz (Dichter) 166, 191–192, 194, 288–289
horror 303
hortus 114
hospes 114
Hospital 232

I

id 148, 150
Iden 121
Idus 121
ientaculum 107
ille 150
imago 95
Imperativ 127
imperator 142
Imperfekt 56, 69, 94
  Übersetzung 57
impluvium 114
in 74, 123–124
in dubio pro reo 218
Indikativ 127
Indirekte Rede 197
  Übersetzung 199
Infanterie 140–141
Infinite Verbform 180
Infinitiv 53, 181, 198
  Futur 199
Infinitiv Futur 200
Infinitiv Perfekt 199–200
Infinitiv Präsens 198, 200
in flagranti 217
in hoc signo vinces 242
in medias res 32
in nomine Patris 245
Inschrift 203
Institutiones 210
insula 113–114
inter- (Präfix) 309
-io (lateinische Wortendung) 35
-ion (Suffix) 312
ire 112
Iris (Göttin) 266
Irrealis der Gegenwart 197
Irrealis der Vergangenheit 197
is 148, 150
-ismus (Suffix) 312
-ist (Suffix) 312

ita 132
-ität (Suffix) 312
iudex 213
ius 173

J

Jagd 158
Jahreszählung 119–120
Janus (Gott) 119
Jesus 140, 240
  Geburtsdatum 248
Julianischer Kalender 117, 119, 246
Juno (Göttin) 34, 88
Juno Moneta 34, 135
Jupiter (Gott) 135
Jura 213
Justinian I. (Kaiser) 210
Justiz 213
Juvenal (Dichter) 115, 155

K

Kaiser 157, 169
Kaiserkult 241
Kaiserzeit 175–176
Kalendae 121
Kalenden 121
Kalender 117–118
  Gregorianischer 119, 246
  Julianischer 117, 119, 246
Kalenderjahr 119
Kanarienvogel 262
Kanarische Inseln 262
Kapitol 227
Kardinalzahl 76
Karthago 185, 287
Kasus 44–45
  Ablativ 46, 74–75, 122, 124, 162–163, 177
  Akkusativ 46, 74, 123
  Dativ 46, 185
  Genitiv 46
  Nominativ 46
Katakombe 254
Kausalsatz 132
Kavallerie 140–141
Kirche 212
  evangelische 239
  katholische 38
  römisch-katholische 239, 244

Kirchenlatein 38, 40
Kirchenvater 243
Klassifizierung 259
Klassische Periode 243
Klassisches Latein 243
Kleopatra (ägyptische Königin) 175
KNG-Kongruenz 30, 89, 178
Knochen 228
Kollegialität 173
Köln 34
Kolosseum 158
Komödie 165–166, 192
Konditionalsatz 196, 280
  Irrealis der Gegenwart 197
  Irrealis der Vergangenheit 197
  Potentialis 196
  Realis 196
Königszeit 169–170
Konjugation 52
  1. Konjugation 53, 128
  2. Konjugation 53, 128
  3. Konjugation 53–54, 128–129
  4. Konjugation 129
  bestimmen 53
  esse 68
  Passiv 177
  Personalendung 56
Konjunktion 61
Konjunktiv 127, 179
  Hauptsatz 279
  indirekte Rede 198
  Konditionalsatz 196
  Nebensatz 279
Konjunktiv I 127
Konjunktiv II 127
Konjunktiv Imperfekt 130–131
Konjunktiv Perfekt 130
Konjunktiv Plusquamperfekt 130
Konjunktiv Präsens 128–129, 131
Konsekutivsatz 131, 279
Konstantin I. (Kaiser) 242
Konsul 95, 119, 173–174
Konzessivsatz 132
Körperteil 227
Kreuz 242

Kreuzigung 211
Kriegsschiff 211
Kriminalität 211
Kybele (Göttin) 51, 122, 125

L

lactuca 264
lanista 156, 159
lararium 135
Laren 135
lares 135
Latein
  Kirchenlatein 38, 40
  klassisches 38, 243
  Vulgärlatein 243
Lebenserwartung 229
Leda (Sagengestalt) 160
legatus 142
legio 140
Legion 139–140
  Schlachtordnung 147
Lehnwort 33–34
Leichenspiele 156
lex 172
librarius 192
lingua franca 227
Linguistik 38
Linné, Carl von (Naturforscher) 259, 261
Literatur 192
  lateinische 38
Livius Andronicus (Dichter) 165
Livius, Titus (Historiker) 170, 175, 194
Lucius Iunius Brutus (Konsul) 174
Lucretia (Adlige) 171
ludi 156
Ludi Megalenses 125
ludi scaenici 164
ludus 307
Lukrez (Dichter) 194
Lupercalia 121
Lyrik 194

M

magister bibendi 108
Magistrat 173–174
Magistratur 173
Magna Mater (Göttin) 51, 125, 122

Mahlzeit 107
  Abendessen 108
  Frühstück 107
  Mittagessen 108
Mainz 34
malle 112
malum 104, 112, 265
manipulus 140, 143
manus 145
Marc Anton (Feldherr, Politiker) 175
Marcus Iunius Brutus (Caesarmörder) 175
Maria 245
Marius, Gaius (Feldherr) 144
Martial (Dichter) 275
Martial (Satiriker) 229
Maske 165
Maskulinum 44–45
Mater Dei 246
Mathematik 75
Medizin 228
Megalesia 122
mel 105
mensa 109
mensis 119
Merksatz 55, 59, 75, 77, 260
Messe 239
Metamorphosen 193
Metonymie 106
miles 140, 142
milia 76
mille 76
Milvische Brücke 242
mimus 166
Mithras (Gott) 248
Mithraskult 136
Mittelalter 34, 36, 38
Mittelmeer 169
Modus 127
Mogontiacum 34
Monat 118–119, 121
Mönch 36
morituri te salutant 66
Mosel 34, 105
Mosella 34
mos maiorum 210
Mucius Scaevola (Held) 175
Müll 115
mulsum 105
multi- (Präfix) 310
Münze 34, 159, 224

murmillo 157
musculus 230
Mysterienkult 134
Mythologie 134, 193
Mythos 266

N

Nachzeitigkeit 184, 200
nam 62
Name 66, 106
Narzisse 266
Nashorn 264
Naumachie 158
n. Chr. 120, 241
-nd (Suffix) 311
ne 131
-ne (Suffix) 72
ne bis in idem 218
Nebensatz 126, 130–131, 182, 276
  Finalsatz 131, 279
  Kausalsatz 132
  Konsekutivsatz 131, 279
  Konzessivsatz 132
  Relativsatz 132, 151, 182
  Temporalsatz 132
Neptun (Gott) 160
Nero (Kaiser) 115, 158, 166, 241, 287
Neutrum 44–45
nisi 196
Nobilität 174
nolle 111
nomen 66–67
Nominativ 46
Nonae 121
Nonen 121
nonne 73
nova nupta 88
Noviomagus Nemetum 34
novus maritus 88
nulla poena sine culpa 218
nulle poena sine lege 219
num 73
Numa Pompilius (König) 171
Numerus 46, 89

O

Objekt 44–45, 269
Obst 104
Ode 194
Olympia 156

Omen 134
omnibus 303
Opus 302
-or (Suffix) 311
orbis terrarum 169
Ordinalzahlen 77
Ovid (Dichter) 52, 121, 193, 266, 286

P

pacta sunt servanda 219
paganus 253
pagus 253
palaestra 159
Palatin 227
panem et circenses 155, 211
pantomimus 166
papa 246
Papst 246
Parentalia 122
Partizip 180
Partizip Futur 181
Partizip Futur Aktiv 183
Partizip I 180
Partizip II 180
Partizip Perfekt 98, 180–181
Partizip Perfekt Passiv 178, 182
Partizip Präsens 180–182
Partizip Präsens Aktiv 181
  Deklination 181
Passiv 176–177
  Konjugationen 177
  Personalendung 176
pater familias 87, 135
Pater noster 245, 248, 252
patria potestas 87
Patrizier 97, 174
Paulus (Apostel) 120
pax Romana 169
pax vobiscum 66, 239
pedes 140
Penaten 135
penates 135
Perfekt 69, 94–95
  Infinitiv 199
Perfekt Passiv 177
Periode
  klassische 243
peristylium 114
Personalendung 54, 56
  Futur 58

Imperfekt 57
Passiv 176
Personalform 180
Personalpronomen 54, 148–149
persona non grata 218
Petronius, Titus (Schriftsteller) 192
Petrus (Apostel) 120
Pflanze 260, 265
pilum 144
Platonismus 136
Plautus (Dichter) 48, 166, 194
Plebejer 97, 174, 210
Plinius der Ältere (Schriftsteller) 202, 262
Plinius der Jüngere (Politiker) 202
Plusquamperfekt 95–96
Plusquamperfekt Passiv 177
Politiker 173
Pollux (Sagengestalt) 160
Pompeia (Ehefrau Caesars) 91
Pompeius Magnus, Gnaeus (Feldherr, Politiker) 164, 175
Pompeji 109, 115, 158, 203
Graffiti 204
Pons Sublicius 246
pontifex 246
pontifex maximus 117, 246
porcina 104
porcus 104
posse 111
Possessivpronomen 149
post- (Präfix) 310
Potentialis 196
Prädikat 47, 270
prae 74
praenomen 66
prae- (Präfix) 309
praetor 174
praetor urbanus 211
prandium 108
Präposition 74, 123, 125
mit Ablativ 74–75
mit Akkusativ 74
Städtenamen 75
Präsens 55

Infinitiv 198
Präteritum 57, 95
Prätor 174
Priester 117, 130, 239, 242
princeps 176
pro 74
Pronomen 44, 148
Demonstrativ- 45, 148–149
Personal- 54, 148–149
Possessiv- 149
Relativ- 151
Properz (Dichter) 286
Prosa 192
Prozess 212
prunum 265
puls 102
Punischer Krieg 185

Q

quaestor 173
quam 162
quercus 265
quid 73
Quintilian (Rhetoriklehrer) 101
quis 73
quo 72, 124
quomodo 73
quoque 61
quo vadis? 72

R

Radio 302
Raetia 34
Ratschläge 291
re- (Präfix) 310
Realis 196
Recht 173
römisches 209
Rechtsgrundsatz 218
Rechtsprechung 174
Redelehrer 212
Redewendungen 295
Redner 213
Reformation 239
Reim 201
Relativpronomen 151
Relativsatz 132, 151, 182
Religion 51, 134, 240
Religionsfreiheit 242

Remus (Sagengestalt) 170
Republik 119, 169, 175
Gründung 171, 173
res publica 172
retiarius 157
reus 213
rex 170
rhetores 212
Richter 213
Ritter 97, 140–141
Strafen 212
Rom 31, 51, 66, 70
Brand 166, 241
Circus Maximus 160, 171
cloaca maxima 115
Ewige Stadt 169
Forum Romanum 171
Führung 319
Gründung 77, 120, 170
Kapitol 34, 135, 227
Kolosseum 158
Mamertinum 120
Palatin 227
Pons Sublicius 171, 175, 246
Tarpejischer Felsen 211
Tiberinsel 232
Tullianum 120
Römisches Reich 31, 34, 38, 69, 139, 318
Christentum 240
Religionsfreiheit 242
Unterhaltung 155
Romulus (Sagengestalt) 169–170
rostra 210

S

saepe 306
sal 105, 224
Salii 130
salve 66, 68
samnis 157
Satire 194
Saturnalia 122, 248
Saturn (Gott) 122, 248
Satyricon 192
Satzgefüge 276
Satzreihe 272
Satzstellung 44, 269
Adjektive 90

scaena 164
Schauspieler 165
Schlange 231
Schriftsteller 192–193, 202
scutum 144
sed 62
Seeschlacht 158
semper 306
Senat 174, 301
senator 173, 301
Senator
   Strafen 212
Seneca, Lucius Annaeus
   (Philosoph) 165–166, 286, 289
sermo cotidianus 243
sermo urbanus 243
sermo vulgaris 243
servare 306
Serviette 110
servire 306
Servius Tullius (König) 171, 172
Sextus Tarquinius (Sohn von Tarquinius Superbus) 171
si 196
sic 132
signifer 142
silva 106
sine 74
Sklave 67, 92, 122, 211
solanum 265
Soldat 140
Sol Invictus (Gott) 248
Sonnenjahr 119
Sosius, Gebrüder 192
Species plantarum 261
Speyer 34
Spiele 125, 156
Spondeus 195
sponsalia 88
Staatsreligion 134, 246
Stammform 94, 111
   Verben 53
status quo 217
Stoizismus 136
Strafe 211
Straße 142
Straßenbau 142
stultus 306
sub 74–75, 123

Subjekt 44–45, 269–270
Subjekt, logisches 177
Substantiv 44–45, 270
   deklinieren 46
   Genus feststellen 45
Sueton (Historiker) 288
Sueton (Schriftsteller) 166
Suffix 44–46, 52
   Frage 72
summa cum laude 125
summus pontifex 246
super 74–75
Supinum 181
supra 75
suus 149
Symbol
   Fisch 254
symposion 108

T

taberna 109, 114
Tag 118, 120
tam 132
tamen 62, 306
Tanaquil (Königin) 172
tandem 306
tantus 132, 280
Tarpejischer Felsen 211
Tarquinius Collatinus
   (Ehemann von Lucretia) 171, 174
Tarquinius Priscus (König) 171, 172
Tarquinius Superbus (König) 171, 172, 175
Tartarus 52
Tempus 52
   Futur I 58–59, 97
   Futur II 97
   Imperfekt 56, 69, 95
   Perfekt 69, 94–95
   Plusquamperfekt 95–96
   Präsens 55
   Präteritum 57, 95
tepidarium 159
Terenz (Dichter) 67, 166, 286
testudo 144
Theater 164–165
thermae 159
Thermen 159

thermopolium 109
thrax 157
Tiber 169
Tiberius (Kaiser) 240
Tier 158, 260, 265
Tierhetze 157
Titus (Kaiser) 158
Tod 95
Todesstrafe 211
toga candida 35
tot 132, 280
Totenfeier 156
totidem 280
Tragödie 165, 192
trans- (Präfix) 310
tribunal 213
tribunus plebis 174, 302
triclinium 109
Trier 34
Trinkgeschirr 105
-tudo (Suffix) 312
Tullia (Königin) 172
Tullus Hostilius (König) 170, 171
tunica 242
turma 141

U

Übersetzung 47, 49–50, 270
   Gerundium 186
   Imperfekt 57
ubi 72
ubi tu Gaius, ego Gaia 88
Unterhaltung 155
Unterwelt 52, 95, 139
-ur (Suffix) 313
urbs 253
ursus 261
ut 131
ut non 131
uva 104

V

vale 66
Vaterunser 252
v. Chr. 241
Vegetius (Schriftsteller) 288
velle 111
venatio 157
veni, vidi, vici 32
Verb 44, 52

Stammform 53
unregelmäßiges 68, 111
Wörterbuch 53
Verbform
  finite 180, 270
  infinite 180
Verbformen
  zusammengesetzte 178
Vergil (Dichter) 102, 117, 139, 142–143, 193, 286, 288
Versfuß 195
Versmaß 194–195
Vespasian (Kaiser) 287
Vesta (Göttin) 122, 171
Vestalia 122
Vestalin 122, 171
Vesuv 109
Vesuvausbruch 203

veto 302
via 302
Via Appia 142
Victoria (Göttin) 106
villa 114
vinum 105
Vokativ 67
Volkstribun 97, 174, 302
Vorzeitigkeit 183, 200
Vulgärlatein 243
Vulgata 59, 244, 290

W

Wachsmaske 95
Wagenrennen 159–160
Wahlspruch 293
Wald 106
Websites 317
Weihnachtsfest 248

Wein 102, 105, 108, 289
Wintersonnenwende 248
Wörterbuch 50, 84, 94
  Genus 85
  Substantiv 85
  Verben 53

Z

Zahl 75–76, 78
  Kardinal- 76
  Ordinal- 77
Zeitrechnung 117–118, 241
Zeitverhältnis 199
Zensor 174
Zenturio 142
-zid (Suffix) 311
Zoologie 259
Zwölftafelgesetz 173, 210